03. 11. 1982

HOLZBAUKUNST

DER BLOCKBAU

EIN FACHBUCH
ZUR ERZIEHUNG WERKGERECHTEN GESTALTENS
IN HOLZ
VON

HERMANN PHLEPS

KARLSRUHE
1942

Das Originalwerk erschien im Jahre 1942 im Fachblattverlag Dr. Albert Bruder, Karlsruhe.
Den Druck besorgte: Südwestdeutsche Druck- und Verlagsgesellschaft m.b.H., Karlsruhe.
Entwurf des Einbands von Elisabeth Neumann-Phleps.

Unveränderte Wiederauflage im Jahre 1981 durch den BRUDERVERLAG, KARLSRUHE.
Druck: O. L. Weber, 7500 Karlsruhe 41
Einband: Industriebuchbinderei Schneider GmbH, 7500 Karlsruhe 41 (Grö)
Alle Rechte vorbehalten,
auch die des auszugsweisen Nachdrucks,
der photomechanischen Wiedergabe
oder der Übersetzung in andere Sprachen.

ISBN – 3 87104 047 9

Holzgemäß bauen

Vorwort zur Wiederauflage

Die Geschichte des Bauens ist eine Auseinandersetzung mit den vorhandenen Baumaterialien im Sinne der Ausnutzung der guten Materialeigenschaften, der Verbesserung bzw. Eliminierung der schlechten Materialeigenschaften unter Berücksichtigung des Materialverbrauchs und des Arbeitsaufwandes für Materialbearbeitung und Bauteilfügung.

Die Holzveredelung durch Leimen hat der Holzverwendung ungeahnte Möglichkeiten erschlossen, da zum einen sehr standfeste Bauteile ermöglicht wurden, zum anderen statisch optimale Querschnitte in fast unbegrenzten Längen hergestellt werden konnten. Im Zuge der Ausbreitung des Leimbaues ist der Kantholzbau immer mehr zurückgegangen, besonders qualitativ: Zimmermannsmäßiges Bauen wurde mehr und mehr ersetzt durch Nagelplatten, Blechverbinder u. ä.

Interessant ist, daß es in anderen Bereichen ähnliche Entwicklungen gegeben hat. Erfreulich ist, daß sich hier wie da andere Entwicklungen abzeichnen. Mit den steigenden Ölpreisen ist Holz als Energiequelle wiederentdeckt worden. Nach einem Boom im Holzleimbau ist der Kantholzbau wieder im Kommen. Ob im letzteren Falle das natürliche Holz als „warmes" oder „rustikales" Material von den Bauherren bevorzugt wird, oder ob sich Architekten und Zimmerleute im Zuge der allgemeinen Rückbesinnung auf alte Bauten an die formalen und konstruktiven Möglichkeiten des Bauens mit Kantholz erinnern, und ob dazu die Stagnation des allgemeinen Wirtschaftswachstums eine Wendung von der Quantität zur Qualität begünstigt, kann nur vermutet werden. Sicher ist jedoch, daß bei Pergolen, Vordächern, Balkonen, Fachwerk- und Blockhäusern häufig nur die alten Formen übernommen werden, die dazugehörige Baugesinnung aber fehlt. Wenn sich der Laie einen Stahlbetonbungalow mit Halbhölzern verkleidet, um überholte Architekturformen zu verändern, ist das wohl eine Geschmacksfrage. Wenn aber die Fachleute, Architekten und Zimmermeister, an der formalen Oberfläche bleiben, wird traditionelle Holzbaukunst zur nostalgischen Holzverwendung herabgewürdigt.

Der Holzbau hat im waldreichen Mitteleuropa eine lange Tradition, die vom haushandwerklichen Flechtzaun bis zum Kunstwerk eines Glockenschrotes reicht. Die Holzbauweisen mit ihren nutzungstypischen Ausformungen und ihren hochentwickelten Details sind in Jahrhunderten im praktischen Umgang mit dem Material entstanden. Das Holz an sich hat sich nicht verändert. Warum sollten also all die Erfahrungen und Methoden des alten Holzbaues heute keine Gültigkeit mehr haben? Warum muß heute alles ingenieurmäßig verbunden werden, wenn es zimmermannsmäßig, Holz auf Holz, genausogut möglich ist, wenn zudem moderne Holzbearbeitungsmaschinen den Arbeitsaufwand für Versätze, Zapfen und Überblattungen erheblich reduzieren können? Es hat wohl zu keiner Zeit hinreichend sachliche Gründe gegeben, den Zimmermanns-Holzbau zu vernachlässigen. Alles spricht dafür, daß er für kleinere Bauvorhaben nie seine Berechtigung verloren hat, daß er neben dem Ingenieur-Holzbau bestehen kann und bestehen bleiben muß. Was an Erfahrungen verlorengegangen ist, sollte schleunigst wieder erlernt werden. Da muß man erfreulicherweise nicht ganz von vorn anfangen. Denn es gibt Beispielhaftes in Theorie und Praxis. Das soll am Blockbau hier kurz erläutert werden.

Der Blockbauweise kam im alten Holzbau eine große Bedeutung zu, weil in ihr als Massivbauweise Holz gleichermaßen statisch-konstruktiv und raumabschließend benutzt werden konnte. Die besondere Qualität des Blockbaues wird deutlich an der Blockstube, die als heizbarer Sonderraum im Blockhaus der wichtigste Aufenthalts- und Arbeitsraum war und in andere Bauweisen, Fackwerk- und Mauerwerksbau, übernommen und dort zum zentralen Wohnraum bäuerlicher und bürgerlicher Wohneinheiten wurde.

Auch wenn der Holzverbrauch bei der Blockbauweise groß ist und das Holz aus vertikalen Lasten quer zur Faser beansprucht wird, kann dies die Blockbauqualität allgemein nicht in Frage stellen, vorausgesetzt, daß alle Regeln und Gesetzmäßigkeiten für das Bauen mit Holz hinreichend berücksichtigt werden. Der Rückgang des Blockbaues hat nichts mit grundsätzlichen Mängeln dieser Bauweise zu tun, sondern hängt im wesentlichen mit der Abnahme der Wälder insgesamt und der Verringerung der Bestände an geradwüchsigen, wenig abholzigen Baumarten im Besonderen zusammen.

In Gebieten, in denen der Holzbestand nicht so stark zurückgegangen ist, hat sich der Blockbau in hoher handwerklicher Qualität erhalten. Das ist z. B. in der Schweiz so. Da schöpfen Handwerker und Bauwillige gleichermaßen aus der Tradition, da sie viele alte Blockbauten vor Augen haben. Daß sich viele alte Blockhäuser, z. T. über mehrere Hundert Jahre erhalten haben, liegt vor allem an der holzgemäßen Baukonstruktion, die auch die meisten Neubauten dieser Art kennzeichnet und denselben eine lange Nutzbarkeit ermöglicht. Einige dieser Baukonstruktions-Regeln sind formbestimmend und an den Blockhäusern direkt ablesbar. Andere sind nur im Erfahrungsschatz der Zimmerleute eingebettet und werden nur dann als Mängel sichtbar, wenn aus fehlenden Erfahrungen falsche oder schlechte Bauausführung folgt. Die wichtigsten Regeln des Blockbaues hier in Stichworten:

Gut abgelagertes und sorgfältig ausgesuchtes Holz ist die wichtigste Voraussetzung für eine standfeste Konstruktion.

Raumgrößen, horizontale und vertikale Raumzuordnung sind auf die statischen Belange – Verhältnis Wanddicke zu Wandhöhe und Wandlänge zwischen aussteifenden Querwänden und Decken – und auf die holzbautechnischen Belange – Balkenstöße, Additionsfugen mit Ständern – abzustimmen. Daraus ergibt sich die bevorzugte Verwendung für den Wohnhausbau.

Die handwerkliche Qualität der Fugen zwischen den Blockkränzen, der Eckverbindungen und der Querwand- und Deckeneinbindungen ist gleichermaßen wichtig für die statische Standsicherheit wie für die Dichtigkeit der Konstruktion in Bezug auf Feuchtigkeit, Kälte/Wärme, Schall und den konstruktiven Holzschutz.

Lastkonzentrationen, z. B. aus Pfettendächern, sind vermieden oder durch besondere konstruktive Maßnahmen – Zangen oder Kegelwände – abgesichert.

Bei der Kombination von Blockwänden mit Ständern – Wandöffnungen, Additionsfugen, Pfettendächer – ist dem unterschiedlichen Schwindverhalten senkrecht und parallel zur Faser durch Toleranzfugen Rechnung getragen.

Die wichtigste Maßnahme des konstruktiven Holzschutzes ist der große Dachüberstand an Giebeln und Traufen. Er hält Regen und Schmelzwasser weitgehend von den Wänden ab. Gemauerte Sockel oder gemauerte Keller schützen das Holz vor Spritzwasser, Schnee und aufsteigender Bodenfeuchte.

Im vorbeugenden Holzschutz gegen tierische und pflanzliche Schädlinge spielt der Rauch offener Feuer in den alten Blockbauten eine wichtige Rolle. Bei den neuen Beispielen tritt der chemische Holzschutz an die Stelle des konservierenden Rauches. Beiden Methoden ist gemeinsam, daß sie nur unvollständig schützen, wenn nicht gleichzeitig für einen guten baukonstruktiven Holzschutz gesorgt ist. Dazu gehört auch eine regelmäßige Wartung besonders gefährdeter Stellen, etwa im Dachbereich.

Hermann Phleps hat in seinem Buch „Holzbaukunst – Der Blockbau" alles Wissenswerte zum traditionellen Blockbau mit großer Sachkenntnis zusammengestellt und mit vielen Beispielen erläutert. Es ist erfreulich, daß dieses Standardwerk des Holzbaues wieder aufgelegt wird. Daß es ohne Veränderungen aufgelegt wird, spricht für seine Qualität. Dem Leser bietet das Buch eine unendliche Fülle von interessanten Einzelheiten, dem Baupraktiker alle Grundregeln zum Bauen mit Holz schlechthin und damit vielleicht den Anreiz, überlieferten Holzbau und Ingenieur-Holzbau sinnvoll zu ergänzen und Holzbau wieder zu einer Holzbaukunst zu erheben.

Karlsruhe, Juli 1981

Prof. Dr.-Ing. K. Thinius-Hüser

VORWORT

Als vornehmstes Ziel gilt für dieses Buch die Erziehung zum werkgerechten Fühlen und Denken in Holz. Es will dem Fachmann wie dem Laien die Schönheiten erschließen helfen, die einer reinen dem Wesen des Holzes angemessenen Architektur innewohnen. Da wir in der Holzbaukunst die Mutter architektonischen Gestaltens erblicken müssen, kann eine solche Betrachtungsweise auch über diesen Werkstoff hinaus seine Früchte tragen.

Beim Ordnen der verschiedenen Gefügearten nach verwandten Merkmalen ergeben sich ganz von selbst auch für die Volkskunde wertvolle Aufschlüsse.

Die erste Anregung, sich diesem Zweig der Baukunst zuzuwenden, erhielt der Verfasser vor nunmehr 40 Jahren in den Vorlesungen seines großen Lehrers Karl Schäfer über deutsche Holzbaukunst an der Technischen Hochschule in Karlsruhe.

Durch materielle Beihilfe des Senats der Freien Stadt Danzig und der Deutschen Forschungsgemeinschaft ward der Bearbeitung des Stoffes eine wesentliche Förderung zuteil. Unter den Helfern, die das Sammeln einzelner Beispiele unterstützten, sind die Leitungen der Höheren Technischen Lehranstalt in Beuthen (O.-S.), der Freilichtmuseen in Stockholm, Oslo sowie Lillehammer und insbesondere Professor Dr. Moro in Villach, Zimmermeister Vinzenz Bachmann in Mettenham (Chiemgau), Oberbaurat Hermann Zickeli und Regierungs-Baumeister a. D. Max Schön in München vorab zu nennen. Bei der zeichnerischen Ausführung halfen mir insbesondere Dipl.-Ing. Ernst Braisch und cand. arch. Martin Augustin. Der allen oben Genannten geziemende Dank sei dem Buch vorangestellt.

Hermann Phleps.

EINLEITUNG

Dieses Buch will den Architekten wie den Zimmermann zum Einleben in das Wesen des Holzes, des lebendigsten Werkstoffes, anhalten und damit der gestaltenden Phantasie Wegweiser und Anreger sein. Es versucht dort anzuknüpfen, wo die Steinarchitektur ihren schädigenden Einfluß noch nicht, oder nur in geringem Maße, auf die Holzarchitektur hat ausüben können, es will also zu den Alten in die Schule gehen. Die dort Jahrhunderte, ja Jahrtausende hindurch gesammelten Erfahrungen weisen Höchstleistungen auf, die uns immer von Nutzen sein können.

Von den ersten gezeigten Beispielen an soll die Freude und der Mut erweckt werden, sich selber in der Holzarchitektur als Formenbildner betätigen zu wollen. Würde man zu diesem Zwecke nur das bringen, was man fertig übernehmen und unverändert auch heute nachahmen dürfte, so käme man dem gestellten Ziel nicht nahe genug. Die Sicherheit und Freiheit im Gestalten in Holz wird immer um so stärker sein, je umfassender man die Beispiele wählt, an denen man durch eigene Anschauung zur Erkenntnis des Wesens der reinen Holzformen gelangt. Hat man durch diese Schulung den Kern der Sache begriffen, dann erreicht man auch den neuzeitlichen Aufgaben gegenüber eine überlegene Stellung.

Das Wesen der Holzarchitektur, bei der die äußere Form am deutlichsten das Hervorgehen aus dem inneren Gefüge heraus veranschaulicht, stellt diese außerhalb jeden Zeitgeschmackes. Soweit die Holzarchitektur werkgerecht ausgeführt wird, wirkt sie immer lebendig und weiß uns jederzeit in ihren Bann zu ziehen. Verstößt man aber gegen diese gesunden, wesensverbundenen Gestaltungsgesetze, so äußert sich dieses in keinem Werkstoff peinlicher als gerade im Holz. Ihm fühlen wir uns viel zugetaner als dem Stein. Ein Hochmeister des Deutschen Ritterordens ließ sich einst an seinen stolzen Palast auf der Marienburg ein Holzhaus anbauen, um behaglicher wohnen zu können. Des großen Denkers Nietzsche Sehnsucht ist es gewesen, in einem Holzhaus wohnen zu dürfen.

Wegen diesen hier kurz angedeuteten Eigenschaften müßte der Holzbaukunst auch in der Stufenfolge des architektonischen Unterrichtes die Anfangsstelle zugewiesen werden. Was der angehende Architekt im Holz von der ersten Handwerksübung an bis zur Vollendung der Form handgreiflich verfolgen kann, sind Grundgesetze, die auch dem Gestalten in anderen Werkstoffen zugute kommen.

Aber auch der Zimmermann sollte, um seine handwerkliche Leistungsfähigkeit zur vollsten Reife zu steigern, die alten Gefügearten — zum mindesten die im Umkreise seiner engeren Heimat — sich zu eigen machen.

Weil die Auswahl, Prüfung und Pflege der Holzart eine weit größere Sorgfalt erfordert als bei den übrigen Werkstoffen, ergibt sich hier ein nicht hoch genug einzuschätzendes Erziehungsmittel. So tritt die zu erstrebende Bodenverbundenheit in unserem Gestalten beim Holz schon von allem Anfang an in ihr Recht.

Unsere Kenntnis und damit unsere Vertrautheit mit der Wesensart der verschiedenen Hölzer ist gegenüber den früheren Zeiten, als noch der Bauer sein eigener Zimmermeister und Stellmacher war, stark verkümmert. Der Volkskundler Blau fand an einem Kärntner Haus des Böhmischen Waldes und seinen Haus- und Feldgeräten 27 verschiedene Holzarten und jede in bester Ausnutzung ihrer Eigenart für bestimmte Zwecke verarbeitet. Der Kärntner Bauer verwendet heute noch mindestens 12 verschiedene Holzarten.

Da wir gegenwärtig gezwungen sind, mit dem Bau- und Werkstoff Holz aufs sparsamste zu wirtschaften, erwächst uns die Aufgabe, mit dem, was unsere eigenen Wälder liefern, so ehrfürchtig wie möglich umzugehen, also mit einer sorgsamen Pflege und Auswahl die beste werkgerechte Verarbeitung zu verbinden.

Die im nachfolgenden gebrachten Erläuterungen der verschiedenen Holzarchitekturen verteilen sich auf zwei Bände. Der erste behandelt den Blockbau, als den Holzbau, bei dem das Wesen des Holzes sich am vielfältigsten auswirkt. Er eignet sich am trefflichsten dazu, dem Lernenden mit der Freude an diesem Werkstoff auch den Ernst nahe zu bringen, mit dem man an die mit ihm verbundenen Aufgaben herangehen soll.

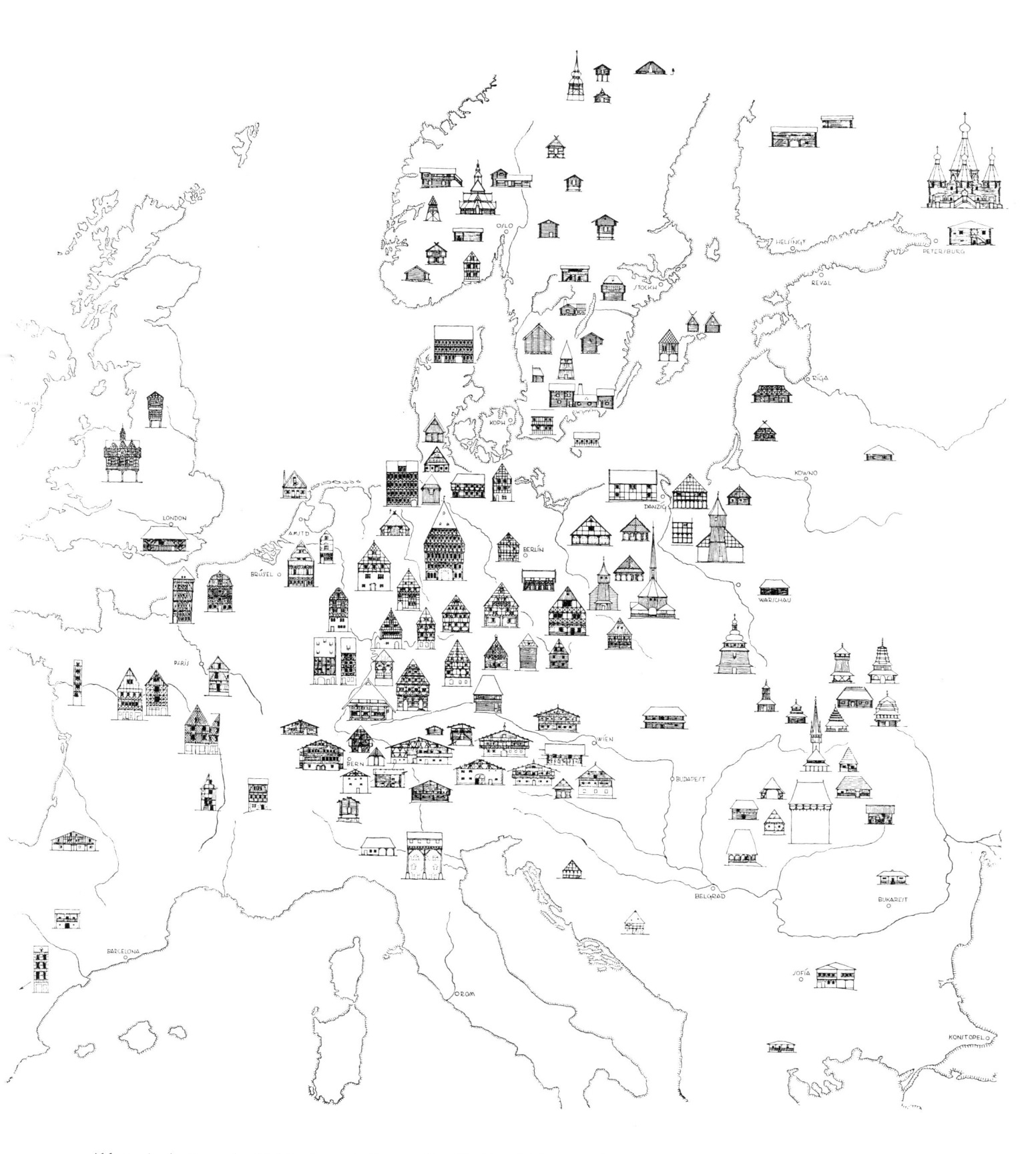

Abb. 1: **Ausbreitung der Holzbaukunst in Europa.** Der Blockbau bildet, von Skandinavien angefangen, eine östlich des Fachwerks und Ständerwerks vorbeigehende, zusammenhängende Kette, die bis in die Schweiz und den Balkan hinunterreicht.

Über das werkgerechte Gestalten in Holz

> Allem Leben, allem Tun, aller Kunst muß das Handwerk vorausgehen, welches nur in der Beschränkung erworben wird.
> Goethe.

Die gefühlsmäßige Verbundenheit mit den verschiedenen Werkstoffen wirkt sich um so erfreulicher und lebendiger aus, je mehr man es versteht, sich bei der Gestaltung ihren Wesensarten anzupassen. Dabei ist es gar nicht erforderlich, daß der Beschauer von den werkstofflichen Eigenheiten und handwerklichen Bedingtheiten etwas versteht. Dies gilt aber nur für den Laien; denn es ist etwas anderes, eine Form selbst zu erfinden, als eine von zweiter Hand gestaltete auf sich wirken zu lassen.

Will sich der angehende Fachmann frei von Fehlern halten, dann darf er sich nicht nur mit der handwerklichen Ausführung vertraut machen, sondern muß zugleich an vorhandenen Beispielen sein Auge schulen. Er muß sich gegenüber jedem zur Untersuchung herangezogenen Vorbild Rechenschaft geben, warum die eine Form sein Gefallen erregt, die andere nicht. Durch dieses Miterleben erwirbt er einen Schatz, der sein eigenes Gestalten immer anregen und zugleich befruchten wird. Er soll bei jedem seine Aufmerksamkeit erregenden Formenspiel prüfen, ob der Dreiklang: Zweck, Wesen des Werkstoffes und handwerkliche Ausführung in harmonischer Verbindung besteht.

In allen Abschnitten dieses dem Holz gewidmeten Buches wird diese Betrachtungsweise den Leitgedanken darstellen. Es sei aber, um den Leser hiermit rascher vertraut zu machen, schon von vornherein in knappen Zügen dargelegt, was mit der Bezeichnung „werkgerechten Gestaltens in Holz" gemeint ist.

Man darf sich das Holz als ein Fasernbündel vorstellen, das in der Längsrichtung andere Eigenschaften zeigt als in der Querrichtung (vgl. S. 34). Bei einem Zerteilen längs der Fasern bietet es einen geringeren Widerstand als quer zu denselben. Dieses Zerteilen längs der Fasern nennt man spalten. Dem Spalten verdankt unter den heute noch gebräuchlichen Formen die Schindel ihre Gestalt (Abb. 2 und 3). Sie ist ein Ergebnis jener urtümlichen Trennungsweise, bei der man im großen die Bohlen durch Spalten aus den Baumstämmen gewann. Die Fasern bleiben hierbei

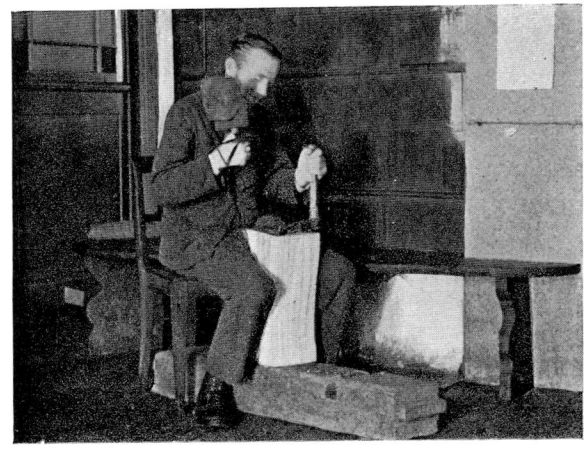

Abb. 2 und 3: **Schwarzwälder Schindelspalter bei der Arbeit.** Das Holz wird anpassend an den Spiegel in einer vom Mark (Mittelpunkt) nach der Rinde zu gehenden Ebene zuerst mit dem Beil in Klötze, dann mit der Spaltklamm und dem Schlägel (2) unter Zuhilfenahme des Schindelklotzes (3) in Teilstücke, bis die Schindelstärke erreicht ist, gespalten. In dieser Richtung, in der die Spaltklamm gleich einem eingetriebenen Keil wirkt, lassen sich die Längsfasern am leichtesten voneinander trennen.

Abb. 4:

Spaltwerkzeuge aus dem Schwarzwald.

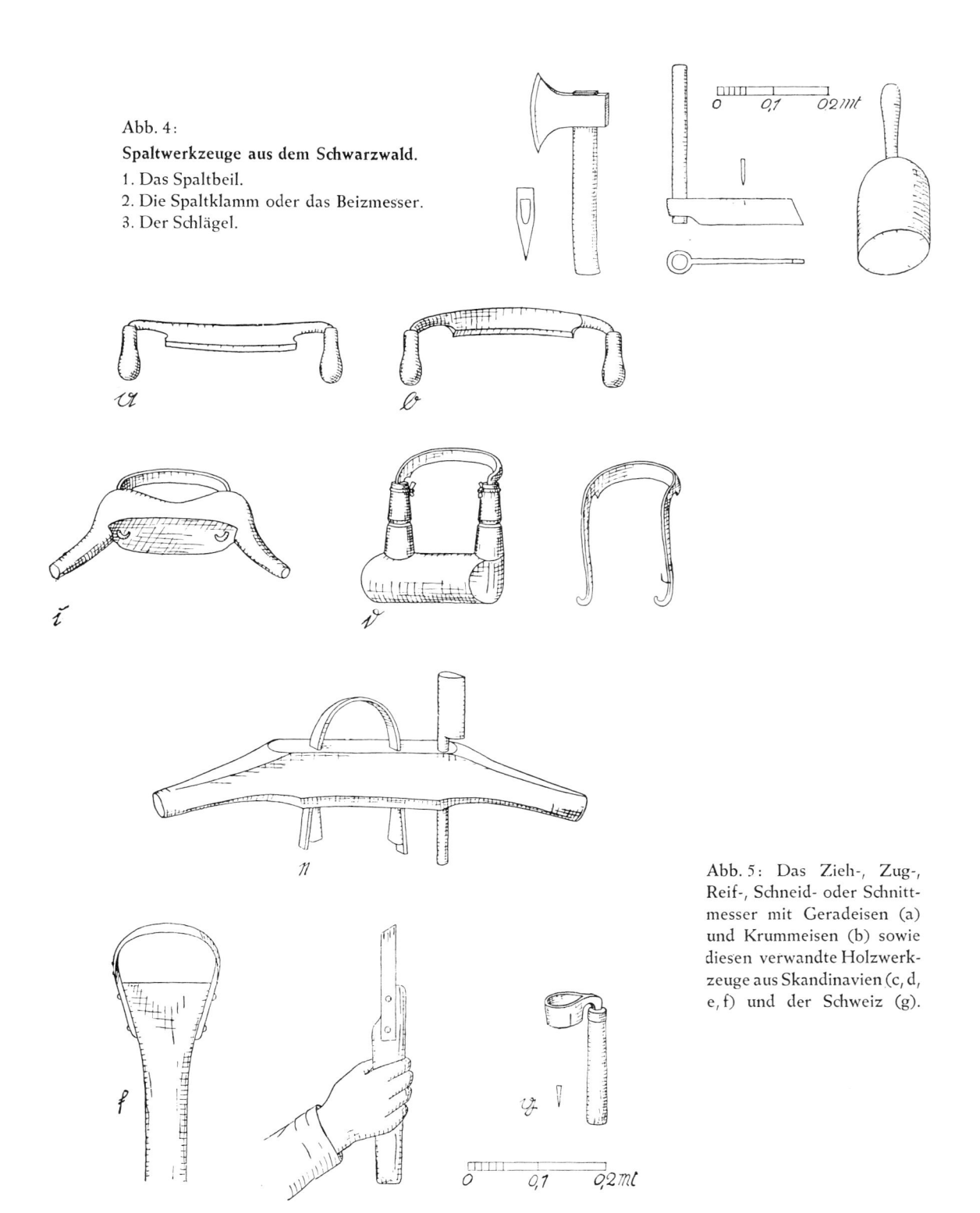

1. Das Spaltbeil.
2. Die Spaltklamm oder das Beizmesser.
3. Der Schlägel.

Abb. 5: Das Zieh-, Zug-, Reif-, Schneid- oder Schnittmesser mit Geradeisen (a) und Krummeisen (b) sowie diesen verwandte Holzwerkzeuge aus Skandinavien (c, d, e, f) und der Schweiz (g).

unversehrt. Ursprünglich benutzte man dazu den Keil, der sich dann entsprechend der Vervollkommnung und Verfeinerung bis zu den zur Schindelherstellung dienenden Spaltwerkzeugen entwickelte (Abb. 4). Zum Glätten der Oberfläche diente anfangs ein Schaber. Aus ihm entwickelte sich das Ziehmesser (Abb. 5) mit Geradeisen und mit Krummeisen. Die von diesen Werkzeugen hinterlassenen Spuren gaben Anregung, sie als Mittel ornamentalen Schmuckes zu nutzen. Wollte man sie zu Längsprofilen ordnen, so mußte man, um sie in strenger Gesetzmäßigkeit ausführen zu können, sich nach einer Lehre richten (Abb. 5). Das Nächstliegende dafür gab die Kante eines Balkens oder einer Bohle (Abb. 6). So bringt schon die frühe germanische Holzbaukunst auf diese Weise erzeugte Schmuckglieder, die in Skandinavien bis in die Neuzeit hinein ein beliebtes Ziermotiv darstellen.

Eine andere Behandlungsart bleibt zwar der Längsrichtung treu, zerschneidet aber beim Loslösen mittels eines Beiles (Abb. 7) oder Ziehmessers (Abb. 5) in schräger Richtung die Fasern. Während das vorige nur die Fläche belebte, bekommt nun die Gesamtgestalt den Ausdruck verschiedenartiger Kraftäußerung.

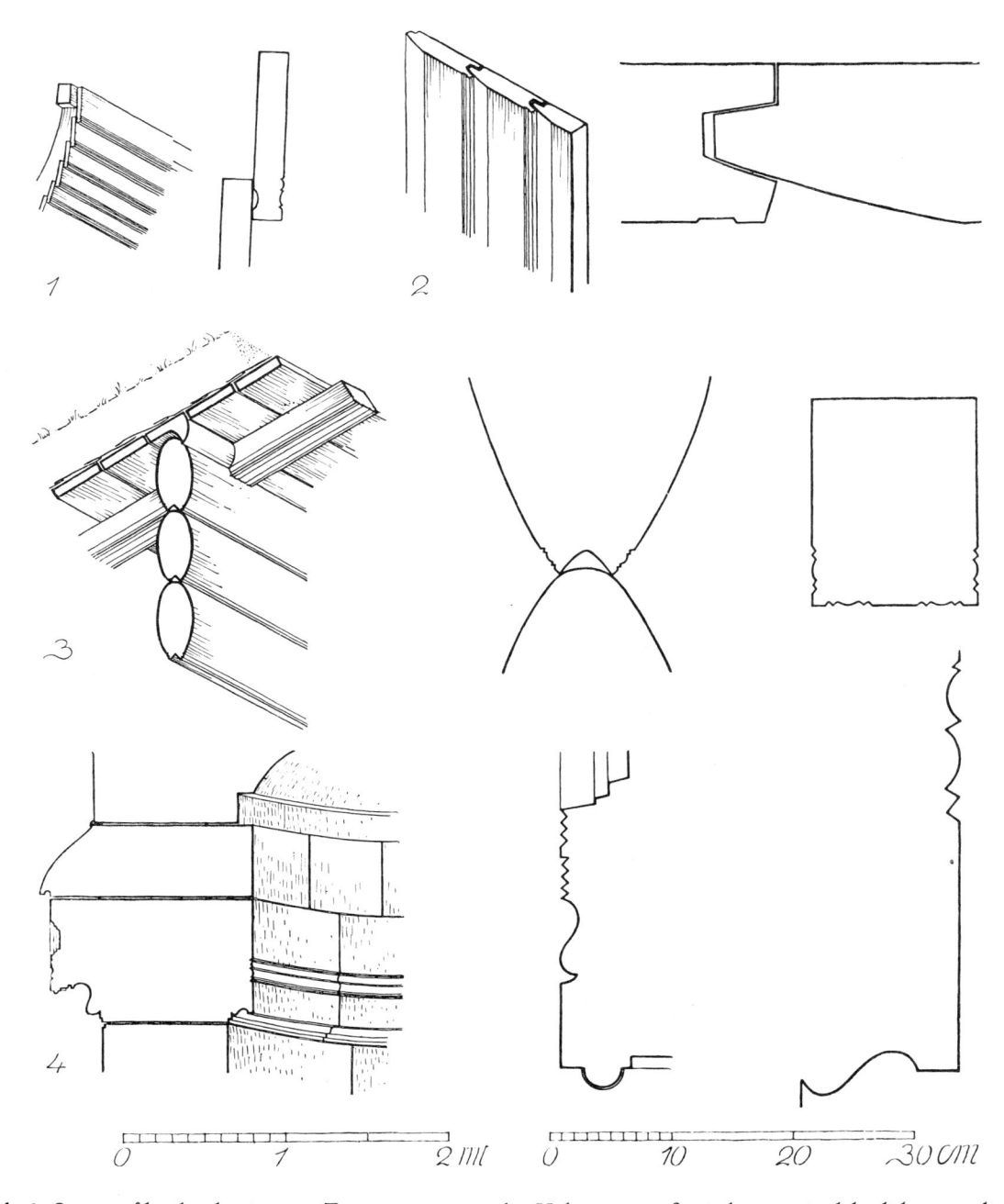

Abb. 6: **Saumprofile, die der inneren Zusammensetzung des Holzes angepaßt sind, von mittelalterlichen, nordischen Holzgefügen und eine Nachahmung derselben in Stein aus der Völkerwanderungszeit.** 1. Vom Wikingerschiff aus Gokstad (9. Jahrhundert). 2. Vom Reiswerk nordischer Stabkirchen. 3. Von einem Stockwerkspeicher in Austad, Setesdalen. 4. Vom äußeren und inneren Hauptgesims des Theoderich-Grabmals in Ravenna (Anfang 6. Jahrhundert).

Besonders anschaulich und zugleich in edelster Gestaltung tritt dieses an Säulen nordischer Stabkirchen in Erscheinung, und zwar dort, wo man beim Übergang vom Rundstamm zum kantig gestalteten Rähm eine organische Vermittlung schaffen wollte. Entweder wählte man eine Verschmelzung, die sich durch Aufzapfen des Rähmes leicht bewerkstelligen ließ (Abb. 8/1), oder man war bestrebt, den Auslauf der Säule besonders zu betonen, wozu das Verschlitzen die geeignete Verbindungsart abgab (Abb. 8/2).

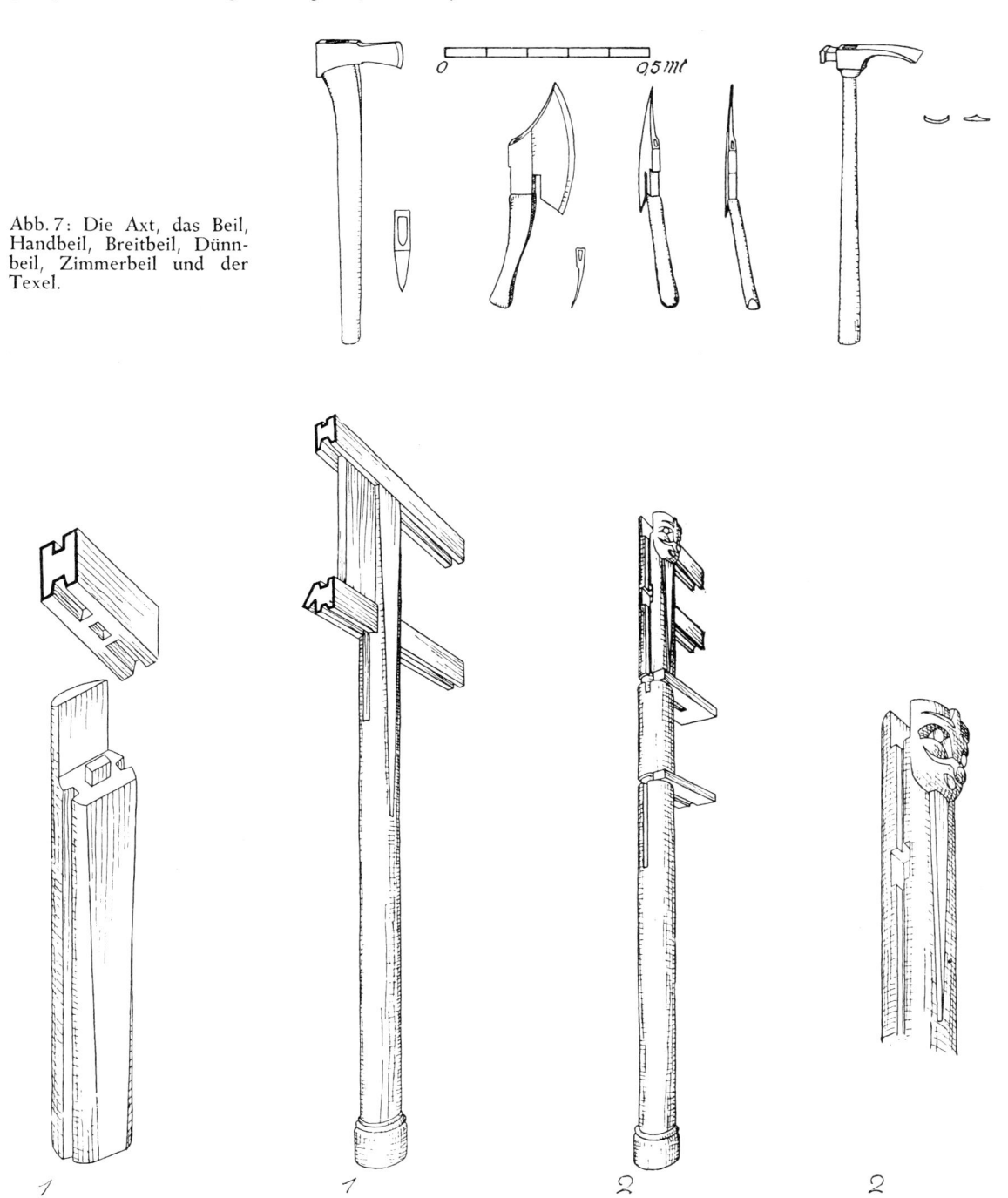

Abb. 7: Die Axt, das Beil, Handbeil, Breitbeil, Dünnbeil, Zimmerbeil und der Texel.

Abb. 8: **Holzsäulen von den Stabkirchen in Aardal (1) und Gol (2) in Norwegen**, bei denen das im Querschnitt stärkere Stammende zur Gestaltung einer Basis genutzt und am Zopfende an der nach innen gekehrten Flucht eine verschiedenartige Vermittlung zum Rähm hin geschaffen worden ist. In künstlerischer Beziehung stellt dieses die höhere Stufe des an den Beispielen auf Abb. 9 verwirklichten Gedankenganges dar.

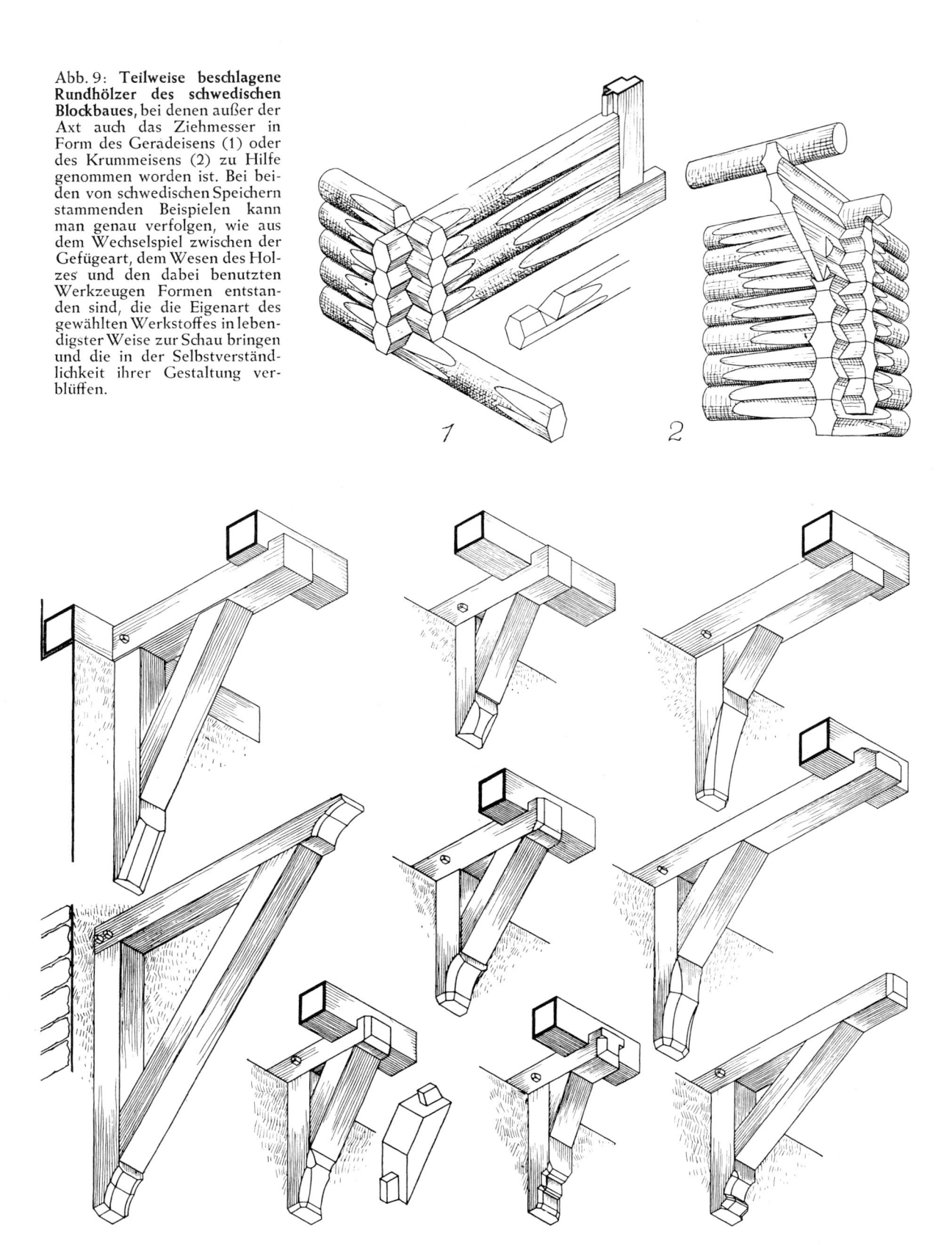

Abb. 9: **Teilweise beschlagene Rundhölzer des schwedischen Blockbaues,** bei denen außer der Axt auch das Ziehmesser in Form des Geradeisens (1) oder des Krummeisens (2) zu Hilfe genommen worden ist. Bei beiden von schwedischen Speichern stammenden Beispielen kann man genau verfolgen, wie aus dem Wechselspiel zwischen der Gefügeart, dem Wesen des Holzes und den dabei benutzten Werkzeugen Formen entstanden sind, die die Eigenart des gewählten Werkstoffes in lebendigster Weise zur Schau bringen und die in der Selbstverständlichkeit ihrer Gestaltung verblüffen.

Abb. 10 und 11: **Mit dem Ziehmesser geschmückte Hängeböcke von den hölzernen Wehrgängen der Kirchenburg Deutsch-Weißkirch in Siebenbürgen.** Es überraschen die verschiedenartigen Abwandlungen, die diese Handwerksübung zuläßt, von denen jede sich dem Wesen des Holzes aufs engste anzupassen wußte.

Bei den waagerecht liegenden Stämmen der Blockwände sehen wir etwas Ähnliches, hier aber anderen Aufgaben entsprechend in besonders gearteter Gestalt. Wo die Stämme sich der Verzinkung nähern, beginnen sie Leben zu gewinnen (Abb. 9). Die verschieden geformten Ziehmesser führten dazu, die sechseckig geformten Balkenköpfe durch das Geradeisen mit ebenen (Abb. 9/1), oder durch das Krummeisen mit nach innen gewölbten Flächen zu gestalten (Abb. 9/2). Aufschlußreiche Beispiele über die Vielgestaltigkeit, zu der dieses Werkzeug Anregung geben kann, zeigen die Abbildungen 10 und 11 mit verzierten Hängeböcken hölzerner Wehrgänge, die von einem einzigen Baudenkmal, der Kirchenburg Deutsch-Weißkirch in Siebenbürgen, herrühren. Mit welcher Sicherheit man beim gleichen handwerklichen Vorgang selbst figürliche Motive zu meistern verstand, dafür gibt die Abb. 12 Aufschluß. Diesen verwandt sind die

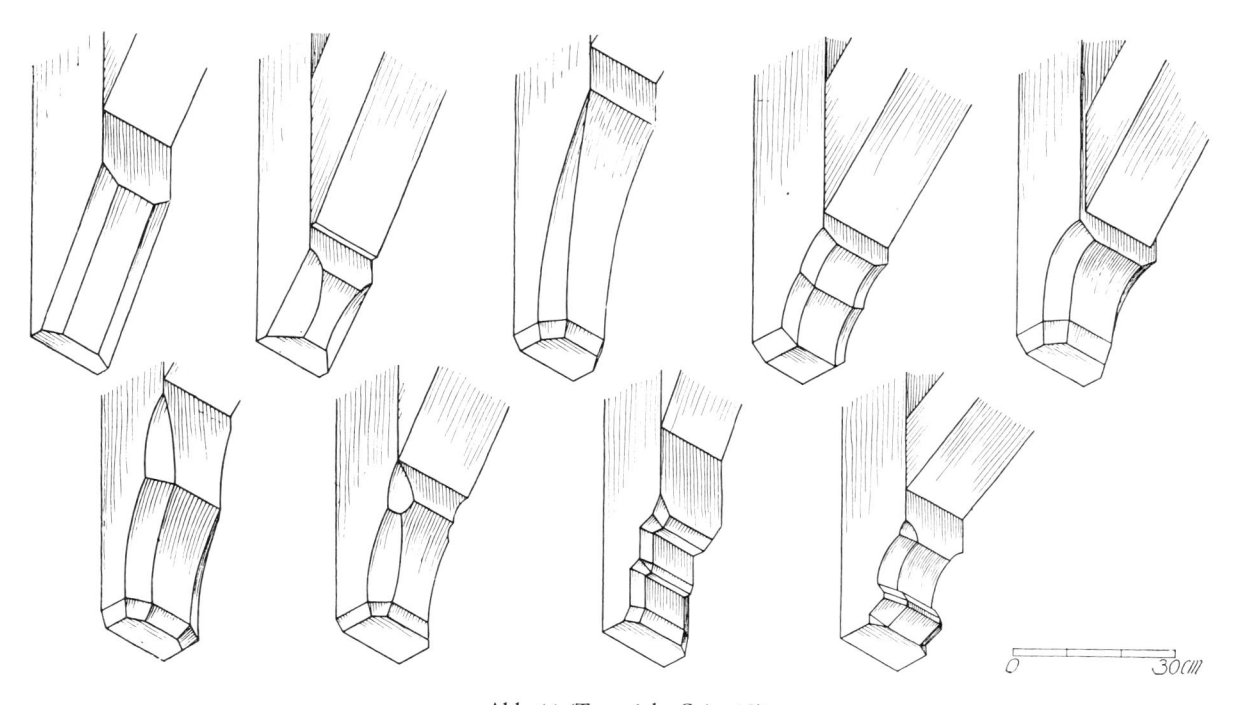

Abb. 11 (Text siehe Seite 10)

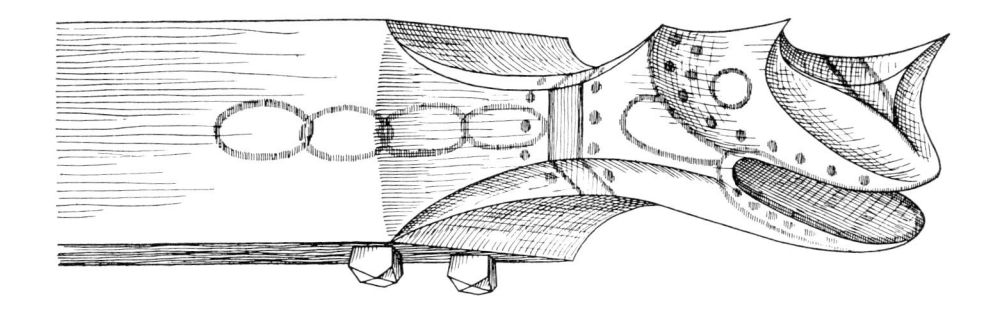

Abb. 12: Mit dem Geradeisen und Krummeisen gestaltete und mit Schwarz und Rot gefaßte Endigung einer Strebe von einem Gitterwerk aus dem Rupertiwinkel, Berchtesgadener Land. (Ausgestellt in der Ausstellung Süddeutscher Volkskunst in München, 1937.)

Abb. 13 (Text siehe Seite 13)

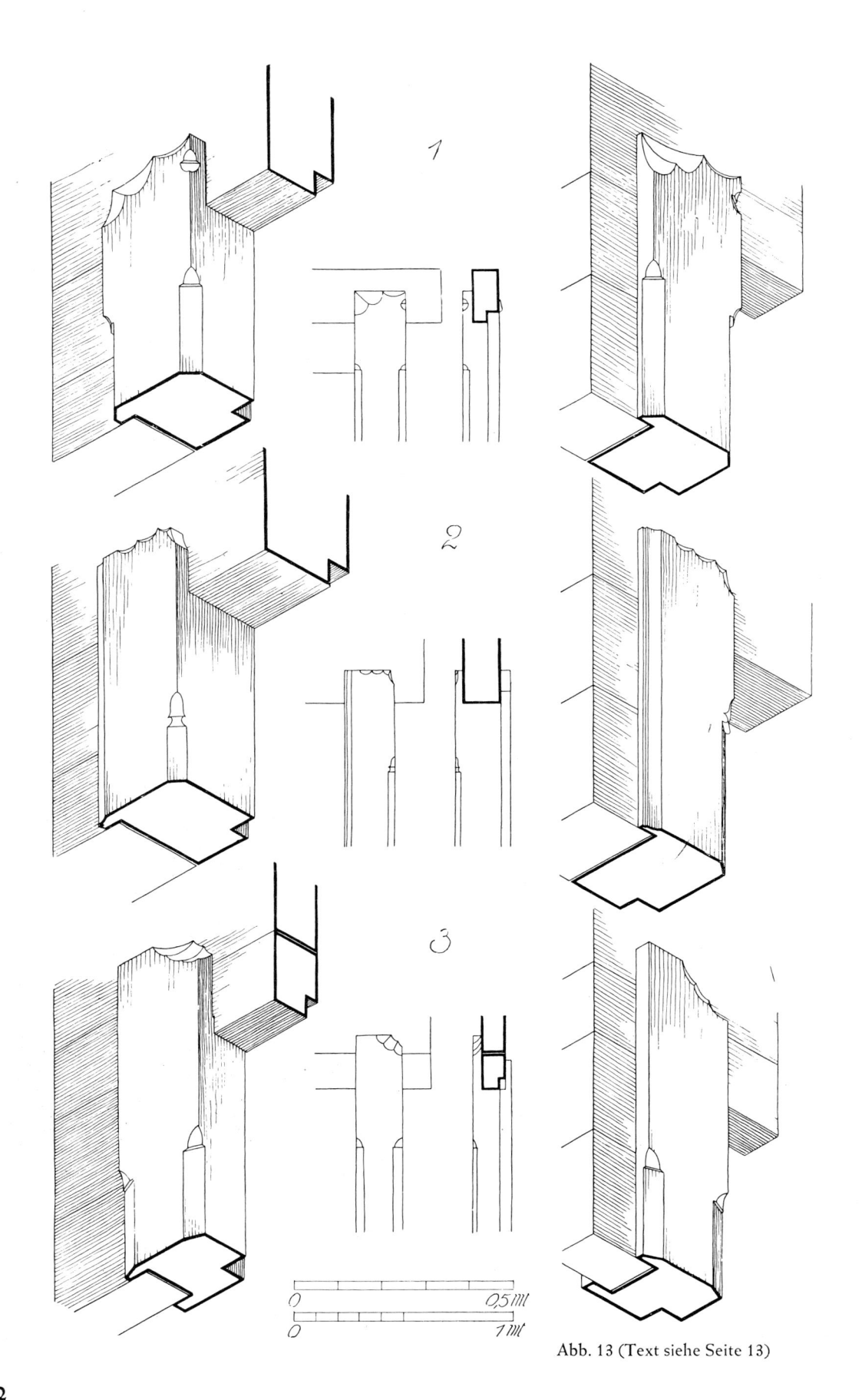

mit dem Klingeisen ausgeführten eigenartigen Verzierungen an Türpfosten von Blockhäusern in Steiermark und Tirol (Abb. 13).

Um einen Rundstamm durchgehend in einen vierkantigen Balken zu verwandeln, wandte man ursprünglich das sogenannte Beschlagen an (Abb. 14, 15, 16). Auch dieses geschah durch Abspalten, aber in kurzen Abschnitten. Zur Erleichterung dieser Arbeit wurden in Abständen von etwa 60 cm durch schräge Hiebe mit der Axt (Abb. 14) große Kerben herausgehauen, das dazwischenliegende Holz dann zuerst mit der Axt (Abb. 15) und dann mit dem Breitbeil (Abb. 16) abgespalten.

Abb. 14

Zu Abb. 13: **Mit dem Klingeisen geschmückte Türpfosten** aus Schüttlehen-Ramsau bei Schladming in Steiermark (oben, von 1598); der Forstau, Salzburg-Steirische Grenze (Mitte, von 1762) und aus Zell im Zillertal (unten). Das Klingeisen wurde insbesondere zum Gestalten der in gewölbten Auflagerflächen ineinandergreifenden Zinken benutzt. Es war ein Hohlmeißel mit einer um ein weniges größeren Breite als die Stärke der Blockbalken ausmachte.

Abb. 15

Abb. 16

Abb. 14, 15, 16: **Zimmerleute des Chiemgaues beim Beschlagen.** Auf dem auf „Hauböcken" oder „Zimmerböcken" waagerecht aufgeklammerten Stamm werden mittels „Schnurschlägen" die Richtungslinien der herzustellenden Kanten „vorgerissen" und hierauf mit der „Zimmeraxt" in der Entfernung von etwa 60 cm bis zu dieser Vorzeichnung reichende, senkrechte Stiche eingehauen. Das Abschlagen des zwischen den Stichen liegenden Holzes geschieht zuerst mit der Zimmeraxt, alsdann schafft das „Breitbeil" eine glatte Ebnung. Nach Bearbeitung der ersten und zweiten Seitenfläche wird das Holz „umgekantet" und bei den beiden letzten in gleicher Weise verfahren wie zuvor. Die Abbildungen zeigen diesen zweiten Abschnitt des Beschlagens. Sie lassen die dabei eingenommenen Stellungen, die Linke dem Balken zugekehrt, erkennen.

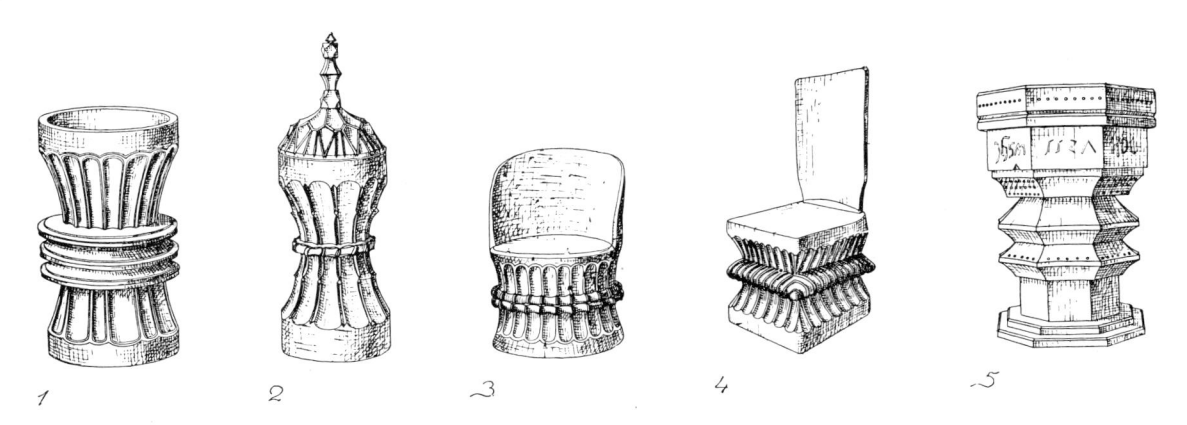

Abb. 17: **Aus Holzklötzen herausgeschnittene Taufbecken und Stühle,** deren Formen ihre erste Anregung im kleinen aus dem Bearbeiten eines Stabes mit dem Messer, im großen aus dem Beschlagen eines Baumstammes erhielten (Abb. 14, 15, 16). Während die aus Norwegen stammenden Beispiele 1 bis 4 reine Holzformen aufweisen, zeigt das fünfte aus Siebenbürgen durch den wie untergeschoben wirkenden Fuß Anklänge an steinmäßiges Gestalten.

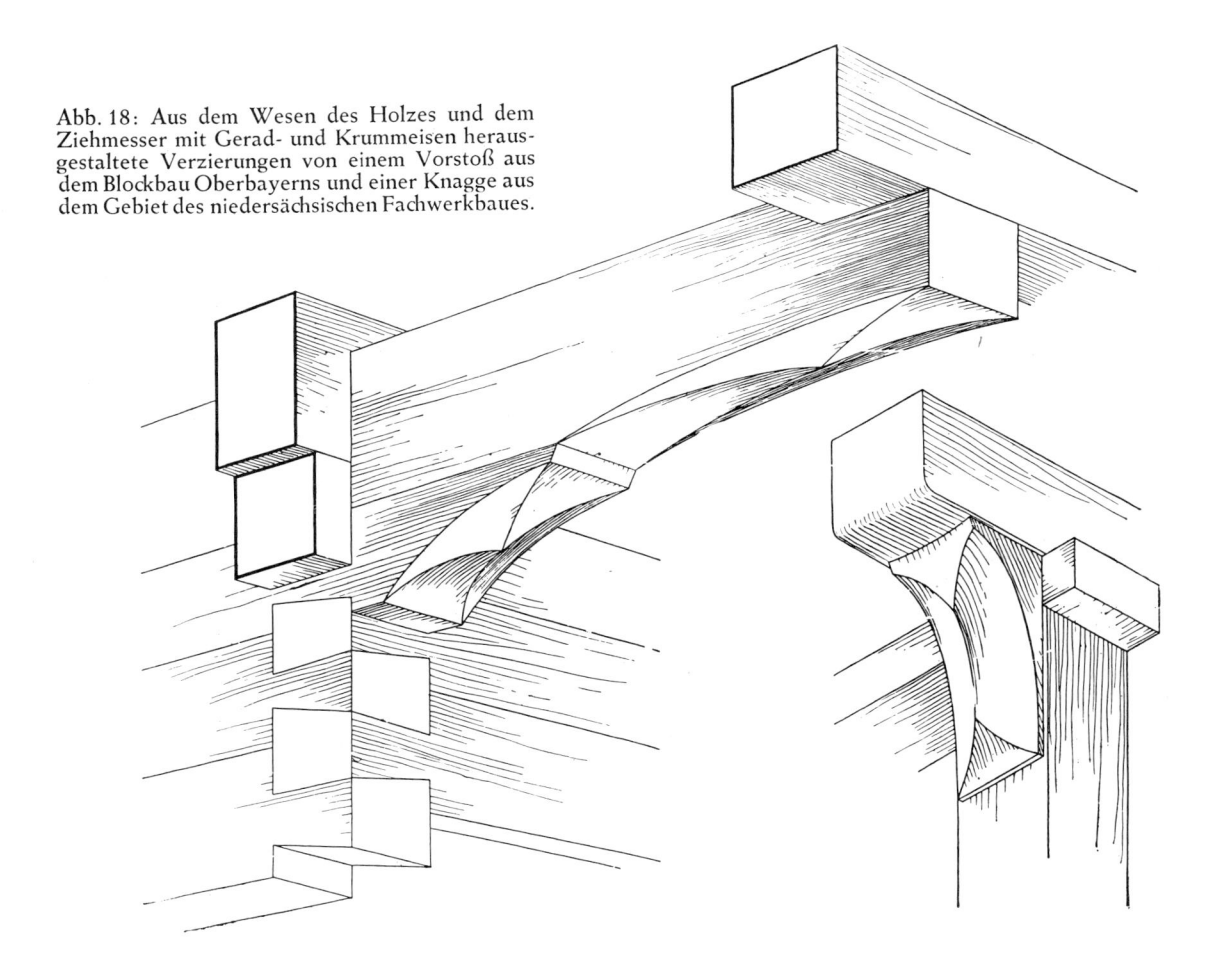

Abb. 18: Aus dem Wesen des Holzes und dem Ziehmesser mit Gerad- und Krummeisen herausgestaltete Verzierungen von einem Vorstoß aus dem Blockbau Oberbayerns und einer Knagge aus dem Gebiet des niedersächsischen Fachwerkbaues.

Diese Behandlungsart regte die Gestaltungskraft des Holzbildners dazu an, die reine Werkform in eine Kunstform zu verwandeln (Abb. 17). Zu den sich hieraus ergebenden eigenartigen Formen wäre man ohne völliges Verwobensein mit der handwerklichen Ausführung nie gekommen.
Wie sehr die Handhabung des Ziehmessers an verschiedenen Stellen und unabhängig voneinander zu gleichen Ergebnissen anzuregen vermochte, belegen auf Abb. 18 neben einem Vorstoß aus dem oberbayerischen Blockbau eine Knagge aus dem niedersächsischen Fachwerkbau.

Das dem Holz am meisten Gewalt antuende Werkzeug, die Säge, geht rücksichtsloser als die bisher genannten Spaltwerkzeuge zu Werke (Abb. 19). Aber auch hier kann das Wesen des Holzes zu seinem Recht kommen. Es ist belangreich, einmal zu verfolgen, wo der Sägeschnitt aus zweckmäßiger Bedingung, und das andere Mal, wo er aus rein künstlerischem Antrieb Anwendung fand. Zum Vergleich seien zuerst Zweckformen herausgestellt, sogenannte „Stützeln" von Pfostenspeichern (Abb. 20). In ursprünglichster Gestalt finden sich diese an den Speichern des Wallis, wo, um das Ungeziefer abzuhalten, zwischen Stützen und Speicherwänden Steinplatten eingeschoben wurden (Abb. 20/1). Der Druck des Speichergehäuses wird von den verkämmten Eckverbindungen aus übertragen. Empfindungsgemäß verjüngte sich die Stütze nach dieser Stelle hin und bekam durch eine diese Bewegung mitmachende Fase noch eine Verfeinerung. Bei den nächstfolgenden zwei Beispielen aus Norwegen und Schweden (Abb. 20/2 und 3) tritt an Stelle der Steinplatte eine besonders breit gestaltete Schwelle. Aber auch hier erkennen wir eine nach dem Stützpunkt hin betonte Bewegung, bei Abb. 20/3, wo die Stütze oben und unten auf sich überschneidende

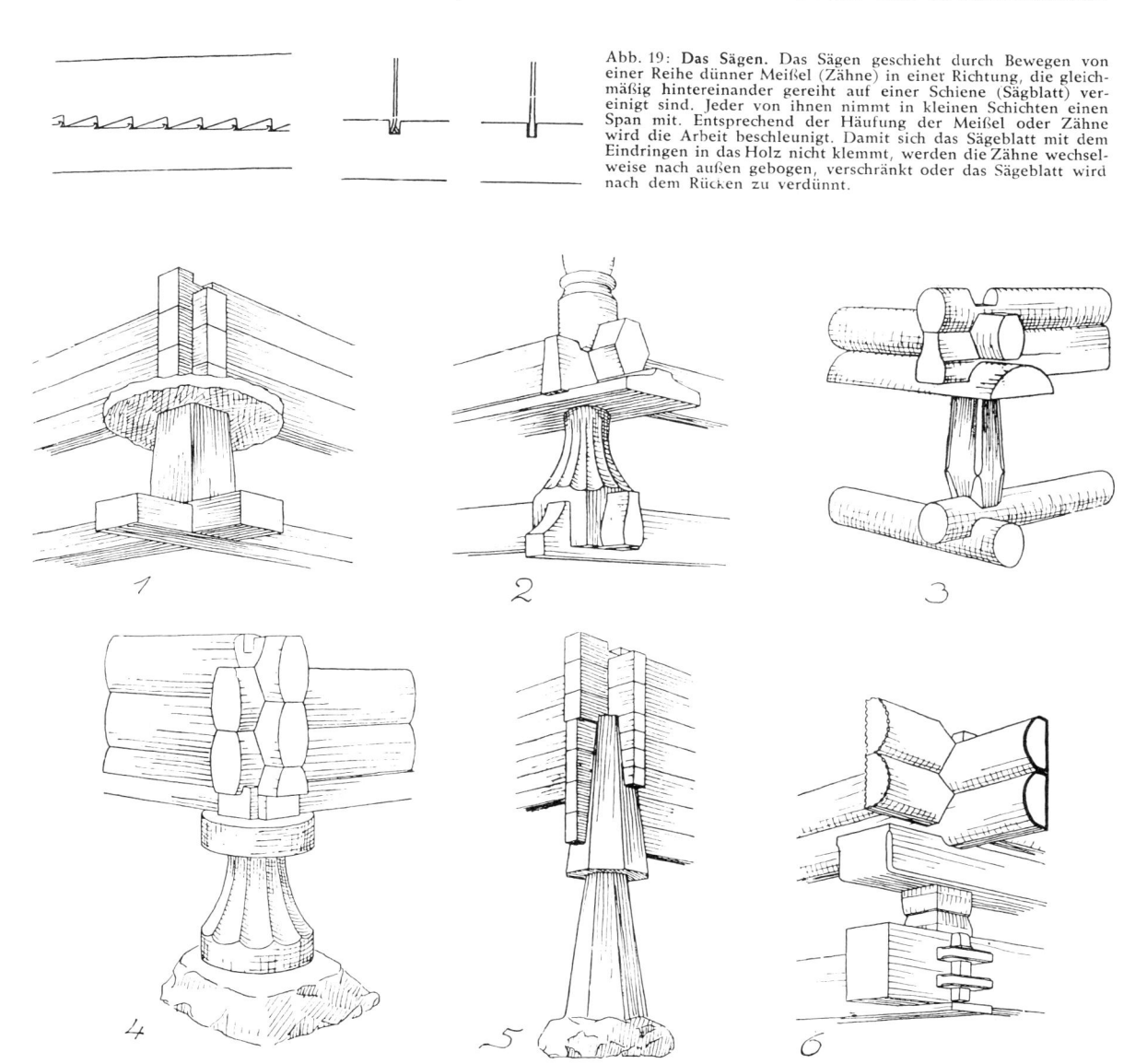

Abb. 19: **Das Sägen.** Das Sägen geschieht durch Bewegen von einer Reihe dünner Meißel (Zähne) in einer Richtung, die gleichmäßig hintereinander gereiht auf einer Schiene (Sägblatt) vereinigt sind. Jeder von ihnen nimmt in kleinen Schichten einen Span mit. Entsprechend der Häufung der Meißel oder Zähne wird die Arbeit beschleunigt. Damit sich das Sägeblatt mit dem Eindringen in das Holz nicht klemmt, werden die Zähne wechselweise nach außen gebogen, verschränkt oder das Sägeblatt wird nach dem Rücken zu verdünnt.

Abb. 20: **Stützen (Stadelbeine, Stützeln, norwegisch Stabber)** von Speichern, bei denen neben der Axt, dem Beil und dem Texel das Ziehmesser mit Geradeisen (1, 3, 5, 6) sowie mit Krummeisen (2, 4) und die Säge (4, 5, 6) Anwendung gefunden haben. Die Beispiele stammen 1. aus Zermatt, Schweiz; 2. aus Vinje, Telemarken, Norwegen; 3. aus Aelvdalen, Schweden; 4. aus Sirdal, Norwegen; 5. aus Längenfeld, Tirol; 6. aus Waldhaus bei Bern, Schweiz.

Balken an den Verkämmungen trifft, sogar nach beiden Richtungen hin. An dem vierten Beispiel legte man die abwehrende Waagerechte in die Holzstütze selbst. Hier tritt nun zu der Bearbeitung mit Beil und Ziehmesser noch der Sägeschnitt. Das gleiche trifft für das fünfte Beispiel zu, an dem noch die Vermittelung nach den durch Schlitze gefaßten Vorstößen der Blockwände hin in die Augen fällt. Bei allen kann man gut verfolgen, wie Zweck und Wesen des Holzes sowie die Wahl der Werkzeuge, verbunden mit einem starken Einfühlen, die Hand des Gestalters geführt haben.

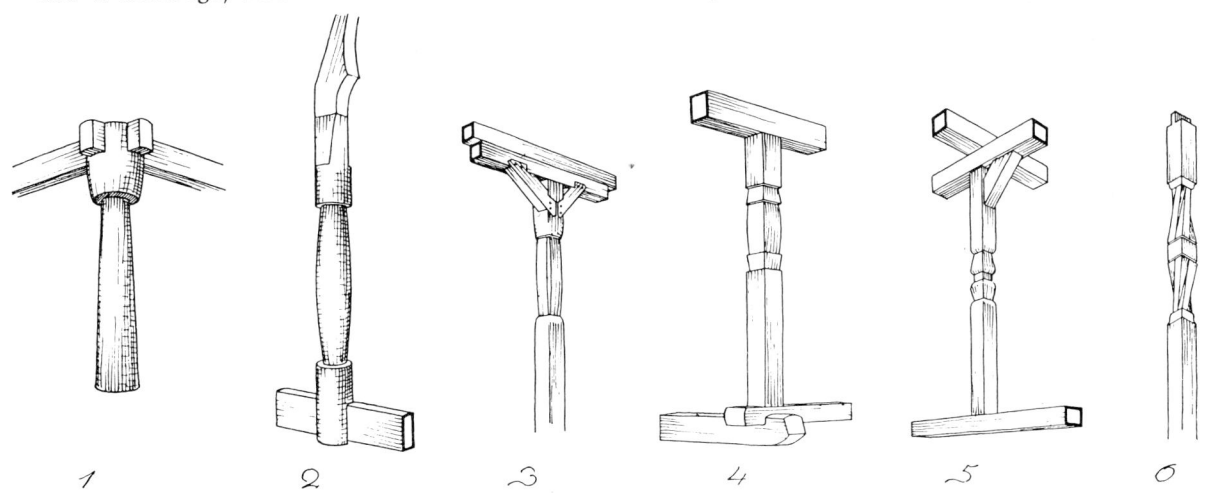

Abb. 21: **Säulen**, bei denen außer der Säge, der Axt und dem Beil noch das Ziehmesser mit Geradeisen (1,2,3,4,5,6), der Stechbeitel sowie das Balleisen (5,6) und das Hohleisen (6) Anwendung gefunden haben. Die Beispiele 1,3,4,5 stammen aus Siebenbürgen; 2 aus Borgund, Norwegen; 6 aus dem Chiemgau, Oberbayern.

Bei den nächsten Beispielen, einer Reihe aufwärtsstrebender Säulen (Abb. 21), konnte man sich in der Formengebung freier bewegen als bei den vorigen. Trotzdem begegnet uns Ähnliches. Die erste Säule faßt die Rähme in Schlitzen; entsprechend beließ man dem Stamm hier seine volle Stärke. Ja, man suchte dies durch Zuhilfenahme des Sägeschnittes und durch Beschlagen noch besonders zu betonen, indem man den Schaft nach oben verjüngte. Die zweite Säule zeigt diese Einschnitte und Verjüngungen an beiden Enden. So entstand eine Schwellung, die man als schön empfand, weil sie gefühlsmäßig eine Spannung andeutete. Dieser Grundgedanke wiederholt sich bei den folgenden Beispielen, begleitet von verschiedenen im kleinen ausgeführten Abwandlungen. Beim vierten gaben die Sägeschnitte der Gesamtform ein besonderes Gepräge; beim dritten und fünften verwischte man die Spuren dieses Werkzeuges durch Runden der Kanten mittels Meißelschnitten (Abb. 22). Es ist selbstverständlich, daß auch die aus der Handhabung des Meißels sich

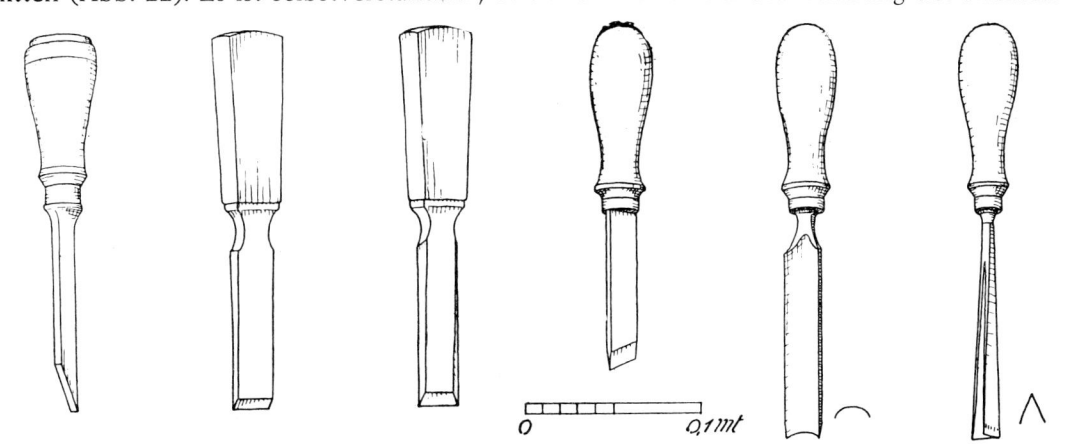

Abb. 22: **Stemm- und Stecheisen, einseitig (englische Art) oder beidseitig (deutsche Art), geschliffene Meißel.** 1. Lochbeitel, dient zum Quertrennen der Holzfasern und zum Ausstemmen der Zapfenlöcher; 2. und 3. Stecheisen, dienen zum Wegnehmen von Holzteilen und zum Glätten; 4. Balleisen, dient als Schnitzmesser; 5. Hohleisen, dient zum Ausarbeiten rinnenartiger Vertiefungen und Hohlkehlen; 6. Geißfuß, dient zum Ziehen von Umrandungen.

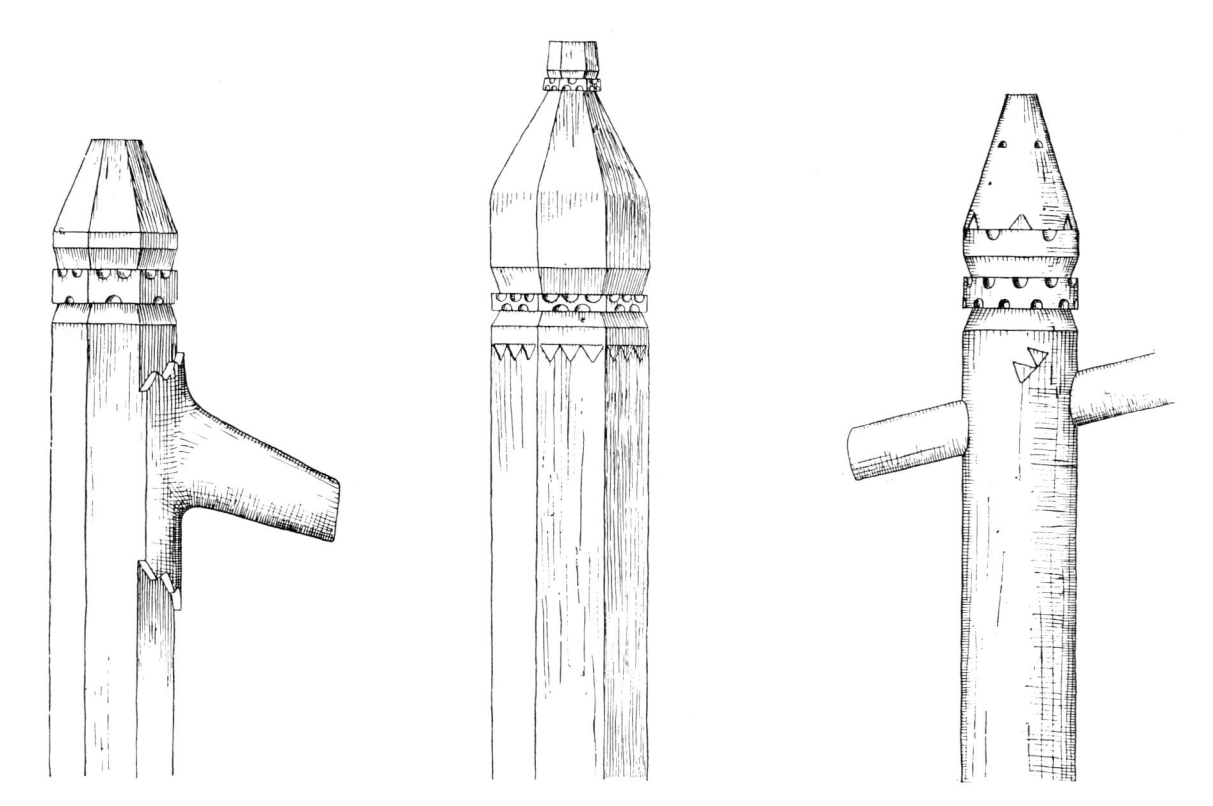

ergebenden Spuren, gleich anderen Werkzeugen, bei jedem Schnitt zu neuen Formen anregen mußten. So entstanden Gestaltungen, die auf den ersten Blick verwickelt aussehen, die jedoch, wenn man sich den handwerklichen Werdegang vorstellt, durch die Leichtigkeit der Ausführung überraschen (Abb. 21/6). Eigenartige Formen entstanden durch die Verbindung von Sägeschnitten und Stichen mit dem Hohleisen (Abb. 23).

Oben Abb. 23: **Brunnensäulen aus Alpach in Tirol** in Stärken von 23, 29 und 21 cm, bei deren Formengebung neben dem Breitbeil, dem Ziehmesser, dem Stecheisen und dem Hohleisen auch die Säge Anwendung fand. Doch treten die Spuren der letzteren nur dort auf, wo sich je ein Ring um eine Kehle legt. Um an den Sägeschnitten den Eindruck des Gewaltsamen zu mildern, wurden die Kanten mit dem Hohleisen bestochen. Bemerkenswert ist, wie beim ersten Beispiel ein natürlicher Aststumpf ausgespart und in die Umformung mit einbezogen worden ist.

Unten Abb. 23a: **Tür von einem Stadel aus dem Tuxertal in Tirol**, an deren Sturzbalken eine dem vorigen verwandte, nun aber in zweifachen Maßen gestaltete Verzierung ausgeführt wurde. Zunächst machte man tiefe Einschnitte mit der Säge, zur Formung des Profils im großen betrachtet und ließ von der Vorderflucht beginnende Schrägen anlaufen. Dann stach man aus den zwischen diesen Schrägen liegenden Stegen Zierstücke heraus, die wiederum aus schrägliegenden und senkrecht stehenden Einschnitten bestehen.

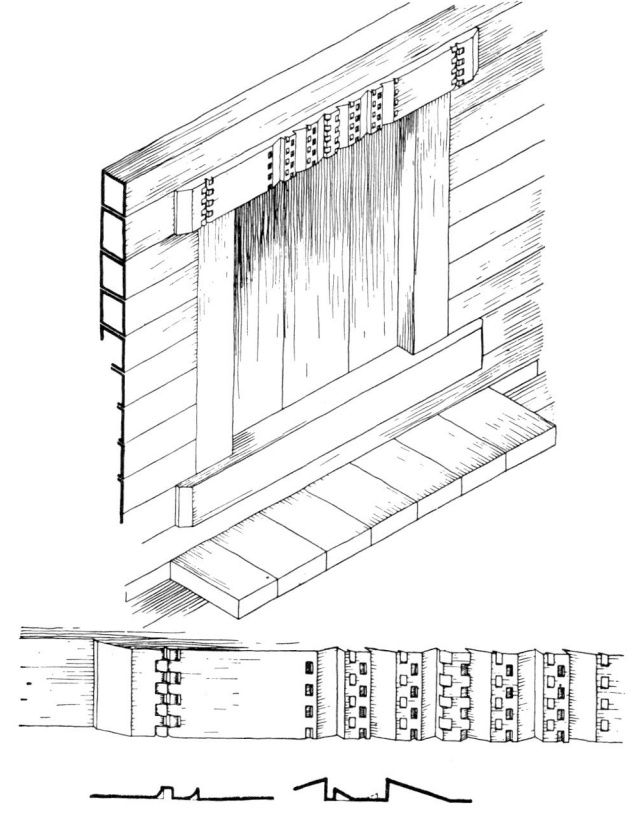

2 Phleps, Der Blockbau

Zu welcher Höchstleistung in diesen werkgerechten Bahnen die Erfindungsgabe sich aufzuschwingen verstand, dafür geben die norwegischen Blockbauten in ihren mit ovalem Querschnitt gestalteten Balken und an den mit Schwellung versehenen Türpfosten das Überwältigendste an Ausdruckskraft (Abb. 24). Ein runder Balken zeigt im Querschnitt nach allen Richtungen hin dieselbe Kraft, deshalb kann man ihn rollen. Ein Balken mit ovalem Querschnitt besitzt aber verschieden geartete Kräfte und in der Richtung der Längsachse des Ovals die größte Stärke. So wirken solcherart geformte Blockbalken gleich gespannten Muskeln. Folgerichtig mußte auch den senkrecht zu ihnen stehenden Türpfosten der gleiche Lebenshauch verliehen werden, sie mußten also ebenfalls eine Schwellung andeuten.

Dem Holz, dessen Wesensart an den wenigen vorgeführten Beispielen zum Ausdruck kam, entgegengesetzt geartet ist der Stein. Dies tritt schon beim Vorkommen in der Natur auffallend in Erscheinung (Abb. 25 und 26). Den Stein kennzeichnet die Schwere und, wenn wir von schieferartigen Gesteinen absehen, eine Zusammensetzung, die nach allen Richtungen hin den gleichen Widerstand

Abb. 24: **Lofttüre aus Telemarken.** Die Blockbalken sind im Querschnitt in einem Oval gestaltet, dessen Längsachse in der Senkrechten liegt. Hierdurch wird nach dieser Richtung hin eine Spannung zum Ausdruck gebracht. Folgerichtig passen sich die als Türpfosten dienenden Wechsel dieser Wesensart an und zeigen ebenfalls eine Schwellung. Die durch dieses starke Einfühlen erreichte Lebendigkeit im Ausdruck gehört zu den Höchstleistungen in der Sprache der Holzarchitektur. Ihre eigenartige Form ist von der Antike auch auf den Stein übertragen worden. Am unteren Saum sind die Blockbalken mit einem Profil versehen, das mit einem ähnlichen Werkzeug, wie es auf Abb. 5 e dargestellt ist, herausgestochen wurde.

Abb. 25: **Schwarzwälder Holzarbeiter beim „Berepeln"**, dem teilweisen Entrinden frischgefällter Tannen. Schon auf dieser ersten Stufe der Bearbeitung kommt das lebendige Wesen des Holzes zum Ausdruck. Jeder Stamm deutet durch seine langgestreckte Form eine Bewegung an. Die Behandlung der Rinde verrät die Sorgsamkeit, mit der das innere Gefüge behandelt werden muß.

Abb. 25

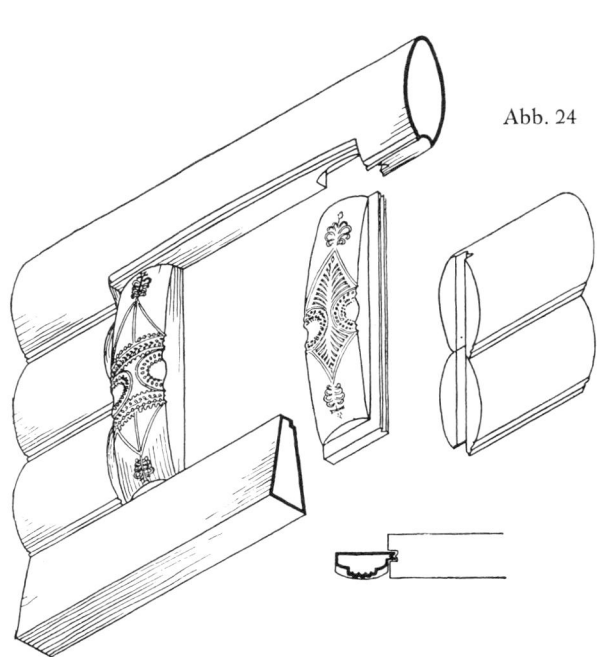

Abb. 24

Abb. 26: **Der „Steinbruch Burrer" bei Maulbronn in Württemberg.** Allein schon das gleichmäßig verteilte, körnige Gefüge des Felsens sowie der durch einen Kran gehobene schwere Steinbossen zeigen deutlich die völlige Verschiedenheit dieses Baustoffes gegenüber dem des Holzes (Abb. 25).

Abb. 26

entwickelt. Deshalb ist es unzulässig, Formen von dem einen auf das andere übertragen zu wollen. Leider ist dieses bereits in der Blütezeit der Holzbaukunst geschehen, weil der Steinbau irrtümlicherweise bald als vornehmer galt als der Holzbau. Wie man schon bei frühen Berührungen Steinformen werkgerecht in Holz umzugestalten suchte, zeigen die Säulen auf Abb. 27. Die

Abb. 27: **Gegenüberstellung von romanischen Stein- und Holzsäulen,** an denen man deutlich sehen kann, wie die aus dem Steinwürfel heraus erfundene Kapitellform (1, 2, 3, 5) sich den Gegebenheiten des Holzstammes (6) anpassend, umgeformt worden ist, und wie die Umgestaltung der Basis (5), wo das stärkere Stammende eine Verbreiterung des Querschnittes zuließ (6), und wo diese Möglichkeit fehlte (4), geschehen ist. Die Beispiele 1 und 5 stammen aus der Michaelskirche in Fulda (um 820); 2 aus St. Maria auf dem Kapitol in Köln (1065 geweiht); 3 aus St. Aurelius in Hirsau (1071 geweiht); 4 vom Sval der Stabkirche in Borgund (frühgotische Zutat zu dem um 1150 errichteten Bau); 6 aus der Stabkirche in Flaa, Hallingdal (13. Jahrhundert).

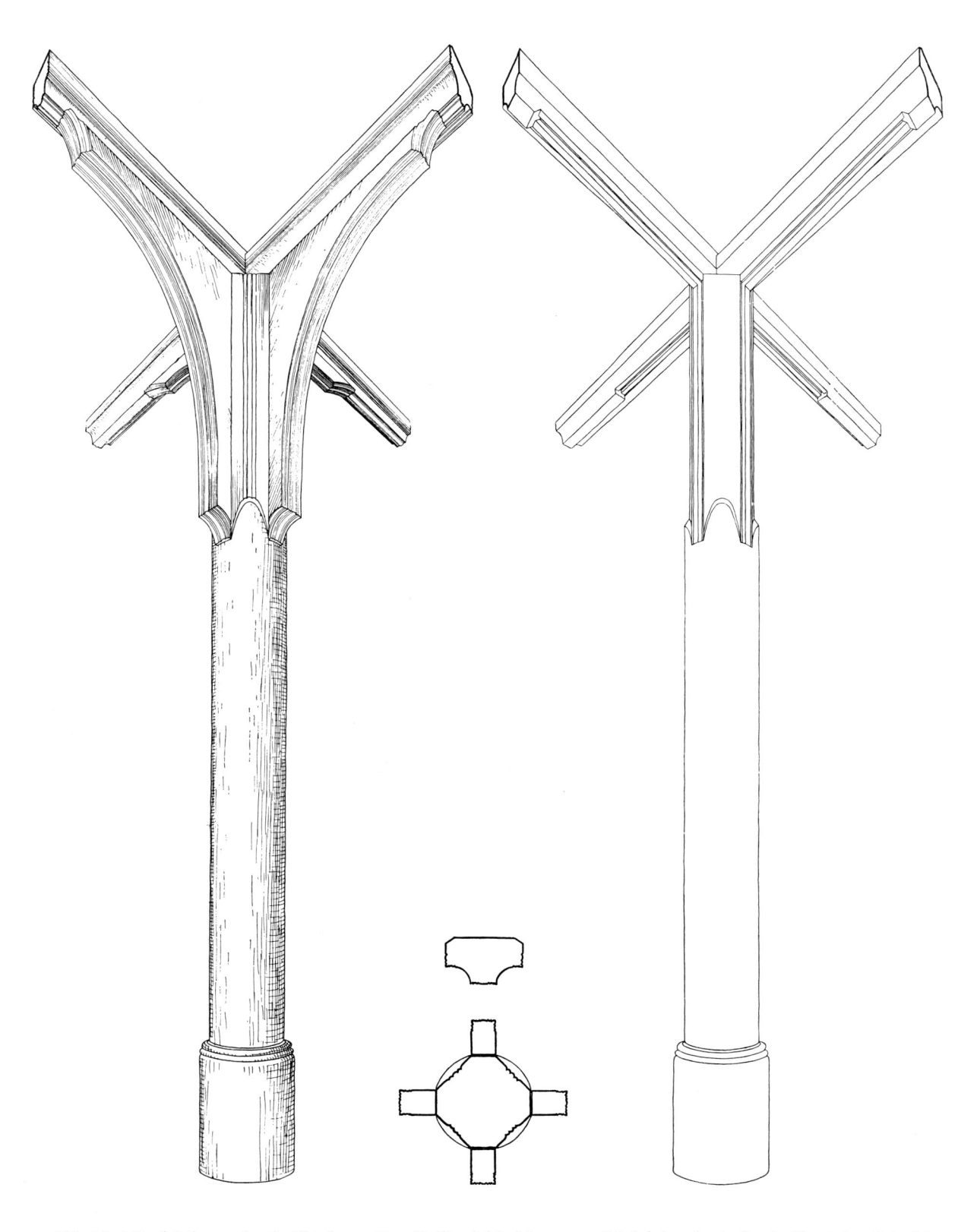

Abb. 28: **Mittelsäule aus der Stabkirche zu Nes, Hallingdal in Norwegen** (13. Jahrhundert), die ein klassisches Beispiel reiner Holzformen darstellt. Wenn auch der Säulenfuß sich an die Steinbasis des romanischen Stiles anlehnt, war er doch zulässig, denn die Erweiterung des Querschnittes an dieser Stelle war durch das stärkere Stammende des in der Natur sich nach oben verjüngenden Baumstammes naheliegend. Bemerkenswert ist, wie die Säule an der Stelle, wo die Knaggen eingreifen, aus diesen Bedingtheiten heraus vom Rund zu einem Achteck übergeleitet wird.

Umbildung der Basis der romanischen Säule machte hierbei, weil beim Baum das Stammende stärker als das Zopfende ist, keine Schwierigkeiten (Abb. 27/6).

Aber auch bei gleichbleibender Stärke wußte man sich zu helfen (Abb. 27/4). Schwerer war die Lösung bei dem aus einem Steinwürfel heraus geborenen Kapitell (Abb. 27/1, 2 und 3). Wollte man die Holzsäule an dieser Stelle nicht durch Zutaten künstlich verstärken, so war man gezwungen, mit den vorhandenen natürlichen Ausmaßen fertig zu werden. Die vorgeführte Säule aus der Kirche Flaa in Norwegen (Abb. 27/6) zeigt uns, wie aus den Bedingtheiten des Holzes heraus etwas Neues entstanden ist. Mit der Ausbreitung und dem Wachsen der Steinarchitektur verstärkte sich ihr Einfluß auf die Holzbaukunst. Aus dem Vergleich der Säulen auf Abb. 28 sowie Abb. 29 kann man ersehen, wie weit man im Holz unter der Vorherrschaft der Steinform Fehlwege beschritten hat. Beim ersten ist — bis auf die Basis, die jedoch werkgerecht umgeformt wurde — alles aus dem Wesen des Holzes heraus gestaltet worden. Beim zweiten aber zeigen sich an der Säule sowie an den Balken völlig andersgeartete Formen, die die Beeinflussung vom Stein her nicht verleugnen können. Die Säule selbst ist nicht der Urform des Baumstammes entsprechend aus einem Zylinder oder zum mindesten aus einem vierkantigen Balken heraus als Einheit entwickelt, sondern gliedert sich in ein Postament und einen darüber gesetzten Pfeiler. Dies aber entspricht ganz dem Wesen des Steines. Die Profilierungen an den Balken sind zu grob. Hier haben die Steinrippen des mittelalterlichen Gewölbebaues, die damals zu den größten Meisterstücken der Baukunst zählten, Pate gestanden. Zur näheren Erläuterung dieser Wandlung wird

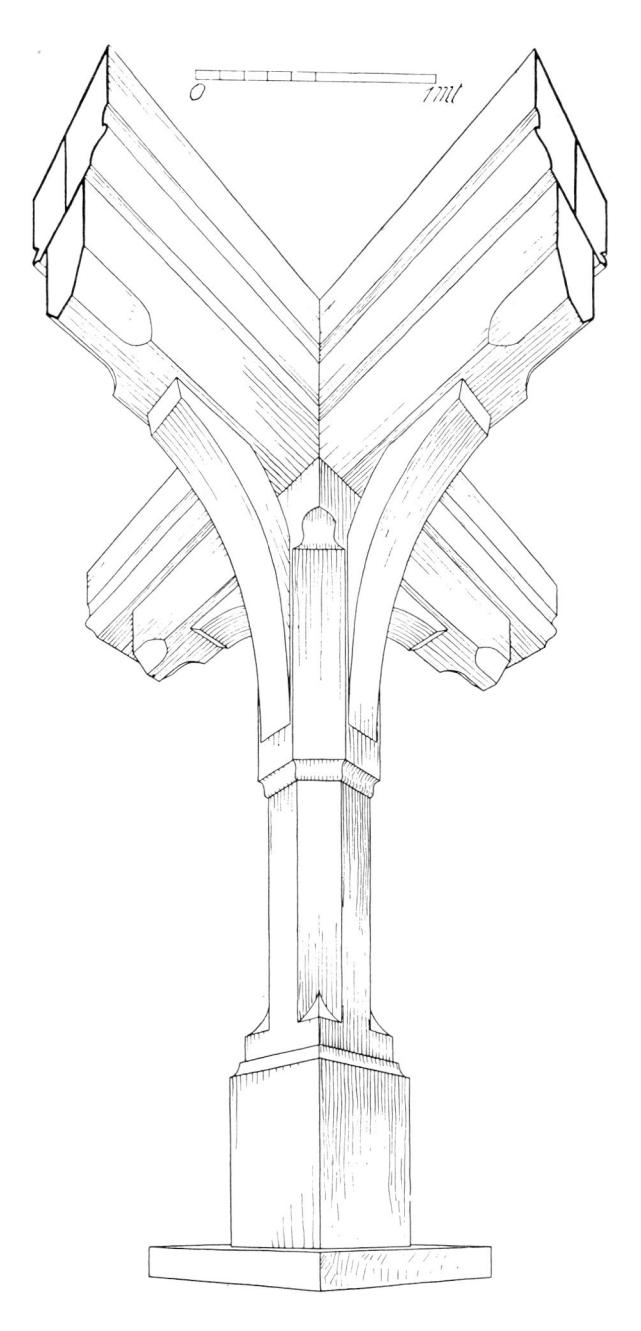

Abb. 29: **Holzsäule aus Ulm,** die durch den in Form eines Postamentes gestalteten Fuß, die Überschneidungen am Übergang vom quadratischen zum achteckigen Querschnitt und die auffallend kräftigen Profilierungen der Balken den Einfluß der Steinarchitektur zur Schau trägt. Zieht man neben diese Gefügeteile die rein holzmäßig geformten Knaggen zum Vergleich, so vermeint man zwei verschiedene Werkstoffe vor Augen zu haben.

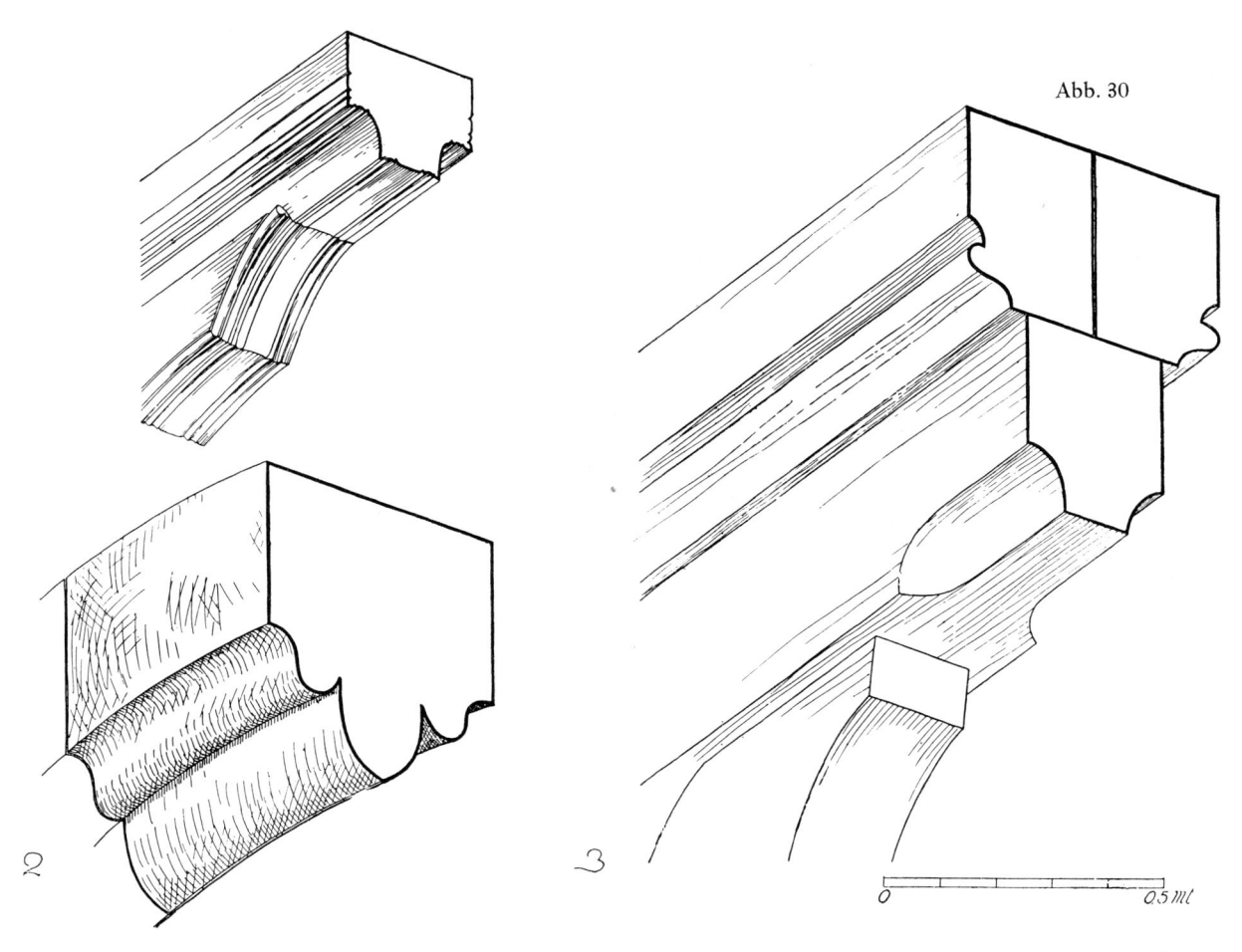

auf Abb. 30 neben Ausschnitten der besprochenen zwei Säulenformen noch ein Steinrippenquader zum Vergleich gebracht.

Es gilt als wichtiges Gesetz in der Holzbaukunst, daß bei der Profilierung die Grundform der einzelnen Gefügeteile weitgehend zu schonen ist. Gerade zartbemessene Zierglieder geben dem mit ihnen geschmückten Holz eine ungemein wirksame Veredelung. Was an der Holzsäule auf Abb. 29 bemängelt wurde, trifft auch auf die in Abb. 31 wiedergegebenen zwei Säulen zu. Wie

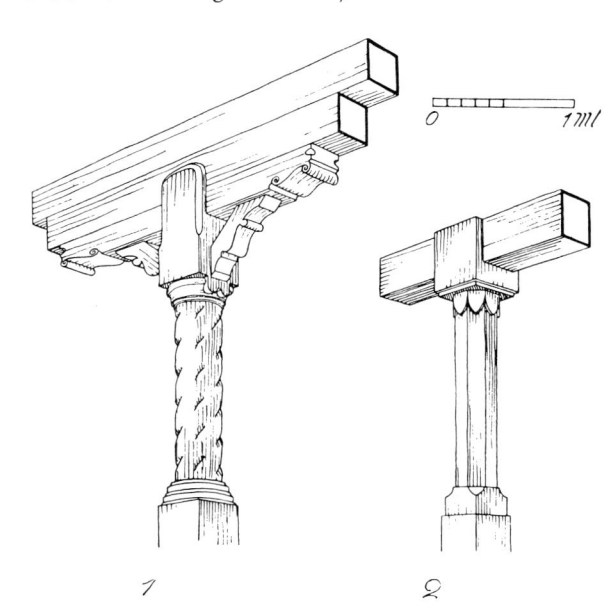

Abb. 30: **Ausschnitte von profilierten Holz- und Steingefügen.** Das erste Beispiel, eine Einzelheit von der Säule aus Nes (Abb. 28) darstellend, zeigt Profile, die aufs engste dem inneren Aufbau des Holzes, also seinen Fasern, angepaßt sind. Beim zweiten Beispiel, von einer Kreuzrippe aus der Waldrichskapelle in Murrhardt, Württemberg, kommen die Eigenarten des Steines zum Widerschein. Die eindeutig gerichtete Form ist hier aus einer Anzahl von Einzelquadern zusammengeschichtet, die, einzeln betrachtet, nach allen Richtungen hin die gleiche Zusammensetzung zeigen. Dieses und ihr großer Widerstand auf Druck lassen eine völlig andersgeartete und kräftigere Profilierung zu als beim Holz. Am dritten Beispiel, einem Ausschnitt von der Säule auf Abb. 29, aus Ulm, wird das Holz dem Stein untertan, denn die Form der Zierglieder rückt auffallend an die der Steinrippen heran.

Abb. 31: **Holzsäulen,** bei denen zwar die üblichen Handwerkszeuge, wie Axt, Beil, Ziehmesser, Stemm- und Stechzeug, zu Hilfe gezogen worden sind, die Formen aber nicht allein aus dem Wesen des Holzes heraus, sondern in deutlicher Anlehnung an steinerne Vorbilder gestaltet wurden. Das erste Beispiel stammt aus Laupen, das zweite aus Lech; beide in Vorarlberg.

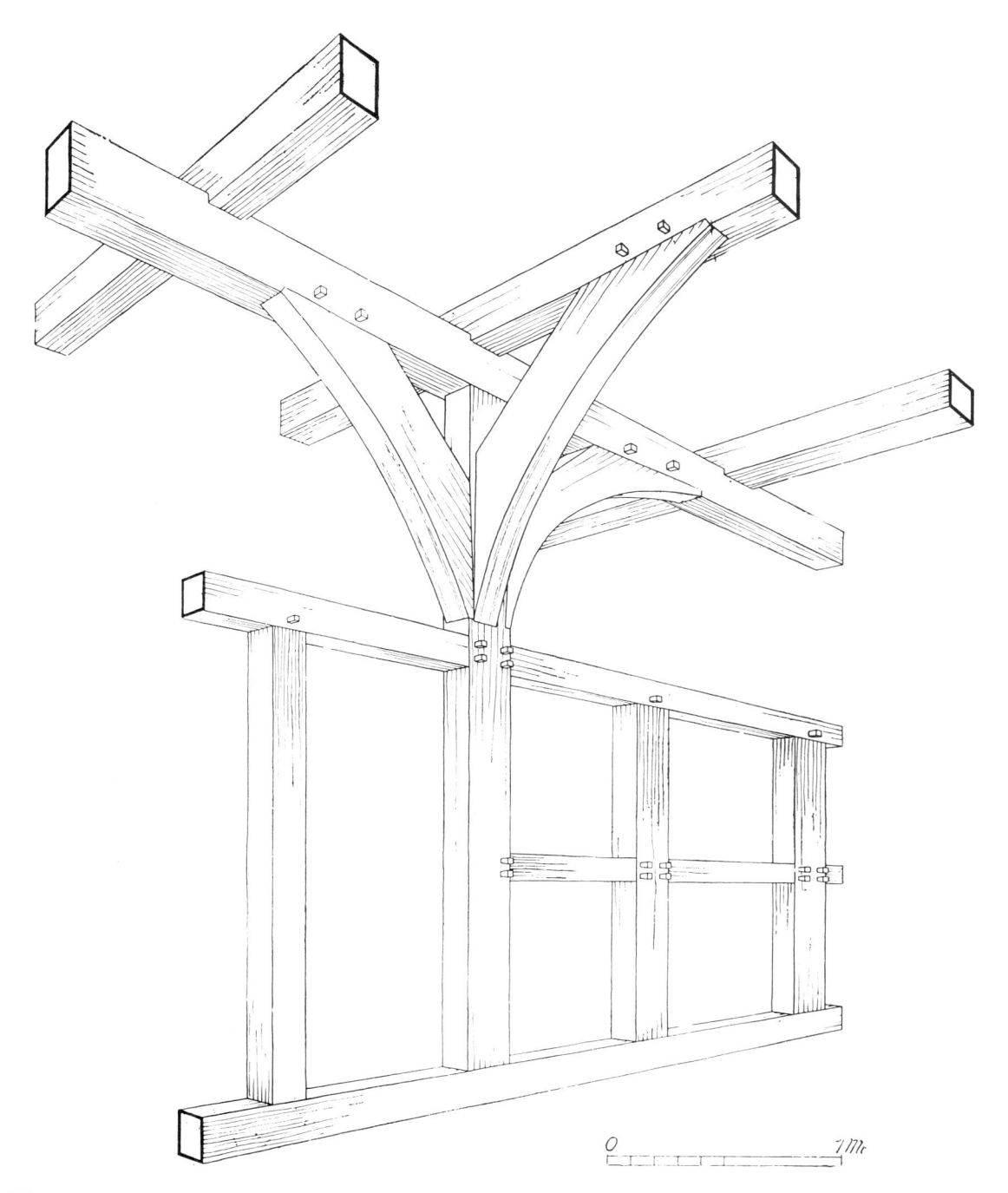

Abb. 32: **Ausschnitt aus einer niedersächsischen Dielenwand,** jetzt in Menden, Westfalen, bei deren Knaggen aus einem lebendigen Einfühlen heraus durch die bogenförmige Vermittlung eine Spannung zum Ausdruck gebracht worden ist.

zum Beispiel bei der ersten (Abb. 31/1) derselben der Ansatz für die Konsolen gestaltet worden ist, entspricht mehr einer Stein- als einer Holzform. Bei der zweiten (Abb. 31/2) wiederum mahnt das Kapitell an einen aufgesetzten Steinwürfel; es wurde einer fremden Form zuliebe viel zuviel Holz weggenommen.

Man halte neben diese schon zu verwickelt gestalteten Formen die Säulen auf Abb. 26 und 34, dann erkennt man, wie weit man sich bei den ersteren von der Wesensart des Holzes entfernte.

Das Holz erzieht bei lebendigem Einfühlen ganz von selbst dazu, im Aufbau auf einen organischen Zusammenhalt zu achten. So vermittelt die Knagge einer niedersächsischen Dielenwand auf Abb. 32 den Druck der Dielenbalken gleich gespannten Federn auf die Wandpfosten in einer

Lebendigkeit, die vorbildlich ist. Aber auch am Hirnholz, wo sie aus der zu einer Einheit verschmolzenen Blockwand herauswuchs, ist eine ähnliche Vermittlung verwirklicht worden (Abb. 33). Da hier die statischen Kräfte in völlig anderer Art als beim vorigen Beispiel gemeistert wurden, war es notwendig, das Wesen der übereinandergeschichteten Blockbalken wenigstens durch Betonung des obersten vorkragenden Balkens zum Ausdruck zu bringen.

Schönste Beispiele hierzu liefern uns ferner zwei treffliche Säulen aus Kleinkirchheim in Kärnten (Abb. 34). Der einen Säule ist eine Steinbasis untergeschoben, in deren Form sich der andersgeartete Werkstoff auffallend kundgibt; bei der anderen fehlt diese Zutat, hingegen hat man hier

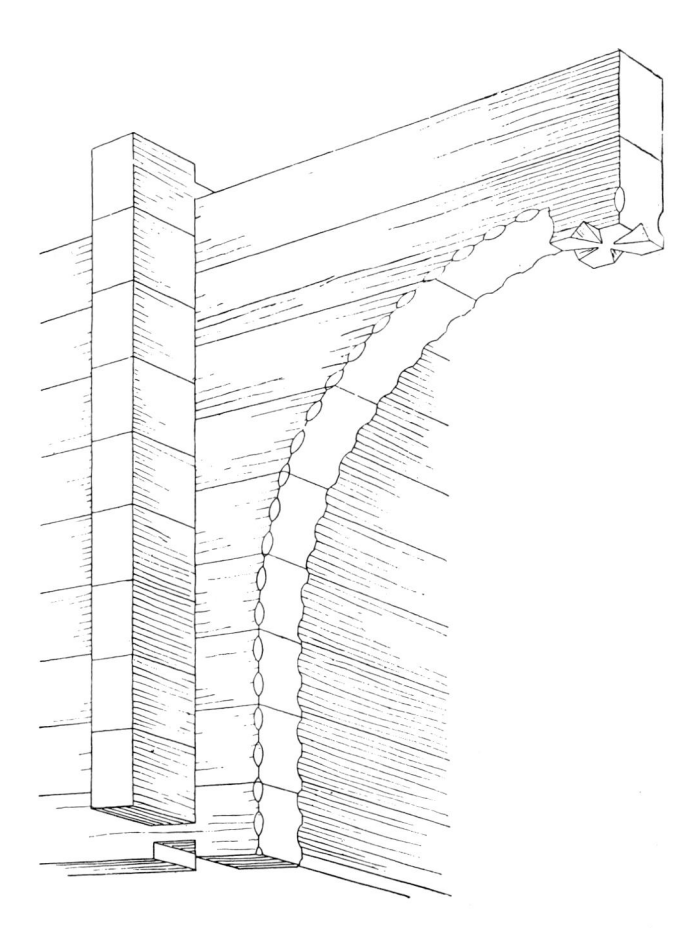

Abb. 33: **Vorstoß mit bogenförmiger Vermittlung** von einem Blockhaus aus Sarnen, Schweiz, an deren Scheitel streng aus dem Wesen des Blockbalkens heraus ein wie eine Gegenstütze wirkendes, sich deutlich abhebendes Zierstück herausgeschnitten worden ist.

durch leichtes Einziehen des Schaftes in geringer Höhe über dem Auflager und in Anpassung sowie Schonung der Grundform eine dem Holzstamm zukommende Fußgliederung zu finden gewußt.

Die innere Zusammensetzung des Holzes bringt es mit sich, daß seine Körperform, sei es als Balken, Bohle oder Brett, weitgehendst für die ihr im Gefüge zugeteilte Aufgabe ausgenutzt werden muß. Dies verleiht seiner Formgebung ein besonderes, das „holzmäßige" Gepräge. Man freut sich hier nicht nur am Formenspiel an sich, sondern fühlt zugleich, daß man Holz vor Augen hat. Deshalb soll man Zierglieder — selbst wenn in der Kräftezumessung eine freiere Entfaltung möglich wäre — so gestalten, daß die Grundgestalt, aus der die jeweilige Form herausgearbeitet wird, immer noch fühlbar bleibt (Abb. 35).

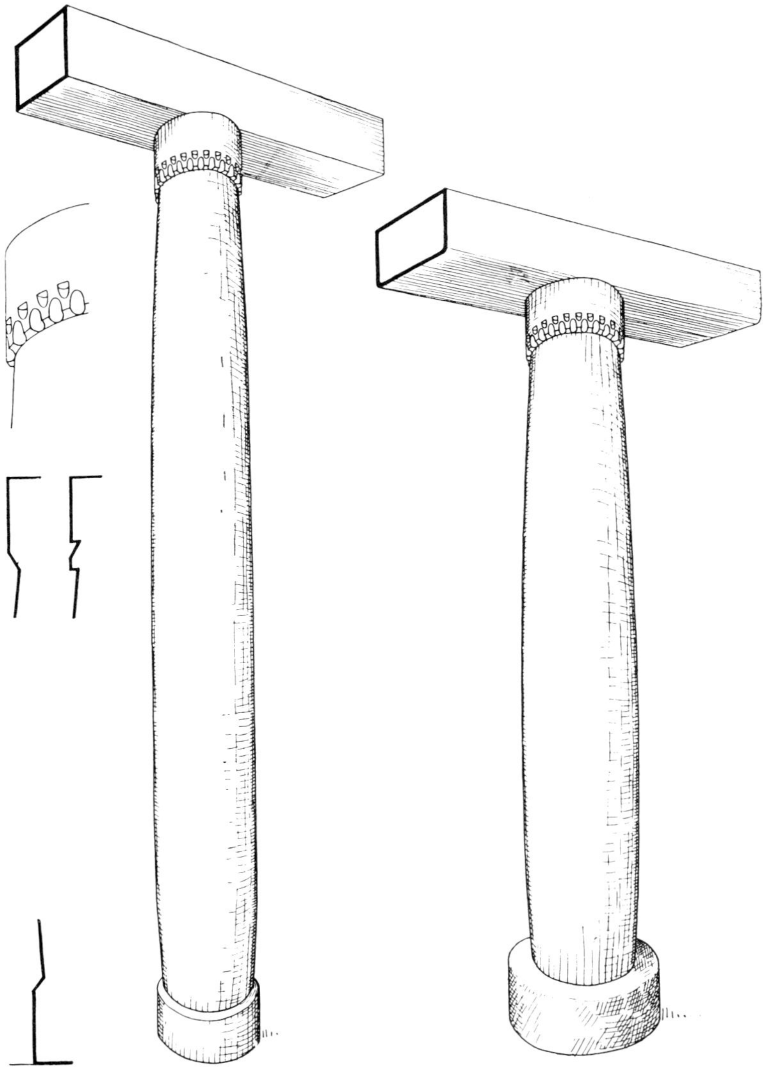

Abb. 34: **Holzsäulen** aus der Quellenkapelle des Wallfahrtkirchleins in Kleinkirchheim in Kärnten. In naheliegender Weise ist den Rundstämmen mit dem Ziehmesser eine leichte Schwellung gegeben worden. Am oberen Auflager behielt man die natürliche Rundung bei, wodurch sich dieser Teil als Säulenknauf heraushob. Das gleiche geschah bei der ersten Säule auch am Fuß, hier einen Säulenfuß andeutend. Bei der zweiten ersetzt eine Steinplatte dieses Glied. Es ist ungemein lehrreich, wie klar und deutlich sich hier die verschiedenen Wesensarten der Werkstoffe Holz und Stein kundtun und trotzdem jedes für sich — wenn auch in anderen Ausdrücken — ein geschlossenes Ganzes darstellen. Hätte man, ohne die Formen zu verändern, den Säulenfuß der ersten aus Stein und den der zweiten aus Holz machen wollen, dann wäre ein Zerrbild unzulässiger Täuschung entstanden. (Größter Durchmesser des Säulenschaftes: links 24,7 cm, rechts 29 cm.)

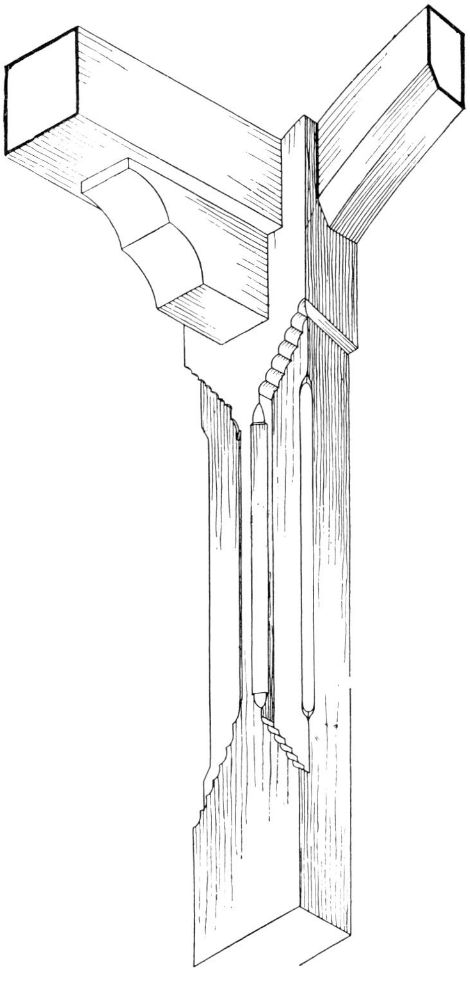

Abb. 35: **Wandsäule** aus der sogenannten Brixener Halle im Volkskunstmuseum in Innsbruck (16. Jahrhundert). Die mit Grad-, Schräg- und Hohlmeißeln herausgestochene Gliederung verzichtet auf waagerechte Schichtungen, wie sie bei Steinsäulen üblich sind. Dadurch, daß die vortretende Rippe unten, wie aus einem Wurzelstock entwachsend, nach aufwärts strebt und oben sich gleich einem Geäste verbreitert, kommt ein lebendiges statisches Fühlen zum Ausdruck. Unterzug und Sattelholz liegen wie in einer Gabelung. Bemerkenswert ist, in welcher Form die beiden äußersten Fasen in die Ecke übergeleitet worden sind.

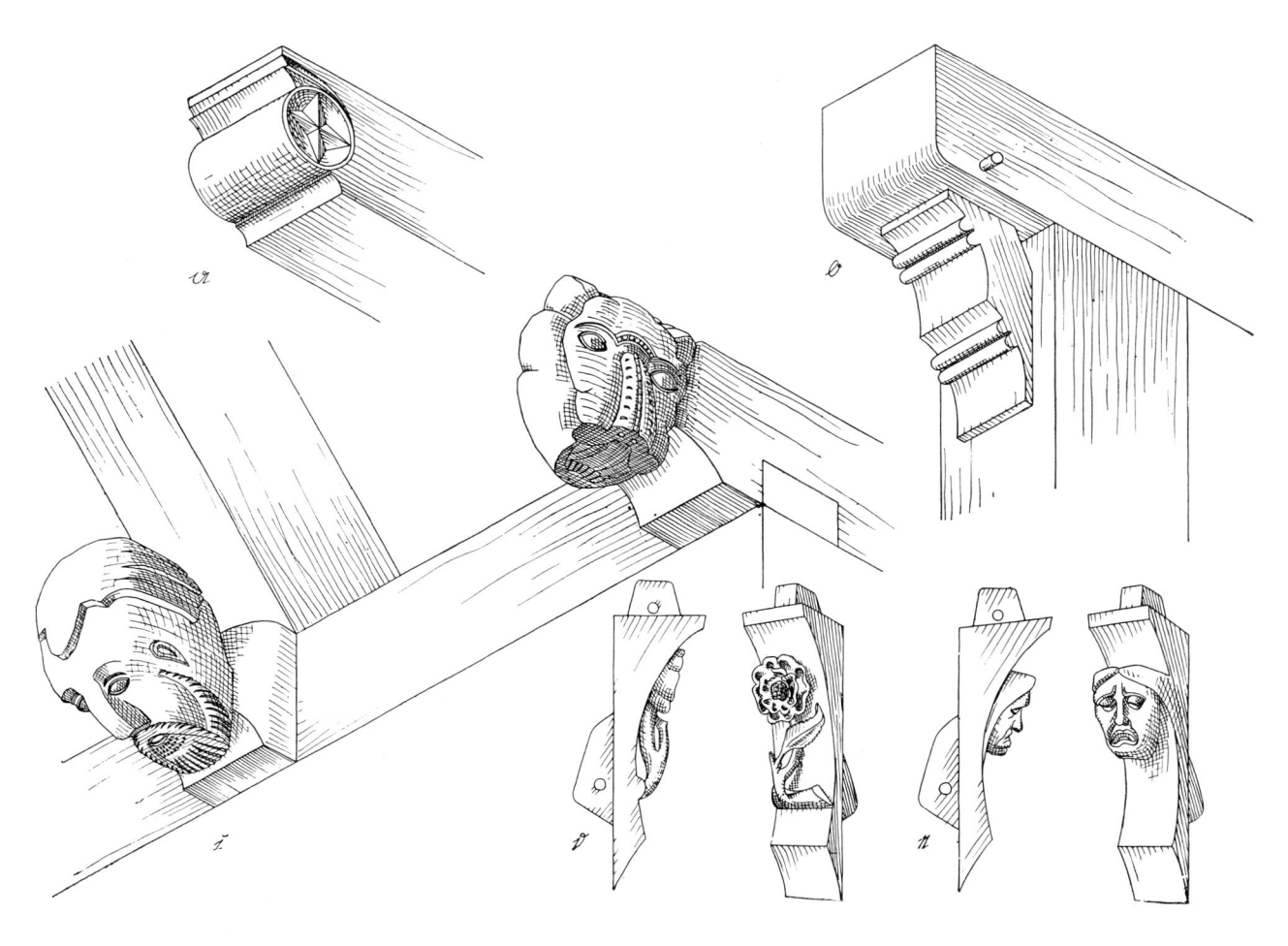

Abb. 36: **Balkenköpfe und Knaggen,** deren Schmuck in engster Anpassung an das Wesen des Holzes und an die vom Gefüge vorgeschriebene Grundform gestaltet worden sind.
a) Von einem Fachwerkhaus in Halberstadt (16. Jahrhundert).
b) Von einem Glockenturm aus Münster.
c) Von der Kirche in Sparboen (Norwegen).
d und e) Von einem Fachwerkhaus aus Marburg (um 1500).

Abb. 37: **Ausschnitt von einem Bettgestell aus Rauland in Norwegen.** Die Anordnung und Maßbestimmung des großen und der beiden kleinen kreisrunden Zierstücke zeigen deutlich ein Aufgehen in die rechteckige Grundform der Bohle. Dabei ist beim Herausschneiden der letzteren auf eine größtmögliche Sicherheit hinsichtlich des Abspaltens geachtet worden.

Die auf den Abb. 36, 37 und 38 vereinigten Beispiele lassen zum Verständnis dieser Fragen tiefere Einblicke tun. An vierkantigen und dünnwandigen Werkstücken wetteifern hier geometrische mit figürlichen Motiven.

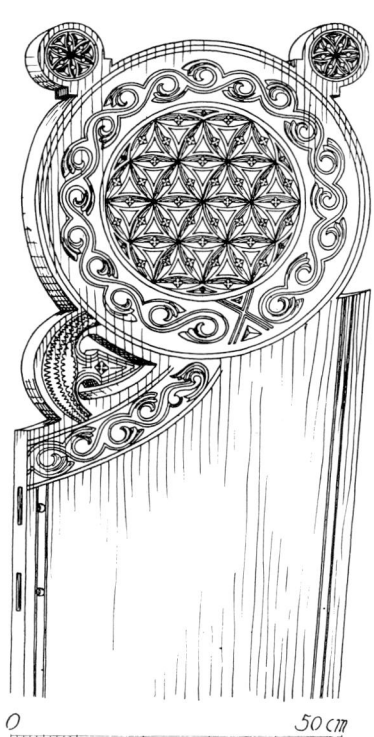

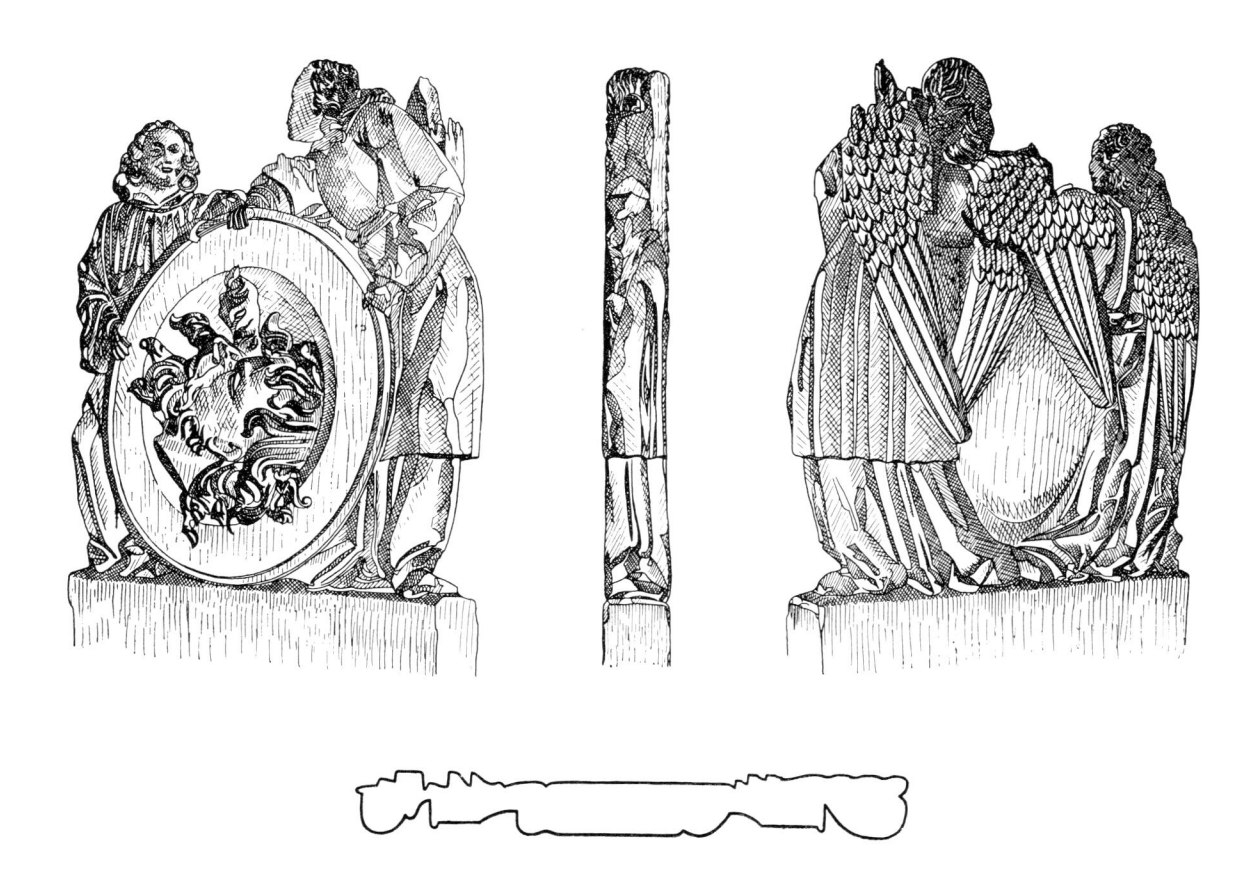

Abb. 38: **Ausschnitt von einer Gestühlswange** aus der Johanniskirche in Danzig (15. Jahrhundert). Bei diesem sich über das rein Schmückende hinaushebenden Kunstwerk hat es der Meister verstanden, trotz der engbegrenzten Entfaltungsmöglichkeit, die die Bohlenform zuließ, in künstlerisch vollendeter Weise sich auszudrücken. Das Verschmelzen mit der Grundform der Bohle gibt dem Ganzen ein eigenartiges, das Wesen des Holzes mitbetonendes Aussehen. Aus dem Querschnitt ist zu ersehen, wie weit man in der körperlichen Formung gegangen ist.

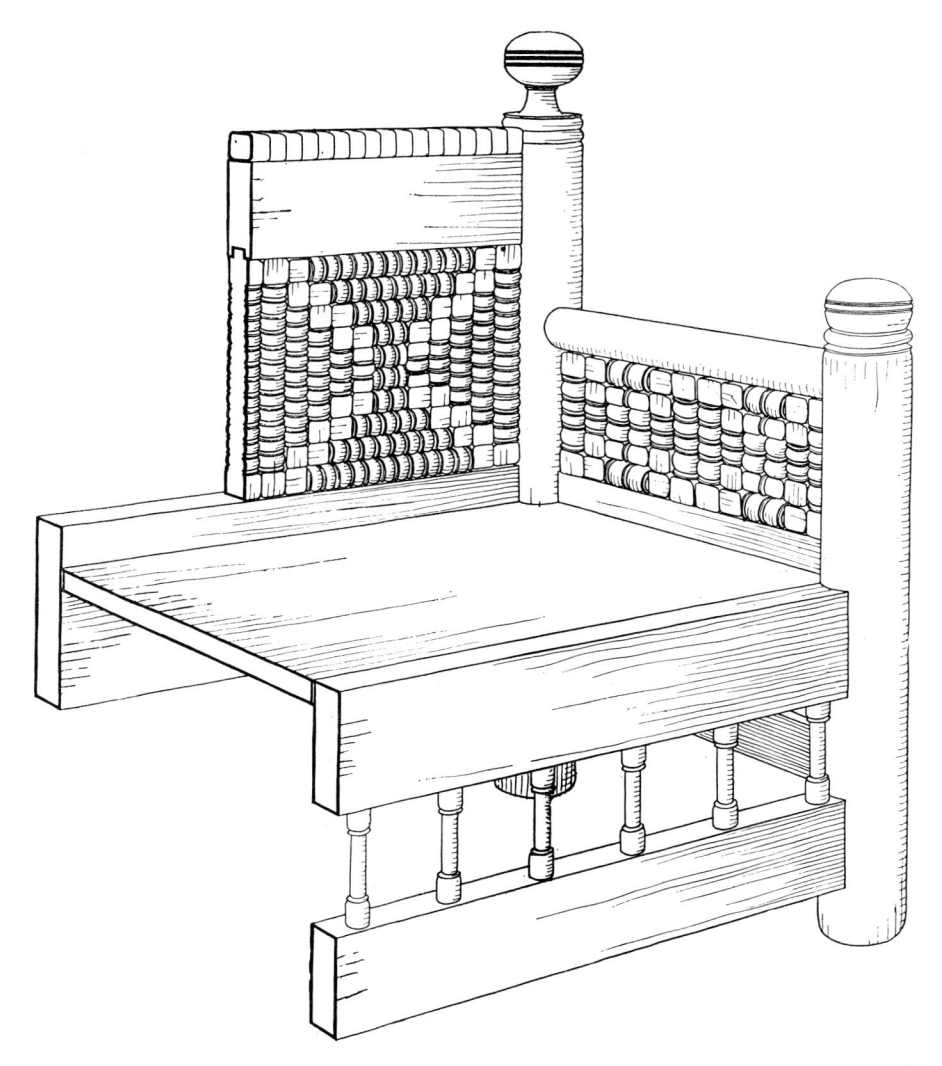

Abb. 39: **Ausschnitt von einer romanischen Sitzbank** aus der Klosterkirche zu Alpirsbach in Württemberg. Die Hauptträger des Gefüges, ob Brett oder Stab, blieben mit Ausnahme der Endigungen ohne Verzierung. Der ornamentale Schmuck ist allein auf die die Fächer ausfüllenden, gedrechselten Gefügeteile beschränkt worden. Dadurch, daß die Profilierung hier sich der Grundform der Stäbe möglichst eng anschmiegt, wird das Wesen des Holzes veranschaulicht.

Das an Hand dieser reichen Formen begründete Verlangen, die Grundform des Werkstückes immer durchblicken zu lassen, trifft auch für die gedrechselten Arbeiten zu. Weil man während des Verfalls des Kunstgewerbes, bewirkt durch die Arbeitsteilung zwischen Entwerfenden und Ausführenden, die Form mit dem Bleistift auf dem Papier erdachte, beging man auch auf diesem Gebiet der Holzbearbeitung Fehler und überschritt das Zulässige. Die romanische Sitzbank auf Abb. 39 überrascht, wie ausdrucksreich und edel zugleich man im Befolgen der vorangeführten Regeln auch hier sich geben kann.

Zu welch schöpferischen Leistungen die handwerkliche Betätigung auch während des Zusammenfügens führen konnte, kann man an Nagelungen mit Holznägeln, wie sie an Türen bayerischer Blockhäuser vorkommen, gewissermaßen im Keim beobachten (Abb. 40). Der Nagel sitzt in einer mit Fasen geschmückten Einkerbung und bildet mit dieser zusammen ein nur in Holz denkbares Ornament. Die erste Anregung hierzu kam von einer mit dem Meißel ausgeführten Kennzeichnung der Lage der Nagelung.

In der Zeit hoher Handwerkskultur bewegte die innere Verbundenheit mit seinen Schöpfungen den Zimmermann, sich auch dort künstlerischen Regungen hinzugeben, wo das Auge nur selten oder in erschwerter Weise hinkam. Unsere mittelalterlichen Dachstühle geben uns hierüber manch kostbaren Beleg. Welches feine und zugleich lebendige Empfinden spricht aus den Dachstuhl-Teilansichten auf Abb. 41, die zwei Verteidigungsbauten angehören! Das rechts skizzierte Gefüge

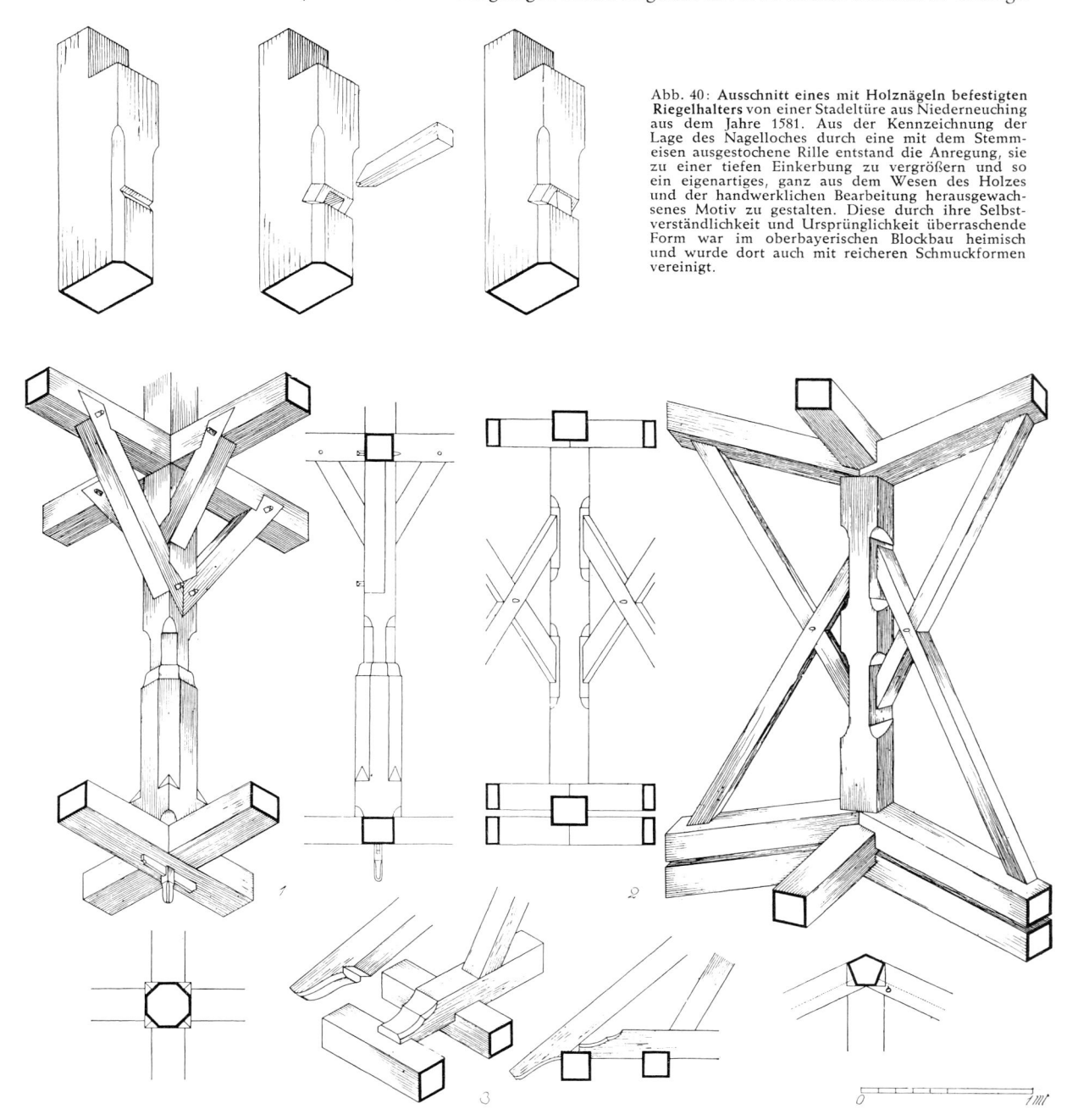

Abb. 40: **Ausschnitt eines mit Holznägeln befestigten Riegelhalters** von einer Stadeltüre aus Niederneuching aus dem Jahre 1581. Aus der Kennzeichnung der Lage des Nagelloches durch eine mit dem Stemmeisen ausgestochene Rille entstand die Anregung, sie zu einer tiefen Einkerbung zu vergrößern und so ein eigenartiges, ganz aus dem Wesen des Holzes und der handwerklichen Bearbeitung herausgewachsenes Motiv zu gestalten. Diese durch ihre Selbstverständlichkeit und Ursprünglichkeit überraschende Form war im oberbayerischen Blockbau heimisch und wurde dort auch mit reicheren Schmuckformen vereinigt.

Abb. 41: **Teilgefüge von einem Wehrturm** der Kirchenburg in Birthälm (1 und 3) und dem Wehrgeschoß der Kirche in Großkopisch (2), beide in Siebenbürgen. Beim Beschlagen des zum Kaiserstiel bestimmten Stammes des ersten Beispieles nutzte man das stärkere Wurzelende zu einer Kunstform und schuf einen Gefügeteil, der trotz seiner Feinheiten sich mit angeblatteten Kopfbändern zu einem geschlossenen Ganzen vereinigte. In der Freude an der Arbeit schmückte man auch solche Teile, die von anderen Gefügen verdeckt werden sollten, wie das Hirnende der Balken (3). Bei 2 läßt sich der Einfluß des Aufbaues im großen auf die Formung des Eckständers deutlich verfolgen. Damit die Anblattung der Streben genau zugerichtet werden konnte, gestaltete man die Stoßfläche an den Ständern senkrecht zu den Polygonalseiten und, um Arbeit zu sparen, dieses nur an den Anlaufstellen. Durch ausgestochene Hohlkehlen schuf man eine wie selbstverständlich wirkende Vermittlung zu den Kanten und somit eine wirkungsvolle Einheit.

stammt vom Wehrgeschoß des Chores im Kirchenkastell Groß-Kopisch und das linke von einem Wehrturm der Kirchenburg Birthälm, beide in Siebenbürgen. Bei dem letzteren hat man sogar die von den Aufschieblingen verdeckten Balkenköpfe, anstatt sie in naheliegendster Weise schräg abzuschneiden, mit dem Ziehmesser bearbeitet und sie in zwei durch Hohlkehlen angedeutete Schwingungen auslaufen lassen. Aber auch der Eckständer aus Groß-Kopisch nimmt durch die lebendige Art und Weise, mit der die vom Polygon bedingte Abschrägung mit der Grundform in Einklang gebracht worden ist, gefangen.

Zuletzt dürfen in der Reihe der vorgeführten Beispiele auch Gestaltungen gebracht werden, bei denen die Natur schon mitgeholfen hat, den verlangten Gefügeteil vorzubilden, oder anders ausgedrückt, wo man in den Verästelungen oder Wurzelansätzen sich Zweckentsprechendes aussuchte, das nur geringer Bearbeitung mit dem Werkzeug bedurfte (Abb. 42).

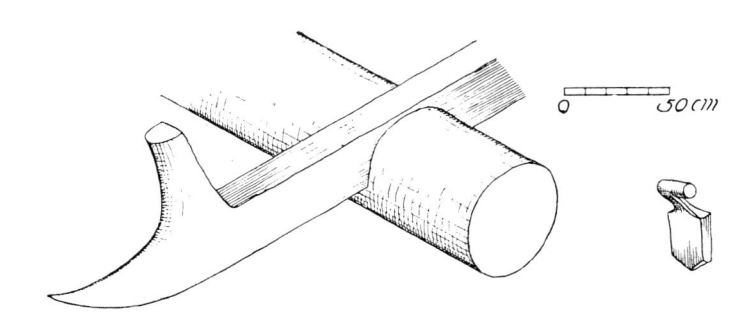

Abb. 42: **Hakensparren aus Schweden und Türhalter aus Kärnten.** Beide zeigen in klarster Weise, wie man aus natürlichen, vom Wachstum vorgeformten Gestaltungen des Baumes durch nur geringes Bearbeiten sich Gefügeteile zu schaffen wußte, deren lebendiger Formenausdruck überrascht.

Der Aufbau des Holzes

Das Holz ist ein Gewebe aus verschiedenartigen pflanzlichen Zellen. Die Vielgestaltigkeit seines Aufbaues zeigt sich — im Großen betrachtet — schon im unterschiedlichen Aussehen verschieden gerichteter Schnittflächen. Man kann hier drei senkrecht zueinanderstehende Gruppen unterscheiden: erstens einen senkrecht zur Stammachse liegenden „Querschnitt" oder „Hirnschnitt", zweitens einen durch die Stammachse und einen Radius gehenden „radialen Längsschnitt" und drittens einen auf beiden vorgenannten senkrecht stehenden, in der Richtung einer Tangente verlaufenden „tangentialen Längsschnitt" (Abb. 43).

Der Quer- oder Hirnschnitt zeigt in der Mitte einen Markstrang, umgeben von der den größten Teil des Stammes einnehmenden Holzmasse. Um den äußersten ihrer durch die Wachstumsfolge entstandenen Holzmäntel legt sich die Verdickungsschicht, das Kambium, eine dünne Haut zarter Zellen, von denen aus das Wachstum erfolgt. Diese ist von der Innenrinde oder dem Bast und zuletzt von der Außenrinde oder Borke umgeben. An den als sogenannte Jahresringe sich kennzeichnenden Holzmänteln geht in steter Aufeinanderfolge je ein lockeres, hell aussehendes Gefüge in ein dichteres, dunkleres über (Abb. 44 und 45). Der hellere, im raschen Wachstum des Frühjahres entstandene Teil heißt „Frühholz", der dichtere, langsamer gewachsene „Spätholz". Der Übergang von einem Jahresring zum anderen hebt sich schärfer ab als der vom Früh- zum Spätholz. Beim Laubholz werden noch Poren, sogenannte Gefäße, sichtbar. Dies sind besonders

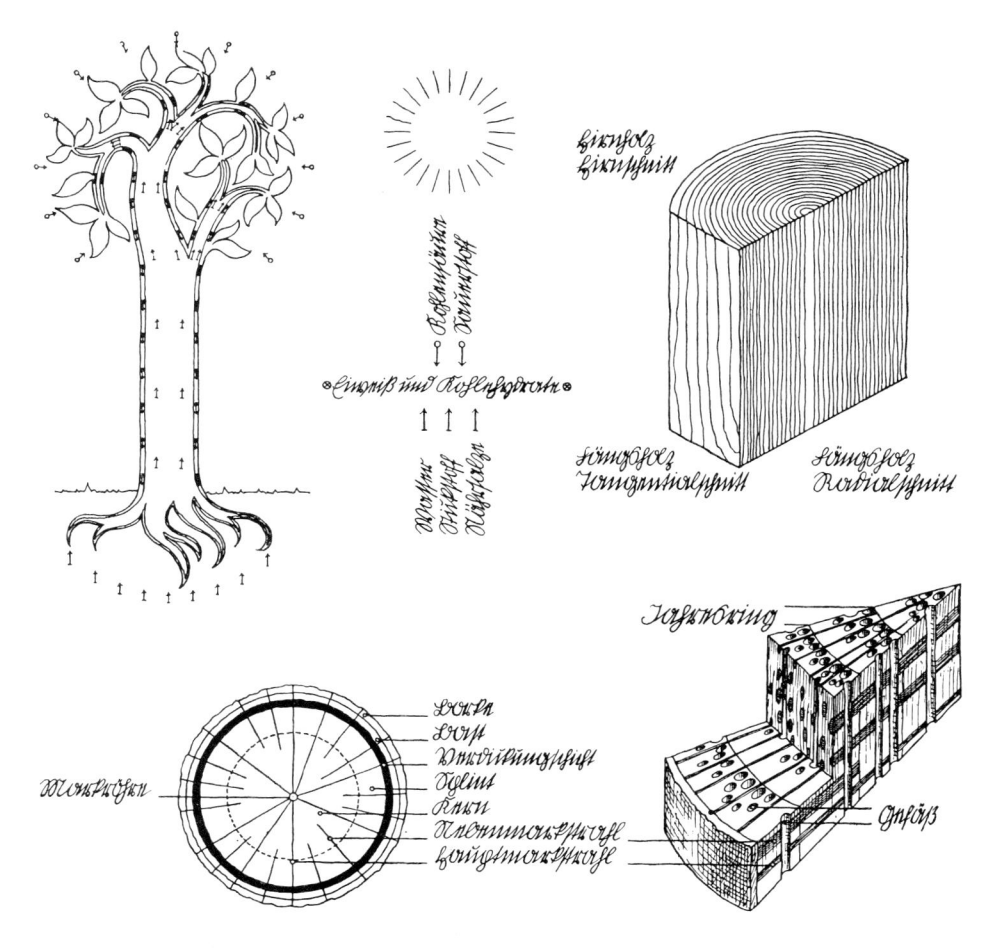

Abb. 43: Schematische Darstellung des unter Sonnenbestrahlung vor sich gehenden Kreislaufes der Säfte innerhalb eines Baumes sowie des anatomischen Aufbaues des Holzes. (Skizze rechts unten nach A. Dengler „Der Aufbau des Holzes" im Handbuch der Holzkonservierung 1916.)

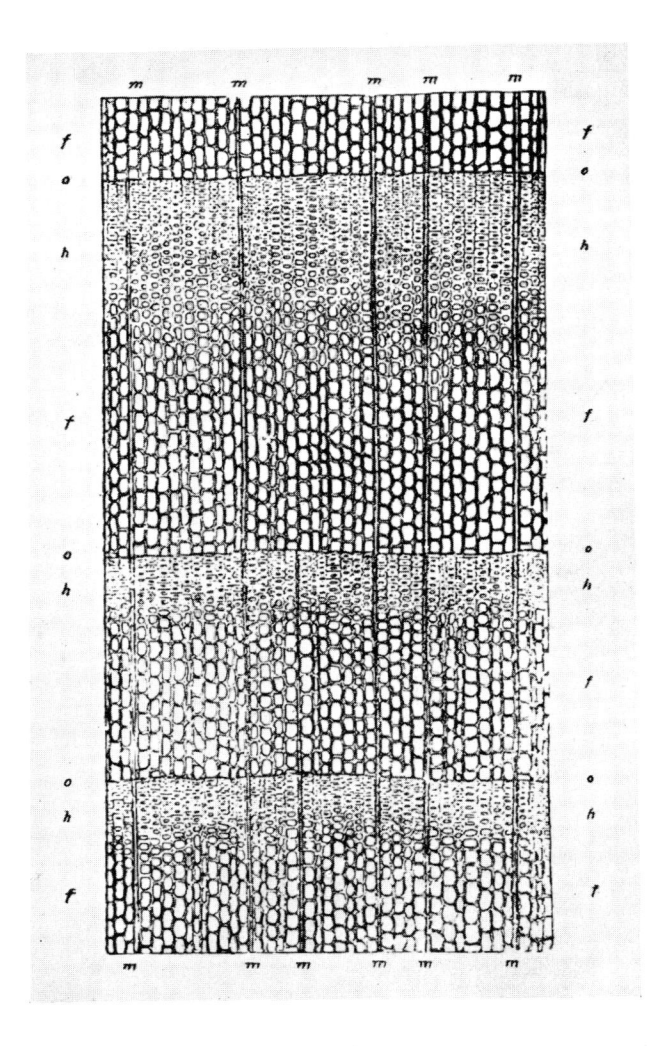

Abb. 44:
Hirnschnitt aus dem Stammholz der Weißtanne. o bis o = Grenzen der Jahresringe; f bis f = Frühholz; h bis h = Spätholz; m bis m = Markstrahlen. (Nach Hempel und Wilhelm, Waldbäume.)

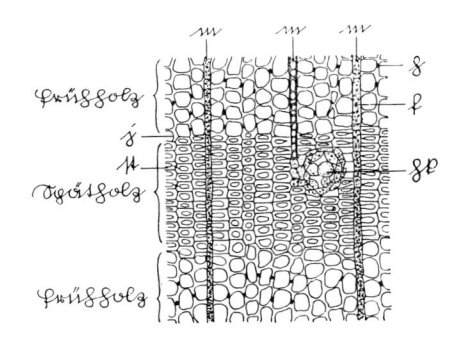

Abb. 45: **Hirnschnitt durch das Kiefernholz.** j = Jahresringgrenze; m = Markstrahlen; hk = Harzkanal mit Harzausscheidungstropfen; h = Hoftupfel; f = einfache oder Fenstertupfel; st = Spalttupfel. (Nach A. Dengler, „Der Aufbau des Holzes", im Handbuch der Holzkonservierung von E. Troschel.)

gestaltete Zellen, die beim Nadelholz fehlen. Des weiteren laufen vom inneren Jahresring aus in radialer Richtung feine Strahlen, sogenannte Hauptmarkstrahlen. Zu ihnen gesellen sich nach außen zu Nebenmarkstrahlen. Bei den Nadelhölzern sind sie so fein, daß man sie mit freiem Auge nicht erkennen kann.

Im „radialen Längsschnitt" zeigt das Zellengewebe eine in der Längsrichtung des Stammes laufende Maserung. Die Jahresringe erscheinen bei geradegewachsenem Holz in parallelen Schichtungen, die Gefäße in Form von Nadelrissen, die Markstrahlen gleich Bändern. Im „Tangentialschnitt" treten die Markstrahlen im Querschnitt in Erscheinung, dazu zeigen die Jahresringe verschieden breite Schnittflächen.

Die holzbildenden Zellen sind von verschiedener Längenausdehnung, Wandstärke und Lage. Jede derselben ist umgrenzt von der Zellhaut und enthält nur Luft, oder Luft und Wasser, oder nur Zellsaft, oder alle drei dieser Bestandteile. Man unterscheidet: erstens die meist in der Längsrichtung liegenden Leitzellen, die als Leitbahnen für das aus den Wurzeln nach den Zweigen und Blättern aufsteigende Wasser und für die in ihm gelösten Nährsalze sowie den Stickstoff dienen und die während des Safttriebes auch den Inhalt der Nährzellen nach den Knospen leiten; dann zweitens die Stützzellen, die mit ihrer schmalen, dickwandigen, langgestreckten, mit engem Hohlraum versehenen Gestalt zur Aussteifung des Baumes dienen, und drittens die in der Längsrichtung und senkrecht dazu liegenden Nährzellen oder Speicherzellen, die die zur Ernährung der übrigen Zellen nötigen Stoffe enthalten zur Regelung des Stoffwechsels und zur Aufspeicherung während der Winterruhe. Der Hauptteil der letzteren liegt in den Markstrahlen.

Die Laubhölzer, die gegenüber den Nadelhölzern eine auffallend starke Verdunstung haben, besitzen neben den Leitzellen noch sogenannte Gefäße. Sie sind durch Aneinanderwachsen mit den Leitzellen entstanden und bilden verschieden lange, den Aufstieg des Wassers erleichternde Röhren.

Die Holzfaser besteht aus einer großen Zahl hinter- und nebeneinander verwachsener Zellen. Die Wandungen der Zellen haben feine Durchlaßstellen, durch die ein Stoffaustausch von Zelle zu Zelle erfolgen kann. Beim Nadelholz liegen vereinzelt zwischen den Zellen „Harzkanäle".

In der mikroskopischen Vergrößerung eines Hirnschnittes durch das Kiefernholz (Abb. 45) kann man den Unterschied deutlich erkennen zwischen dem Frühholz mit seinen großen Zellenweiten und dünnen Zellenwänden und dem Spätholz, dessen Zellen auffallend schmal sind und dickere Wände besitzen.

Die Zellenwände bestehen bei der ersten Entwicklung aus Zellulose. Durch Einlagern verschiedener Substanzen gehen sie bald in Verholzung über. Innerhalb der Jahresringe ist die Holzmasse des Frühjahrs locker und porös, im Vergleich dazu die des Spätholzes härter und fester. An den älteren Teilen lagern sich, während mit fortschreitendem Wachstum deren Verholzung und zugleich Austrocknung zunimmt, neben Mineralien Gerbstoffe, Harz, Gummi und andere Schutzstoffe ab. Diesen inneren Teil, der am Wachstum nicht mehr teilnimmt, nennt man den „Kern" oder das „Kernholz", den äußeren, in dem die Saftbewegung lebendig ist, den „Splint" oder das „Splintholz". Wenn der Kern sich vom Splint deutlich farbig abhebt, spricht man von einem Kernholzbaum; ist zwischen beiden kein Farbenunterschied bemerkbar, von einem „Reifholzbaum", und zeigt sich ein allmählicher Farbenübergang, von einem „Kernreifholz".

Beim lebenden Baum sind die Holzwandungen der Zellen stets mit Wasser getränkt. Zu dem verschiedentlichen Inhalt der Zellen zählen außer der Luft, dem Wasser und dem schon vorhin genannten Holzgummi, Gerbstoff, Harz noch Farbstoffe, Fette, Kohlensäure sowie Kalk und als Hauptbestandteil der Nährzellen Eiweißstoffe und Stärke. Bei den weichen Laub- und den Nadelhölzern wird diese Stärke im Winter in Fett- und Öltropfen umgewandelt. Bei den harten Laubhölzern behält sie aber auch in dieser Jahreszeit ihre Form. Aus diesen Eigenschaften heraus unterscheidet man Fett- und Stärkebäume.

Während des Wachstums setzen sich vom sogenannten Kambium aus nach innen Holzzellen, nach außen Rindenzellen ab. Die Neubildung in der zweiten Richtung geschieht langsamer als in der ersten, zudem werden von der Rinde aus Zellen in Form von Borkenschuppen ausgestoßen. Im Winter ruht in unserem Klima die von der Verdickungsschicht nach innen gerichtete Zellenbildung.

Bei den meisten Holzarten beginnen in gewissem Alter die inneren Zellen eine Veränderung durchzumachen. Die Wasserdurchleitung und der Kreislauf der Säfte wird durch eine Verkernung unterbrochen. Es entsteht ein totes Gebilde. Die Verkernung erhöht aber die Festigkeit und meist auch die Dauerhaftigkeit des Holzes.

Das Klima und die Bodenverhältnisse beeinflussen die Güte des Holzes in hohem Maße. So ist das Holz der Hochtäler mit ihrem härteren Klima widerstandsfähiger, schwerer und hat schmälere Jahresringe als das der Tieflagen.

Der Kreislauf der Zellensäfte und das Ringeln

Die Ernährung des lebenden Baumes geht folgendermaßen vor sich: Die Wurzelfasern saugen aus dem Boden Wasser, Stickstoff und Nährsalze auf und führen sie durch Leitzellen des Splints bis zu den Spitzen der Blätter hinauf, wo das überschüssige Wasser verdunstet (Abb. 43). Die Blätter hinwiederum nehmen aus der Luft Kohlensäure und Sauerstoff auf. Unter Sonnenbestrahlung bilden sich Eiweißkörper und Kohlehydrate, zwei dem Wachstum dienende Nährstoffe. Sie gelangen in der inneren Rinde, geleitet durch die Leitzellen des Bastes und die Siebröhren, in die Nährzellen der Verdickungsschicht sowie der Markstrahlen und bis zu den Wurzeln hinunter. Wird einige Zeit vor dem Fällen der Kreislauf der Säfte unterbrochen, indem man kurz unter der Krone die Rinde ringförmig entfernt, dann können die Nährstoffe nicht mehr nach den Markstrahlen und den Wurzeln hin geleitet und die letzteren auch nicht mehr zu neuer Aufnahme von Wasser, Stickstoff sowie Nährsalzen angeregt werden. Die in den Blättern erzeugten Nährstoffe stauen sich in der Krone an, die eine Weile weitergrünt. Durch die aufsteigende Bodenfeuchtigkeit werden die Reste von Zellsaft und Nährsalzen nach oben geschafft. Die Lebenstätigkeit setzt aus und der Stamm beginnt unterhalb der Ringelung auszutrocknen. Schließlich sterben die Blätter aus Mangel an Feuchtigkeitszufuhr ab. Der gut ausgetrocknete Stamm ist stärkefrei und zeigt keine Windrisse. Er ist widerstandsfähig gegen Wurmfraß und Fäulnis.

Das Schwinden und Quellen

Eine der für die Behandlung und Verarbeitung des Holzes wichtigsten Eigenschaften ist die, daß es bei Abgabe von Feuchtigkeit seinen Rauminhalt verkleinert, „schwindet" und bei Wasseraufnahme ihn vergrößert, „quellt". Das Quellen beginnt sofort nach dem Aufsaugen des Wassers. Beim Schwinden hingegen muß erst der Wassergehalt des Zellinneren annähernd verdunsten — was bei einem Feuchtigkeitsgehalt von 20% eintritt —, damit die gespannten Zellwände das von ihnen aufgenommene Wasser abgeben können. Das Holz sucht sich stets mit dem Wassergehalt der Luft im Ausgleich zu halten. Ist dieser Zustand erreicht, spricht man von einem „lufttrockenen" Holz. Sein Feuchtigkeitsgehalt bewegt sich in diesem Falle zwischen 14 bis 15%. Hält man zu diesem das frisch gefällte Holz, das einen Wassergehalt von etwa 45% zeigt, zum Vergleich und zieht weiter in Betracht, daß hierbei der Kern ungefähr 15%, der Splint aber ungefähr 50% Wassergehalt haben, dann erhält man einen deutlichen Begriff, wie verschiedenartig sich beim Verdunsten die Volumenveränderungen bemerkbar machen. Man erkennt, daß es schon beim Fällen des Baumes eine der ersten Überlegungen sein muß, wie man diesen Spannungen begegnen und die Rißbildung hemmen oder verhindern will.

Beim Übergang vom grünen Holz bis zum Darrzustand, also bis zur völligen Befreiung vom Feuchtigkeitsgehalt, verändern sich die Abmessungen des Holzes — angegeben in Prozent — wie folgt (nach F. Kollmann, Technologie des Holzes, 1936):

Holzart	längs der Faser	radial	tangential	im Volumen
		zu den Jahresringen		
Eiche	0,4	4,0	7,8	12,6
Ulme	0,3	4,6	8,3	13,8
Buche	0,3	8,8	11,8	17,6
Tanne	0,1	3,8	7,6	11,7
Fichte	0,3	3,6	7,8	12,0
Kiefer	0,1—0,4—0,6	2,6—4,0—5,1	6,1—7,7—9,8	11,0—12,4—15,0
Lärche	0,3	3,3	7,8	11,8

Der Verlauf der Quellungskurve bei der Kiefer, angefangen von der absoluten Trockenheit bis zum Feuchtigkeitsgehalt von 50%, ist auf Abb. 46 dargestellt. Wie sich der Schwund im Hirnschnitt auswirkt, geben die Abb. 47 und 48 wieder. Diese Eigenschaft spielt bei allen Gestaltungen des Holzes eine gewichtige Rolle, sie wird an Hand der verschiedenen Beispiele dieses Buches des öfteren zur Sprache kommen.

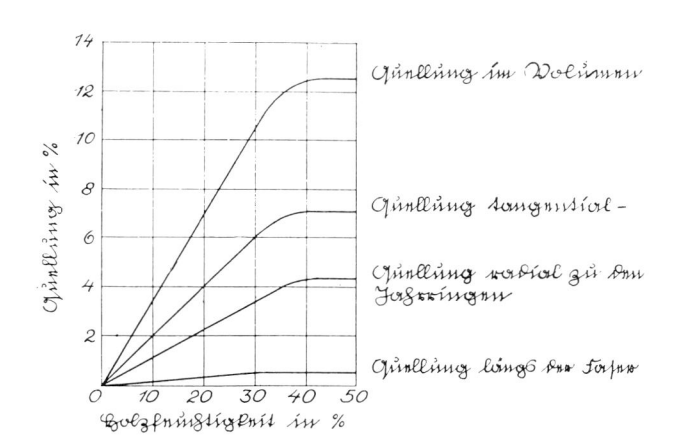

Abb. 46: Quellungskurve für Kiefer. (Nach F. Kollmann, „Die Technologie des Holzes".)

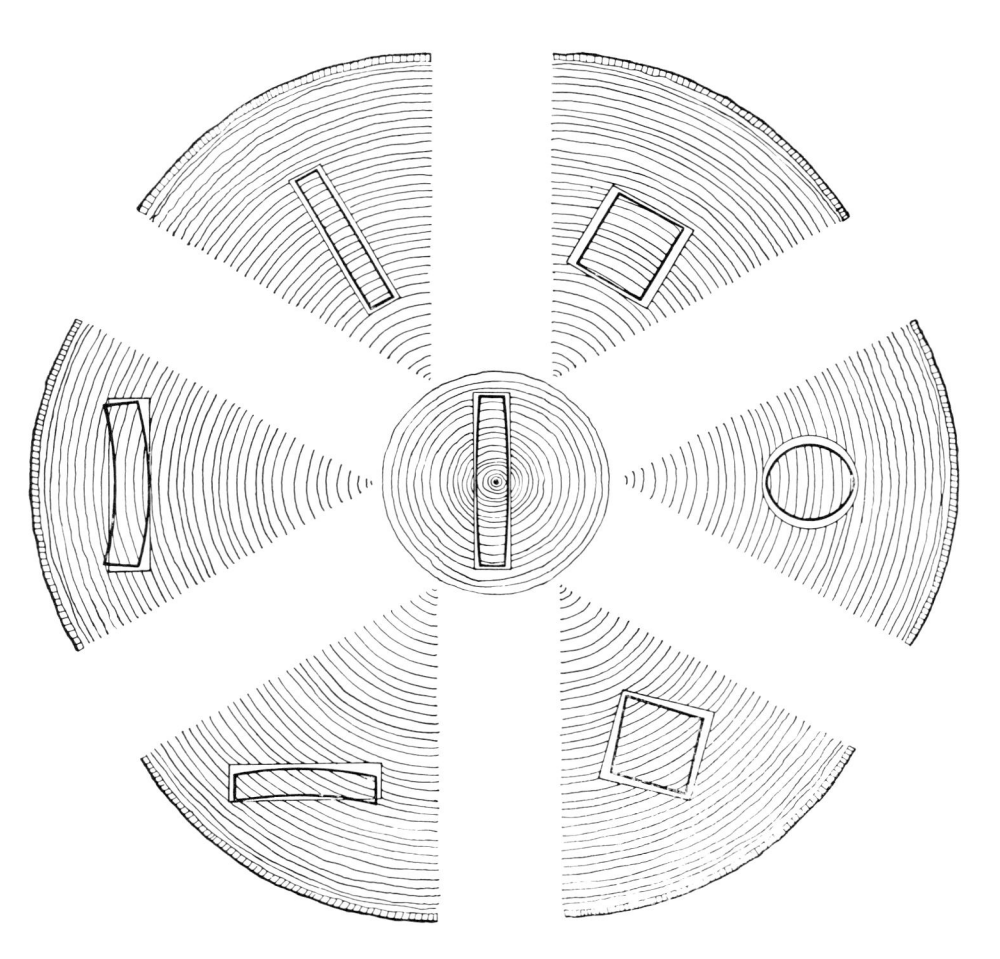

Abb. 47: Verzerrung von Holzquerschnitten infolge der Schwindung.

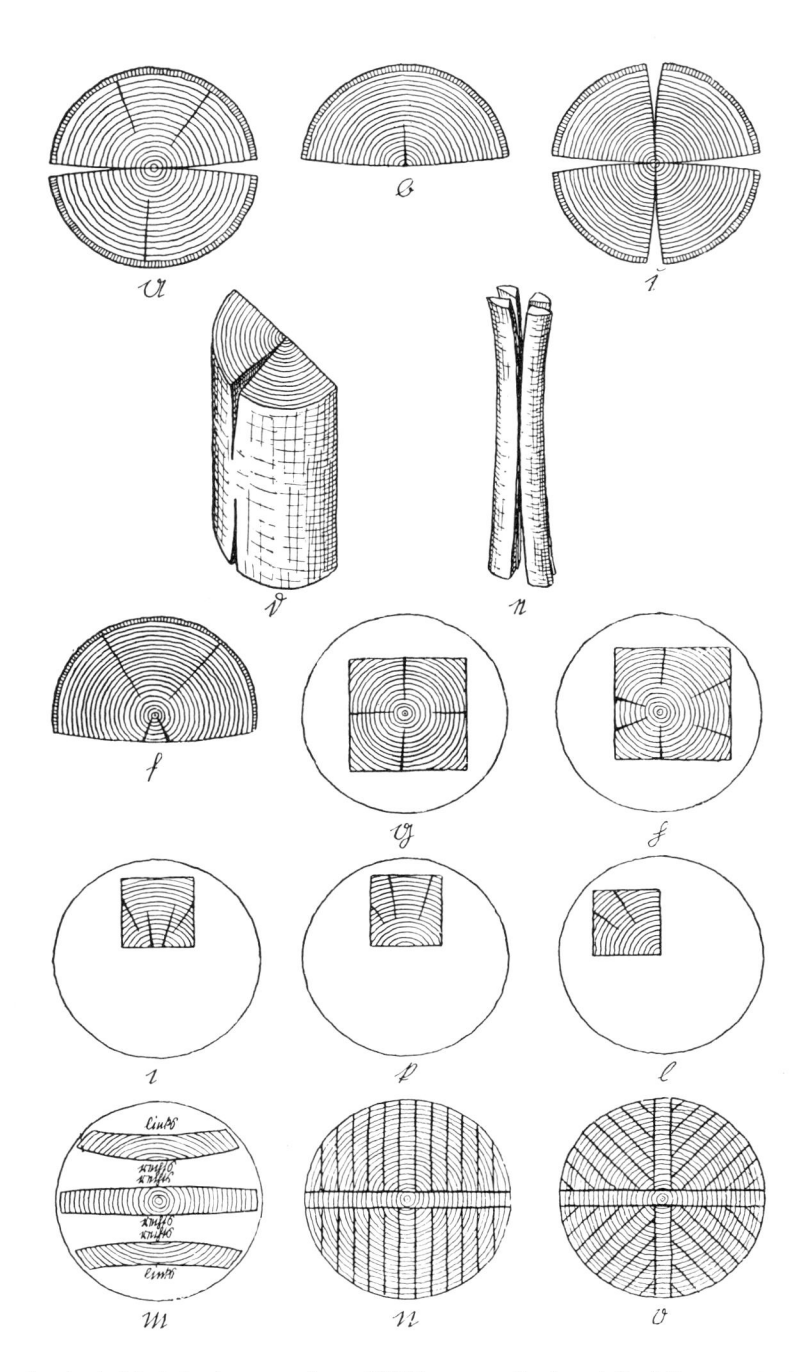

Abb. 48: Darstellung der durch Schwinden hervorgerufenen Rißbildungen an Rund- und Kanthölzern sowie des Werfens an Bohlen. (Nach Nördlinger, „Die technischen Eigenschaften der Hölzer".) a) Bei einem in zwei Teile geteilten, in der Rinde belassenen Rundstamm wirkt sich das nach den äußeren Jahresringen hin zunehmende Schwinden in der Hauptsache an der Schnittfläche aus, die eine gewölbte Form annimmt. An der Rundseite entstehen in diesem Falle leicht Strahlenrisse. b) Wenn der Widerstand der Rinde bei starkem Schwinden des Splints nur schwach ist, kann ein kurzer, nach der Markröhre zu sich öffnender Strahlenriß entstehen. c) Ist der Stamm in Viertelholz geteilt, gibt das Holz dem Schwinden in weitem Maße nach, und es treten, wenn ihm die Rinde belassen worden ist, gar keine oder nur unbedeutende, in seinem Splint liegende Risse auf. d) Leicht entsteht bei Halbhölzern eine von dem am raschesten austrocknenden Hirnholz ausgehende Strahlenkluft. e) Weil der Splint, als das jüngere Holz, sich stärker zusammenzieht als der Kern, krümmt sich das Viertelholz nach der Rundseite hin. f) Beim falschen Halbholz, bei dem das Herz noch in die größere Hälfte fällt, entstehen auf der Herzseite einige starke, aber kurze, auf der Rundseite hingegen nur unbedeutende Risse. g, h, i, k, l) Beim Kantholz, ob beschlagen oder gesägt, hängen die Rißbildungen von den Beziehungen seines Hirnholzes zur Lage der Jahresringe ab. Am besten ist man hier gegen Rißbildungen gefeit, wenn die Schnittfläche die Jahresringe senkrecht durchschneidet, also in der Richtung der Markstrahlen liegt. m) Werden aus einem Stamm parallel zu einem Durchmesser Bohlen oder Bretter herausgeschnitten, so äußert sich hier das verschiedenartige Schwinden der Jahresringe in der Weise, daß das durch das Herz gehende Stück nach außen „rechts" gewölbte Breitseite annimmt, die andere Seite sich nach dem Splint zu, nach innen „links" wölbt, dem Kern zu eine erhabene Krümmung zeigend. n, o) Aus den im letzteren genannten Eigenschaften heraus legt man beim Schneiden der Bretter die Schnitte in die Querrichtung zu den Jahresringen.

Das Fällen

Die im Walde einsetzenden Bindungen zwischen dem Gestalter und dem Holz beginnen bereits vor dem Fällen, denn es spricht auch die Güte des Holzes ein gewichtiges Wort. Sie ist von so verschiedenen, das Wachstum beeinflussenden Umständen abhängig, daß sich hier eine nicht gründlich genug auszuführende Prüfung notwendig macht. Früher galt dies als eine Selbstverständlichkeit. So fuhr z. B. der Baumeister Hans Gilgenburg im Jahre 1435 selbst in den Wald und suchte sich das zum Bau der Danziger Marienkirche benötigte Holz aus. Heute bezieht man diesen Werkstoff als Schnittware, ohne den genauen Herkunftsort zu kennen.

Es wurde schon angedeutet, daß die Eigenschaften sowie die Lage des Standortes und das Klima die Güte des Holzes bestimmen können. Ist der Holzbestand nach Norden offen, begünstigt dieses die Festigkeit und Härte; ist er aber den von Westen kommenden Winden ausgesetzt, so besteht die Gefahr, daß Waldrisse und Kernschäle entstehen (Abb. 49).

Abb. 49: **Waldrisse oder Spiegelklüfte (links) und Kernschäle (rechts)**. Die ersteren entstehen durch frühzeitiges Austrocknen und Schwinden des innersten Baumkernes, die zweiten durch verschiedenartiges Wachstum der einzelnen Jahresringe, wobei ein Jahresring mit stärkerem Wuchs einen unausgebildeten überwuchert und ihn zum Verkümmern bringt. Es entstehen Hohlräume, die sich durch Einwirkung des Windes bis zu geschlossenen Ringen ausbilden können.

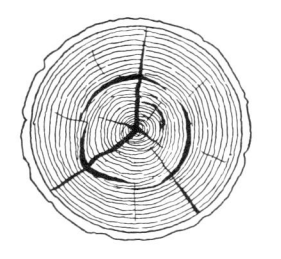

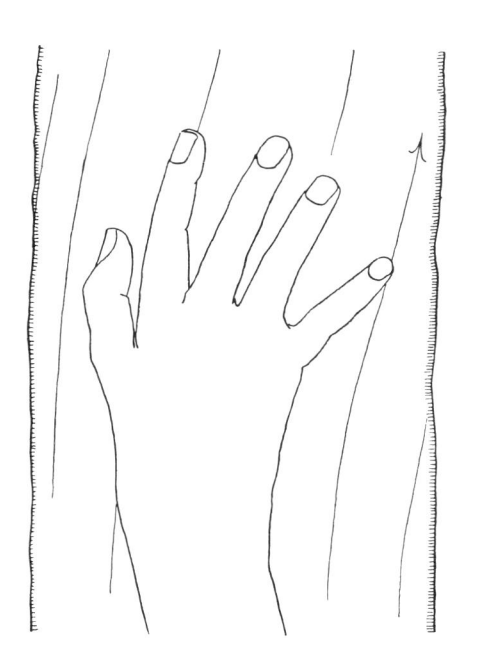

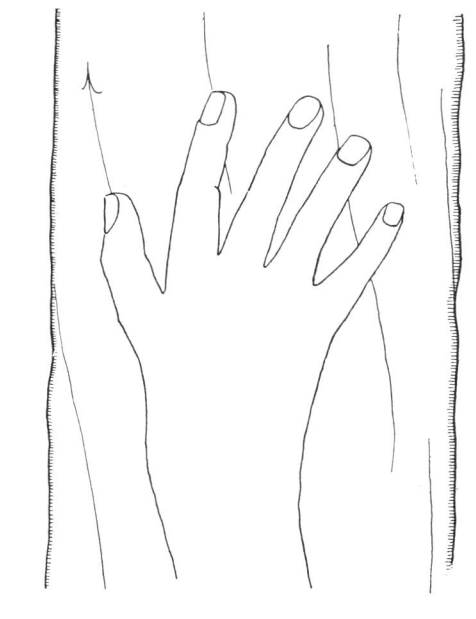

Abb. 50: **Im bayrischen Zimmerhandwerk** überlieferte Prüfung der Drehwüchsigkeit. Wenn die Drehung in der Richtung des kleinen Fingers liegt (links), ist der Baum widersonnig, widersünnig; wenn er dem Daumen folgt (rechts), nachsonnig, nachsünnig. Im ersten Fall ist das Holz brauchbar, im zweiten als Bauholz abzulehnen.

Schon im Freien zeigt sich, ob der Baum gerade gewachsen oder drehwüchsig und ob er astfrei ist, das heißt, ob die Astansätze auf mindestens 10 m Höhe zeitig genug entfernt worden sind. Ferner kann man schon hier bis zu einem gewissen Grad erkennen, ob der Baum gesund oder angekränkelt ist. Von außen gesehen verraten kräftige Triebe, gleiche Blätter, eine unter den Runzeln der Borke sichtbare feine Rinde das gute Wachstum. Ein alterprobtes Mittel, um die Güte des Holzes festzustellen, besteht im Prüfen mit Schlägen auf eine entrindete Stelle des Stammes von der Südseite aus. Ist der Baum gesund, so gibt es einen hellen Klang. Bei gefällten Bäumen wird diese Probe von der Hirnseite aus geübt. Klingt der Schlag am entgegengesetzten Ende dumpf oder gar nicht, dann deutet dieses auf kranke Stellen, Kernfäule, Kernrisse oder Eisklüfte.

Abb. 51

Abb. 52

Abb. 51 bis 56: **Arbeitsfolge beim Fällen eines Baumes im Schwarzwald.** Abb. 51: Kurz über der Erde wird die Rinde entfernt, damit die vom Regen angeworfenen Sandkörner der Säge nicht schaden können. Abb. 52: Mit der Quersäge wird, entgegengesetzt der Fallrichtung, mit dem Schnitt begonnen. Abb. 53: Damit das Sägeblatt nicht klemmt, werden in die Fuge Keile in Form von Stemmeisen eingetrieben. Abb. 54: Auf der Fallseite wird mit der Axt eine Kerbe eingehauen. Abb. 55: Durch Eintreiben der wie Keile wirkenden Stemmeisen wird der Baum aus dem Gleichgewicht gebracht. Abb. 56: Der Baum gibt in Richtung der Kerbe nach und fällt zu Boden.

Die Drehwüchsigkeit kommt in zweierlei Gestalt vor, von der die eine bei Bauholz zulässig ist, die andere aber große Formveränderungen hervorrufen und dadurch Schaden bewirken kann. Ist die Drehung der Sonne entgegengesetzt (widersonnig, widersünnig), so behält nach Überlieferung bayrischer Zimmerleute das gefällte Holz seine Gestalt, läuft sie aber mit der Sonne (nachsonnig, nachsünnig), so suchen sich die Fasernbündel im trocknenden und trockenen Zustand zurückzudrehen. Dieser Vorgang, der Jahre andauern kann, ist von solcher Gewalt, daß Blockwände aus dem Lot gebracht und Dachstühle in ihrem Gefüge gelockert, ja gelöst werden können.

Man prüft die Drehwüchsigkeit, indem man die rechte Hand an den aufwärtsstrebenden Stamm legt (Abb. 50); läuft die Windung in der Richtung des kleinen Fingers, dann ist das Holz widersünnig, also brauchbar, schmiegt sie sich hingegen dem Daumen an, dann hat man nachsünniges, also unbrauchbares Holz vor Augen.

Mit dem Fällen, durch das der Mensch den Baum von seinem ihm bis dahin Leben spendenden Boden löst, nimmt er ihn ganz in seine Obhut. Zum Fällen gehören zwei Männer (Abb. 51—56 und 57). Zuerst wird kurz über dem Boden der Stamm mit der Axt leicht geschält, damit die durch den Regen aufgeworfenen Sandkörner der Säge nicht schaden können. Darauf beginnt auf der der Fallrichtung gegenüberliegenden Seite mit der Quersäge der Einschnitt, der bis auf etwa vier Fünftel des Stammdurchmessers vorgetrieben werden muß. Der Gefahr der dabei auftreten-

Abb. 53   Abb. 54

den Klemmung sucht man dadurch zu begegnen, daß man, sobald das Sägeblatt über seine Breite ins Holz eingegriffen hat, als Keile Stemmeisen in die Schnittfuge eintreibt. Hierauf haut man auf der Fallseite mit der Axt eine bis in die Nähe des Sägeschnittes reichende Kerbe ein. Zuletzt wird durch weiteres Eintreiben der Stemmeisen der Baum aus seiner Gleichgewichtslage gebracht und umgelegt. Der Vorgang, bei dem der bis dahin stolz aufwärtsstrebende Baumriese mit lautem Krach zu Boden stürzt, übt auf den Beschauer eine dramatische Wirkung aus; ein Zeichen unserer innerlichen Einstellung gegenüber diesem lebendigen Geschenk der Natur. Der menschliche Wille hat es in der Hand, die Fallrichtung genau zu bestimmen.

Sogleich nach dem Fällen wird der Baum von seinen Ästen befreit, bis auf die Krone. Diese soll erst kurze Zeit darauf abgesägt werden, weil bis zum Welken der Blätter dem Stamm hierdurch schädlich wirkende Säfte entzogen werden. Um das weitere Austrocknen zu fördern, dabei aber Rißbildungen zu vermeiden, wird der Stamm sodann durch sogenanntes Beraufen oder Bereppeln (Abb. 25) teilweise entrindet, wobei durch Beilhiebe einzelne Rindenstücke abgeschält werden. Durch rasches Trocknen reißt der Splint auf, und es entstehen Luftrisse und Klüfte, in die aus der Luft hinzugetragene Ansteckkeime gelangen können.

Beläßt man aber dem Stamm die Rinde, so führt dieses zum Ersticken des Splints; es treten hier chemische Veränderungen auf, die ihn dem Angriff von Insekten und Fäulniserregern besonders zugänglich machen.

Es mutet wie ein Fluch an, daß dem Baum, sobald er gefällt, also „entwurzelt" worden ist, die Bodenfeuchtigkeit, die ihm bis dahin Nahrung und dadurch Leben spendete, nun zum Feind wird. Von diesem Augenblick an ist er der Fürsorge des Menschen völlig überantwortet, sie beginnt nach der vorhin geschilderten Vorbehandlung mit dem sorgfältigen Lagern der gefällten Stämme. Um die Stämme vor Fäulniserregern zu schützen, darf man sie insbesondere in der warmen Jahreszeit nicht auf dem Waldboden liegen lassen. Sie müssen gleich nach dem Fällen auf eine Schwellenunterlage, auf sogenannte Kantern gehoben, möglichst bald aus dem Wald abgefahren und dann so gestapelt werden, daß sie vor unmittelbarer Sonnenbestrahlung, einseitig angreifendem Wind und vor allem vor Nässe geschützt werden.

Die Gewissenhaftigkeit, mit der das Entfernen der Feuchtigkeit aus dem Holz überwacht wird, bringt reichen Lohn, denn es dient nicht nur zur Stärkung der Widerstandskraft gegen Pilz- oder Insektenangriffe, sondern auch zur Verminderung oder wenigstens zur Milderung von Rißbildungen.

Abb. 55    Abb. 56

Als Zeitdauer vom Fällen bis zum völlig lufttrockenen Zustand rechnet man im allgemeinen zwei Jahre. Geflößtes, also ausgelaugtes, Holz trocknet rascher als grünes.

Die Risse oder Klüfte sind ein Ergebnis verschieden starken Eintrocknens der Zellen. Der Splint hat größere Zellen als der Kern; die äußeren Jahresringe sind lockerer und breiter als die inneren. Sie saugen rascher Wasser ein als der Kern, trocknen dagegen rascher aus als der letztere. Die durch einseitiges Austrocknen entstehenden Volumenveränderungen ziehen Spannungen und damit Rißbildungen nach sich.

Einen natürlichen Schutz gegen solche Risse bildet zwar die Rinde, da aber das Belassen derselben nach dem Fällen zu Schaden führen kann, kommt diese Art des Austrocknens nur beim Ringeln in Betracht. Sobald aber die Rinde platzt, entstehen Kernrisse, die sich von innen nach außen keilförmig erweitern. Am stärksten tritt die Verdunstung am Hirnholz auf und zeitigt hier die ersten Risse. Durch Anstrich oder Bekleben mit Papier oder durch Klammern kann man diesem entgegenwirken.

Auf Abb. 48 ist an Rund- und Kanthölzern gezeigt, wie die durch Schwinden hervorgerufenen Risse sich verteilen.

Es können aber auch auf dem Stamm im Walde durch frühzeitiges Austrocknen und Schwinden des innersten Kernes Waldrisse entstehen, die meist vom Mark ausgehend in Richtung der Markstrahlen laufen und nach außen zu an Stärke abnehmen (Abb. 49).

Auch die Verschiedenartigkeit im Wachstum der einzelnen Jahresringe führt zuweilen zu längs denselben liegenden Spaltungen, zur sogenannten Kernschäle.

Abb. 57: **Das Verladen von Baumstämmen aus dem Chiemgau.** Die am Wagen verankerte Kette wird um den Baumstamm gelegt und an ihr freies Ende ein Pferd angespannt. Durch das Anziehen kommt der Stamm ins Rollen und gelangt über zwei schräggestellte Unterlagshölzer auf die Plattform des Wagens.

Die Fällzeit

Über den Einfluß der Fällzeit auf die Eigenschaften der Hölzer gehen die Meinungen heute noch auseinander. Die im Volke lebenden Anschauungen geben der Winterfällung den Vorzug gegenüber der Sommerfällung. In der Literatur tritt schon Vitruvius (10 n. Ztr.) für die erstere ein. Ein altes Sprichwort lautet:

> Wer sein Holz um Christmett fällt,
> dem sein Haus wohl zehnfach hält;
> um Fabian und Sebastian (20. Januar)
> fängt schon der Saft zu fließen an.

In Kärnten sagen die Bauern:

> Hack mi in der Lar,
> war i nit riek und nit schwar.

(Lar = Leere, wenn der Lärchenbaum keine Nadeln hat; riek = leicht, schwar = schwer.)
Sie meinen, im Winter gefälltes Holz „macht koan Schrick" (springt nicht).

Diese weit verbreitete Gepflogenheit der Winterfällung hat man damit in Verbindung bringen wollen, daß zu dieser Zeit der Baum am saftärmsten sei. Aber gerade im Dezember erreichen die Nadelhölzer einen Feuchtigkeitsgehalt, der dem im Juli waltenden höchsten Stand nahekommt. Die richtige Auslegung muß lauten, daß das Holz im „Safttrieb" nicht gefällt werden darf.

Wie sehr die Bestimmung der Fällzeit unseren Altvordern am Herzen lag, findet in verschiedenen abergläubischen Auslegungen ihre Bestätigung. So wird heute noch in Oberbayern und in Kärnten erzählt, daß ein während der „Darrstunde" (Bayern) oder am „Medardi" (Kärnten, wobei aber nicht der heute mit diesem Namen bezeichnete Kalendertag gemeint ist) verletzter Baum austrocknen müsse, daß er jedoch die besten Eigenschaften aufweise, die man von einem gefällten Holz verlangen könne. Vielleicht lebt in dieser Verletzung eine entstellte Überlieferung des Ringelns und in der geheimnisvoll zu findenden Stunde die Zeit der Saftruhe.

Schon seit Ende des 18. Jahrhunderts wurden Stimmen laut, die die Sommerfällung der Winterfällung gleichstellen wollten, sobald das Holz nach dem Fällen die richtige Behandlung und gründliche Austrocknung erfahre. Es muß aber auf Grund einzelner Versuche zugegeben werden, daß das Winterholz langsamer austrocknet als das Sommerholz und deshalb die Rißbildungen und die mit ihnen verbundenen Gefahren beim ersteren auffallend geringer sind als beim zweiten; ferner, daß das in waldfeuchtem Zustand verarbeitete Sommerholz rascher vermorscht als im Winter gefälltes. Die Vorteile der Winterfällung will man nur äußerlichen Bedingtheiten zusprechen. Auch dem durch Flößen bewirkten Auslaugen möchte man nicht mehr die Bedeutung geben, die es früher hatte, weil die gefährlichen Erreger der Rotfäule auch ausgelaugtes Holz befallen. Den kurzen Laboratoriumsversuchen der Verfechter der Sommerfällung stehen als Beleg für die Zuverlässigkeit der Winterfällung die Zeugen unserer alten Holzarchitektur gegenüber, die viele Jahrhunderte überdauert haben. Wie man sich zu diesem Meinungsstreit auch stellen mag, eines haben beide Richtungen gemeinsam, daß sie äußerste Sorgfalt in der Behandlung des Holzes verlangen und es dadurch aus allen anderen Baustoffen herausheben.

Das Bearbeiten des Holzes

Das nächstliegende Bearbeiten des Rundstammes zum Balken ist das „Bewaldrechten", ein vorläufiges Beschlagen mit der Axt, das im Walde oder auf dem Werkplatz vorgenommen werden kann. Hierbei bleiben einzelne Stellen der natürlichen Rundfläche, die sogenannten Waldkanten, stehen. Beim vollständigen Beschlagen, das nach Schnurschlägen auf „Haublöcken" oder „Zimmerblöcken" geschieht (Abb. 15), wird neben der Axt noch das Zimmerbeil benutzt und dadurch ein sorgfältigeres Ebnen des Längsholzes erreicht. Diese Behandlung ist vom künstlerischen Standpunkt aus betrachtet die lebendigste. Man fühlt an den erkennbaren Schnittflächen der Beilhiebe das Entstehen der handwerklichen Ausführung.

Eine ursprüngliche Bearbeitungsart ist das Spalten mit der Axt und mit Keilen, mit dem man früher Halbhölzer und Bohlen aus dem Stamm gewann. Die letzteren wurden aus abgespaltenen Halbhölzern durch Beschlagen gewonnen, so daß ein Stamm immer nur zwei Bohlen geben konnte. So sehr diese Art der Bearbeitung heute vom wirtschaftlichen Standpunkt aus abgelehnt werden muß, hat sie doch einen Vorzug gehabt, nämlich, sie erzog zu einer möglichst engen Verbindung zwischen dem Gestalter und dem Holz und hat dadurch zu den größten Leistungen auf dem Gebiet der Holzarchitektur geführt. Solch lebendige Formen, wie sie die norwegische Holzarchitektur adelt (z. B. Abb. 24), hätte man ohne diese enge Bindung nie erfinden können.

Mit Hilfe der Säge, ob sie mit der Hand bedient (Abb. 58 und 59) oder maschinell getrieben wird, lassen sich beliebige Schnitte ausführen und das Holz in nutzbringendster Weise verwerten. Aber

Abb. 58: **Von der Hand bediente Sägeformen.** Oben die Quersäge; sie wird tangential zur Waagerechten bedient. Die Zahnreihung paßt sich der Pendelbewegung der Arme an und ist deshalb bogenförmig gestaltet. Rechts die Schrotsäge, Brettsäge, Spaltsäge. Sie wird ebenfalls von 2 Mann, aber in einer von oben nach abwärts gerichteten Bewegung bedient. Um die menschliche Kraft aufs beste auszunutzen, verbreitert sich das Sägeblatt nach oben. Dementsprechend findet nach dem Parallelogramm der Kräfte mit dem Herabziehen zugleich eine Bewegung nach vorne statt. Unter der Quersäge der Fuchsschwanz und die Stichsäge oder Lochsäge, sie werden von 1 Mann bedient. Weil der Schnitt in einer vom Griff abwärtsgerichteten Bewegung geschieht, muß das Blatt kräftig sein und, um nicht zu klemmen, sich nach dem Rücken zu verdünnen. In der Mitte die von 1 Mann bediente Klobensäge mit gespanntem Sägeblatt. Unten die Örtersäge, Schliesssäge, Schweifsäge, die von 1 Mann bedient wird, und bei der mittels eines Spannstrickes und Knebels die Spannung des Sägeblattes geregelt werden kann.

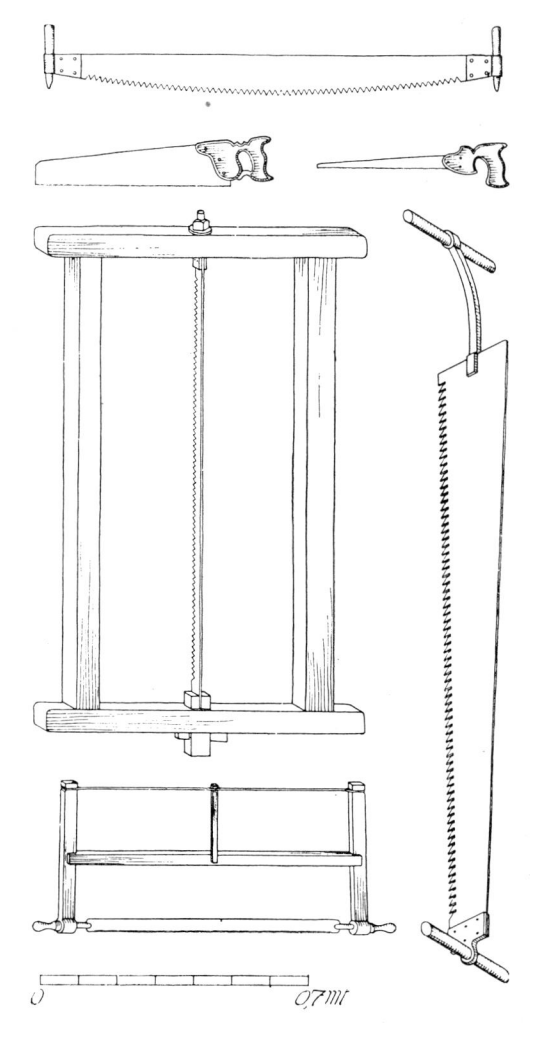

Abb. 59: **Darstellung der verschiedenen Bearbeitungen des Holzes aus dem „Deutschen Museum"
in München.** Im Hintergrund werden Bäume gefällt; in der Mitte nach links ist in drei Stufenfolgen das Beschlagen der Stämme, rechts das Schneiden der Balken mit der Schrotsäge und links das Schneiden der Bohlen mit der Klobensäge veranschaulicht. Ganz rechts wird gezeigt, wie das Holz aufgestapelt wird, um richtig austrocknen zu können.

mit der Säge, die man das grausamste Werkzeug nennen dürfte, beginnt die Verbundenheit mit dem Holz sich schon zu lockern. Es ist belangreich, daß dort, wo die Säge erst spät zur allgemeinen Anwendung gelangte, wie z. B. in Norwegen, erst im 18. Jahrhundert sich auch die lebendigen, holzgemäßen Formen länger erhalten haben als dort, wo die Säge früher Eingang gefunden hat.

Am stärksten entfernt sich unser Einleben in das Wesen des Holzes, wenn die vom Auge überwachte Handsäge durch eine selbsttätige Sägemaschine ersetzt wird.

So sieht heute die gestaltende Phantasie das zu verarbeitende Holz in der Gestalt, wie die Schnittware geliefert wird, als vierkantige Balken oder dünnwandige Bohlen und Bretter, und nur, wenn sie aus romantischen Neigungen die Natur- und Erdverbundenheit zum Ausdruck bringen will, in der Form des natürlichen Stammes, als Rundholz. Dieses Befangensein können wir uns nur auf dem Wege abgewöhnen, daß wir uns in den Formenschatz unserer alten Holzbaukunst, der von diesen Hemmungen frei ist, vertiefen. Man betrachte daraufhin allein die eigenartige Formensprache, wie sie die aufwärtsstrebenden und nach dem Sturz zu sich neigenden Türpfosten zeigen, dann verspürt man den ersten Hauch vom Wesen des Holzes. Andererseits kommt uns zu Bewußtsein, welche Ausdrucksmöglichkeiten uns abhanden gekommen sind.

Schon beim Fällen und dann beim Spalten und Beschlagen des Holzes, ja auch beim Sägen mit der Hand erfühlt man den eigenartigen Aufbau desselben. Man lernt erfahrungsgemäß die verschiedenen Widerstände erkennen, die in der Laufrichtung der Fasern völlig andersgeartet sind als senkrecht zu ihnen. Je mehr man aber dem Werkzeug an selbständiger Leistung aufbürdet und anvertraut, um so loser werden die Bindungen zwischen dem Handwerker und dem Werkstoff. Diese schon in bezug auf die Säge zum Bewußtsein gekommene Lockerung findet in den Formungen mit dem das Ziehmesser ablösenden Hobel (Abb. 60 und 61) ein feineres Gegenstück. Beim Ziehmesser gibt die jedem Schnitt folgende Formveränderung Anregung zu Neugestaltungen; beim Hobel ist die Aufgabe genau vorbestimmt und erlaubt während der Ausführung keine Änderungen.

Geht man aber zum Gestalten der Gefüge über, dann machen sich weitere Eigenschaften des Holzes bemerkbar. So ist die Zugfestigkeit in der Längsrichtung größer als die Druckfestigkeit (mindestens um 20%), die Scherfestigkeit geringer als die Druckfestigkeit (etwa $^1/_7$ bis $^1/_{10}$, so daß die Scherfläche mindestens das 7- bis 10fache der zugehörigen Druckfläche betragen muß), weiter ist die Scherfestigkeit quer zur Faserrichtung wesentlich größer als in der Längsrichtung.

Bei einer Beanspruchung der Hölzer auf Druck macht sich die verschiedene Widerstandsfähigkeit der Jahresringe bemerkbar. Es kann der Fall eintreten, daß an der Stoßfläche Jahresringe mit Spätholz auf solche mit Frühholz zu liegen kommen und diese eindrücken. Deshalb wird zur gleichmäßigen Druckübertragung hier ein Eisenblech eingelegt.

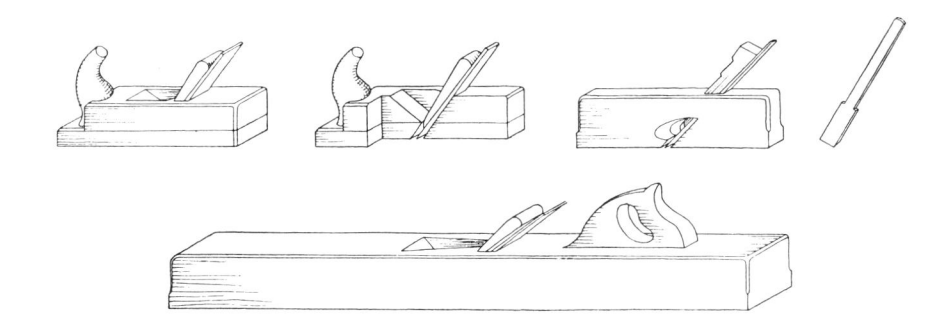

Abb. 60: **Handhobelformen.** Im Schlitz des Hobelkastens sitzt, durch einen Keil verstellbar, ein Meißel, das Hobeleisen. Oben links der Schropphobel, rechts der Simshobel, unten die Rauhbank.

Abb. 61: **Profilhobel.** Die Schneidekanten der Eisen zeigen die Form des Profiles, welches durch Hobeln gestaltet werden soll. Die Sohle des Kastens schmiegt sich den jeweiligen Profilen folgerichtigerweise aufs engste an. Eine durch Schrauben verstellbare Lehre, die „Stellwand" (links), dient dazu, das Profil in richtigem Abstand von der Kante und in einer genauen Geraden ausführen zu können.

Eigenschaften des Holzes

Die Lebensdauer des Holzes ist von folgenden Bedingungen abhängig: Im Freien hält es sich am längsten in lufttrockener Umgebung; ganz im Wasser sogar unbegrenzt, wenn dasselbe gasfrei ist. Am schädlichsten wirkt auf das Holz der Wechsel von Nässe und Trockenheit, wobei es den Fäulniserregern — und diesen besonders, wenn es Stärke und Eiweiß oder unverholzte Zellen (Splint) besitzt — leicht zugänglich wird.

Um diesem Angriff zu begegnen, müht man sich seit Jahren ab, das Holz mit pilztötenden Substanzen zu tränken. Das beste Mittel aber ist und wird bleiben, daß man schon im Aufbau des Gefüges den Zugang der Feuchtigkeit abzuwehren sucht.

Auf alle diese hier kurz angedeuteten Eigenschaften und ihre Meisterung wird beim Besprechen der verschiedenen Gefüge, also am Gegenstand selbst, näher eingegangen werden.

Die Eigenschaften des Holzes, die es für den Hausbau besonders geeignet machen, sind leichte Verarbeitungsmöglichkeit, schlechtes Leitungsvermögen für Wärme, Kälte, Schall und Elektrizität und bei gutem Gefüge seine Trockenheit.

Die in der Holzarchitektur gebräuchlichen Holzarten

Harte Hölzer

Die Eiche

Die Sommereiche wächst in Europa, in Nordafrika und im Orient auf lockerem, fruchtbarem Boden der Ebene und auf lehmreichem, frischem Sandboden. Sie wird 160 bis 200 Jahre alt, bis 40 m hoch und 2 m dick. Ihr Holz ist im Kern gelb bis rötlich-grau-braun, im Splint heller und hat auffallend dicke und breite Markstrahlen. Es ist sehr dauerhaft und witterungsbeständig. Sein Splint ist gegen Wurmfraß und Fäulnispilze empfänglich. Im Wasser färbt es sich infolge seines Gerbsäuregehalts schwarz.

Die Winter- oder Steineiche wird 60 m hoch. Ihr Holz ist gelblich und härter, aber nicht so zäh wie das der Sommereiche.

Das Eichenholz ist schon im frühen Mittelalter für den Haus- und Kirchenbau nachweisbar und auch heute der wichtigste einheimische Laubbaum für Dauerbauten. Es eignet sich am besten für das Fach- und Ständerwerk. Im Blockbau kommt es als unterster Blockbalkenring (Schwellenkranz) oder Balkenrost, in Bohlenstärke aber auch an Schrotwänden zur Anwendung.

Eine besonders reiche Verarbeitung fand und findet es heute noch für Dübel und Nägel. Wegen seiner Widerstandsfähigkeit gegen Feuchtigkeit eignet es sich auch für Fensterrahmen, darf aber wegen des verschieden starken Arbeitens nicht mit Nadelholz zu einem geschlossenen Gefüge verbunden werden. Seine Zähigkeit macht es für Treppenstufen sowie für Stabfußböden im Inneren geeignet. Eine nicht geringere Rolle spielt es im Möbelbau.

Die Ulme oder Rüster

Die Ulme kommt in verschiedenen Arten vor; der Güte nach geordnet als: Feldulme, Bergrüster und Flatterrüster. Sie wächst in der gemäßigten Zone der nördlichen Halbkugel und im tropischen Gebirge Asiens. Sie gedeiht in jedem kräftigen, mäßig feuchten Boden und wird bis zu 30 m hoch. Ihr Holz zeigt im Kern braunrote, im Splint gelbweiße Farben. Ulmenholz ist schwer und hart, sehr zähe, schwer spaltbar, elastisch und an Brauchbarkeit der Eiche gleich. Es verwirft sich nicht leicht und besitzt im Trocknen und im Feuchten eine große Dauerhaftigkeit. Gegen Wurmfraß zeigt es den größten Widerstand. Es trocknet langsam. Wegen ihrer Seltenheit wird die Ulme heute vorzugsweise im Möbel-, Wagen- und Mühlenbau verarbeitet. Früher fand sie auch in der Holzarchitektur Anwendung, so an der aus dem Ende des 11. Jahrhunderts stammenden Stabkirche zu Urnaes in Norwegen und an den untersten Blockbalkenringen bei Blockhäusern des Wallis in der Schweiz.

Halbharte Hölzer

Die Lärche

(Graslärche, Steinlärche — Alpen, Mährisches Gesenke, Karpaten.) Die Lärche wächst in Europa, Sibirien, Nord- und Südamerika. Sie gedeiht besonders gut auf steinigem, frischem, tiefgründigem Boden und wird bis 45 m hoch. Je länger sie wächst, um so kostbarer wird sie. Ihre Güte wechselt mit dem Boden und dem Klima ihres Standortes. Ihr Holz, mit sehr dünnem Mark, zeigt im Kern rotbraune und im Splint gelblichweiße Farben und ist mit zahlreichen Harzporen behaftet. Es ist grobfaserig, dichter und fester als das übrige Nadelholz und spaltet leicht, besitzt eine vorzügliche Tragkraft und steht hinsichtlich seiner Güte zwischen dem Sommereichen- und Kiefernholz. Im Freien schwitzt es unter Einwirkung der Sonnenstrahlen Harz aus, das gleich einem schwarzen Firnis einen schützenden Überzug gegen Witterungseinflüsse bildet, zugleich aber auch den Angriff von Würmern abwehrt.

Zu Beginn des Baues sind die Balken im Längsholz schön weiß, aber schon nach zwei bis drei Jahren erhalten sie eine dunkle Färbung, die, wie ein Schweizer Chronist um 1548 sich ausdrückt, „also schwartz wirdt, als ob es am Rauch geschwerzt seye". Gegen wechselnde Einwirkung von Nässe und Trockenheit zeigt es großen Widerstand. Es ist ein von alters her gebräuchliches, zu allen Bauarbeiten sich eignendes Holz. In der Holzarchitektur liefert es den besten Werkstoff für den Blockbau und findet weiter für Schindeln, Fensterrahmen und Vertäfelungen im Inneren Anwendung. Heute ist seine Ausnutzung des geringen Vorrates wegen gegen früher leider stark zurückgegangen.

Wegen seiner größeren Zähigkeit gegenüber dem anderen Nadelholz verursacht sein Schneiden mehr Kosten als das letztere. (In Kärnten zahlte man für das Sägen eines Kubikmeters Lärchenholz 5,50 bis 6 Schilling gegenüber 4,5 Schilling für Fichtenholz; in Hofgastein 10 bis 11 gegenüber 8 bis 9 Schilling.

Weiche Hölzer

Die Fichte,

in Süddeutschland Rottanne, in den Ostseeprovinzen Grähne genannt. Die Fichte kommt in ganz Europa vor und ist in Deutschland der verbreitetste, neben der Kiefer, der am meisten zu Bauzwecken verarbeitete Nadelholzbaum. Sie gedeiht am besten auf frischem, steinigem, humusreichem Boden mit viel Luftfeuchtigkeit, wächst aber auch in rauhen und nördlichen Lagen, wo sie dann das beste Holz liefert. Sie wird, nach oben sich stark verjüngend, bis 50 m hoch und 100 bis 120 Jahre alt, bei einer Stammesdicke bis zu 1,3 m. Ihr Kern und Splint zeigen die gleiche rötlich- und gelblichweiße helle Farbe (Splintholzbaum). Sie gewährleistet bei richtiger Behandlung ein dauerhaftes Holz, das aber wegen seines geringen Harzreichtums weniger wetterfest ist als das der Lärche und der Kiefer. Abwechselnd naß und trocken, wird es leicht stockig. In der Quere sägt sich das Holz leichter als nach der Länge, wobei die Sägeblätter sich leicht klemmen. Der Stamm muß vor dem Fällen gehörig ausgewachsen sein, um ein dauerhaftes Bauholz zu gewährleisten. Wegen der vielen Harzgallen eignet sich das Fichtenholz für Bretter weniger als das Tannenholz. In der Holzarchitektur kommt es von alters her vorzugsweise für Blockbauten zur Anwendung. Außerdem dient es, wo es an Lärchen- oder Kiefernholz fehlt, zur Verarbeitung von Leg- und Nagelschindeln. Im Inneren wird es zu Deckenbalken, für den Dachstuhl und Fußböden sowie im Möbelbau verwendet.

Die Tanne

(Weißtanne, Edeltanne.) Die Tanne kommt in Europa, Asien und Nordamerika vor. In Deutschland tritt sie in großen geschlossenen Beständen im Schwarzwald und in Oberschwaben auf. Sie wird bis 60 m hoch, mit weniger nach oben verjüngtem Stamm als die Fichte und erreicht ein Alter bis zu 450 Jahren. Ihr Holz ist rötlich oder gelblichweiß und zeigt wie bei der Fichte zwischen Kern und Splint keinen Farbenunterschied (Splintholzbaum). Sie hat deutlich sichtbare Jahresringe, ist weich, harzarm, leicht, sehr biegsam und gut spaltbar. Das Holz der im Gebirge gewachsenen Tanne ist besser als das von einem nassen und weichen Boden herkommende. In der Dauerhaftigkeit steht es der harzreichen Fichte bei weitem nach. Es eignet sich am besten für Gefüge im Inneren und für Möbel. Hier besitzt es den Nachteil, daß es im Alter grau wird.

Die Kiefer

Kienbaum, in Süddeutschland und in der Ostmark Föhre oder Forle, in Niedersachsen und Skandinavien „Fuhre", im Ostseegebiet irrtümlich vielfach „Fichte" genannt. Die Kiefer wächst in der nördlich gemäßigten Zone von Spanien bis Ostsibirien, von Oberitalien bis Lappland. Sie gedeiht auf allen Böden, am besten auf tiefgrundigem, humosem Sandboden und wird bis 40 m hoch, bei einem Durchmesser bis zu 1 m und wird bis 300 Jahre alt. Im Alter liefert sie ein Kernholz, das in der Reihe der Wetterbeständigkeit sich gleich der Eiche und Lärche anschließt. Das junge Holz besitzt zuviel Splint. Frisch gefällt, zeigen Kern und Splint eine gelblich bis rötlichweiße Farbe. Beim Austrocknen färbt sich jedoch der Kern bräunlichrot. Es besitzt zahlreiche große Harzgänge und deutlich sich abhebende Jahresringe. Es ist weich, grob, im Trockenen und Feuchten haltbar. Es findet in allen Zweigen der Holzarchitektur Anwendung, eignet sich aber insbesondere für den Blockbau, für Fensterrahmen und für die verschiedenen Gefüge des inneren Ausbaues.

Die Weimutkiefer ist etwas dunkler gefärbt als die Kiefer, in ihren Eigenschaften aber dieser verwandt.

Die Zirbelkiefer oder Arve

Sie wächst in den Alpen und den Karpaten und wird bis 15 m hoch. Ihr Holz zeigt im Kern eine rotbraune, im Splint eine gelbweiße Farbe. Es ist sehr leicht, weich und läßt sich gut spalten. Wegen seiner schönen Farbe in Verbindung mit der die Fläche belebenden Vielastigkeit sowie dem angenehmen Harzduft wurde und wird es heute noch in den Alpen in reichem Maße zu Zimmervertäfelungen benutzt.

Die Blockwand (Strickwand, Gewettwand, Schrotwand, Schurzwand)

Eine Blockwand baut sich aus übereinandergeschichteten Stämmen, Balken oder Bohlen auf. Sie erlangt ihre Standsicherheit vorzugsweise durch Verflechten dieser Bestandteile miteinander an den Stellen, wo zwei Wandgefüge aufeinanderstoßen (Abb. 62, 63 und 64). In ihrer ursprünglichsten Form geschah diese Verbindung in Gestalt einer einseitigen Verkämmung (Abb. 62). Wir können sie bis auf die späte Bronzezeit zurückführen, für die die Pfahlbauten im Persanzig-See und die von Hans Reinerth ausgegrabene Wasserburg Buchau im Federsee-Moor des schwäbischen Oberlandes die Belege liefern. Bei beiden waren die Einschnitte, auf den Balken bezogen, in seine obere Lagerfläche eingeschnitten. So behielten die jeweilig darüberliegenden Hölzer an ihrer unteren Lagerfläche ihre natürliche Rundung und ließen sich so am besten verlegen.

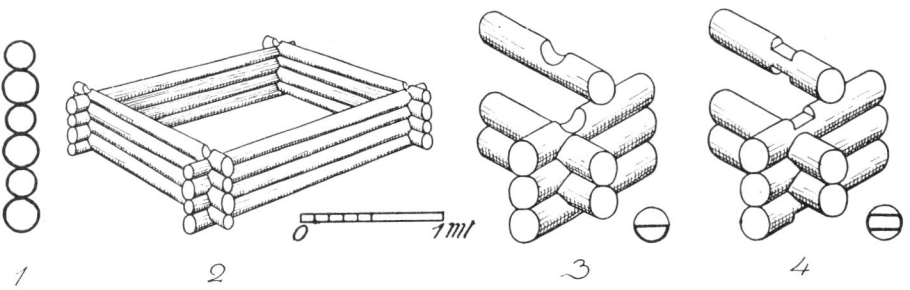

Abb. 62: **Aufbau einer Blockwand aus natürlich gewachsenen Rundhölzern.** Weil das Zopfende im Querschnitt kleiner ist als das Stammende (1), muß man, um in der Waagerechten zu bleiben, mit der Stammrichtung in jeder Lage wechseln (2). Den ersten Halt finden die Blockbalken in dem Eckverband. Die älteste Verbindung an dieser Stelle geschah durch einseitiges Verkämmen (3). Diesem folgte später das Verschränken (4).

Abb. 63: **Einfriedigung** mit einer durch sogenannte Kegelwände gehaltenen Blockwand vom Älvroshof in Skansen, Stockholm. Die Längs- und Querwände sind miteinander verschränkt.

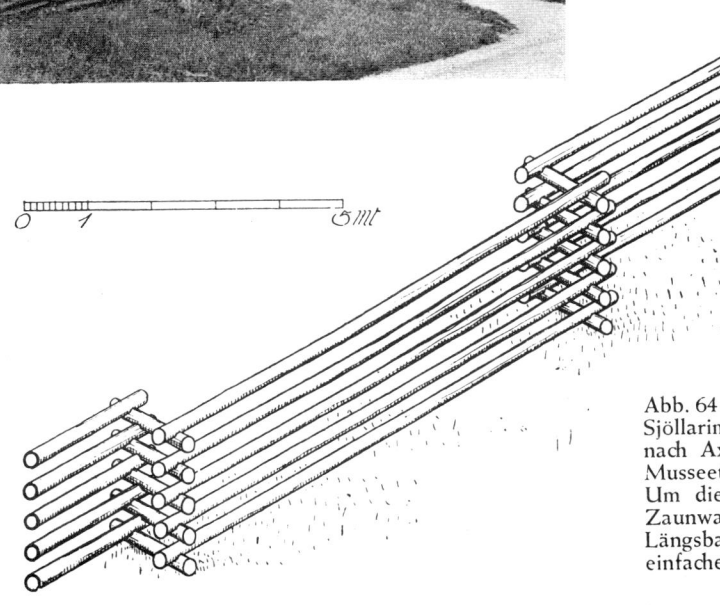

Abb. 64: **Aus Blockbalken gestalteter Zaun** aus Sjöllarim bei Jokkmokk, Schweden (umgezeichnet nach Axel Hamberg in Redogörelse för Nordiska Musseets utveckling och förvaltning, 1925, S. 179). Um die Standsicherheit zu gewährleisten, ist die Zaunwand durch rechtwinklig in die Enden der Längsbalken eingebundene Querbalken, gleich einem einfachen Mäander, gebrochen.

Abb. 65

Abb. 66

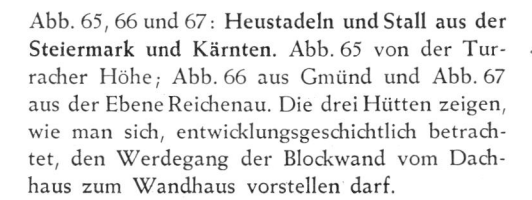

Abb. 67

Abb. 65, 66 und 67: **Heustadeln und Stall aus der Steiermark und Kärnten.** Abb. 65 von der Turracher Höhe; Abb. 66 aus Gmünd und Abb. 67 aus der Ebene Reichenau. Die drei Hütten zeigen, wie man sich, entwicklungsgeschichtlich betrachtet, den Werdegang der Blockwand vom Dachhaus zum Wandhaus vorstellen darf.

Die Blockwand kommt vom Schwellenkranz eines Dachhauses (Abb. 65 bis 67), auf den man nach und nach einen neuen Kranz zu setzen und so eine aufwärtsstrebende Wand zu gestalten wagte. Im Gegensatz zur Ständerwand, die als Böschungsschutz des Dachgrubenhauses in der Erde ihre ersten Dienste leistete, ist die Blockwand im Freien geboren worden.

Entsprechend ihrem Wachstum war man bei unbehauenen Stämmen genötigt, um in der Waagerechten bleiben zu können, mit dem Wurzel- bzw. Zopfende in jeder Lage zu wechseln (Abb. 67 und 68). Diese Anpassung hielt man auch später bei, als man zum Beschlagen der Balken überging. Des weiteren ergab sich aus der einseitigen Verkämmung ganz von selbst, daß die anstoßenden Stämme in halber Höhe zueinander zu liegen kamen. Durch die in steigender Stufenfolge wechselnden Einschnitte war die Unverschiebbarkeit der einzelnen Ringe gesichert.

Um in dieser Gefügeart eine ebene Wand ausführen zu können, benötigte man gerade gewachsene Stämme und diese insbesondere, wenn sie unbeschlagen blieben. Diesem entspricht am besten das Nadelholz. Im bearbeiteten Zustand ist aber auch Laubholz, wie Eichen- und Ulmenholz, beschlagen oder gespalten zum Blockbau verwendet worden.

Abb. 68: **Heustadel aus Radenthein in Kärnten aus natürlich gewachsenen Rundhölzern.** Ihren Halt finden die Blockbalken durch einseitige Verkämmung an den Ecken und eine Verdübelung, die in der Nähe der Tür- und Fenstergewände verdoppelt ist.

Zu Abb. 69: **Querschnitte durch verschieden gestaltete Blockwände.** Die die natürliche Rundung aufweisenden Beispiele 1 und 3 sind nicht an bestimmte Gegenden gebunden, 2 und 7 kommen in Schweden und Rußland vor. Eine aus dem unteren Auflager in Form zweier Schrägen ausgeschnittene Rinne, wie bei 4 und 8, ist kennzeichnend für Norwegen. Die Sprache des gleichen Landes sprechen die im Querschnitt oval gestalteten Balken bei 5 sowie 9 und in neuzeitlicher Umformung wie 10, 6 und 22 geben eine ältere und eine jüngere Form aus der Schweiz wieder 11 und 12 zeigen beschlagene und abgefaste Blockbalken aus Schweden, 14 bis 20 aus dem Reich, der Ostmark und der Schweiz, 23 aus Schlesien und dem Riesengebirge, 13 aus Frankreich, 24 und 25 auf industriellem Wege durch Maschinen gestaltete neuzeitliche Formen. Mit Rücksicht auf das Arbeiten des Holzes sollen die Blockbalken möglichst so beschlagen oder gesägt werden, daß der Kern in die Mitte des Hirnholzes, bei Halbhölzern in die der Außenflucht zugekehrte Schnittfläche zu liegen kommt. Die Abbildungen 48 bis 49 lassen erkennen, wie die Rißbildungen sich auswirken. Die Alten verstanden das Holz so gut zu behandeln, daß auch beschlagene Halbhölzer, bei denen eine Flucht das Mark berührte, von größeren Rissen frei blieben. Um der Gefahr des Werfens zu begegnen, das auf die neuzeitlichen Bohlenwände zutrifft — 24 und 25 —, hält man hier die Bohlenhöhe in geringen Grenzen (den Spund eingerechnet etwa 17 cm). Die verschieden gestalteten Auflager geschahen aus der Überlegung, eine gute Fugendichtung zu erreichen.

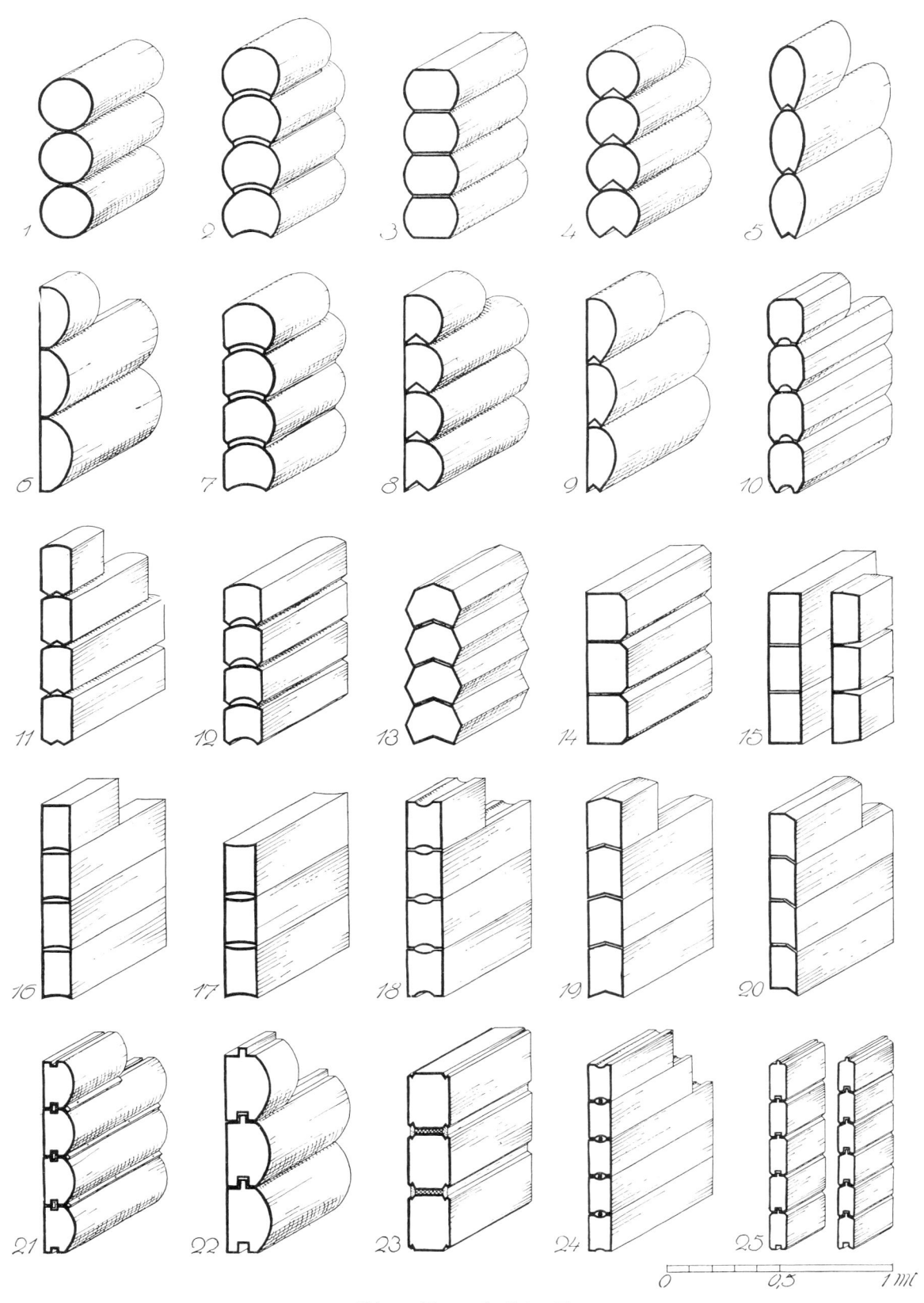

Abb. 69 (Text siehe Seite 50)

In Anpassung an die Eigenschaften des Holzes ging man im Kantholz so weit, daß man bei Eiche das Wandmaß bis auf Bohlenstärke verringerte. Die alten Blockwände aus beschlagenen oder gesägten Balken schwanken in ihrer Stärke zwischen 12 bis 15 cm. Die neuzeitliche industrielle Bearbeitung geht bis auf 7 cm herunter, dem kleinsten, den erforderlichen Wärmeschutz noch verbürgenden Maß (Abb. 69). In der Höhe ihres Querschnittes, dessen Maß zwischen 25 bis 30 cm schwankt, erreicht das Wurzelende zuweilen 40 cm, ja sogar bis zu 50 cm.

Bei der Wahl der Holzart sprach auch ihr Verhalten gegenüber der Feuchtigkeit von alters her ein gewichtiges Wort. Deshalb wählte man an dem Grundschwellenkranz unter den erreichbaren Baumarten das die höchste Dauerhaftigkeit versprechende Holz. So finden wir z. B. in der Schweiz, dort wo sonst im allgemeinen Fichtenholz verwendet wurde, für die Grundschwellen (Anspanner) Lärchenholz und wo dieses dauerhafteste Nadelholz die Blockbalken lieferte, für den untersten Ring zuweilen Ulmenholz. Im Osten Siebenbürgens legte man unter die aus Weißtanne errichteten Blockwände einen Schwellenkranz aus kräftigen Eichenbalken.

In bezug auf Dauerhaftigkeit sind die heute noch gebräuchlichen Holzarten folgendermaßen einzureihen: voran die Eiche, dann die Lärche, die Kiefer, die Fichte und schließlich die Weißtanne. Wichtig ist die Wahl einer gleichmäßigen Stammesstärke, vor allem aber auch das Fehlen von nachsonnigen Drehungen. Dann kommt es darauf an, welche Vorsorge man gegenüber Schwindrissen übt, also wie die Balken aus dem Stamm herausgeschnitten werden (Abb. 71, 72, 73 und 74). Sind es Ganzhölzer, so muß der Kern in der Mitte liegen; bei Halbhölzern hingegen muß der Schnitt durch die Mitte des Kernes gehen und diese Schnittfläche muß bei Kantholz in die Außenflucht zu liegen kommen (Abb. 70).

Mit der Entwicklung der Baukultur und dem mit ihr mitschreitenden handwerklichen Können macht die Blockwand sowohl in der Form des Blockbalkens an sich, als auch in der Art seiner Verbindung (Abb. 71) eine Steigerung und reiche Abwandlung durch. Im Querschnitt (Abb. 69)

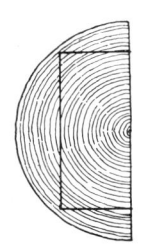

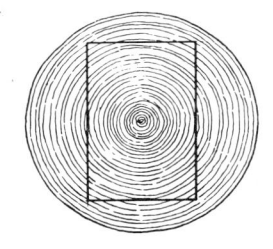

Abb. 70: Die Art, wie Blockbalken als Ganzholz oder Halbholz am besten aus dem Stamm herausgeschnitten werden sollten, um Rißbildungen möglichst zu vermeiden. Beim Halbholz soll die Kernseite nach außen zu liegen kommen.

Abb. 71: Teilansicht von einem Speicher aus Telemarken (Norwegen) mit im Querschnitt oval beschlagenen Ganzhölzern. Der Kern liegt jeweilig in der Mitte. An einem widersonnigen, drehwüchsigen Blockbalken, dem dritten von oben, haben sich die Schwundspannungen so stark ausgewirkt, daß der Riß sich zur Kluft erweiterte. Dieser Riß kann aber auch beim Auseinandernehmen und Übertragen des Bauwerkes aus Norwegen nach Skansen, Stockholm, entstanden sein. Die Fugen sind oben und unten dicht. Hingegen erscheinen an dem über der Schwelle liegenden, nachsonnig, drehwüchsigen und von Rissen durchzogenen Blockbalken die Fugen gelockert.

Abb. 72: **Teilansicht von einem Speicher** aus Waldhaus, Kanton Bern, aus gespaltenen und miteinander verschränkten Halbhölzern. An den Schwundrissen kennzeichnet sich der Gerad- oder Drehwuchs des Holzes.

sehen wir zwei Entwicklungen. Die eine, die urtümlichste und mit dem Wesen des Holzes am engsten verbundene geht von der Urform des runden Stammes aus. Sie verwendet ihn in seiner natürlichen Gestalt als Ganzholz (Abb. 69/1—4) oder mit Axt und Keil gespalten als Halbholz, Hälbling (Abb. 69/6, 9, 21, 22). Um Rißbildungen zu mildern und zugleich aus starkem künstlerischem Einfühlen heraus wird das nach allen Richtungen hin sich gleich stark gebende Kreisrund in ein Oval verwandelt, das in der mit der Wandflucht gleichgerichteten Längsachse die stärkste Kraftäußerung zur Anschauung bringt (Abb. 69/5). Aus der Abb. 71 kann diese Ausdrucksweise auf ihre Lebendigkeit hin geprüft werden. Sie ist ein Musterbeispiel dafür, wie sehr die handwerkliche Verbundenheit mit dem Wesen des Werkstoffes und des Gefüges auch zu gesteigerten Leistungen auf künstlerischem Gebiet befähigen kann.

Der andere Weg geht vom Beschlagen aus und verwandelt den runden zu einem rechteckigen Querschnitt (Abb. 69/14—20, 23), in dessen Mitte die Markröhre liegen soll (Abb. 69). Es kommen aber auch Blockwände aus gespaltenen und beschlagenen Halbhölzern vor (Abb. 73). Weiter gibt es Zwischenformen, wobei man, um eine ebene Flucht zu erreichen, Balken mit rundem oder ovalem Querschnitt an einer Seite beschlug (Abb. 69/7, 19) und auch solche, bei denen man zwei Seiten durch Beschlagen ebnete (Abb. 69/11 und 12). Die ebene Fläche wird zuweilen in einem lebhaften Formenspiel, sei es durch Umwandlung der Waldkante in eine Fase (Abb. 69/10 und 14) oder des ganzen Querschnittes in ein Mehreck bereichert (Abb. 69/13). Bei der vierkantigen Form konnte das Beschlagen durch den Sägeschnitt abgelöst werden, der mit der Schrotsäge als Handwerkszeug und mit der Gattersäge als Maschine ausgeführt wurde.

Eine aus rechteckigen Blockbalken aufgerichtete Wand ist ausdrucksärmer als die aus Rundhölzern zusammengefügte. Der einzelne Balken verschwindet in der Reihe seiner Nachbarn und läßt sich in der Flucht nicht selten selbst bei sorgfältigem Suchen nur schwer als Einzelglied herausfinden (Abb. 73).

Abb. 73: **Teilansicht von einem Wohnhaus** aus Arzbach bei Lenggries in Oberbayern mit verzinkten Eckverbänden. Die Blockbalken sind durch Spalten und Beschlagen als Halbhölzer gestaltet worden. Die Behandlung des Holzes vor dem Aufrichten und dazu die werkgerechte Ausführung bewirkten, daß erstens Rißbildungen fast völlig ausblieben und zweitens die Fugen so dicht wurden, daß sie am Längsholz mit dem freien Auge nur schwer zu erkennen sind. Beim vorkragenden Balken liegt der Kern in der Mitte.

Das ungleichmäßige Schwinden, verbunden mit ungleichmäßigen Belastungen, kann die Dichtigkeit der Lagerfuge in Frage stellen. Dieser Gefahr suchte man in verschiedener Weise zu begegnen. Entweder achtete man schon von vornherein auf ein möglichst dichtes Zusammenpassen in den Berührungsebenen durch waagerechte (Abb. 69/3, 14, 15), gekrümmte (Abb. 69/2 und 7) wie auch gebrochene (Abb. 69/13, 19, 20) Lagerflächen, oder man suchte nachträglich von außen her durch das sogenannte „Kalfatern" Werg in die Fugen einzutreiben. In Kärnten sparte man früher zu diesem Zwecke einen die Fuge begleitenden Schlitz aus (Abb. 69/15), den man mit Moos und Kalkputz dichtete. Heute legt man in jener Gegend und im Salzburgischen diesen Schlitz in die Innenflucht. Hier wird er nach seiner Dichtung durch eine Vertäfelung oder einen Wandputz verdeckt. Beim anderen Weg ging man davon aus, das Dichtungsmittel vor dem Auflagern aufzubringen und das Lasten der aufgeschichteten Blockbalken so günstig wie möglich sich auswirken zu lassen. Die Blockbalken berühren sich nicht mehr beidseitig in Flächen, sondern einseitig oder beidseitig mit Graten oder Stegen. Es kommen entweder zwei Kanten des nach innen gewölbten Unterlagers auf die nach außen gewölbte (Abb. 69/4, 5, 8—12 und Abb. 75), aber auch ebene (Abb. 69/16) Oberlagerfläche zu liegen, oder es sind beide Lagerflächen nach innen gewölbt (Abb. 69/17, 18). Da an den Berührungsstellen das Holz sich dem Splint nähert oder sogar schon in diesen übergegangen ist, läßt es sich hier dicht zusammenpressen. Dieser günstigen Eigenschaft steht die damit verbundene Verringerung in der Wandhöhe entgegen, von der im nächsten Abschnitt die Rede sein wird. Zur Ausfüllung des Hohlraumes verwendete man Moos, Werg, in Norwegen sogar rot und blau gefärbtes wollenes Zeug. Bei einem neuzeitlichen Gefüge (Abb. 69/24), einer Abart des Beispiels (Abb. 69/18), griff man zu einem geteerten Hanfstrick. Im ostmärkischen Alpenland behilft man sich heute, indem man einfach auf waagerechte, ebene Auflagerflächen zwei Hanfstricke legt.

Eine andere Überlegung sucht die Spundung in Dienst zu stellen (Abb. 69/22, 25), und schließlich weicht der Spund einer Feder (Abb. 69/21) oder verdoppelt diese Sicherung. Um die Dichtung in wirksamster Weise aufrechtzuerhalten, darf der Stoß dieser Federn nicht senkrecht zur Laufrichtung und damit zur Wandflucht stehen, sondern muß schräg ausgeführt sein. Bei beiden kann die Dichtung durch Einlage geteerter Hanfstricke in den Falz erhöht werden. Sobald der Winkel vom Übergang der Wandflucht zur Lagerfläche kleiner als 90° wird, tritt an den dem Regen ausgesetzten Außenwänden die Gefahr des Quellens und des damit verbundenen ungünstigen Arbeitens des Holzes auf. Die Kanten treten aus der Flucht. Dieser Gefahr sind die Beispiele 19 und 20 auf Abb. 69 ausgesetzt. Bei letzterem wird dieser Übelstand noch dadurch begünstigt, daß der gefährdete Teil unbelastet geblieben ist.

Um die Fugenkanten vor dem Angriff der Feuchtigkeit zu bewahren, wendet die Neuzeit Abfasungen und sogar schräge Lagerflächen (Abb. 69/25) an, die aber weder das rasche Abfließen des Schlagregens fördern, noch die Saugfähigkeit der Fuge verhindern, geschweige zur Schönheit des Ganzen beitragen können.

Eine eigenartige Dichtung aus einer Mischung von Lehm und Häcksel zeigt der Blockbau des Riesen- und Isergebirges (Abb. 69/23). Um den Halt dieses Lehmputzes zu gewährleisten, sparte man von Balken zu Balken Schlitze aus. Des weiteren stach man, um den Fugenlehm an der der Verwitterung ausgesetzten Stelle festzuhalten, herangerückt an die Außenkante der Lagerfläche je eine Rille aus. Ein neuzeitliches Gefüge (Abb. 69/21) will die Dichtung der Fuge mit aufgenagelten Holzleisten verstärken. Ihre Nägel greifen wechselweise nach oben und nach unten in die Blockbalken ein.

Um den Schlagregen abzuwehren und die Saugfähigkeit des Holzes zu mindern, muß die Oberfläche der Blockbalken glatt sein, deshalb dürfen die Balken nie den Sägeschnitt zeigen. Soll nicht eine der alten Ebnungen durch Beschlagen mit dem Breitbeil oder Glättungen mit dem Ziehmesser zu ihrem Rechte kommen, dann muß zum Hobel gegriffen werden.

Eine noch größere Sorgfalt, als sie der Bearbeitung der Wandflucht zuteil wird, beansprucht die Ausführung der Lagerfugen. Auch hier spielt neben dem geraden oder krummen Ziehmesser der Hobel eine wichtige Rolle. Im Salzburgischen nannte man den zum Ausarbeiten der nach innen gewölbten Lagerflächen benutzten Hobel den „Fugenholzer". Er wurde von zwei Männern bedient. Ihm folgte zum Erreichen der feinsten Glättung der „Fughobel", der eine Länge bis zu 1,5 m erreichte.

Abb. 74: **Vorstöße von einem Wohnhaus** aus Zillerthal bei Hirschberg in Schlesien mit verdrehten Balkenköpfen. Dieses Bauwerk wurde vor etwa 100 Jahren zusammen mit einer aus mehreren Höfen bestehenden Siedlung errichtet. Um den aus dem Zillerthal in Tirol kommenden Verbannten rasch eine Heimstätte schaffen zu können, hat man das Bauholz vor dem Aufrichten nicht so stark austrocknen lassen können, wie es sonst der Brauch war. Deshalb verursachten die aus dem Kern herausgeschnittenen Blockbalken durch ihr Schwinden an den Vorstößen Verdrehungen. Auch die am Hirnholz auftretenden Risse und Klüfte entspringen der gleichen Gefahrenquelle.

Der Eckverband

Der Eckverband besteht aus einer einfachen oder doppelten Verkämmung, Verschränkung, Überblattung, einer einfachen oder mehrfachen Verzinkung und Hakenüberkämmung. Er macht große Abwandlungen durch, die uns augenfällig verdeutlichen, wie man den verschiedenen Gefahren, die an dieser Stelle auftreten können, zu begegnen suchte. Er hat verschiedene Benennungen: „Schroten", „Wetten", „Stricken", „Gehrsatz" oder „Gehrfaß", in Norwegen „Loftwerk". Wie schon einleitend gesagt, ist die älteste Verbindung die Verkämmung (Abb. 62, 68, 75/1), bei der der Balkenkopf über die Verbindung hinausragt. Man nennt den lisenenartig (pfeilerartig) 10 bis 25 cm weit vortretenden Teil in seiner Gesamtheit „Vorstoß", an den einzelnen Blockbalken nach Landschaften und Dialekten verschieden, z. B. in Bayern und Salzburg „Schrotkopf", in der Schweiz „Wett-Kopf", in Vorarlberg „Für-Kopf" und „Kopfstrick", in Kärnten „Kegel".

Um den Verband an dieser Stelle dicht zu gestalten, ist man von der urtümlichen Rundung abgewichen und hat in verschiedener Weise versucht, diese Aufgabe zu meistern. Beim Beispiel 8 auf Abb. 75 behielt der Blockbalken außerhalb der Überkämmung seine natürliche Gestalt. Sonst aber erhalten die Rundhölzer, um das Vorreißen und die Ausführung der Einschnitte zu erleichtern, an ihren Kopfenden verschiedenartige Umformungen, die dazu anregen, aus diesem Gefüge ein besonderes Schmuckmotiv zu machen (Abb. 75/2—6). Die hierzu benutzten Werkzeuge waren das Beil, das Ziehmesser und der Meißel. Aus der Verkämmung entstand die Verschränkung (Abb. 62/4), bei der die Blockbalken beidseitig mit Einschnitten versehen werden. Der erfinderische Gestaltungsdrang ließ sogar die Hakenform zu Ehren kommen (Abb. 78). Zu diesem tritt die doppelte Verkämmung an den Berührungsflächen, die sowohl bei Rundbalken, Halbhölzern, Balken mit ovalem Querschnitt, als auch bei beschlagenen Balken angewendet wird. Die Beispiele 9 bis 15 auf Abb. 75, die diese Gefüge an Hand gerundeter oder teilweise gerundeter Balken wiedergeben, lassen die Stärke des lebendigen Einfühlens, die zu diesen Erfindungen führte, deutlich erkennen. Bei den allseitig beschlagenen Balken 16 bis 23 auf Abb. 76 sehen wir ein ähnliches Streben wie bei den vorigen. Hier, wo das Beschlagen durch die Herrschaft der Säge verdrängt wird, setzt sich die Form des Gefüges aus ebenen Schnitten zusammen.

Den einfach verschränkten Balken mit rechteckigem Querschnitt (Abb. 76/16, 17, 18, 23) haftet die Gefahr an, daß die Balkenköpfe sich während des Schwindens verdrehen (Abb. 74, 79, 80) und daß an dieser Stelle, wo der Wind am schärfsten angreift, die Fugen undicht werden können. Dies führte zu einer Zutat verschiedenartigst gewandelter Versatzungen (Abb. 76/19—22). Bei Rundhölzern war eine solche Ausgestaltung nicht nötig, denn hier zeitigte das Zusammenpassen an dieser Stelle ganz von selbst ein Ineinandergreifen, das gleich einer Versatzung wirkte. Ein weiteres Sicherungsmittel gab eine Verdübelung der Vorstöße (Abb. 76/21, 22). Ein eigenartiges Gefüge zeigt das Beispiel 29 auf Abb. 76 aus Schweden. Diesen dem Auftrieb des Wassers ausgesetzten Verband suchte man neben der Verkämmung noch durch Eckpfosten, an denen sich die Blockbalken mit Schlitzen gewissermaßen anklammern, zu sichern.

Im Laufe der Entwicklung verliert der der Verkämmung und Verschränkung entwachsene Vorstoß seine Alleinherrschaft. Es tritt die Verblattung und Verzinkung auf den Plan (Abb. 77). Diese Umwandlung geschah in Anlehnung an die glatten Wände des Massivbaues und mancherorts, um eine möglichst ungehinderte Verschindelung zu ermöglichen.

Liegen die Lagerflächen waagerecht (Abb. 77/31, 32), dann sind, um das Ausweichen der Blockbalken nach außen zu verhindern, Dübel notwendig. Ihr genaues Einpassen ist mit Schwierigkeiten verbunden, andererseits können leicht Abscherungen eintreten. Bei dem Versuch, diesem Übelstand zu begegnen, erfand man die schwalbenschwanzförmige Verzinkung (Abb. 79 und 80 sowie 77/33, 34). In Vorarlberg nennt man sie wegen der Ähnlichkeit mit dem Turmfalken (weyhe) „Weyaschwanz-Strick". Im Salzburgischen trägt sie den Namen „Schließ-Schrot". Hier wird das Ausweichen nach außen allein durch Schrägstellung der Lagerflächen verhindert. Da zu dieser Sicherung nur drei Punkte festgelegt werden müssen, durch drei Punkte aber eine Ebene bestimmt ist, war dieser Gedanke leicht ausführbar. Zum Vorreißen der einzelnen Zinken

Abb. 75: **Eckverbände durch Verkämmen und Verschränken.** Das erste Beispiel geht bis auf die späte Bronzezeit zurück und ist auch heute in den Blockbaugebieten verschiedenster Nationen bei Bauten untergeordneter Art in Übung. Die Beispiele 2, 4, 5, 6 und 9, an deren Vorstößen man augenfällig verfolgen kann, wie sehr die gestaltende Phantasie durch die Handhabung des Werkzeuges befruchtet worden ist, stammen aus Schweden. Während hier ein Zug ins Malerische Platz gegriffen hat, sucht die norwegische Holzarchitektur, wie die Beispiele 10 bis 13 und 15 zeigen, an dieser Stelle den Verband selbst zu verfeinern. Bei ihren in der Regel mit ovalem Querschnitt versehenen, gleich gespannten Muskeln wirkenden Blockbalken hätten solche Endigungen, wie sie die Schweden liebten, kleinlich gewirkt. Beispiel 3, aus dem litauisch-weißruthenischen Grenzgebiet stammend, verrät durch seine Verwandtschaft mit den vorigen die kulturelle Abhängigkeit vom Norden. Zwei Schweizer Beispiele, 7 und 14, können trotz der nach außen gerundeten Balken durch ihre strenge Form die enge Nachbarschaft mit den vierkantig beschlagenen Blockwänden nicht verleugnen.

Abb. 76 (Text siehe Seite 60)

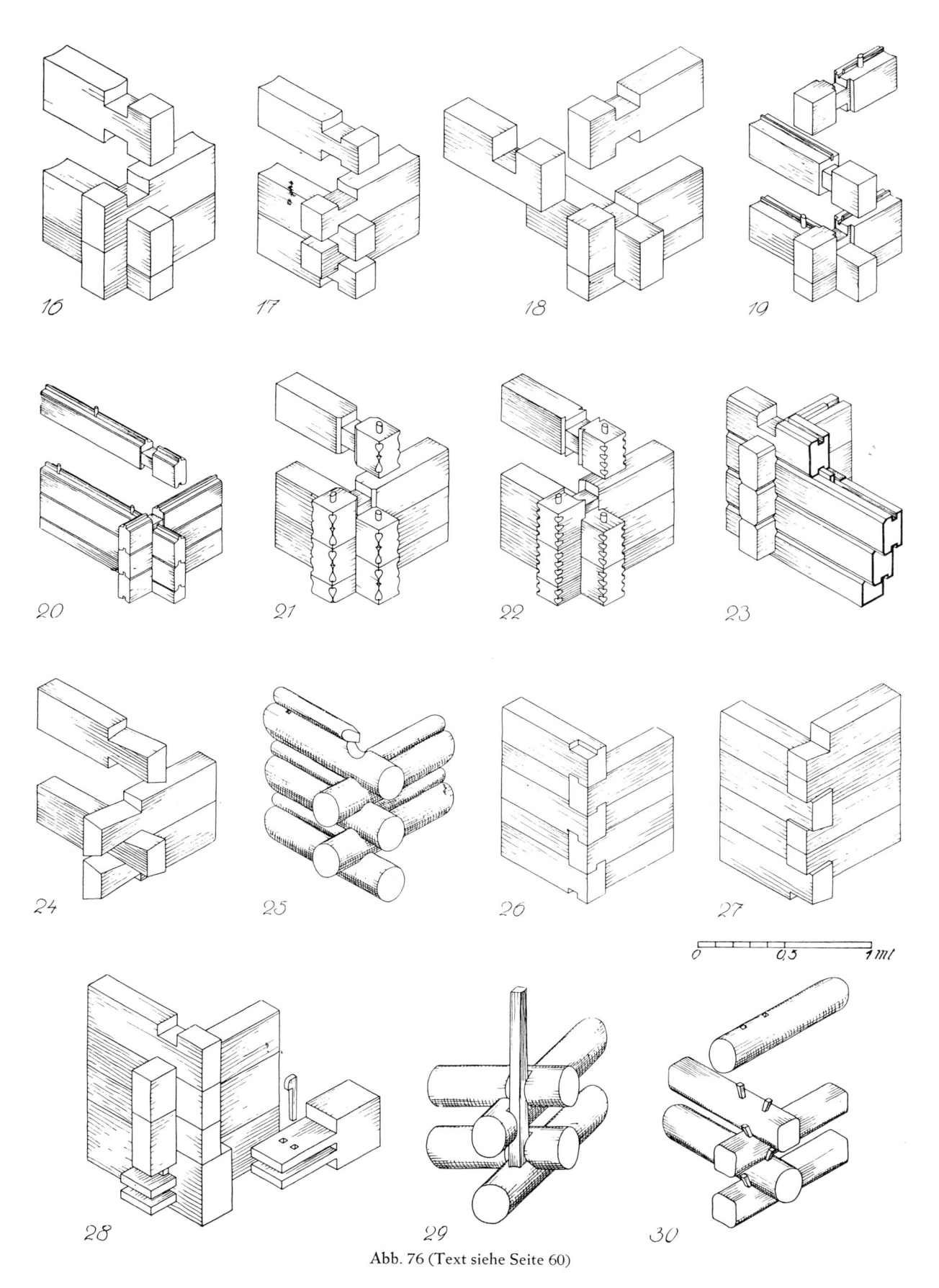

58

Abb. 77 (Text siehe Seite 60)

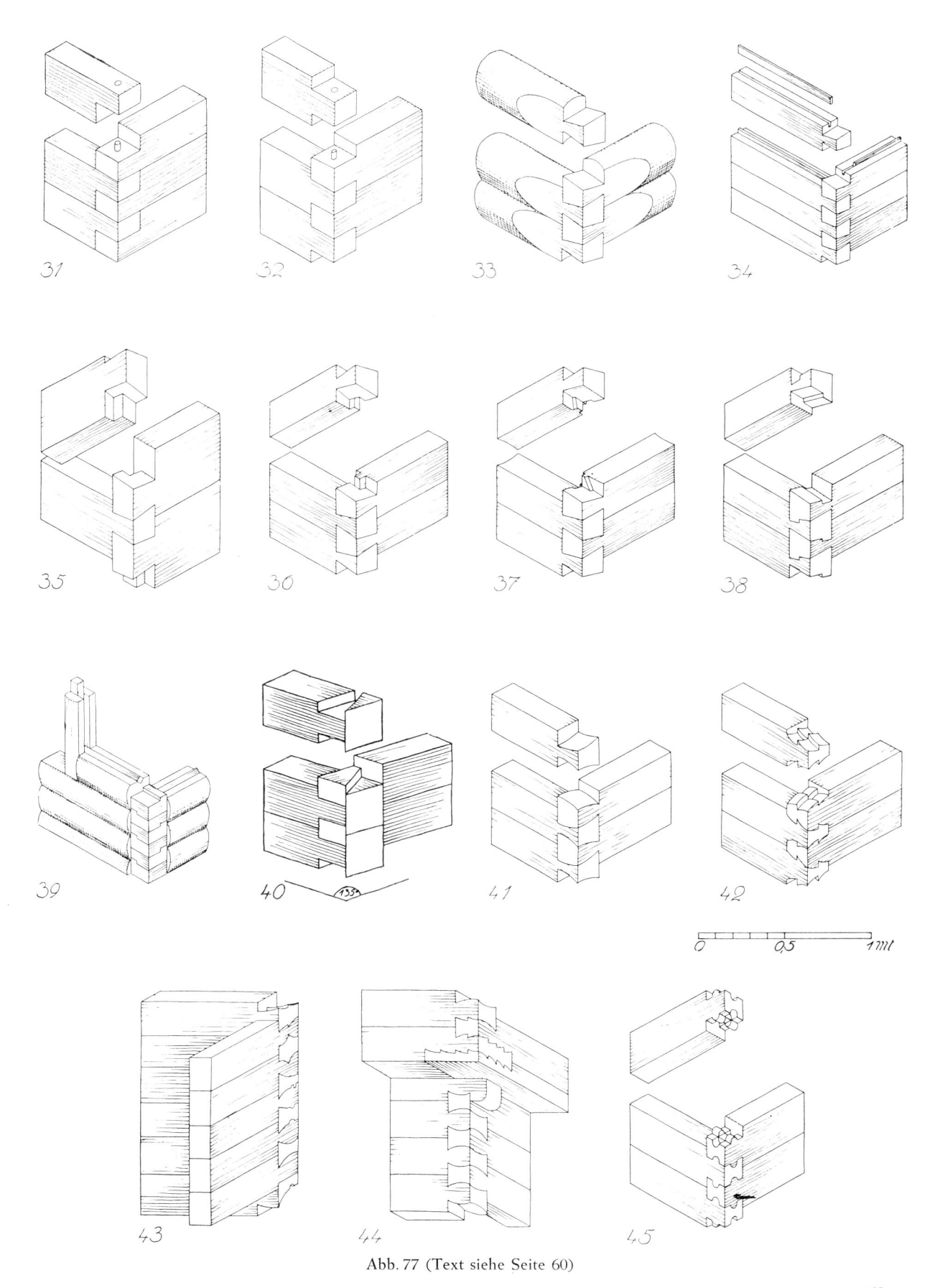

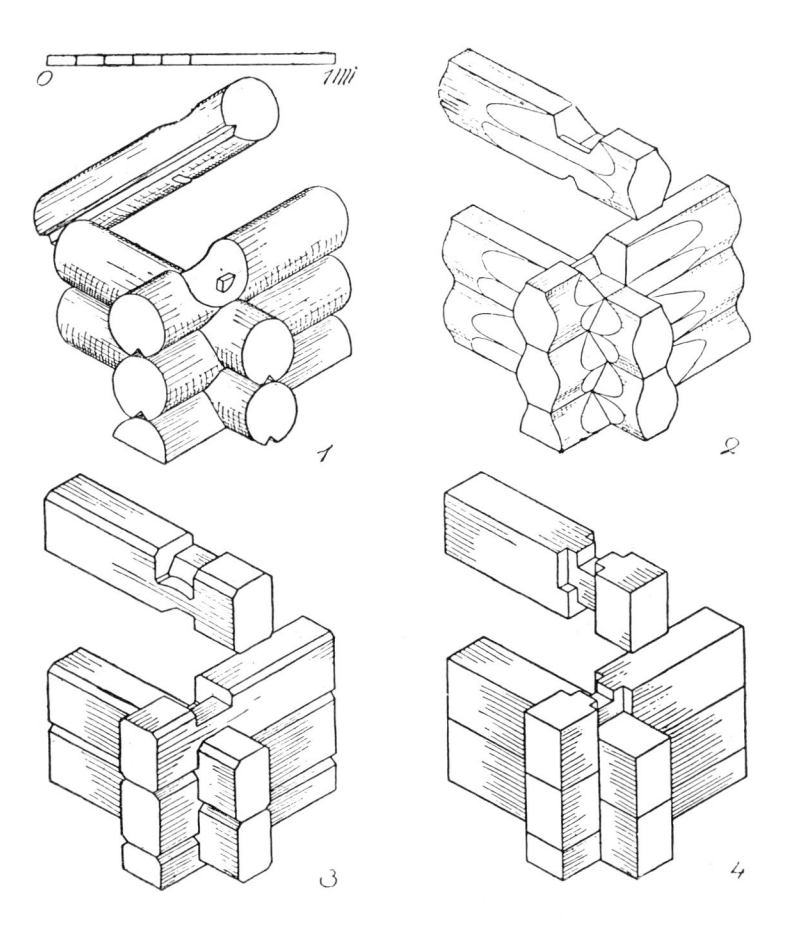

Abb. 78: **Eckverkämmungen mit hakenförmigen Kämmen.** 1) Baltikum und Rußland; 2) Härjedalen, (17. Jahrhundert); 3) Dalekarlien, um 1800; 4) Südliches Schweden (nach Sigurd Erixon, Folkliv 1, 1937).

Zu Abb. 76: **Eckverbände durch Verschränken, Verkämmen und Verzinken.** Das erste Beispiel 16 zeigt die allgemein übliche Verschränkung, wie sie in den Alpenländern vorkommt. Weil sich die Blockbalken wegen den ausgeklinkten Lagerflächen an diesen Stellen stärker zusammenpressen als an den mit ebenen Lagerflächen versehenen Vorstößen, muß bei letzteren „Setzluft" oder „Sitzrecht" ausgespart werden. Beim nächsten Beispiel 17 aus Vorarlberg ging man dieser Schwierigkeit aus dem Wege, indem man an den Vorstößen von Balken zu Balken einen weiten Zwischenraum aussparte. Läßt man die ausgeklinkte Lagerfläche bis zum Hirnholz vorstoßen, dann fallen diese Schwierigkeiten weg. Einen eigenartigen Verband gibt das von schlesischen Holzkirchen entliehene Beispiel 18. Hier sind die Blockbalken in einer Flucht verkämmt, in der anderen verschränkt. Die Beispiele 19 und 20 vertreten neuzeitliche Lösungen, bei denen man zur Sicherung des Verbandes gegen Verdrehen und Winddurchlaß eine Versatzung anordnete. Ähnliches findet sich schon bei alten Bauten der Schweiz, 21 und 22. Bei der neuzeitlichen Lösung 23 ist die Fuge durch Einlage einer Feder gesichert. Wenn die als Auflager dienenden Stege so schmal werden, daß hier durch das Lasten stärkere Formveränderungen eintreten als bei den Vorstößen, dann ist bei den letzteren ebenfalls Setzluft auszusparen. An den verzinkten Beispielen 24 und 27 kragen die Zinken vorstoßartig vor die Flucht. Dieses malerische Motiv findet sich namentlich dort, wo die Bevölkerung in der rassischen Zusammensetzung einen slawischen Einschlag aufweist. Beispiel 25 aus dem ostmärkischen Alpenland und Beispiel 26 aus Böhmen geben zwei belangreiche Lösungen, bei denen verkämmte Rundbalken mit zwischengeschobenen Stangen bzw. mit Hakenkamm versehen, beschlagenen Blockbalken zweier verschiedener Höhen wechseln; das erste eine urtümliche Erfindung, das zweite die Steigerung des gleichen Gedankens. Die Verzapfung des untersten Balkenringes bei 28, einem Beispiel aus der Schweiz, stellt eine aus einer anderen Baukultur (der alemannischen) herkommende Zutat dar. Die Verbände 29 aus Schweden und 30 aus Salzburg verdanken ihre eigenartigen Formen äußeren Umständen; das eine kam im Wasser zu liegen, beim anderen wollte man möglichst weite Zwischenabstände aussparen.

Zu Abb. 77: **Eckverbände durch Verblatten und Verzinken mit verschiedenen Sicherungen.** Die einfache Verblattung bei 31 ermöglicht es, die Balken in allen Fluchten in einer Höhe halten zu können. Hier, wie bei der doppelten Verblattung bei 32, sind, um das Ausweichen zu verhindern, Dübel notwendig. Dieser Verband wie die folgende Verzinkung sind an beschlagene Hölzer gebunden. Wo man ihn auf Rundhölzer übertrug, wie bei 33 aus dem litauisch-weißruthenischen Grenzgebiet, mußten die Balken zum mindesten an der Stelle der Verzinkung beschlagen werden. Ein neuzeitliches Beispiel einer Verzinkung sehen wir bei 34. Zu den nächsten Verzinkungen von 34 bis 38 traten Vernutungen, die den Windangriff abwehren sollen, denn durch das verschiedenartige Setzen innerhalb der Wand und innerhalb der Verzinkung können am Eckverband leicht Undichtigkeiten auftreten. Es ist belangreich, wie man in den verschiedenen Gegenden zu verwandten Lösungen kam. Der Verband 35 stammt aus dem Danziger Werder, 36 aus der Schweiz, 37 aus Schweden, 38 aus Norwegen, 39 gibt einen neuzeitlichen Hakenkamm einer alten Holzkirche aus den nördlichen Karpaten wieder und 41 bis 44 stammen aus den ostmärkischen Alpenländern. Ihre mit ausgeklinkten Lagerflächen versehenen Verzinkungen wachsen sich nicht selten durch Verdoppelung oder Vermehrfachung der Zinken zu einer Art Verkämmung aus. Eine eigenartige, schon stark verwickelte Form verkörpert das letzte Beispiel 45 vom Tegernsee in Oberbayern, wo mittels Rundstäben und Hohlkehlen eine Verkämmung im Kleinen verwirklicht worden ist.

Abb. 79 und 80: **Eckverzinkungen mit geraden oder gewölbten Schwalbenschwänzen** aus Niederneuching (1581) und Erding (um 1600), Oberbayern. Beim ersten sind die Blockbalken aus dem Kern herausgeschnitten, beim zweiten kommen neben derselben Form auch Halbhölzer vor, deren eine Flucht die Markröhre berührt. Beide geben Einblicke, wie durch das Arbeiten des Holzes ohne oder mit Hinzutritt von Gefahren, die aus Veränderungen innerhalb des Gesamtgefüges entstehen, der Eckverband leiden kann.

Abb. 79

Abb. 80

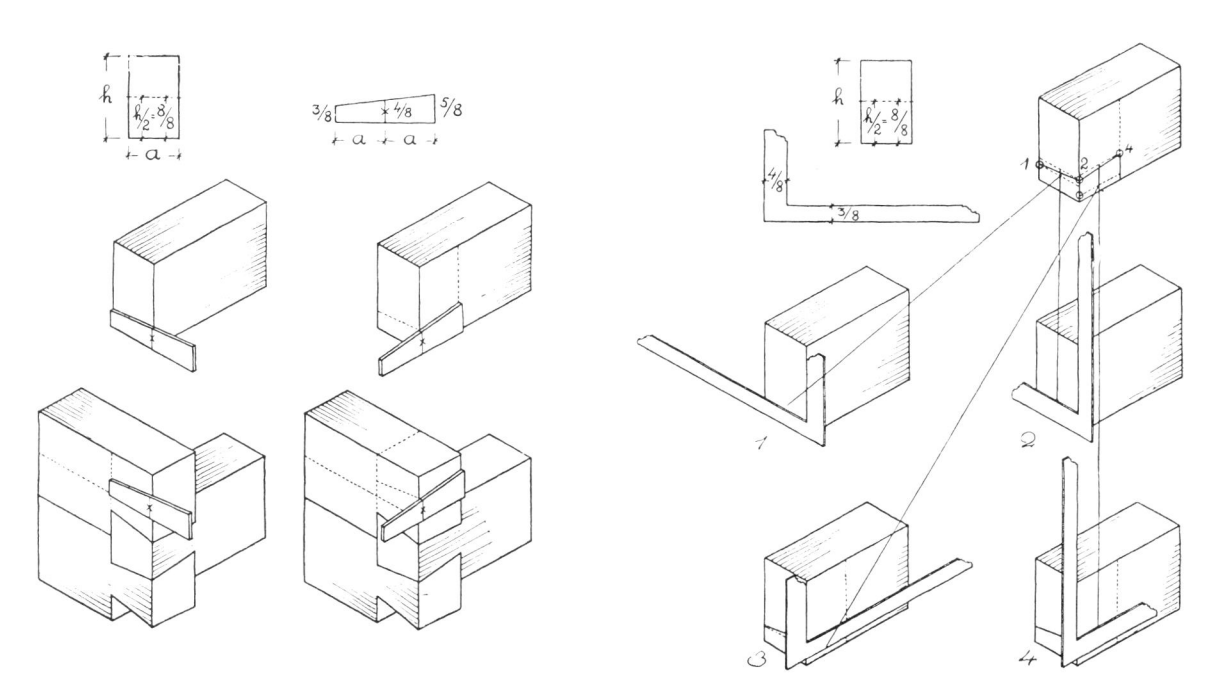

Abb. 81: **Vorreißen der Zinken mit besonderer Lehre oder besonderem Winkeleisen** (nach Zimmermeister Vinzenz Bachmann, Mettenhamm). Links wird mit einer Lehre (Brettchenschablone), deren Abmessungen, wie die Zeichnung zeigt, in ein bestimmtes Verhältnis zum Balkenquerschnitt gebracht sind, zuerst die erstrebte Lage der unteren Fuge, von der unteren Kante ausgehend zunächst am Hirnholz und dann anschließend am Längsholz, die obere in gleicher Weise von einem Mittelriß aus vorgerissen. Das zu dem gleichen Zwecke benutzte Winkeleisen zeigt zwei verschieden breite Arme, deren Breiten wiederum in einem bestimmten Verhältnis zum Balkenquerschnitt stehen. Die Zeichnung gibt die Arbeitsfolge des Vorreißens entsprechend numeriert wieder.

61

Abb. 82 und 83: Eckverbindungen mit Klingschrot aus Kärnten.

Abb. 82

Abb. 83

bediente man sich einer Schablone (Abb. 81). Auch bei diesem Verband gaben ungleichmäßiges Schwinden und die Abwehr gegen den Windangriff Anlaß zu weiteren Ausgestaltungen. Man versuchte das Ineinandergreifen durch Vernuten (Abb. 77/35—37) oder Verkämmen (Abb. 77/38) noch besonders zu festigen. Der hier zur Anwendung kommende Hakenkamm war beim Überblatten zugleich ein Ersatz für die Dübel (Abb. 76/26). Die Freude und zugleich der Stolz an der geleisteten Arbeit führten zu gewölbten Auflagerflächen, zum sogenannten „Klingschrot" **ohne** (Abb. 77/41) und **mit** (Abb. 82, 83 und 77/42—44) Verkämmungen. Zur Ausführung dieses

62

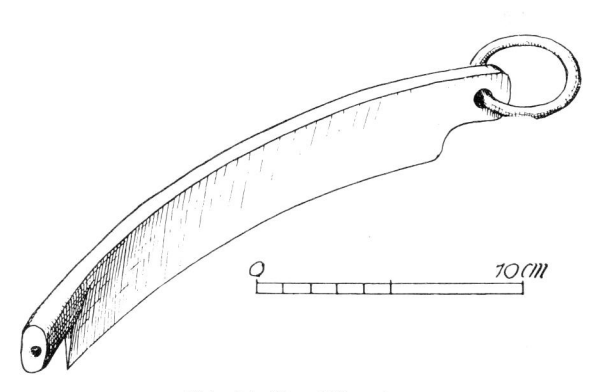

Abb. 84: Das Klingeisen.

Verbandes, der ein hohes Können verrät, bediente man sich eines gebogenen, messerartigen Eisens (Abb. 84), des sogenannten Klingeisens. Den dazu nötigen Arbeitsaufwand kann man daran ermessen, daß z. B. in Kärnten beim Abbinden eines etwa 5,00×5,00 m im Grundriß betragenden Getreidekastens vier Männer an einem Tage zwei Kränze (Balkenringe) fertigstellten. Neben diesem, man darf sagen „Stolz des Zimmermanns" gibt es Gefüge, bei denen man sich die Arbeit zu vereinfachen suchte und je zwei Blockbalken zu einem gemeinsamen Zinken vereinigte (Abb. 76/27).

Andererseits kommt ein Verband vor, bei dem die schwalbenschwanzförmigen Zinken aus einem ornamentalen Fühlen heraus vorstoßartig vorkragen (Abb. 76/24). In der Aufzählung der Eckverbindungen muß auch die Verkleidung der Verzinkung mit Schalbrettern erwähnt werden (Abb. 85), die den Windangriff abwehren und zugleich das Hirnholz vor Nässe schützen soll. Wegen des Arbeitens des Holzes dürfen sie erst angenagelt werden, nachdem das Holz zur Ruhe gekommen ist, mit anderen Worten, nachdem die Wand sich gesetzt hat.

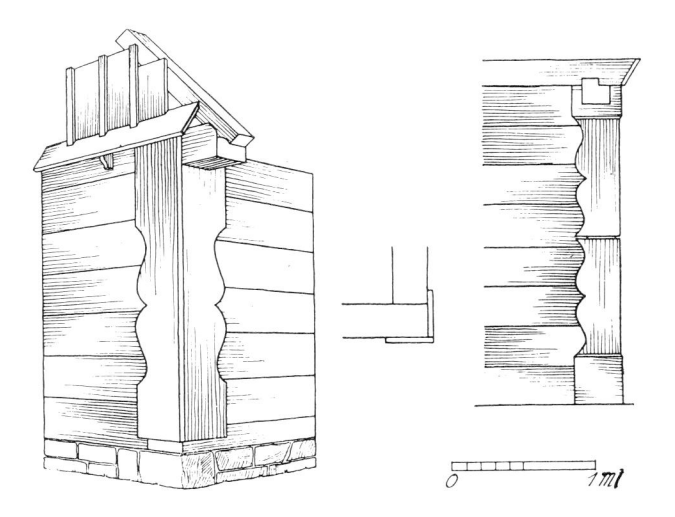

Abb. 85: **Verschalte Verzinkungen** von Blockhäusern aus dem Kreis Mohrungen, Oberland, Ostpreußen, die den Eckverband gegen Wind- und Wasserangriff sichern und zugleich als Schmuck dienen. (Nach Dethlefsen.)

Einbinden der Zwischenwände

Für die Verbindung der Zwischenwände gilt das gleiche wie für die Außenwände. Sie geschah durch Verschränken mit Vorstoß, ohne (Abb. 86/1) oder mit (Abb. 86/2) Versatz und durch schwalbenschwanzförmiges Verzapfen oder Verzinken (Abb. 86/3). In der Schweiz war es beliebt, das Verschränken in rhythmischer Aufeinanderfolge mit einer schwalbenschwanzförmigen Spundung wechseln und die vorstehenden Köpfe als Zierglieder wirken zu lassen (Abb. 86/4).

Wo der Vorstoß wegfällt, bildet das Hirnholz der Balkenköpfe inmitten der Längshölzer der Blockbalken schon an sich ein wirksames Ornament. Hier steigerte sich die Erfindungsgabe des Zimmermanns zu einem Formenspiel, zum sogenannten „Malschrot" (Abb. 86/5—9 und 87), das im Kleingefüge das Kühnste darstellt, was die Holzbaukunst hervorgebracht hat. Die Vorbilder hierzu gaben das Handwerkszeug, der Beruf, die Stammesbuchstaben, die Jahreszahlen, das unvermeidbare Herz und als vornehmstes Zeichen das Gotteshaus (Abb. 86/5). In Kärnten wird selbst der Unterzug (Abb. 86/8) in dieses Formenspiel mit einbezogen. Im allgemeinen ist das Malschrot so gezeichnet, daß die Balken ohne Mühe senkrecht in ihre Lage gebracht werden konnten (Abb. 86/5—9). Aber wie überall, wo das ornamentale Streben zu sehr in den Vordergrund tritt und das gesunde Gefüge zurücktritt, wurde auch hier des Guten zu viel getan und der aufsitzende Balken waagerecht eingeschoben (Abb. 86/6), ja, wenn auch dieses sich nicht ermöglichen ließ, half man sich durch Ausflicken mit Einlagen.

Wenn die Lagerflächen der Fugen nach innen gewölbt sind und die Berührung der übereinandergeschichteten Balken in Graten oder Stegen geschieht, verringern sich durch das Zusammenpressen innerhalb der Wand die Höhen stärker als an den Verkämmungen oder Verzinkungen. Deshalb muß bei den letzteren für ein Nachrücken durch Aussparen von „Setzluft" oder „Sitzrecht" Vorsorge getroffen werden.

Zu Abb. 86: Verband von Zwischen- und Außenwänden durch Verschränken, Verzinken und Vernuten. Für den Verband der Zwischenwände gilt das gleiche wie für die Eckverbände. Auch hier muß auf Dichtigkeit und in gegebenen Fällen auf Aussparen von Setzluft geachtet werden. 1 zeigt die allgemeine Verzinkung, 2 die Sicherung durch Versatz und 3 eine Verzinkung. Bei 4 aus der Schweiz wechseln in rhythmischer Reihenfolge eingenutete mit verzinkten Balken. 5, 6, 7 und 9 aus Oberbayern und 8 aus Kärnten geben einen Beweis für den früher lebendigen handwerklichen Ehrgeiz, verbunden mit einem liebevollen Eingehen in die Arbeit. Man begnügte sich nicht damit, allein einen sicheren Verband zu erzielen, sondern nutzte das sich vom Längsholz auffallend abhebende Hirnholz dazu, hier feingegliederte, ornamentale Wirkungen zu erzielen. Bei 6 und 7 verlor man sich hierbei in Formgebungen, die zu gekünstelt wirken.

Abb. 86 (Text siehe Seite 64)

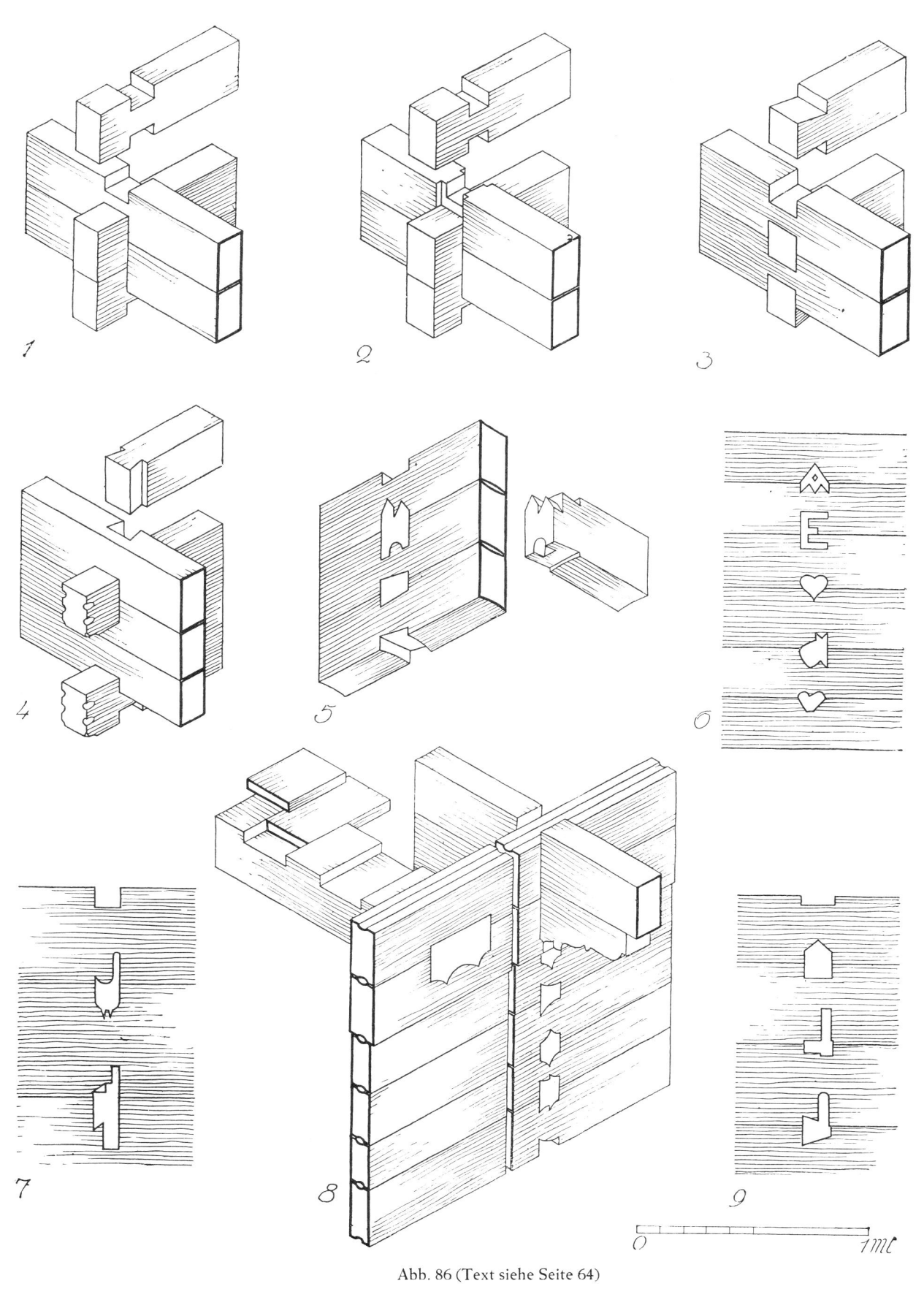

Die Verdübelung

Die Verbindung an den Ecken und beim Anlaufen der Zwischenwände genügt nicht, um die Lage der Blockbalken in einer Flucht zu gewährleisten. Das Arbeiten des Holzes kann auch hier durch verschiedenartiges Vor- oder Zurücktreten der Balken störende Formveränderungen hervorrufen. Um diesem Übelstand zu steuern, werden in der Entfernung von ungefähr 1,5 m im Durchschnitt 3 cm starke und 16 cm lange Dübel (Abb. 88 und 89) eingelassen, die sich von Fuge zu Fuge verbandartig um die Hälfte dieser Entfernung verschieben. Im Querschnitt müssen sie so gestaltet sein und so liegen, daß eine Spannung quer zur Faser von vornherein ausgeschaltet ist.

Im Böhmer Wald treten an Stelle der Dübel Holznägel, die von dem Auflager des oberen Balkens aus durch ein entsprechend ausgestemmtes oder gebohrtes Loch durch diesen hindurch bis in den unteren eingetrieben wurden (Abb. 90).

Für die Dübel oder Nägel verwendete man im allgemeinen Eiche, außerdem kamen junge Fichtenstämmchen (Oberösterreich), Esche (Böhmer Wald), Lärche (Salzburg) und Kirschbaum (Wallis) zur Verarbeitung, wobei man die Enden kurz anspitzte. Ursprünglich wurden die Dübellöcher mit dem Stemmeisen ausgestochen. Heute werden sie gebohrt (Abb. 91).

Abb. 87

Abb. 88

Abb. 87: **Verbindung einer Zwischenwand** durch eine als „Malschrott" ausgeführte Verzinkung aus Arzbach in Oberbayern. Das in rhythmischer Reihe sichtbare Hirnholz in Verbindung mit der Freude und dem handwerklichen Stolz des Zimmermanns gab die Anregung zu dieser malerischen Belebung. Die Form ist so gestaltet, daß die Balken der Außen- wie der Zwischenwand senkrecht in das Gefüge eingelassen werden konnten.

Abb. 88: **Doppelte Verdübelung** mit Anschluß an einen schräggestellten Türpfosten von einem Heustadel aus Hofgastein, Salzburg. Der verwitterte Zustand bringt das Eingreifen der Dübel deutlich zur Schau.

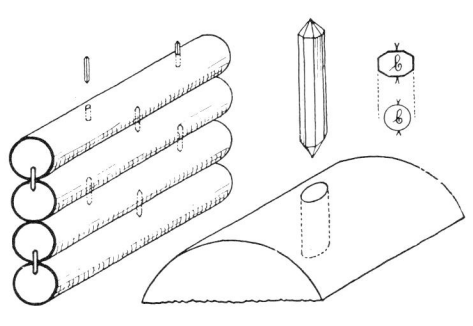

Abb. 89

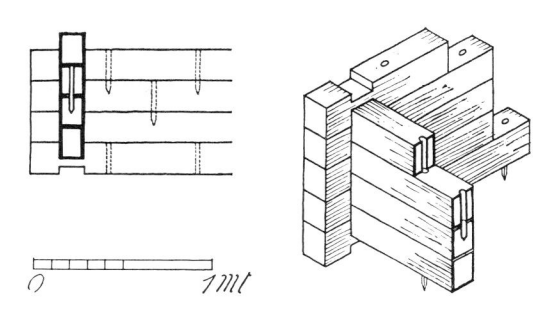

Abb. 90

Abb. 89: **Verdübelung einer Blockwand.** Um das Ausweichen der einzelnen Blockbalken zu verhindern, werden, verbandartig verteilt, in der Entfernung von max. 1,50 m Dübel von einer Stärke von etwa 3 cm und einer Länge von etwa 16 cm eingefügt. Damit senkrecht zu den Fasern wirkende Spannungen ausgeschlossen bleiben, gibt man den Dübeln im Querschnitt eine längliche Form (b), deren kurze Achse dem Durchmesser des Dübelloches entspricht und senkrecht zur Wandflucht steht.

Abb. 90: **Vernagelung von Blockwänden aus dem Böhmer Wald.** Um das Ausweichen der Blockbalken zu verhindern, wurden hier verbandartig von jeder zweiten Balkenschicht aus Löcher gebohrt, die bis in die darunter liegenden Balken eingriffen, und in diese dann Holznägel eingetrieben.

Eine Abart dieser innerhalb der Blockwand liegenden Sicherung greift zu ähnlichen, aber im Maßstab stark vergröberten Hilfsmitteln und läßt Wechselhölzer in Brett- oder Bohlenform drei Balken (Abb. 92/1) miteinander binden, oder sogar durch die ganze Höhe der Blockwand (Abb. 92/2) hindurchgreifen. In den masurischen Gegenden Ostpreußens treten an Stelle von Dübeln Kieselsteinchen, die sich in die Blockbalken einpressen.
An den Wanddurchbrechungen, wie Türen und Fenstern, rücken die Dübel in die Nähe des Hirnholzes und werden hier gerne verdoppelt. Aber auch an den Vorstößen und Zinken sind sie von Vorteil, weil sie das Verdrehen der Balkenköpfe verhindern und den Verband verstärken (Abb. 93). Als höchstentwickeltes Gefüge einer Blockwand ist der Wechsel zu bezeichnen, wie er namentlich an Türen und Fenstern in vielseitiger Ausgestaltung angewendet wurde (Abb. 94). In skandinavischer Art wird dieses Querholz durch einen aus den Balkenköpfen herausgestochenen Schlitz gefaßt (Abb. 94/1). Im süddeutschen Alpenland greifen die Blockbalken mit oder ohne Zapfen in eine entsprechende, aus dem Wechsel herausgestochene Nut ein (Abb. 94/2). Von Kärnten ausstrahlend bis nach Bayern herüber laufen sie stumpf auf und werden angenagelt (Abb. 94/3). Bei Besprechung der Türen und Fenster wird hierüber eingehend zu reden sein.
Ergeben sich während des Aufbaues Unebenheiten in der Flucht der Blockwand, so wird dies durch Nachklopfen unter Benutzung eines zwischengeschobenen Brettes zu beseitigen gesucht.

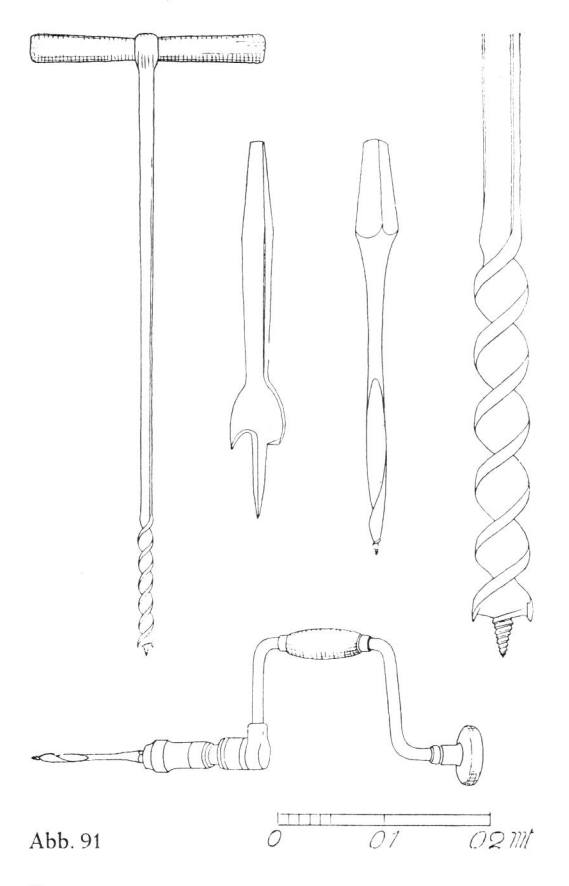

Abb. 91: **Bohrer.** Oben von rechts nach links Schlangenbohrer, Schneckenbohrer, Zentrumsbohrer, Schlangenbohrer mit Querheft; unten Bohrwinde oder „Brustleier" mit Schneckenbohrer.

Abb. 91

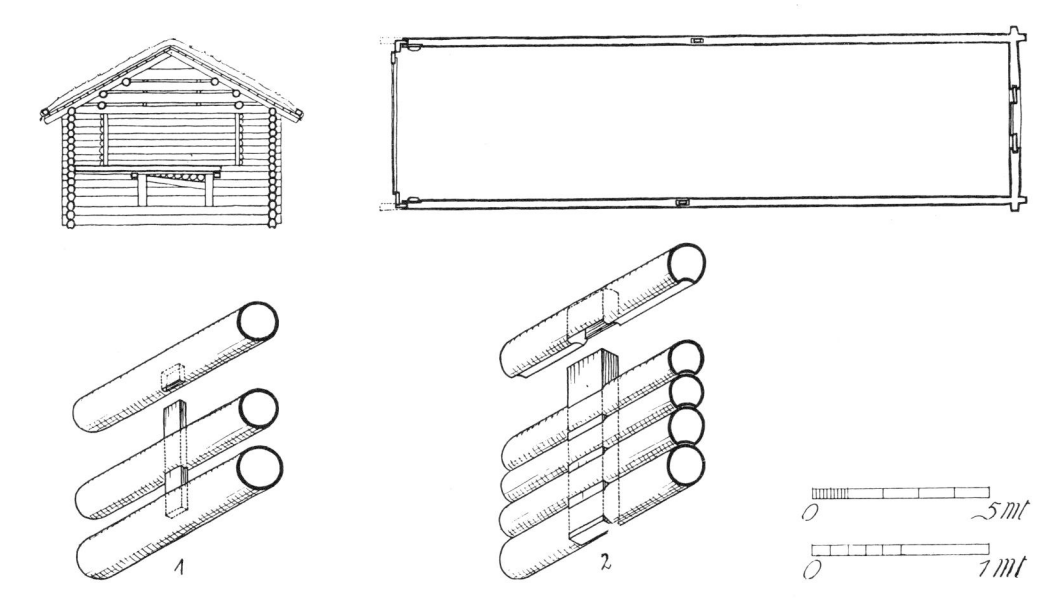

Abb. 92: **Wandverstärkungen** durch innerhalb der Blockwand liegende bohlenförmige Wechsel von Scheunen aus Norwegen (nach G. Midttun, Setesdalen, Kristiania 1919) und Schweden (nach G. Boëthius).

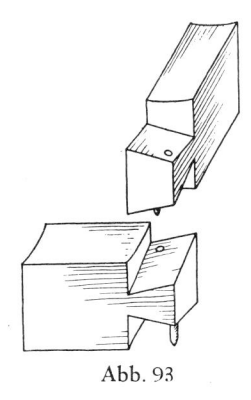

Abb. 93: **Mit Dübeln gesicherte Zinken im salzburgischen Blockbau.** Die Dübel sitzen verbandartig und greifen in der einen Lagerfläche herangerückt an die Innenflucht, in der nächstfolgenden nach außen geschoben in die Zinken ein. Diese Anordnung ergab sich aus dem Umstand, daß die Blockbalken innerhalb der Wand sich stärker setzten als an den Zinken und man deshalb bei den letzteren Setzluft aussparen mußte. Dadurch aber wurde die Verzinkung gelockert und konnte, erst nachdem die Setzluft verschwunden war, die Aufgabe eines festen Verbandes erfüllen.

Abb. 94: **Verbindung zwischen Blockwänden und Türpfosten.** Bei den Beispielen der ersten Reihe (1 bis 3) aus Skandinavien greifen die Türpfosten in eine aus dem Hirnende der Blockbalken herausgestochene Nut ein. In ursprünglichster Weise geschieht dieses in voller Stärke (1 und 2); wenn der Pfosten aber Wandstärke annimmt, mit einem Spund (3). Ähnliches wie beim letzten findet man vereinzelt noch an Heustadeln und Hüttchen in Graubünden in der Schweiz, an Wirtschaftsbauten in Tirol und an Siedlungsfunden auf der Oder-Alter-Insel bei Oppeln aus dem 11. bis 12. Jahrhundert. Kennzeichnend für den nordischen Blockbau ist auch der winkelartige Stoß, durch den die Fuge beim Beispiel 2 eine erhöhte Dichtigkeit erlangte. An den Beispielen aus Oberbayern und der Schweiz (4 bis 6) ging man den umgekehrten Weg und ließ die Blockbalken in voller Stärke (4) oder mit einem Zapfen, der gereiht einen Spund darstellte, in eine entsprechende Nut in die Türpfosten eingreifen. Diese Gefügeart können wir am weitesten zurückverfolgen. Sie kommt bereits an der spätbronzezeitlichen Wasserburg Buchau im Federsee (100—800 v. Chr.) vor. Ganz andere Wege ging man in Kärnten und seinen Nachbargebieten (7 bis 9). Hier liefen die Blockbalken auf die Türpfosten stumpf auf und wurden mit diesen durch Holznägel verbunden.

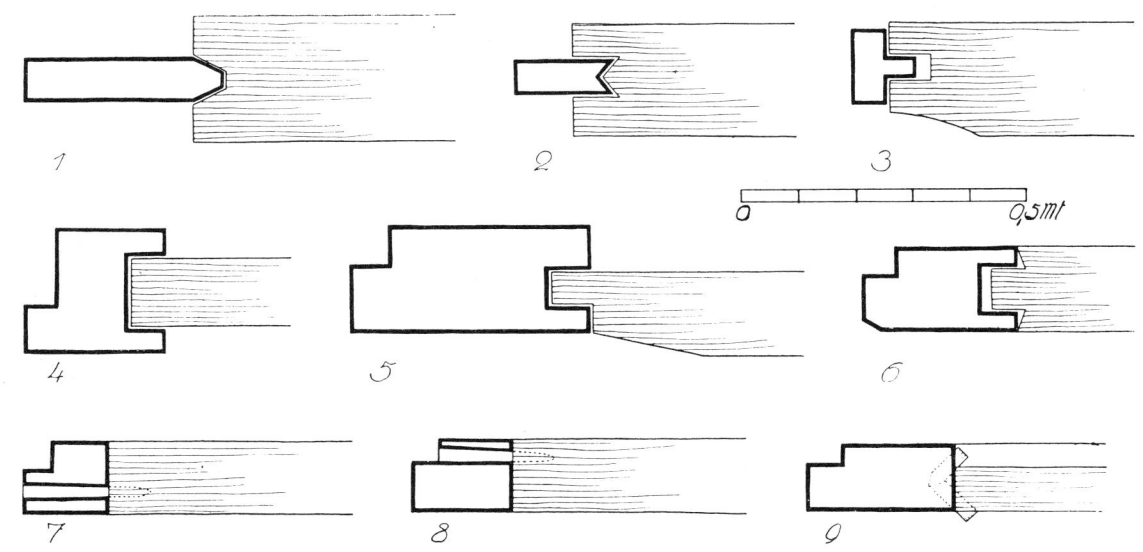

Wandsicherung durch Zangen oder Kegelwände

Die durchschnittliche Länge eines Blockbalkens bewegt sich um 6 m herum. Geht man über dieses Maß hinaus, so müssen zwei Balken gestoßen werden (Abb. 96). In Skandinavien, wo große Holzstärken benutzt wurden, legte man den Stoß gerne an die Stelle der Verschränkung der Zwischenwand mit der Außenwand. Das Maß von 6 m ist ein Erfahrungsmaß und sichert die Lage der Blockbalken mit den bisher besprochenen Mitteln. Bei größeren Längen muß man neue Vorkehrungen treffen. Das Nächstliegende ist das Einbinden von Kegelwänden (Abb. 95), die man im Inneren noch in einen Wechsel eingreifen lassen kann. Ein anderes Hilfsmittel geben Zangen (Abb. 95 und 97), die durch geschlitzte oder nagelförmige Querhölzer — beide Male verkeilt — gehalten werden. Sie geben auch den Giebelwänden, wenn die Blockbalken hier weder verschränkt noch verzinkt sind, eine willkommene Versteifung. Der Gedanke zu diesem Gefüge kommt vom Zaun her und fand auch bei Scheidewänden im Inneren seine Auswertung (Abb. 98). An ostpreußischen Holzkirchen treten an die Stelle der hölzernen Querverbindungen eiserne Bolzen (Abb. 95). Hier müssen wegen des Setzens die durch die Blockwand durchgehenden Löcher schlitzartig gebohrt bzw. gestochen werden.

Um dem starken Winddruck, der von den Stürmen im Hochgebirge zu erwarten ist, begegnen zu können, hat man zu Sicherungen mit Eisenstangen gegriffen, die einbetoniert im Fundament durch die Blockwand hindurchgehen und eine wirksame Verankerung derselben darstellen.

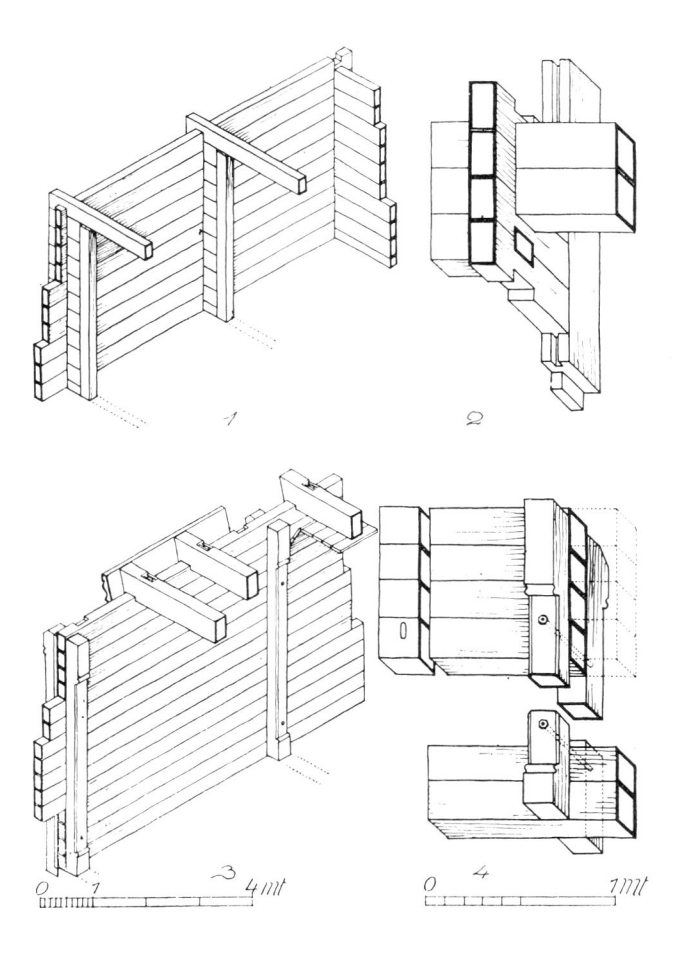

Abb. 95: **Wandverstärkung durch Kegelwände und Wechsel** aus der Schweiz (1 und 2), (nach Gladbach), und **Zangen** aus Ostpreußen (3 und 4), (nach Dethlefsen) Wegen Schwindens des Holzes muß an den Wechseln bei 1 und den Bolzenlöchern bei 3 Setzluft ausgespart werden.

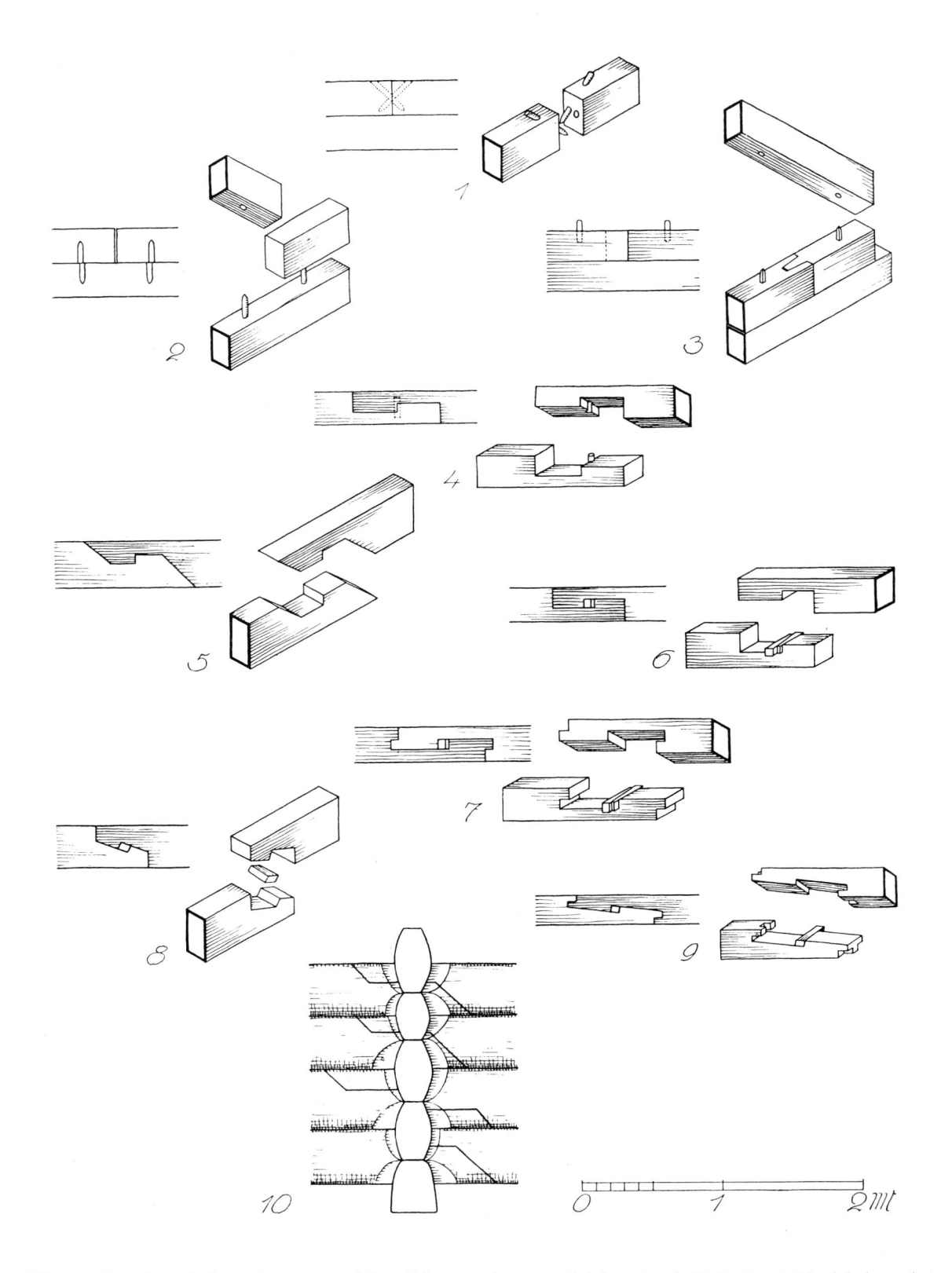

Abb. 96: **Gestoßene Balken**: 1) mit urtümlicher Schrägnagelung aus Salzburg)nach Eigl), 2) mit Verdübelung, bei der durch die leicht versetzten Dübellöcher der Stoß an Dichtigkeit gewinnt, 3) mit Verschlitzung und Verdübelung aus Ostpreußen (nach Dethlefsen), 4) mit Hakenkamm und Dübel, 5) mit Hakenkamm ohne Dübel aus Norwegen, 6) mit Hakenkamm und Doppelkeil, 7) mit Hakenkamm, Schlitz und Doppelkeil, 8) mit schrägem Hakenkamm und Keil aus Salzburg (nach Eigl), 9) mit schrägem Hakenkamm, Schlitz, Zapfen und Keil aus der Schweiz (nach Gladbach), 10) Verknüpfung zwischen Stoß und Verschränkung aus Norwegen.

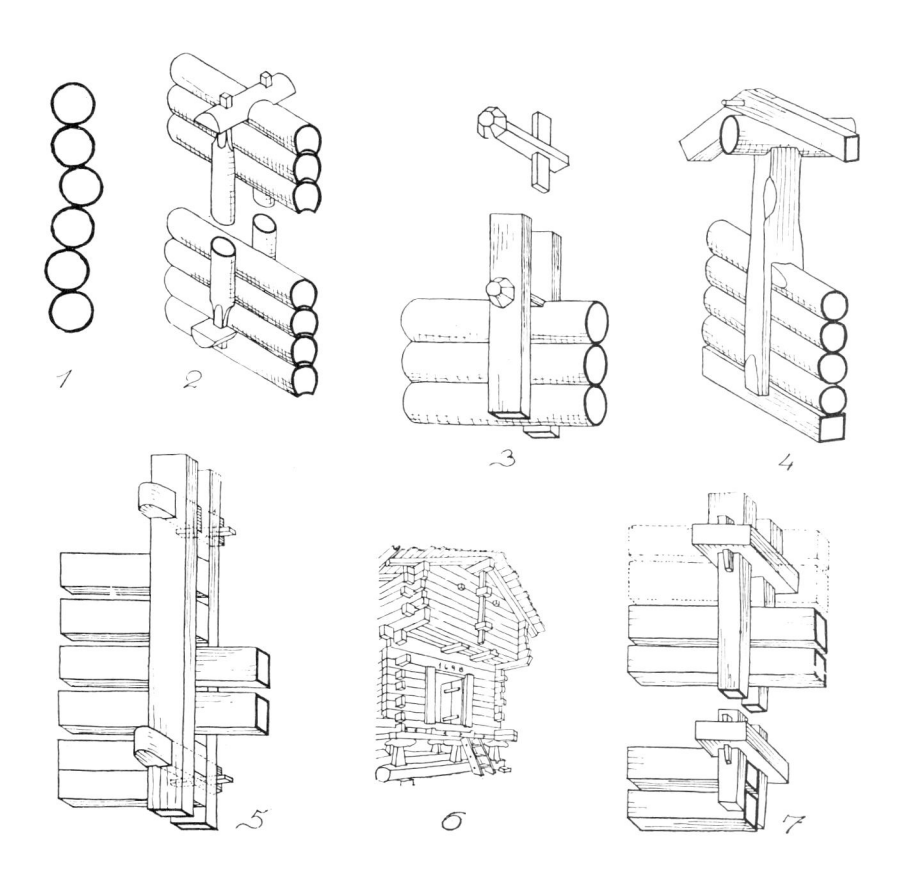

Abb. 97: **Durch Zangen gesicherte Blockwände.** Wegen Arbeitens des Holzes genügen die Eckverbände allein nicht, um ein Ausweichen der einzelnen Blockbalken aus der Flucht (1) zu verhüten. Aus diesem Grunde und um Widerstände auf die Balkenlage einer ganzen Wandhöhe zu übertragen, hat man zu in verschiedenster Weise ausgebildeten Zangen gegriffen. Die Abb. 2 (nach Soeder) aus dem litauisch-weißrussischen Grenzgebiet gibt eine ursprüngliche Form. Bei den anderen Abb. 3 bis 7 (nach Gladbach), die sämtlich aus der Schweiz stammen, ist das Gefüge vollkommener, denn hier wird die Verspannung und dadurch die Festigkeit des Verbandes durch Keile wacherhalten.

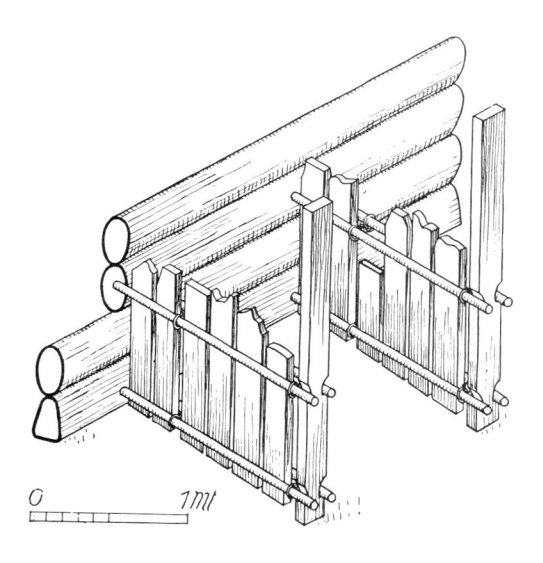

Abb. 98: **Teilungswände aus einem Stallgebäude** aus Setesdalen, Norwegen. An diesem Gefüge kommt derselbe Gedanke zum Ausdruck wie bei den Beispielen auf Abb. 97, es ist aber entwicklungsgeschichtlich diesen voranzustellen. Hier liegen die Zangen waagerecht und halten, durch Schlingen gebunden, die aufrechtstehenden Bohlen.

Die Schwelle

Wie schon angedeutet wurde, ist die Blockwand aus einem Schwellenkranz hervorgegangen. Aus dieser Entwicklung heraus errichtete man das Blockhaus auch dann noch, als man schon zu besonderen Fundierungen übergegangen war, ohne besonderes Fundament, unmittelbar über dem natürlichen Gelände (Abb. 99/1) oder über einem Lehmboden. Die verschiedenartige Beschaffenheit des Bodens in Beziehung auf die zulässige Belastung und in Beziehung auf die Grundfeuchtigkeit gaben Anlaß, neue Vorkehrungen zu treffen. Man verbreitete die Auflagerfläche dadurch, daß man Stämme mit stärkerem Durchmesser für den untersten Balkenkranz verwendete (Abb. 99/2, 3). Auch ein Balkenrost aus unbeschlagenem oder beschlagenem Holz (Abb. 99/4, 5) fand Anwendung. Etwas Verwandtes, ein auf sechs Lagerhölzern ruhender Balkenrost, über dem sich die Blockwände erhoben, kommt schon an der der spätesten Bronzezeit angehörenden Wasserburg Buchau vor (Abb. 103).

Gegen die aufsteigende Feuchtigkeit suchte man sich dadurch zu schützen, daß man an den wichtigsten Stellen des Wandgefüges, wo die Balken miteinander verkämmt waren, Steine unterschob (Abb. 99/3). Diese Unterlage wuchs sich dann in Form eines Trockenmauerwerks zu einer Sockelmauer aus. Somit erhielt der Schwellenkranz durchgehend ein Auflager (Abb. 99/2). An den Pfostenspeichern traten an die Stelle der die Knotenpunkte aufnehmenden Steinunterlage aufwärtsstrebende Holzstützen (Abb. 99/6, 7, 8, 9), die wiederum unmittelbar auf einer Steinunterlage (8, 9) oder einem Schwellenkranz mit und ohne Sockel (6, 7) aufsaßen.

Die ursprüngliche Form des Fußbodens als Lehmestrich wirkt in der Weise nach, daß beim Übergang zum gedielten Fußboden dieser vorerst ohne engeren Zusammenhang mit dem Wandgefüge bleibt (Abb. 99/2, 3). Die organische Verbindung zwischen Wand und Fußboden geschah in verschiedener Weise. Wenn der Fußboden unmittelbar über dem Gelände zu liegen kam, berührte der Dielenbelag die Innenfläche der Wände (Abb. 99/4, 5). Wurde er gehoben, dann kamen neben Verwandtem (Abb. 99/6, 7) auch Lösungen vor, wobei die Fußbodendielen unter dem untersten Blockbalkenkranz hindurch bis über die Außenflucht hinweg sich nach außen ausbreiteten (Abb. 99/8, 9). Zu ebener Erde geschah ein solches Einbinden in die von den Wänden übertragene Belastungszone nur selten (Abb. 100/3). Durch Berührung mit dem Massivbau übernahm man schließlich das regelrecht gemauerte Fundament, es bot der Blockwand wie dem Fußboden die beste Unterlage. Von den Beispielen dieser Stufe an seien alle Überlegungen besprochen, die zu einem allen Ansprüchen gerecht werdenden Gefüge führen.

Die größte hier auftretende Gefahr liegt im Angriff der Nässe. Die vom Boden aufsteigende Grundfeuchtigkeit kann mit einer Asphaltisolierung leicht abgewiesen werden (Abb. 101/7—8 und 102/2). Aber es ist außerdem notwendig, auch dem Schlagregen, Spritzwasser sowie dem Schnee zu begegnen (Abb. 101/1). Die Alten halfen sich hier mit einem weit vorkragenden Dach. Dieses allein genügt aber nicht, es muß die Schwelle in eine genügende Höhe über den Boden erhoben und für ein rasches Abfließen des Schlagregens Vorsorge getroffen werden. Aus diesen Überlegungen heraus sind die Beispiele 2 und 3 auf Abb. 101, bei denen der massive Sockel oder 4 auf Abb. 101 sowie 1 und 3 auf Abb. 102, bei denen die Schwelle vor die Flucht tritt, zu bemängeln. Sie bilden Regen- oder Schneefänger, die einerseits dem Eindringen der Feuchtigkeit in die Lagerfugen Vorschub leisten, anderseits das Naßwerden der Schwellen bzw. der Blockbalken begünstigen. Am besten legt man die Schwelle bündig mit dem Sockel (Abb. 101/8), oder rückt sie sogar bis zu 1 cm vor die Flucht des Sockels (Abb. 102/2). Auch Schutzbretter, wie sie die Beispiele 5 und 6 auf Abb. 101 zeigen, verbürgen keine Sicherung. Sie bilden nicht nur Wasser- und Schneefänger, sondern sind selbst der Verwitterung ausgesetzt, wobei manchmal sogar die Standsicherheit in Gefahr geraten kann (Abb. 101/6).

Mit der Steigerung der Sicherheit, die der Schwellenkranz erhält, erhöht man zugleich die Sicherheit des ganzen Aufbaues. Deshalb muß diesem Teil der Wand eine besondere Aufmerksamkeit geschenkt werden. So zeigen die Blockbalken der Alten hier gegenüber denen der Wand nicht nur eine Verstärkung, sondern auch in der Wahl der Holzart eine Steigerung hinsichtlich der

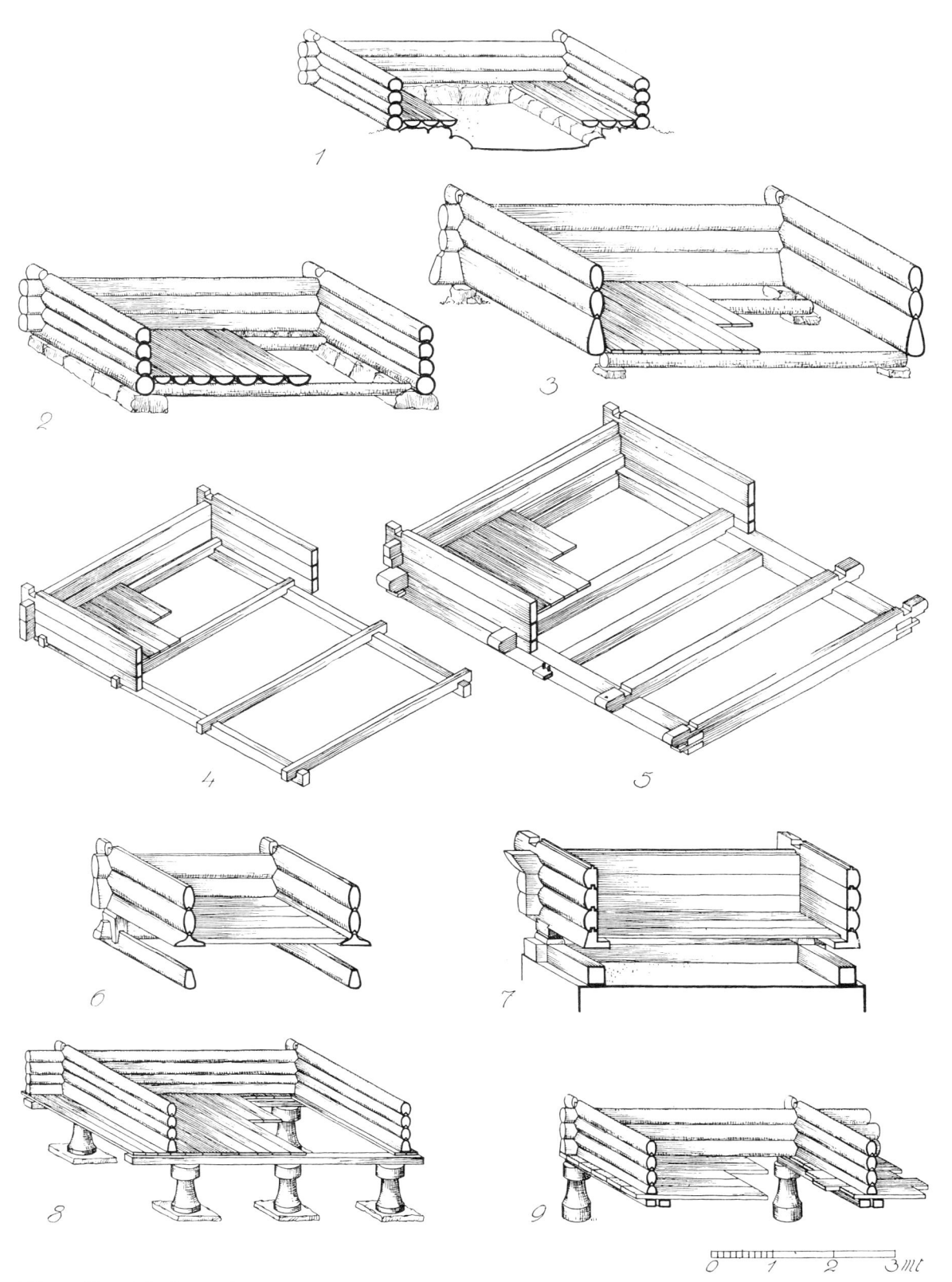

Abb. 99 (Text siehe Seite 74)

73

Haltbarkeit. Man wählte zu diesem „Bodenkranz", wie schon gesagt, gerne die beste erreichbare Holzart, wie Lärche, Eiche oder Ulme.

Will man den Schwellenkranz stärker machen als die Blockbalken, so soll man ihn immer nach innen vortreten lassen. In dieser Lage erleichtert er auch eine enge Verbindung mit den eine Verankerung ermöglichenden Bodenhölzern. Ein Vergleich der Beispiele 9 und 10 auf Abb. 101 mit 2 und 4 auf Abb. 102 läßt dies deutlich erkennen.

Um die Isolierung ohne Knicke ausführen zu können, muß die untere Lagerfläche des Schwellenkranzes durchgehend in einer Ebene liegen (Abb. 101/8). Je nachdem, welche Holzstärken man zur Verfügung hat, wird man entweder je einen Blockbalken mit dem üblichen Querschnitt mit einem um die Hälfte größeren oder mit einem um die Hälfte kleineren verbinden (Abb. 101/8). Man kann auch einen Schwellenkranz von gleich starken Blockbalken legen und erst hierauf mit dem Verflechten in halber Höhe zueinander beginnen (Abb. 101/4—6).

Um die Lage der Schwelle zu sichern, d. h. um ein Ausweichen aus der gegebenen Flucht zu verhindern, benutzt man am besten die Lagerhölzer des Fußbodens als Verankerung (Abb. 101/9, 10 und 102/2). Sie werden schwalbenschwanzförmig vernutet. Auf diese Weise bildet das Blockhaus schon in der tiefstliegenden Waagerechten ein in sich gebundenes, geschlossenes Ganzes. An den bronzezeitlichen Häusern der Wasserburg Buchau ist dem gleichen Gedanken dadurch vorgearbeitet worden, daß man den aus Rundhölzern bestehenden Fußboden vor die Wandflucht treten und durch ihn zugleich die Wände tragen ließ (Abb. 103).

Das Bestreben, den Ausdruck der Form über das Naturnotwendige hinaus zu steigern und durch Zutaten zu bereichern, hat sich schon an der Schwelle Geltung zu verschaffen gesucht. Die erste Möglichkeit, diesen Bodenkranz für das Auge zu verdeutlichen und hervorzuheben, gab eine hier vor die Flucht tretende Verstärkung des Blockbalkens (Abb. 100/1); eine andere Möglichkeit bestand in der Verlängerung der Vorstöße und der Lagerhölzer an dieser Stelle (Abb. 100/2), die wie Klauen eines Fußes sich auf die massive Unterlage aufzustützen suchen. So malerisch dieses Motiv auch wirkt, ist es doch zu sehr der Verwitterung ausgesetzt, als daß es als Vorbild dienen könnte. An den Speichern Kärntens sind die Blockbalken in der von den Vorstößen angedeuteten Zone verstärkt und bilden mit diesen einen etwa vier Balkenhöhen einnehmenden, vor die Flucht vortretenden Sockel (Abb. 100/3 und Abb. 104). Ruht die Blockwand über Augenhöhe auf einem massiven Untergeschoß, so daß ihr Auflager besonders gut wahrgenommen werden kann, erfährt die Schwelle, und wenn ein sichtbares Gebälk vorhanden ist, auch dieses, eine reiche Ausgestaltung. Man beschränkt sich nicht allein auf den Bodenkranz, sondern läßt den Schmuck auch über die darauf lagernden Blockbalken hinwegwachsen (Abb. 100/4). Kragen die Deckenbalken und mit ihnen das darüber aufwärtsstrebende Geschoß vor die Flucht, dann treten neben der Ausschmückung der Mauer- und der Geschoßschwellen noch Knaggen in Erscheinung. Sie stellen in Verbindung mit den Balkenköpfen das Lebendigste dar, was man an diesem Bauteil dem Auge bieten konnte (Abb. 100/5—6 und 105, 106).

Im Suchen nach neuen Ausdrucksformen entsteht eine Rückwirkung des Gebälkes auf die Schwelle. Es wird aus der Schwelle ein Konsolfries herausgestochen (Abb. 100/4). Über den Dielenbelag selbst wird bei der Besprechung der Zwischendecken Näheres gesagt werden.

Zu Abb. 99: **Verschieden gestaltete Schwellen und Fußböden** von: 1) einem „Eldhus" aus Älfdalen, Dalarne, 2) einer „Rökstugbadstugan" aus Rörkullen, 3) einem „Loft" aus Haugen, Aaraksb, Sandnes, Setesdalen, 4) einer „Stuga" aus Hårsten, Möja, Uppland, 5) einem Speicher aus Lauperswyl, 6) einem „Loft" aus Sondre Totakoygarden, 7) einem Speicher aus Schnottwill, 8) einem „Bur" aus Håvardstad, Åseral. 1, 2 und 4 sind entnommen aus „Nordiska Museet, Fataburen", Stockholm, 1904, 1918 1929/30; 3 aus „Setesdalen", Oslo 1919; 5 und 7 aus „Das Bauernhaus in der Schweiz", Zürich 1903; 6 aus J. Meyer „Fortids Kunst i Norges Bygder", Oslo 1922; 8 aus „Vest Agder II", Bergen 1927. Bei 1 wird noch in urtümlichster Weise das natürliche Gelände als Sitz- und Lagerstätte benutzt; bei 2 und 3 wurde ein vom Wandgefüge unabhängig gestalteter, auf Lagerhölzern liegender Fußboden eingeschoben; bei 4 sind die untersten Blockbalken aufgekämmt und den letzteren noch zwei Langschwellen untergeschoben; bei 5 tritt an Stelle der Schwellen ein besonderer Rost, der aber ebenfalls durch Verkämmen mit den Lagerhölzern und dem Bodenkranz der Blockwand ein engverbundenes Ganzes bildet; bei 6 und 7 ist die Raumzelle durch „Stützeln", die auf einem Schwellenkranz aufgestülpt oder eingezapft sind, gehoben und der Fußboden auf eine entsprechend gestaltete Verbreiterung des Bodenkranzes gelegt; bei 8 und 9 wurde mittels besonderer Schwellen und dem Dielenbelag erst eine Plattform geschaffen, auf der dann der Bodenkranz aufruht.

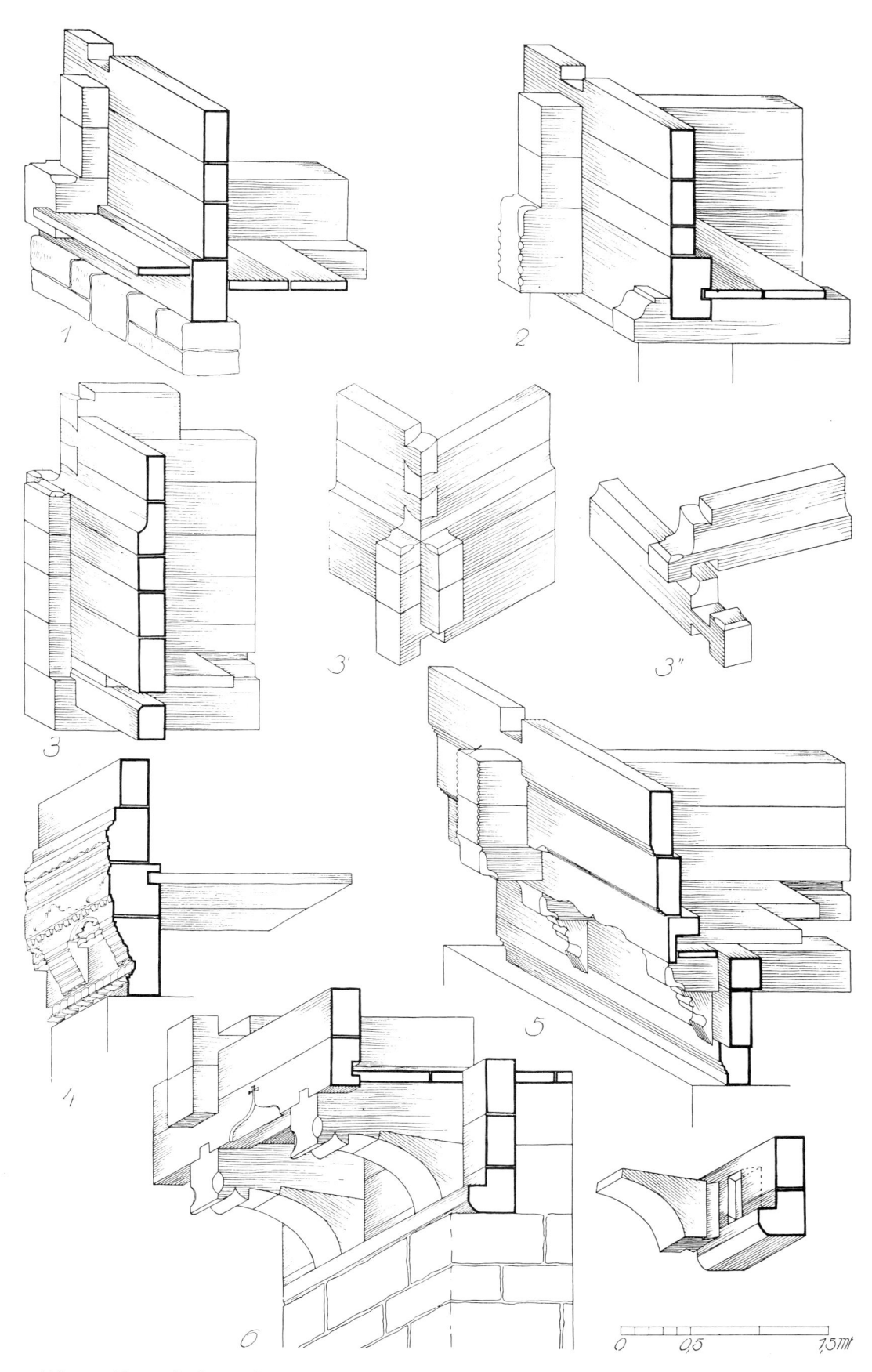

Abb. 100 (Text siehe Seite 76)

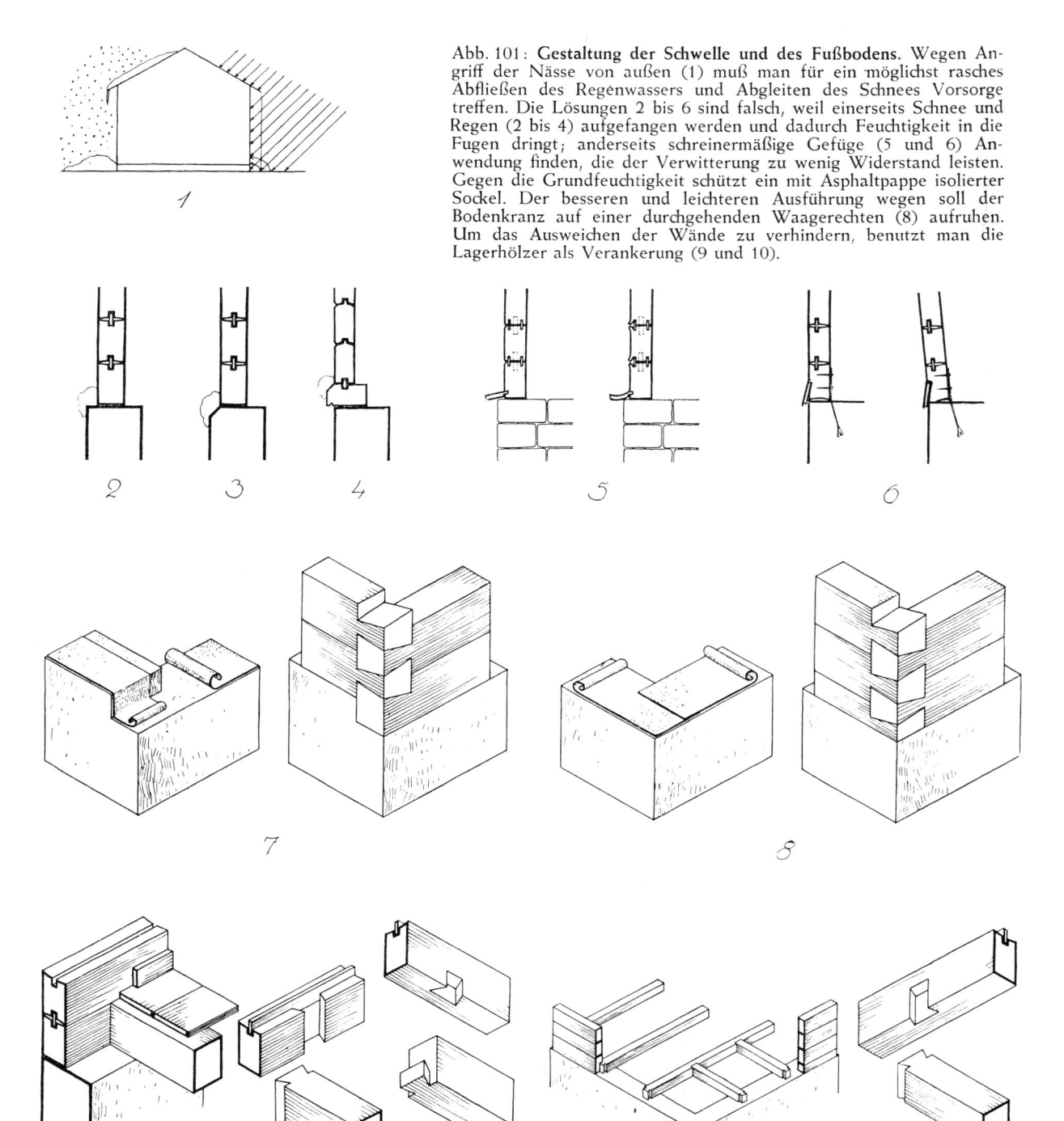

Abb. 101: **Gestaltung der Schwelle und des Fußbodens.** Wegen Angriff der Nässe von außen (1) muß man für ein möglichst rasches Abfließen des Regenwassers und Abgleiten des Schnees Vorsorge treffen. Die Lösungen 2 bis 6 sind falsch, weil einerseits Schnee und Regen (2 bis 4) aufgefangen werden und dadurch Feuchtigkeit in die Fugen dringt; anderseits schreinermäßige Gefüge (5 und 6) Anwendung finden, die der Verwitterung zu wenig Widerstand leisten. Gegen die Grundfeuchtigkeit schützt ein mit Asphaltpappe isolierter Sockel. Der besseren und leichteren Ausführung wegen soll der Bodenkranz auf einer durchgehenden Waagerechten (8) aufruhen. Um das Ausweichen der Wände zu verhindern, benutzt man die Lagerhölzer als Verankerung (9 und 10).

Zu Abb. 100: **Verschieden gestaltete Schwellen, Fußboden und Gebälke** von: 1 und 7) von Bauernhäusern aus Keusche in Freistritz, Kärnten, und aus Interlaken, Schweiz, 3) von einem Speicher aus Radenthein, Kärnten, sowie von Schweizer Bauernhäusern, 4) aus La Forclaz, 5) aus Wittigen und 6) aus Silenen. (1 ist entnommen aus „Das Bauernhaus in Österreich-Ungarn", 1906, 2 und 5: aus „Das Bauernhaus in der Schweiz", 1903, 4: aus Gladbach, „Charakteristische Holzbauten der Schweiz", 1896, 3: ist eine Aufnahme des Verfassers.) Die verschiedenartigen Lösungen, die sowohl in den wechselseitigen Beziehungen zwischen Fußboden und Wand im Innern, als auch in der formalen Ausbildung im Äußeren zum Ausdruck kommen, geben einen Einblick in die Vielgestaltigkeit, die die Holzarchitektur bei ein und derselben baulichen Aufgabe ermöglicht.

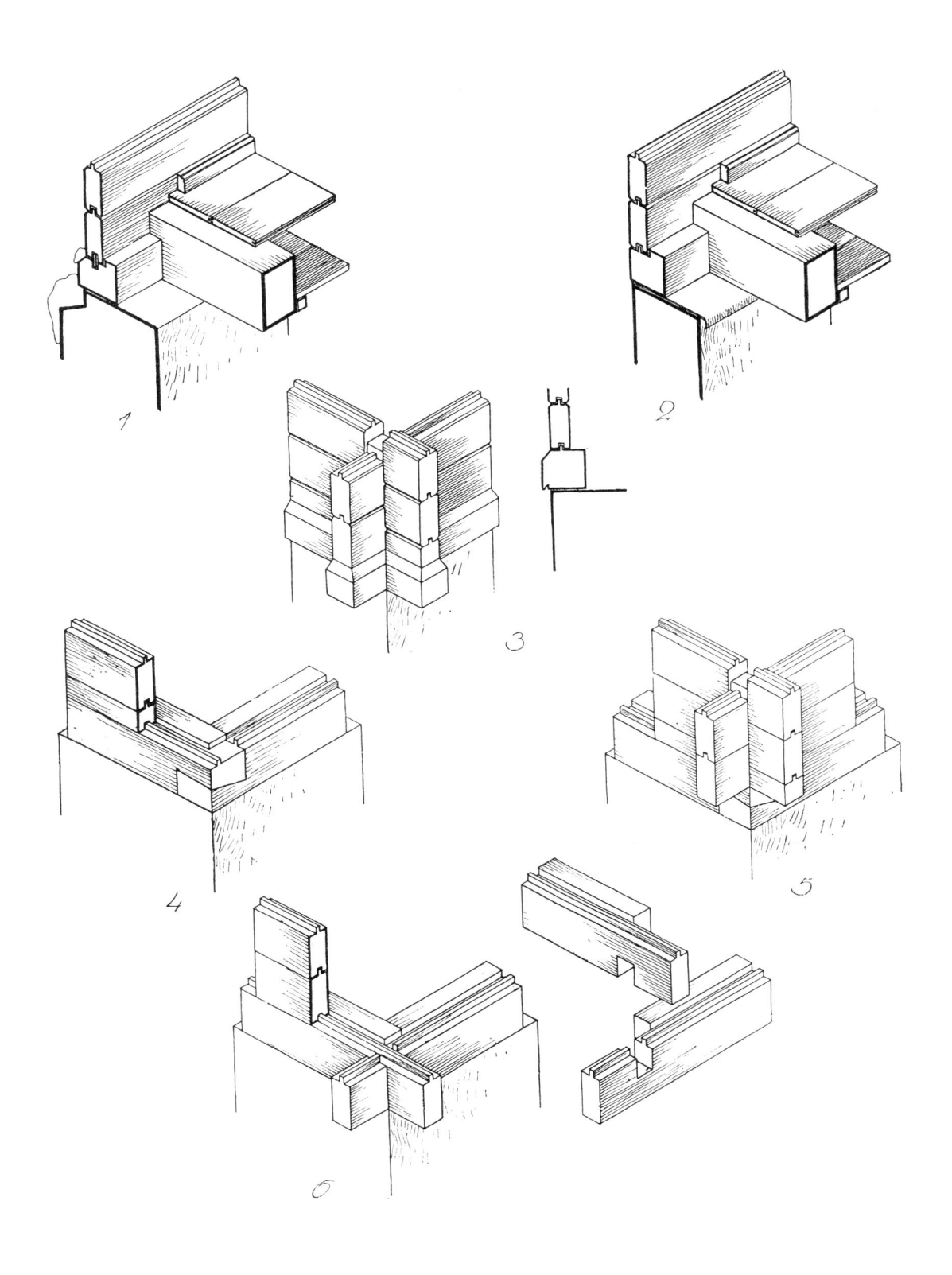

Abb. 102: **Gestaltungen von Schwellen und Fußböden.** Die Lösungen 1 und 3 sind in Beziehung auf das innere Gefüge gut, in bezug auf das äußere aber falsch, weil durch die vor die Flucht vortretende Schwelle oder Schwelle und Sockel dem Schnee und dem Regen zu große Angriffsmöglichkeiten geboten werden. 2, 4, 5 und 6 geben die richtigen Lösungen.

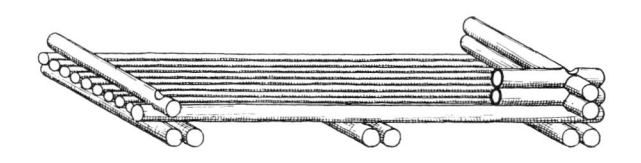

Abb. 103: **Schwellenrost** von einem Blockhaus der bronzezeitlichen Wasserburg Buchau (1100—800 v. Chr.) im Federseemoor. (Umgezeichnet nach H. Reinerth, „Die Wasserburg Buchau", 1928, S. 45, Abb. 11.)

Abb. 104: **Sockelartig vor die Flucht vortretende Blockbalken** von einem Speicher aus Radenthein in Kärnten. Dadurch, daß an den Ecken das durch den Sockel betonte Ausbreiten nach außen durch Vorstöße unterstützt wird, bekommt diese Zone des Erdgeschosses eine eigenartige, dem gleichen Gesetz gehorchende Note (vgl. hierzu Abb. 100/3).

Abb. 105

Abb. 105 und 106: **Wohnhaus aus Natters bei Brieg.** Über massivem Untergeschoß kragen die die Blockwand tragenden Deckenbalken vor die Flucht vor und sind mit Konsolen verstrebt, die in ein mehrschichtig gestaltetes, hölzernes Auflager eingreifen.

Abb. 106

Das Dach

Die Dachhaut

Das Gefüge des Dachstuhles sowie die Eigenschaften der Werkstoffe, mit denen die Dachhaut ausgeführt wird, stehen in gegenseitiger Abhängigkeit voneinander. Diese Verbundenheit kommt am auffallendsten in der Gestaltung der Dachneigung zum Ausdruck. Man kann sich deshalb in das Wesen des Daches am besten einleben, wenn man bei seiner Beschreibung mit den verschiedenen Dachdeckungsarten beginnt. Entwicklungsgeschichtlich betrachtet steht das aus Stangenholz ausgeführte Dach an erster Stelle, bei dem sich die Sparren berühren und schon auf diese Weise eine Art Dachhaut bilden, die bloß noch einer Dichtung bedarf.

Das Torf- oder Sodendach

Eine der urtümlichsten Dachformen zeigt die Lappenkate. Sie kommt noch heute als reines Dachhaus vor (Abb. 107), und zwar als Winterkate (Abb. 107/1—3) und als Sommerkate (Abb. 107/4—5). Die erste zeigt einen aus eng nebeneinander gereihtem Stangenholz gebildeten stumpfen Kegel, der im Innern durch ein sägebockartiges Gestell gestützt wird. Zur Dichtung der Fugen dienen Torfstücke, die entweder mit ihrer Breitseite auf das Stangenholz aufgelegt oder mauerartig waagerecht geschichtet werden. Einen weiteren Schutz erhält dieses Dach durch einen zwischen Stangenholz und Torf liegenden Belag von Birkenrinde (Abb. 107/3). Die Sommerkate ist ein reiner Zeltbau. Bei ihr bilden Renntierfelle die Dachhaut. Da diese leicht, zäh und wasserabwehrend sind, dürfen die Stangen auseinandergerückt und das Dachgefüge darf gelockerter als beim vorigen aufgeführt werden.

Zwischen der Zelthaut und dem Birkenrindenbelag bestehen, entwicklungsgeschichtlich betrachtet, enge Beziehungen. Für die erste gibt die steile Neigung die willkommenste Form; bei der zweiten muß man aber eine größere Empfindlichkeit des Belages in Rechnung stellen. Hier soll der Torf oder Soden die Lage der Birkenrinde sichern helfen und schützen; er ist aber bei einer steilen Dachneigung gegenüber den Einwirkungen selber nicht widerstandsfähig genug. Sein Gefüge wird durch Frost, Regen und Wind gelockert und bröckelt ab. Für die kurze Zeit der Wintermonate, für die diese Nomadenbauten herhalten sollen, konnte dieses hingenommen werden.

Abb. 107: **Lappenkaten aus Schweden.** 1 bis 3 Winterkaten. Bei 1 und 2 ist der Sodenbelag der Dachneigung angepaßt; bei 3 hingegen liegen die Sodenstücke waagerecht und sichern zugleich einen Belag von Birkenrinde. Während hier, entsprechend dem Wesen der Dachhaut, die das Dach bildenden Stangenhölzer eng aneinandergereiht stehen müssen, rücken sie bei einer Sommerkate (4 und 5) weit auseinander. Das Behängen mit Renntierhäuten, die hier den Dachbelag bildeten, erlaubte diese leichte Gefügeart. (1 bis 5 nach Ossian Elgström, Karesuandolaparna, Stockholm 1922, S. 170, 168, 128, 140, 158.)

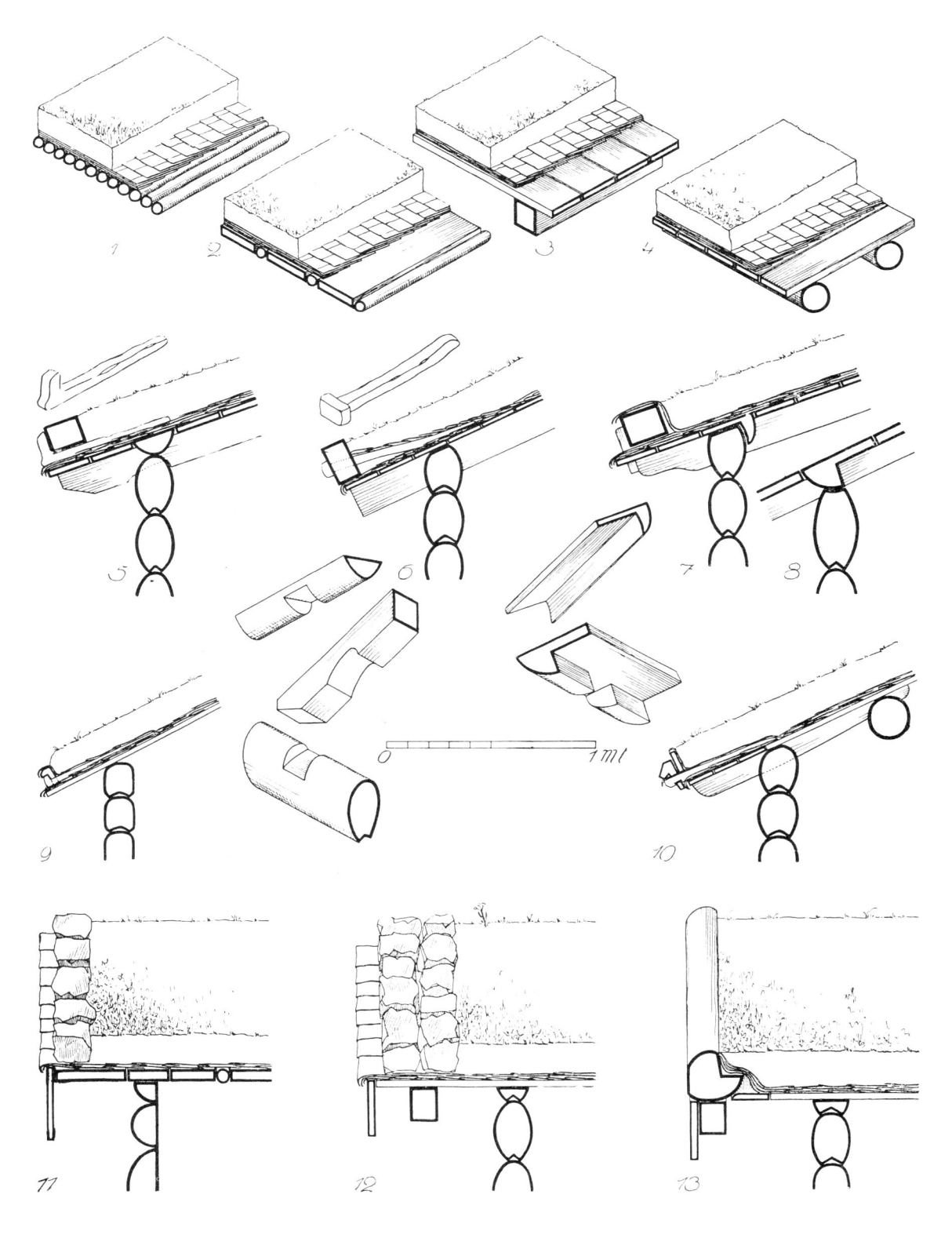

Abb. 108 (Text siehe Seite 82)

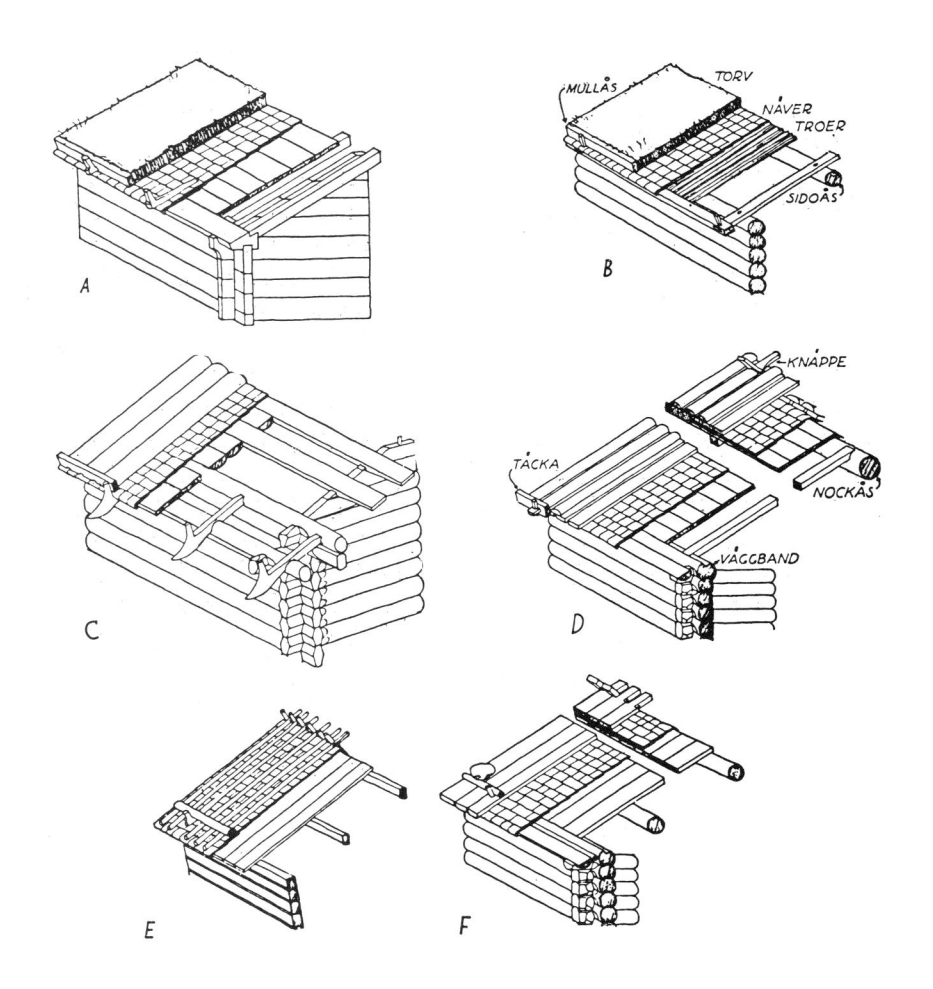

Abb. 109: **Schwedische Soden- und Holzdächer** (nach Sigurd Erixon in Andreas Lindblom, En bok om Skansen, 1933). A und B: Sodendächer, C und D: Holzdächer mit Überdeckung, E und F: Holzdächer mit Reithölzern. (Nockås = Firstpfette, Sidoås = Seitenpfette, Näver = Birkenrinde, Väggband = Wandband.)

Zu Abb. 108: **Norwegische Sodendächer.** 1) Ursprüngliche Form, bei der die Dachhaut durch eng nebeneinander gerücktes Stangenholz getragen wird. Hierüber kommt eine mehrfach überbundene Lage von Birkenrinde und zuletzt eine Schicht von Soden zu liegen. Damit der Soden nicht herabgleiten kann, ist eine flache Neigung Voraussetzung. 2) Zweite Stufe mit einem tragenden Gefüge aus sich abwechselnden Stangen und gespaltenen Bohlen aus Kvern, Setesdalen. 3 und 4) Dritte Stufe, bestehend aus einem gelockerten Dachgefüge in Form eines Sparren- (3) und Åsdaches (4) und einer darüber liegenden Verschalung als tragende Unterlage. 5, 6, 7, 9 und 10) Vorkehrungen zum Schutze des Sodenbelages an der Traufe. Bei 5 aus Setesdalen wird der Randbalken durch von Soden beschwerte Holzhaken, bei 6 aus Numedalen in ähnlicher Weise mit Riesenholznägeln, bei 7 aus Gudbrandsdalen durch in das Schalbrett eingreifende Keile gehalten. Bei 9 und 10, ebenfalls aus Gudbrandsdalen, tritt an Stelle eines Randbalkens eine Randbohle, die beim ersteren durch aus einem Holz, beim zweiten aus zwei Hölzern gestalteten Haken gehalten wird. Die Randbohle bei 9 trägt eine Wassernase. Zur Dichtung zwischen der Blockwand und der Verschalung dient der „Naamtrod", der entweder als Halbholz (5) oder aus einem besonders geformten, in die Verschalung überleitenden Holz (7 und 8) vorkommt. Am Giebelsaum sicherte man den Sodenbelag durch einen einreihigen (11 aus Setesdalen) sowie zweireihigen (12, aus West-Agder) Steinbelag, oder man benutzte ein gefalztes Ganzholz (13, aus Numedalen).

Abb. 110: **Ramloftstube vom Hjeltarhof aus Gudbrandsdalen,** jetzt in dem Sandvigschen Freilichtmuseum in Lillehammer, aus dem Jahre 1565 mit Sodendach. Ram = Raum über dem Flur, Loft = zweistöckiger, unheizbarer Bau. Im Loft werden Betten aufgeschlagen (Bettloft, Schlafloft). Nach einer Aufnahme von Neupert, Oslo.

Bei Dauerbauten mußte aber auf eine größere Sicherung Bedacht genommen werden. Man erreichte sie, indem man die Neigung so weit senkte, daß der Regen zwar abfließen, der Torfbelag aber bei allen Witterungseinflüssen unbeschadet seine Form beibehalten konnte. In dieser Gestalt war nur der Rand des Torfbelages an der Traufe und am Giebel zu schützen. Auf den Abb. 108 und 109 sind die verschiedenen Lösungen nebeneinandergestellt, wie man diese Aufgabe zu meistern suchte.

An der Traufe geschah der Schutz des Torfes durch einen Randbalken (Abb. 108/5—7 und 109/A, B), altnorwegisch „torfvölr", schwedisch „mullas", oder eine Randbohle (Abb. 108/9 und 10). Sie wurden entweder durch hölzerne Winkelhaken, norwegisch „krokraptr" (Abb. 108/5 und 109/A), Riesenholznägel (Abb. 108/6), Keile (Abb. 108/7 und 109/B) oder verkeilte Holznägel (Abb. 108/10) gehalten. Die Winkelhaken sowie die Holznägel greifen in den Rindenbelag ein und werden von ihm mitgeschützt. Am Giebelsaum bediente man sich entweder einer (Abb. 108/11) oder zweier (Abb. 108/12) Reihen nebeneinander, unmittelbar auf den Birkenbelag gelegter Bruchsteine oder eines ausgekehlten Rundholzes (Abb. 108/13). Das Windbrett, norwegisch „windki", das entwicklungsgeschichtlich das jüngste Werkstück an diesem Bauteil darstellt, wurde, je nachdem man ein Äs-Dach (Pfettendach) (Abb. 108/11) oder Sparrendach (Abb. 108/13) vor Augen hatte, entweder an die Äser (Pfetten) oder Sparren genagelt.

Die Unterlage der mehrfach geschichteten Birkenrinde verwandelte sich im Laufe der Entwicklung von einem Dachgefüge aus nebeneinandergereihten Rundhölzern in ein solches aus gespaltenen Bohlen (Abb. 108/1 und 2). Durch Auflockerung derselben entsteht das Sparrendach, das nun einer besonderen, parallel zur Traufe laufenden Verschalung „trod" bedurfte (Abb. 108/3). Beim Äserdach (Abb. 108/4), das 1 und 2 am verwandesten ist, liegt die Verschalung senkrecht zur Traufe.

Hier ergeben sich für die Gestaltung der an der Traufe vorkragenden Dachhaut besondere Überlegungen (Abb. 108/9 und 10). Es kann dieser Teil leicht zu schwach werden, um Traufrand und Dachlast samt dem Schnee unbeschadet zu tragen. Deshalb hat man hier manchmal zu Hilfssparren gegriffen (Abb. 108/10), die bis zum ersten der ansteigenden Äser (Pfetten) reichen.

Die Birkenrinde wird auch zum Schutze des Randbalkens (Abb. 108/7), der Traufrandbohle (Abb. 108/9 und 10), des Windbrettes (Abb. 108/11 und 12) sowie des Giebelrandbalkens (Abb. 108/13) herangezogen. Wir finden hier in handgreiflichster Weise veranschaulicht, wie unsere Altvordern die einzelnen Bauteile vor Feuchtigkeit zu schützen wußten.

Der Torfbelag gibt nicht allein einen Schutzmantel für den Rindenbelag, sondern zugleich ein sowohl im Winter als auch im Sommer nützliches Abwehrmittel gegen Kälte und Hitze ab. Unbeschadet für das ganze Gefüge darf über dem Torf durch zugeflogenen Samen ein Rasenteppich von malerischem Reiz wachsen (Abb. 110).

Neben dem Bedacht auf die schützenden Eigenschaften des Daches mußte auch auf eine Dichtung zwischen Dach und Blockwand Rücksicht genommen werden. Dies geschah in verschiedenster Weise. In Norwegen (Abb. 108/5—10) gestaltete man die Verkämmung zwischen Sparren und Blockbalken so, daß die Verschalung den letzteren berührte, oder man fügte an dieser Stelle in den Belag der Verschalung ein besonders geformtes Stück, norwegisch Naamtrod, verschiedenster Gestaltung ein. In Schweden (Abb. 109/A und B) herrscht die Lösung vor, daß die Verschalung den obersten Blockbalken berührt oder daß an dieser Stelle ein stärkeres, aufgenutetes Traufholz mit dem ersteren verbunden wird.

Zu beobachten, wie erfindungsreich man sich bei diesem aus dem vollen Stamm herausgearbeiteten Gefügeteil zeigte, ist gerade für uns heute, die wir uns an die Form des Holzes gebunden fühlen, wie es die Schnittware liefert, ungemein lehrreich.

Das Strohdach

Die Anbringung und Sicherung des Strohes als Dachbelag ist vielgestaltiger als beim Soden (Torf). Es kann aufgestampft, in Form von Schauben oder Lehmschindeln angebunden und aufgestreut werden. Dementsprechend unterscheiden wir ein Stampfdach, ein Schaubendach, ein Lehmschindeldach und ein Streudach.

Das Stampfdach

Das Stampfdach gehört zu einer der urtümlichsten Dachdeckungsarten und kam früher bei den Nord-, Ost- und Westgermanen vor. Das Stroh wird auf einer eggenartig gestalteten Unterlage, die entweder aus Aststümpfen oder Holznägeln bestehen kann, mit den Füßen festgetreten (Abb. 111, 112 und 113). Dies besagt, daß das Dachgefüge besonders stark sein muß. Das Stampfdach ist heute nur noch bei den Nordgermanen auf Gotland, den ihm benachbarten Inseln, dann Seeland, sowie bei den Nachkommen der Ostgermanen im Siebenbürgischen Erzgebirge und dessen Ausläufern nach Westen in Brauch. Weil die Strohhalme waagerecht zu liegen kommen, muß die Neigung möglichst steil sein, damit die Nässe abgewehrt werden kann. Zum Schutze gegen den Wind ist am First eine besondere Sicherung notwendig. Dies geschieht durch einen (Abb. 111/3) oder zwei (Abb. 112) die Strohlage belastende Firstbäume, die von Gabelstöcken oder Reithölzern gehalten werden. Da das Auge nur die Halmenden zu sehen bekommt, hat diese Dachhaut eine sammetartige Wirkung. Damit die Halme sich gut miteinander verbinden, dürfen sie nicht zu kurz bemessen sein. Diese Dachhaut ist stärker als die des Schaubendaches und zeigt ein Maß von 50 cm gegenüber 30 cm.

Zu Abb. 111: **Stampfdächer (1—4) und Streudach (5).** 1) Schweden; 2) Gotland; 3 und 4) Siebenbürgisches Erzgebirge; 5) Küste von Uppland, Schweden. Beim Stampfdach wird das Stroh oder Seegras waagerecht gelagert und mit den Füßen festgestampft. Das Haften dieser Dachhaut am Dachstuhl bewirkten ursprünglich Aststümpfe (1 und 2), die man den als Sparren dienenden Rundstämmlingen belassen hatte. Ein entwicklungsgeschichtlich späteres Gefüge mit Lattung ersetzt die Aststümpfe durch vortretende Holznägel (3 und 4). Damit diese Dachhaut regensicher bleibt, muß sie eine steile Neigung annehmen. Beim Streudach liegen die Halme in der Richtung zur Dachneigung (5). Ihr Halt wird durch eine flache Neigung und Beschweren mit Deckhölzern gesichert.

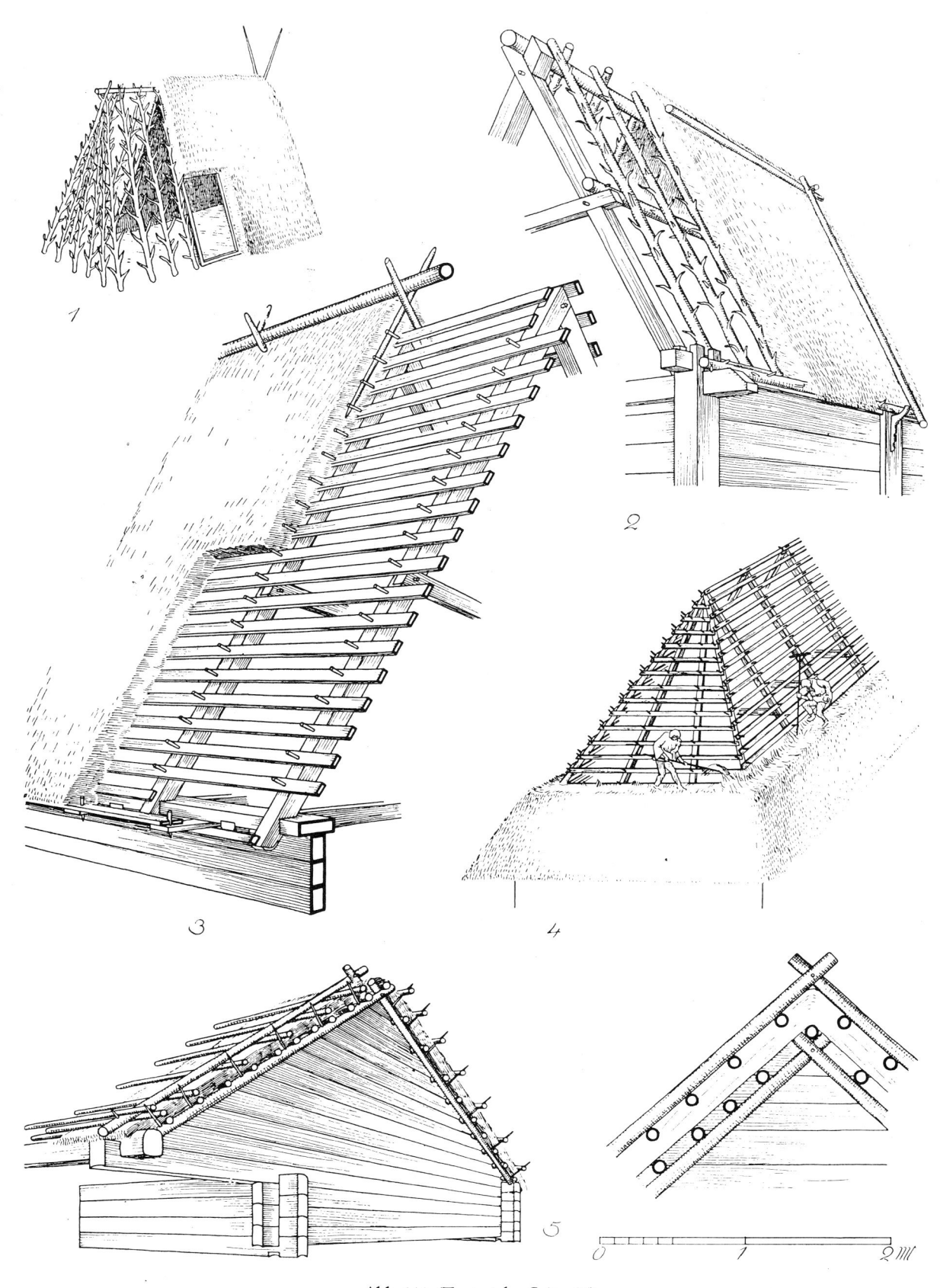

Abb. 111 (Text siehe Seite 85)

Abb. 112

Abb. 113

Abb. 112 bis 114: **Stampfdächer aus Gotland (112) und dem Siebenbürgischen Erzgebirge (113); Schaubendach aus dem Erdinger Moos (Oberbayern) (114).** Der verwitterte Zustand der gewählten Beispiele veranschaulicht die Art des Gefüges, zugleich aber auch die Empfindlichkeit dieser Dachdeckungsarten.

Das Schaubendach

Wie der Name sagt, wird beim Schaubendach das Stroh oder auch Rohr in Bündeln, Garben, Schauben oder Schöfen in einer Stärke von 9 bis 12 cm unter Zuhilfenahme von Bandstöcken, auf die beim Stroh 30 cm, beim Rohr 40 cm auseinanderliegenden Latten aufgebunden (Abb. 114, 115 und 116). Die Schauben rücken bei jeder neuen Lage, den Bandstock der ersten Schicht etwa 24 cm lang überdeckend, zurück, so daß im Schnitt immer drei Schichten übereinanderliegen. Diese Dachdeckung eignet sich für ein leichtes Dachgefüge.

Früher geschah das Anbinden der Schauben mit Weidenruten. Da diese aber bei einer Feuersbrunst zu rasch verbrennen und dadurch das brennende Stroh herabgleitet und sich wie ein Feuerwall an den Längsfronten auftürmt, nimmt man hierzu besser verzinkten Eisendraht. Bei diesem verbrennt das Stroh auf dem Dache.

Das Eindecken geschieht von einem sogenannten Deckbaume aus, welcher 4 bis 6 m lang vom First aus durch Seile in seiner Lage gehalten bzw. verändert werden kann (Abb. 116). Am First hat man durch verschiedene Vorkehrungen den Dachbelag zu sichern versucht. Entweder geschieht dies durch besondere Schauben, die mit Deckstöcken aufgebunden oder aufgenagelt werden (Abb. 115), oder durch Reithölzer, die sich bis zu einer zonenweisen Verschalung verdichten können.

Der Neigungswinkel eines Schaubendaches darf nicht unter 45° betragen. Die Lebensdauer hängt von der Lage des Hauses und von der Dachneigung ab. Sie beträgt mindestens 15 Jahre; bei einer Neigung von 60 bis 70° auf der Sonnenseite 60 bis 80 Jahre, auf der Schattenseite 30 bis 40 Jahre. Setzt sich Moos an, so kann dieses die Nässe aufsaugen und dadurch die Dauerhaftigkeit steigern.

Abb. 114 (Text siehe Seite 87)

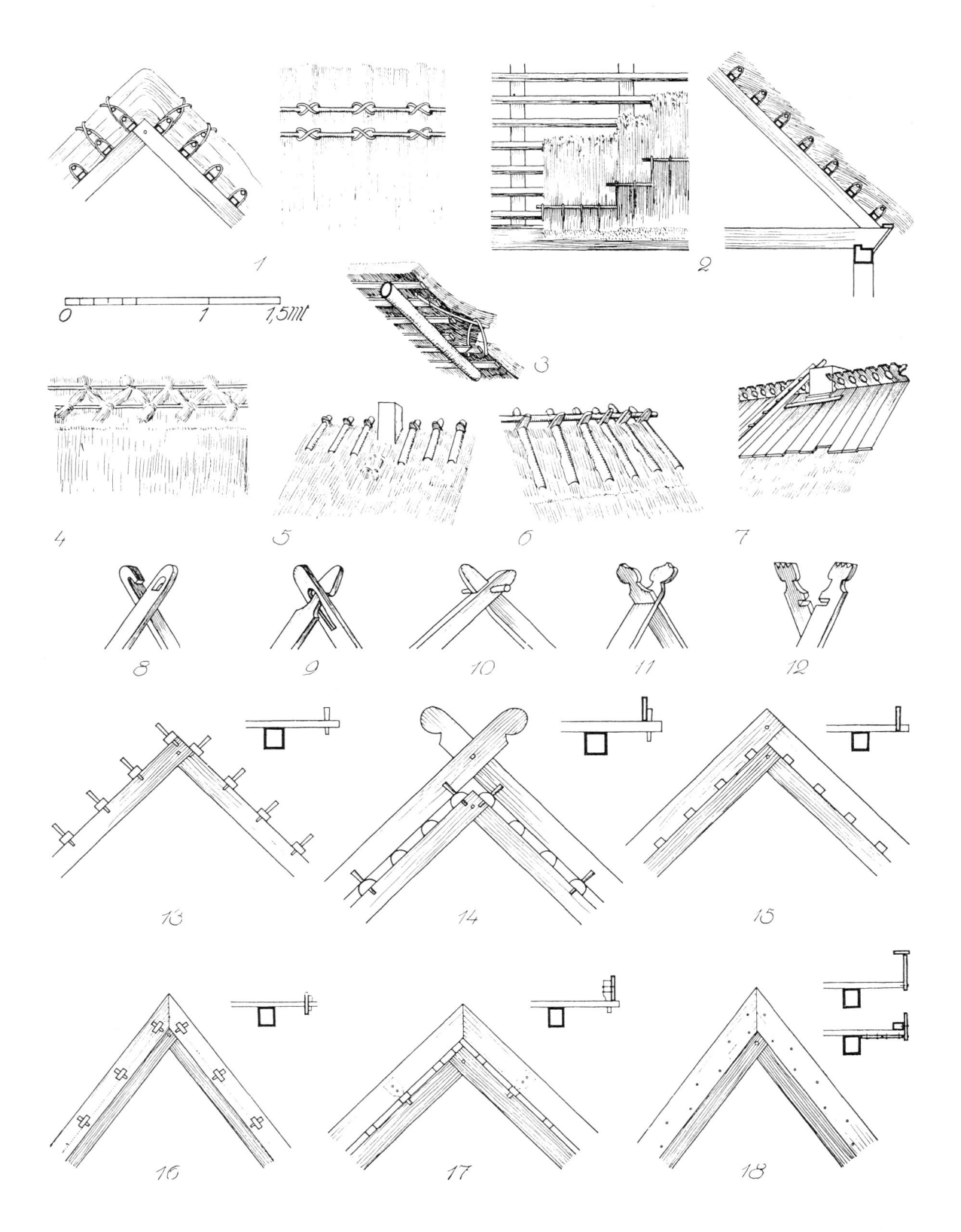

Abb. 115: **Schaubendächer.** 1 und 2) Befestigung der Stroh- oder Rohrschauben mit Dachstöcken; 3) Dachluke aus der Schweiz (nach Gladbach); 4 bis 12) Firsteindeckungen aus Ostpreußen, mit Strohpuppen (4) oder Reithölzern, auch Koppeln genannt (5 bis 12 nach Dethlefsen); 13 bis 18) Sicherung des Strohbelags am Giebelsaum mit Holznägeln (13) oder Windbrettern, die man auf den Latten sattelartig aufliegen läßt (14 und 17), sie aufkämmt (15), mit Zapfenschloß verbindet (16) oder unter Zuhilfenahme einer Leiste annagelt. Das Gefüge bei 17 ist zu gekünstelt.

89

Abb. 116: **Darstellung der Dachdeckung mit Schilf auf einem ostpreußischen Bauernhaus.** Aquarell von Karl Kunz, Herzogswalde, Ostpreußen. Der Dachdecker steht auf einem Deckbaum, dessen Lage durch zwei am First befestigte Seile geregelt wird. Er kann auch mit schmiedeeisernen Haken an den Latten aufgehängt werden. Das handgedroschene Stroh oder das Schilfrohr wird in Schauben mit Hilfe eines Richtbrettes so verlegt, daß die dünnen Halmenden nach oben liegen und die unteren mit aufsteigender Dachfläche ein wenig zurückrücken. Dadurch wird eine gleichmäßige Staffelung, verbunden mit einer besseren Regensicherung bewirkt. Jede Schicht wird mit Stöcken und verzinktem Draht an die Latten gebunden und diese Bindung dann von der nächsten Schicht überdeckt. Die Dachdeckung geschieht entsprechend der Länge des Deckbaumes abschnittsweise, in sogenannten Baumgängen.

Das Streudach

In Anlehnung an das Sodendach hat sich in Schweden eine eigenartige Dachhaut entwickelt, bei der das Stroh lose auf eine Lattung aufgestreut und zur Sicherung dieser Lage mittels kräftiger Stangenhölzer beschwert wird (Abb. 111/5). Die Dichtigkeit dieser in flacher Neigung liegenden Dachhaut steht gegenüber den beiden vorhin besprochenen weit zurück. Das Streudach eignet sich deshalb nur für Bauten untergeordneter Zwecke.

Das Lehmschindel= oder Lehmstrohdach

Um der Feuersgefahr zu begegnen, ist man dazu übergegangen, das Stroh mit Lehm zu durchsetzen und an der dem Dachinnern zugekehrten Seite mit dem gleichen Werkstoff zu überstreichen. Hierzu wird das Stroh unter Zuhilfenahme eines besonders dazu angefertigten Kastens (Abb. 117), dem Schindeltisch, zu 6 bis 8 cm dicken Lehmschindeln verarbeitet. Zu diesem Zweck müssen die dünnen Enden in der Länge von etwa 40 bis 50 cm um einen Schindelstock geschlagen und der Lehm zuerst als Zwischenlage, dann als Aufstrich, der zur besseren Bindung mit einem zugespitzten Stab zwischen die Halme eingearbeitet wird, aufgebracht werden.

Das Anbringen dieser Schindeln geschieht in einer dreifachen Lage auf eine etwa 40 cm weit auseinanderliegende Lattung in der Weise, daß man die Schindelstöcke an einem Ende in die benachbarte Schindel eindrückt, das andere mit verzinktem Eisendraht an die Latten anbindet.

Die Stärke dieser Dachhaut beträgt 18 bis 24 cm. Ihre Neigung darf ähnlich wie beim Schaubendach nicht weniger als 45° betragen. An der Traufe kommen besonders hierfür gestaltete Lehmschindeln in der Stärke von 15 bis 18 cm zur Anwendung. Die Eindeckung des Firstes geschieht mittels ebenfalls mit Lehm durchsetzten Strohwülsten, die im feuchten Zustand sattelartig angepflockt werden.

Abb. 117: **Lehmschindeldach**, nach D. Gilly, Handbuch der Landbaukunst, und Fauth, Das Lehmschindeldach. Auf dem Schindeltisch (links nach Gilly, rechts nach Fauth) von einer Breite bis zu 70 cm und einer Länge bis zu 1 m wird nach Gilly das Stroh 8 cm hoch derart ausgebreitet, daß die Wurzelenden nach dem Kasten, die Ährenenden nach dem Tischrand zu liegen. Darüber folgt ein Aufstrich von fettem Lehm. Dann wird das überstehende Strohende um einen Stock, den sogenannten Schindelstock, geschlagen und darauf noch Lehm über das übergeschlagene Ende gestrichen. Fauth schreibt eine erste Strohlage von 5 cm Höhe vor, wobei die Ährenenden 40 bis 50 cm über die Tischkante hinausragen und nach diesem eine zweite kräftige Lage, bei der aber die dicken Halmenden über die der vorigen entgegengesetzten Kanten überhängen sollen. Nachdem der Schindelstock in die Einschnitte eingedrückt worden ist, folgt ein 1 bis 1½ cm starker Lehmaufstrich. Hierauf wird das überragende Stroh um den Schindelstock umgelegt, an die Lehmschicht angedrückt; dann 1 bis 1½ cm stark mit Lehm überstrichen und dieses zuletzt noch mit einem Spaten eingearbeitet. Die über den Tisch vorragenden Halmenden werden mit einer Sense oder Schere weggeschnitten. Das Befestigen der (mit der lehmbestrichenen Seite nach innen gekehrten) Schindeln an die Latten geschieht mit verzinktem Eisendraht, wobei jeweilig der Schindelstock der nächstfolgenden Schindel in die vorhergehende eingesteckt wird. Die Neigung dieses Daches ist die gleiche wie beim Schaubendach.

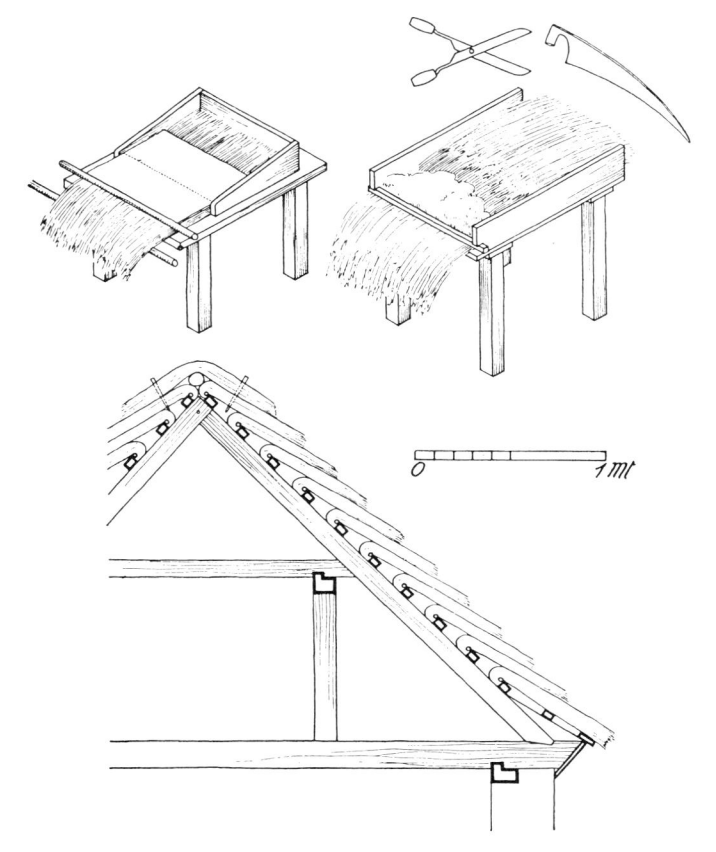

Abb. 118   Abb. 119

Abb. 118 und 119: **Schwedische Blockhäuser mit Holzdächern.** 118) Stall und 119) Herdhaus der Sennerei aus Jämtland, jetzt in Skansen. Die Dächer bestehen aus zwei Schichten gespaltener Stämme mit einer Zwischenlage von Birkenrinde. Um die oberste Halbholzschicht zu sichern, kommt auf jede Dachfläche je ein von Steinen beschwerter Streckbaum. Diese Bäume sind gegenseitig mit Querhölzern jochartig zu einem geschlossenen Rahmen verbunden, der sich wie ein Band um Dach- und Giebelfluchten legt.

Das Holzdach

Es liegt nahe, daß man schon im Anfang der Entwicklung des Daches, gezwungen aus den Gegebenheiten der Landschaft heraus, neben anderem mit den Werkstoffen auszukommen versuchte, die allein der Wald lieferte. Hierher darf man als eine der ersten Stufen eine Doppellage von gespaltenen Halbhölzern rechnen, die die Fugen überdeckend um eine halbe Breite überbunden sind und sich mit der Spaltfläche berühren. Um den durch das Arbeiten des Holzes entstehenden Undichtigkeiten zu begegnen, vervollkommnte man dieses Dach durch Zwischenfügen eines Belages von Birkenrinde wie beim Torf- oder Sodendach (Abb. 118 und 119).

In der Weiterentwicklung verwandelte sich dann die unterste Lage der gespaltenen Stämme in eine Verschalung aus Bohlen, während die oberste zum Teil ihre alte Gestalt behielt oder ebenfalls die Bohlenform annahm (Abb. 120/1—4). Die Halbhölzer oder Bohlen des obersten Belages werden entweder am First aufgehängt (Abb. 120/1), indem man sie mit dem ihnen gleichgestalteten umseitigen Belag verschränkt, oder sie erhalten durch eine Stützbohle an der Traufe einen Halt (Abb. 120/2, 121, 122). Dieses Fußholz wurde von großen, hölzernen Winkelhaken, zugleich Winkelsparren, gehalten, die bei einer Art unterhalb der Verschalung bis zum nächsten „Äs" oder „Ans" reichen, bei einer anderen sich der Verschalung bis zum First hinauf durchlaufend einfügen. Beide erlauben eine steile Neigung des Daches. Wenn man aber den obersten Holzbelag durch Beschweren mit Steinen vor Windangriffen schützen wollte, mußte man bei einem Neigungswinkel über 30° ihr Herabgleiten durch eine besondere Unterstützung verhindern. Dies geschah entweder vom Traufholz aus (Abb. 120/4) oder durch Zuhilfenahme eines sich an die Dachflächen und Giebelfluchten anschmiegenden Joches (Abb. 118 und 119).

Durch ununterbrochenen Wechsel von Nässe und Trockenheit leidet die Beständigkeit dieser Dachhaut. Es zeigen sich zuallererst selbst bei noch gesundem Holz, hervorgerufen durch verschiedenes Schwinden, schadhaft wirkende Formveränderungen. Die obersten Halbhölzer liegen mit der Spaltseite nicht mehr dicht auf dem Rindenbelag auf. Dabei sind von allem Anfang an die Stoßfugen der Deckhölzer untereinander nicht dicht genug, um die Nässe abwehren zu können. Sicherlich haben diese Mängel mit dazu beigetragen, das Holz in Form von kleinen Tafeln zu verwenden, um es so wie die Birkenrinde schuppenartig aufzulegen. So entstand die Schindeldeckung.

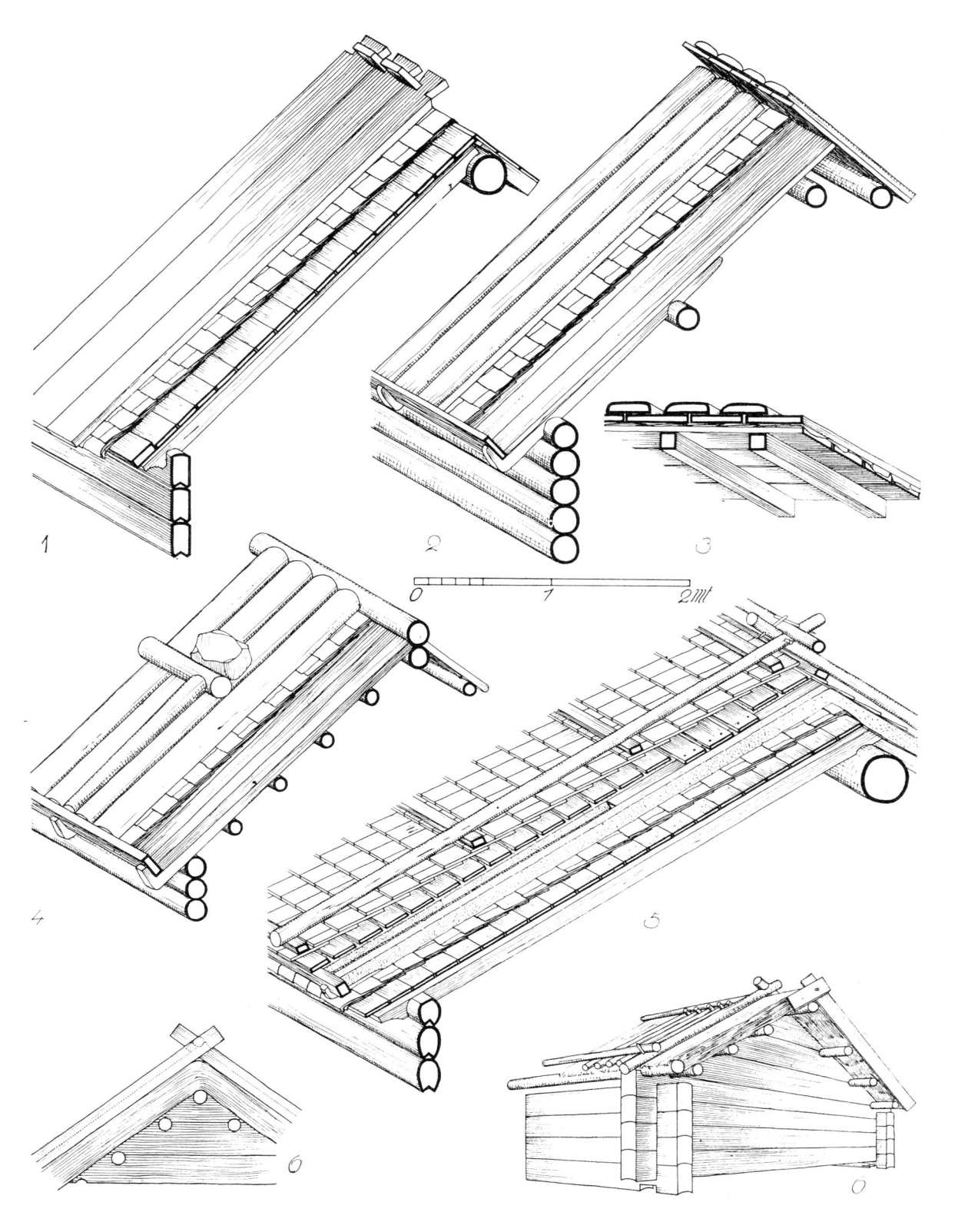

Abb. 120 (Text siehe Seite 94)

Abb. 121

Abb. 121 und 122: **Stützbohlen von schwedischen Holzdächern** aus dem Freilichtmuseum in Skansen. Bemerkenswert ist, wie weit die schützende Wirkung der Birkenrinde ausgenutzt worden ist.

Abb. 122: Text bei Abb. 121

Zu Abb. 120: **Schwedische und norwegische Dachdeckungen.** 1) Holzdach mit einer Zwischenlage aus Birkenrinde aus Bollnäs. Die Deckbohlen sind mit einander verschränkt und hängen als Reithölzer am First. 2) Holzdach aus Skarptäkt, Dalarne. Hier finden die Deckhölzer an einer durch Haken gehaltenen Traufbohle ihren Halt. 3) Holzdach mit überstülpten Deckbohlen aus Mora. 4) Holzdach in der Art des kurischen Lubbendaches aus Wärmland. Außer der Traufbohle dient hier noch ein durch Steine beschwertes Holzgestell zum Halt der Deckhölzer. 5) Soden-Schindeldach aus Grösli, Norwegen. In den Sodenbelag sind Futterhölzer zur Aufnahme einer waagerechten Verschalung eingelegt. Darüber folgt ein Belag von Legschindeln, der durch Strecklatten und Reithölzer gesichert ist. 6) Streudach, dessen Strohbelag mit Reithölzern und Streckbäumen gesichert wird. (1, 2, 4, 6: umgezeichnet nach Nordiska Museet, 1922/24, S. 141; 1917, S. 183; 1902, S. 48; 1912, S. 224. 3: nach Erixon, Führer durch Skansen, S. 47, und 5: nach einer Aufnahme von Helge Hoel.)

Das Schindeldach

Unter der Bezeichnung Schindeldach versteht man eine aus gespaltenen Brettchen gestaltete Dachhaut. Die Brettchen kommen in einer Breite von 8 bis 25 cm und einer Länge von 25 bis 100 cm vor. Das Schindeldach ist bei den Germanen von alters her in Brauch. Die schriftlichen Hinweise gehen bis ins 1. Jahrhundert n. Ztr. zurück. Von Plinius haben wir aus jener Zeit eine Beschreibung der Dachdeckung rechtsrheinisch gelegener Bauten, in der neben „arundo" = starkes Langrohr, „skindula" = die Schindel vorkommt. Für die Westgoten bringt aus der Mitte des 4. Jahrhunderts die Bibelübersetzung des Wulfila den Beleg mit der Erwähnung eines mit „skalja" = Schindel (altnordisch „skilja" = spalten, trennen; gotisch „skildus" = eigentlich Brett) gedeckten Daches. Häufiger mehren sich dann die Nachrichten aus karolingischer Zeit und dem Mittelalter.

Herstellung der Schindel

Zur Herstellung von Schindeln werden Holzarten verschiedenster Spaltbarkeit verwendet. Sie ordnen sich wie folgt: a) gut und leicht spaltbare Hölzer: Fichte, Kiefer, Lärche, Tanne; b) mittelmäßig gut und leicht spaltbar: Buche, Eiche, Erle, Esche. An Haltbarkeit steht unter den gebräuchlichsten Arten die Eichenschindel an erster Stelle. Ihre Lebensdauer schätzt man auf 100 Jahre; dann folgt die Lärchenschindel mit 70 bis 80 Jahren, hierauf die Kiefer mit etwa 40 und zuletzt die Tanne mit etwa 25 Jahren Lebensdauer, wobei ein Umdecken im Abstand von 12 bis 40 Jahren mit eingerechnet ist. In großen Höhenlagen erhöht sich die Haltbarkeit der Schindeln.

Um die Schindel gegenüber Angriffen der Witterung widerstandsfähig zu machen, muß ihr Längsholz wasserabweisend sein, müssen also ihre Fasern unverletzt ihre Gestalt behalten. Das kann man nur durch Spalten erreichen (Abb. 123). Sägt man die Schindeln, so werden die Fasern zerrissen und wirken wasseranziehend, wodurch dem raschen Zerfall des Holzes Vorschub geleistet wird. Übrigens entsteht am Längsholz der gespaltenen Brettchen während und nach dem Trocknen durch Ausscheidungen eine Schutzschicht, die nicht nur dem Wetter trotzt, sondern sogar auch dem Feuer gegenüber widerstandsfähig sein soll.

Die erste Überlegung gilt der Auswahl des Holzes. Es muß möglichst astrein sein, gerade oder widersonnig und langsam gewachsen, im Wachstum nicht zu jung und darf im Stammdurchmesser nicht kleiner sein als eine doppelte Schindelbreite, also etwa 16 bis 20 cm stark. Gerne wählt man wegen der Dauerhaftigkeit kerniges und kieniges Holz. Um die Haltbarkeit zu erhöhen, wurden die Schindeln auch geräuchert. Man findet heute noch in Almhütten zu diesem Zweck über der Esse aufgestapelte Schindeln.

Die Schindeln werden schuppenartig so übereinandergelegt, daß die jeweiligen Fugen ein- oder mehrere Male gesichert sind. Damit die Schindeln in dieser Lage erhalten bleiben, sind zwei Vorkehrungen möglich: entweder benutzt man hierzu eine aufgelegte, sich über mehrere Lagen auswirkende Belastung, oder man befestigt jede einzelne Schindel durch Aufnageln auf eine entsprechende Unterlage. Nach diesen Gefügearten unterscheiden wir ein „Legschindel- oder Schwardach" und ein „Nagelschindel- oder Schardach".

Zu Abb. 123: **Arbeitsvorgang und Handwerkszeug der Schindelherstellung** (vgl. auch Abb. 2 u. 3). 1) Das im Schwarzwald gebräuchliche Heraussspalten einer Schindel aus dem Block (a), der in Schindellänge aus dem Stamm herausgesägt worden ist. Zuerst werden aus dem noch frischen Holzblock, weil er sich in diesem Zustand am besten spalten läßt, durch ein- oder mehrmaliges Spalten Scheite (b, c) herausgeschnitten. Wenn diese genügend getrocknet sind, folgen dann die weiteren Spaltschnitte, die die abgetrennten Scheite solange zweiteilen, bis das nötige, im Mittel 6 bis 10 mm starke Schindelholz erreicht ist (d, e, f, g). In Kärnten läßt man das für Schindeln bestimmte Lärchenholz

(Fortsetzung auf Seite 96)

Abb. 123

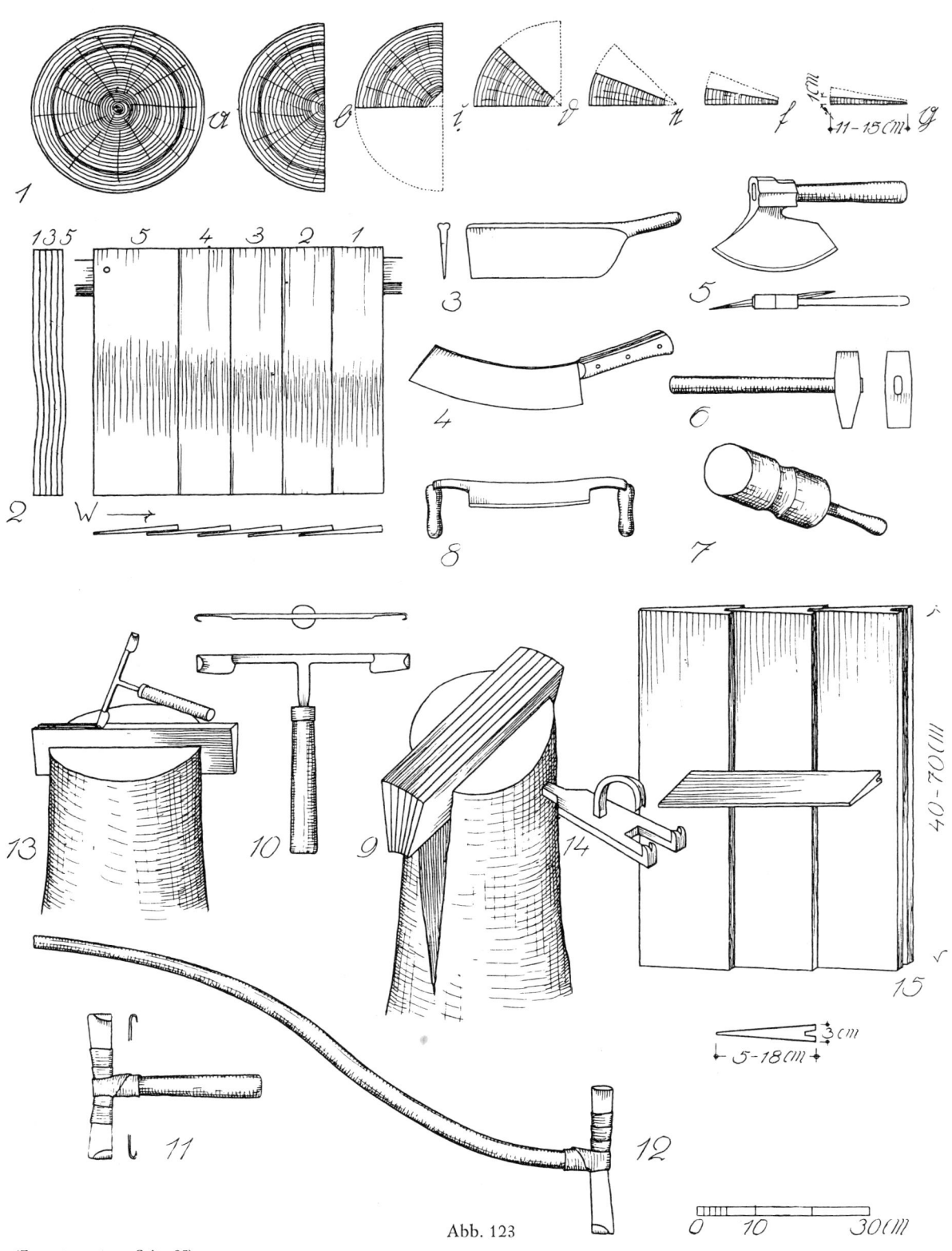

(Fortsetzung von Seite 95)
in der Rinde trocknen, weil es sich so besser spalten lassen soll. 2) Um beim Verlegen dichte Fugen zu erreichen, werden die Schindeln am besten so nebeneinandergereiht, wie sie dem Schnitt entwachsen sind. Dadurch schmiegen sie sich, trotz der Unebenheiten, die beim gespaltenen Holz immer vorhanden sind, in natürlichster Weise an. 3 und 4) Spaltmesser. 5) Breitbeil. 6) Hammer. 7) Holzschlägel. 8) Ziehmesser, Gradmesser. 9) Schindelklotz. 10, 11, 12) Nuteisen mit rechts- und linksseitigen Schneiden. 13) Rechtsseitiges Herausziehen der Nut. 14) Wolf zum Festhalten der Schindel beim Bearbeiten mit dem Ziehmesser, auch Hand- und Schulternippel genannt. 15) Genutete Schindeln.

Das Legschindeldach

Bei dieser Dachart werden die Schindeln so gelegt, daß sie in jeder zweiten Schicht gegen die vorangehende um eine halbe Breite sich seitlich verschieben und mit ihrem Hirnende einen gewissen Abstand aufwärtsrücken, so daß im Schnitt mindestens zwei Schichten geschnitten werden (Abb. 124). Das Maß dieser Entfernung der Schichten hängt von der Länge der Schindel und der Zahl der Schichten ab. Bei einer Schindellänge von 80 cm und dreifacher Lage rückt jede nächstfolgende Schicht um 20 cm gegenüber der vorangehenden zurück. Es gibt Legschindeldächer bis zu 6 Schichten.

Als Unterlage für diese Schindeln dienen Dachlatten (Abb. 124/1, 3, 5, 6, 8, 10, 11, 13) oder eine Verschalung aus Schwarten (Abb. 123/12) oder Brettern (Abb. 124/2, 4, 9, 14, 15). Um ihre Lage zu sichern, benutzt man Bruchsteine, deren Last durch besondere, runde oder gespaltene Stangen übertragen wird. Diese Streckhölzer laufen entweder parallel zur Traufe und liegen dann in knappstem Abstand über jeder zweitfolgenden Dachlatte (Abb. 124/8, 9), oder aber sie liegen schräg (Abb. 124/14); beide Male wirkt die Übertragung auf die Schindeln. Damit die Steine nicht herunterrollen, ist eine flache Neigung der Dachfläche vorausgesetzt. Ihr Neigungswinkel bewegt sich zwischen 18 bis 25°. Eine alte Regel verlangt, daß die Firsthöhe ein Sechstel der Giebelbreite haben soll. Dies käme einem Neigungswinkel von 18,5° gleich. Um das Rollen von runden Streckhölzern zu verhindern, treibt man im Salzburgischen lange Holznägel ein, die, nach der Traufe zu gerichtet, sich der Dachhaut anschmiegen (Abb. 126). Als Sicherung der Strecklatten werden Holznägel benutzt, die entweder nur in die Saumbalken (Abb. 124/9) oder durch die Schindelung hindurch in die Sparren (Abb. 124/2) eingetrieben werden. Auch zwischen die Schindel eingelegte, natürlich gewachsene Holzhaken (Abb. 124/5) kommen vor. Im Salzburgischen behalf man sich, indem man einzelne Schindeln zwischenschob, die mit zwei Nägeln, einem zum Aufhängen an der Lattung und einem zum Halten der Streckhölzer, versehen waren (Abb. 124/10). Von den Streckhölzern aus geschieht auch die Sicherung des Giebelsaumes. In einfachster Lösung greifen sie mit oder ohne in sie eingetriebene Holznägel über den Rand (Abb. 124/5—7 und 125, 126). Sind Windbretter zu Hilfe gezogen, dann greifen jedes zweitfolgende Streckholz und die entsprechenden Dachlatten mit Achszapfen in dieselben ein und werden von außen verkeilt (Abb. 124/8). In Schweden und Norwegen werden die Strecklatten von Giebelreitern aus Rundholz beschwert (Abb. 129), oder es werden umgekehrt die Giebelreiter nahe aneinandergerückt und durch Streckbalken belastet (Abb. 130).

Zu Abb. 124: **Legschindeldächer**, auch Schwardächer genannt, aus: 1) Vorarlberg; 2) Schweiz; 3) Vorarlberg; 4 bis 7) Schweiz; 8) Oberbayern; 9) Schweiz; 10) Salzburg; 11) Schweiz; 12) Allgäu; 13 und 14) Oberbayern; 15) Schweiz. Die zwei- bis sechsfach überbundenen Legschindeln liegen auf Dachlatten (1, 3, 5, 6, 8, 10, 11, 13) oder einer Verschalung (2, 4, 7, 9, 12, 14, 15) auf. Um ihren Halt zu sichern, werden sie mit sogenannten Schwarsteinen beschwert, deren Last durch Streckhölzer übertragen wird. Die letzteren können entweder waagerecht oder schräg liegen (14). Damit die Steine nicht hinuntergleiten, ist eine flache Neigung zwischen 18 bis 29° der Dachfläche notwendig. Trotzdem hat man zuweilen zu weiteren Sicherungen gegriffen, indem man die Streckhölzer mit durch die Schindeln durchgreifenden Holznägeln (2, 6 und 10) oder Haken (5) zu halten suchte. Bei runden Streckhölzern wurden zur Verhinderung des Rollens Holznägel in die Streckhölzer eingetrieben. Nicht selten geschieht ein Festhalten vom Giebelsaum aus, indem man Streck- und Dachlatten durch das Windbrett durchgreifen läßt und sie miteinander verkeilt (8), oder die Streckhölzer werden vom Saumholz aus durch Nägel befestigt. Die aus einem Halbholz mit einem besonderen Werkzeug, dem sogenannten Rinnscherer (16), gestaltete Dachrinne liegt entweder aufgesetzt (11 bis 13) auf oder ist vorgehängt (10, 14, 15). Damit die überbundenen Schindeln gleich von der Traufe aus in die richtige Lage gebracht werden, muß man an dieser Ausgangsstelle noch eine besondere Dachlatte heranziehen. In Vorarlberg kommen auch doppelte Schwardächer vor (3), bei denen auf einer dreifach überbundenen ersten Lage Latten und hierauf die zweite ebenfalls dreifach überbundene Lage aufgelegt worden sind.

Abb. 124 (Text siehe Seite 97)

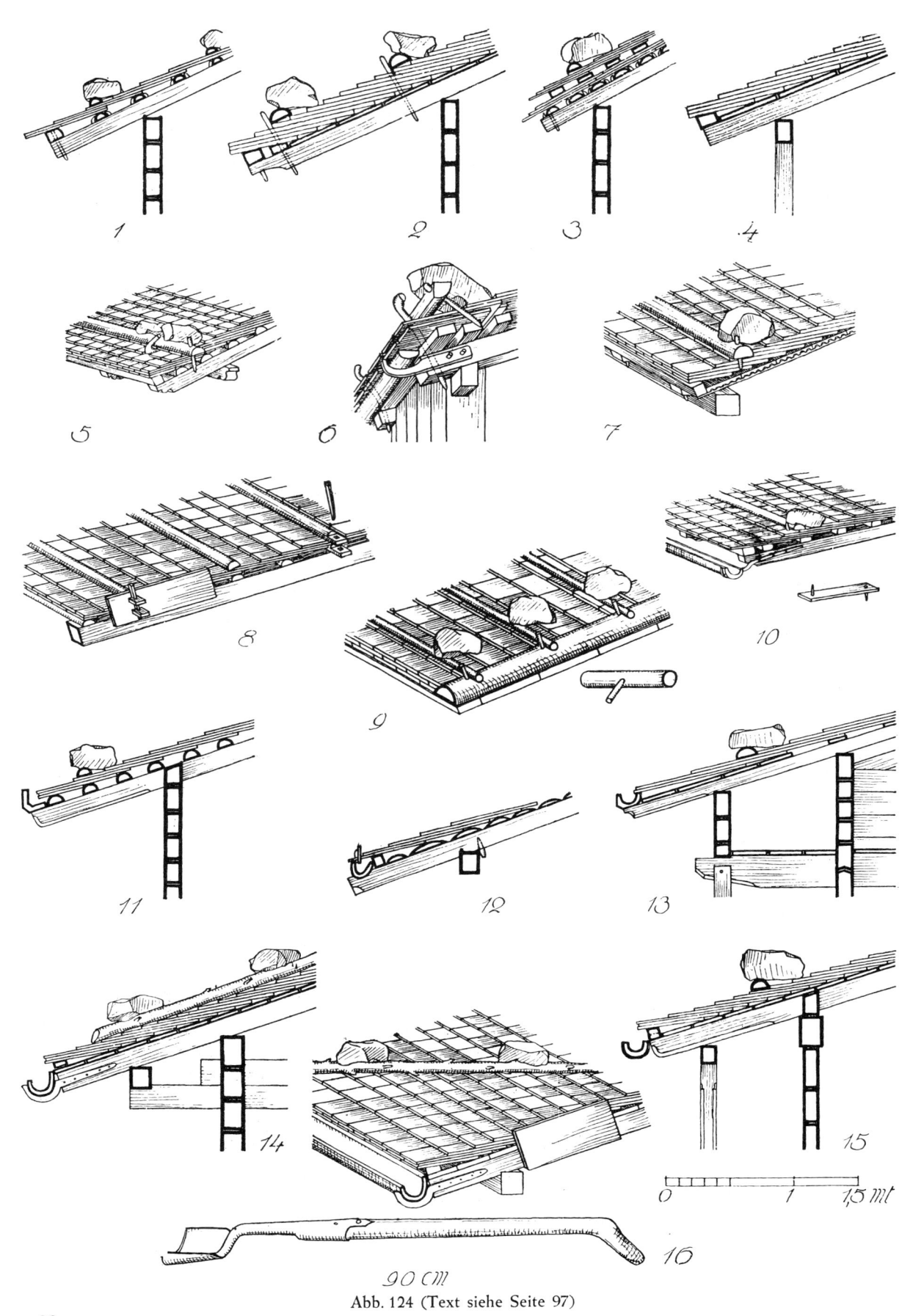

Abb. 125

Abb. 125 und 126: **Legschindeldächer aus Hofgastein, Salzburg.** Beim unteren Beispiel, einem Heustadel, werden die runden Streckhölzer durch eingetriebene Holznägel vor dem Rollen bewahrt. Am rechten Giebelsaum bediente man sich wiederum der Holznägel, um hier Dachhaut mit Windbrett zu schützen.

Abb. 126: Text bei Abb. 125

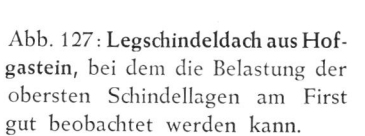

Abb. 127: **Legschindeldach aus Hofgastein,** bei dem die Belastung der obersten Schindellagen am First gut beobachtet werden kann.

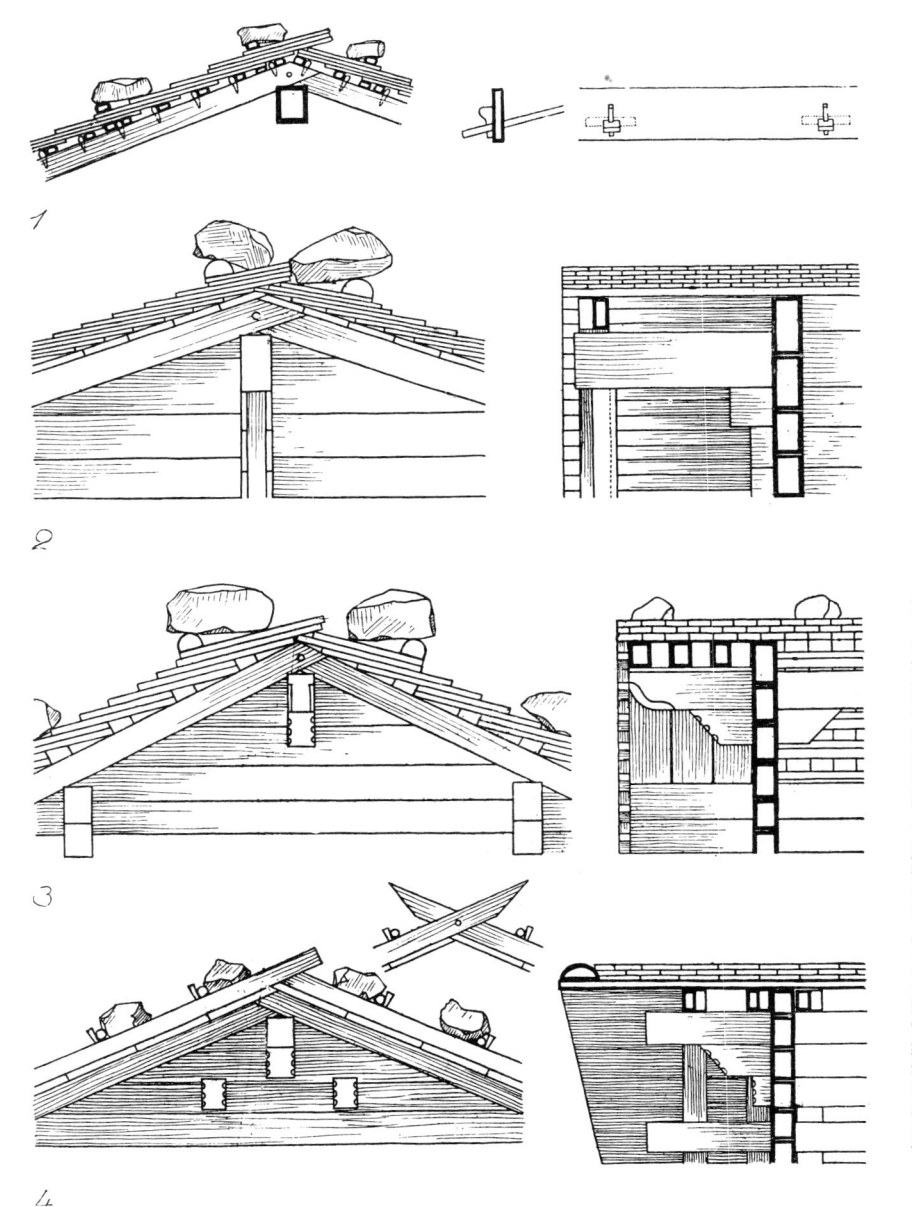

Abb. 128: **Die Regen- und Windsicherung bei Legschindeldächern.** Um am Zusammenschluß der beiden Dachflächen das Eindringen der Nässe zu verhüten, läßt man auf der Wetterseite den Schindelbelag über den First hinweggreifen. Die Streckhölzer und mit ihnen die sie beschwerenden Steine rücken bis zu dieser Höhe herauf. Die vorkragende Dachhaut schützt in der Regel eine Verschalung vor Angriff des Windes (2 und 4 aus der Schweiz). Manchmal ist man sogar soweit gegangen, an dieser Stelle durch eng nebeneinander gerückte Sparren einen schützenden Schild zu schaffen (3). Bei 4 erfüllt ein auf einer Verschalung liegendes Halbholz die Aufgaben eines Windbrettes.

Die der Witterung am stärksten preisgegebene Stelle bildet der First (Abb. 127). Man läßt von der Wetterseite aus den Schindelbelag über die Firstlinie und die an dieser Stelle entstehende Stoßfuge hinweg wachsen. Da die Übertragung der sichernden Belastung von oben nach unten geschieht, kommt auf die von beiden Seiten sich hier treffenden obersten Schindelreihen je ein Streckholz mit den darauf ruhenden Decksteinen (Abb. 128).

An der Traufe bediente man sich hölzerner, aus einem Halbholz herausgearbeiteter Dachrinnen, die entweder auf die Dachsparren aufgelegt (Abb. 124/11—13) oder mit hölzernen sowie eisernen Haken vorgehängt wurden (Abb. 124/10, 14 und 15). Sie griffen, um den Verkehr vor dem Haus wegen des herabfließenden Wassers nicht zu stören, weit vor die Flucht vor. Durch mißverständliche Bestimmungen der Baupolizei, die hier, gleichwie in der Stadt, Abflußrohre vorschrieb, sind sie fast gänzlich verschwunden. Um das richtige Gefälle zu bekommen, gestaltete man den Grundriß nicht streng rechteckig, sondern trapezförmig.

Ein Vorteil des Legschindeldaches ist seine leichte Umdeckmöglichkeit. Man kann, wenn die Schindeln anfangen zu verwittern, durch Umdecken den inneren geschützten Teil nach außen kehren, ohne neue Schindeln heranziehen zu müssen und dadurch z. B. einem Lärchenschindeldach, das nach mindestens 40 Jahren umgedeckt werden muß, ein Alter von 80 bis 100 Jahren geben.

Einen Nachteil bringt die flache Lage des Daches dadurch mit sich, daß der Schnee auf der Sonnenseite während der Wintermonate des öfteren schmilzt, auf der Schattenseite aber liegenbleibt. Dadurch verwittert das Dach auf der Sonnenseite rascher, und die Schindeln müssen öfters gewechselt werden als auf der Schattenseite.

Die Stärke der Dachsparren und ihre Entfernung voneinander ist von den Spannweiten der Stützen und der Stärke der Dachhaut abhängig.

Als vorteilhaft ist beim Legschindeldach noch zu vermerken, daß es nicht nur die Nässe abwehrt, sondern auch einen sehr wirksamen Schutz gegen Kälte und Hitze abgibt. Die Eigenart seines Gefüges schließt Dachkehlen aus, deshalb übt das Legschindeldach auch auf die Gestaltung des Grundrisses einen wesentlichen Einfluß aus.

Abb. 129

Abb. 129 und 130: **Mit Reithölzern beschwerte Dächer aus Norwegen und Schweden.** 129) Gröslihaus aus Numedal, aus dem Jahre 1633. Es besitzt ein Sodendach, das noch mit Legschindeln gedeckt ist, deren Halt durch Reit- und Streckhölzer gesichert wird (vgl. auch Abb. 120). Abb. 130: Schuppen von einem Lappenlager aus Skansen. Der Belag mit Birkenrinde ist hier unmittelbar mit Reithölzern beschwert.

Abb. 130:
Text bei Abb. 129

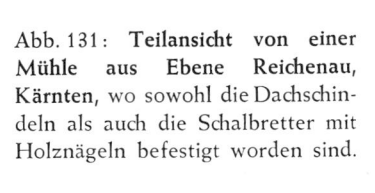

Abb. 131: Teilansicht von einer Mühle aus Ebene Reichenau, Kärnten, wo sowohl die Dachschindeln als auch die Schalbretter mit Holznägeln befestigt worden sind.

Das Nagelschindeldach

Werden die Schindeln mit Nägeln auf einer Lattung oder Verschalung befestigt, so ergibt sich mit einemmal eine größere Freiheit und Entfaltungsmöglichkeit als bei dem mit Steinen beschwerten Legschindeldach. Nun darf man von der flachen zu der steilen Neigung übergehen, wodurch der Regen einen rascheren Abfluß findet. Des weiteren lassen sich Kehlen, Walme und Dachgaupen ausführen. Dachhaut und Dachstuhl werden leichter.
In ursprünglichster Form wurden die Schindeln mit Holznägeln befestigt (Abb. 131). Es kommen aber schon in karolingischer Zeit mit eisernen Nägeln angenagelte Schindelungen vor. Die nebeneinandergereihten Nagelschindeln können entweder seitlich überbunden (Abb. 132/1), stumpf zusammengestoßen, ungenutet (Abb. 132/4—11) oder genutet (Abb. 132/2 und 3) werden. In den letzteren, die nach einer Längskante zu verjüngt sind und an der breiteren Kante eine herausgestochene Nut zeigen, haben wir die ursprünglichste Gestalt der Spundung vor uns. Sie ist zuerst im Wandgefüge und im Truhenbau entwickelt und dann auf die Schindeln übertragen worden. Die Ausführung der Nut geschieht mit einem besonderen Werkzeug, dem Nuteisen oder Nippel (Abb. 123/10—13 und Abb. 133). Bei genuteten Schindeln, bei denen die Spundung einen engeren Zusammenhang bewirkt und die Stoßfuge dichtet, kann man mit der Nagelung sparen. Während bei den ungenuteten Schindeln jede einzelne angenagelt werden muß, braucht dies bei den genuteten erst bei jeder fünften der Fall zu sein.
Das Aufbringen der Nagelschindeln geschieht in verschiedenen Reihungen und Lagen in der Weise, daß
1. die einzelne Schindel ihre Nachbarin nur zum Teil überbindet (Abb. 132/1),
2. die Schindeln stumpf aneinanderstoßen (Abb. 132/8 und 9; 135—138; 139; 142; 143),
3. die Reihen aus einer Doppellage stumpf aneinanderstoßender, um die halbe Breite überbundener Schindeln gebildet werden (Abb. 132/4, 5, 10, 11; 134; 144 und 145),
4. die Schindeln mit ihren schmalen Kanten in die aus den breiten Kanten der Nachbarschindeln herausgestochenen Nuten eingreifen (Abb. 132/2, 3; 146; 147—153).

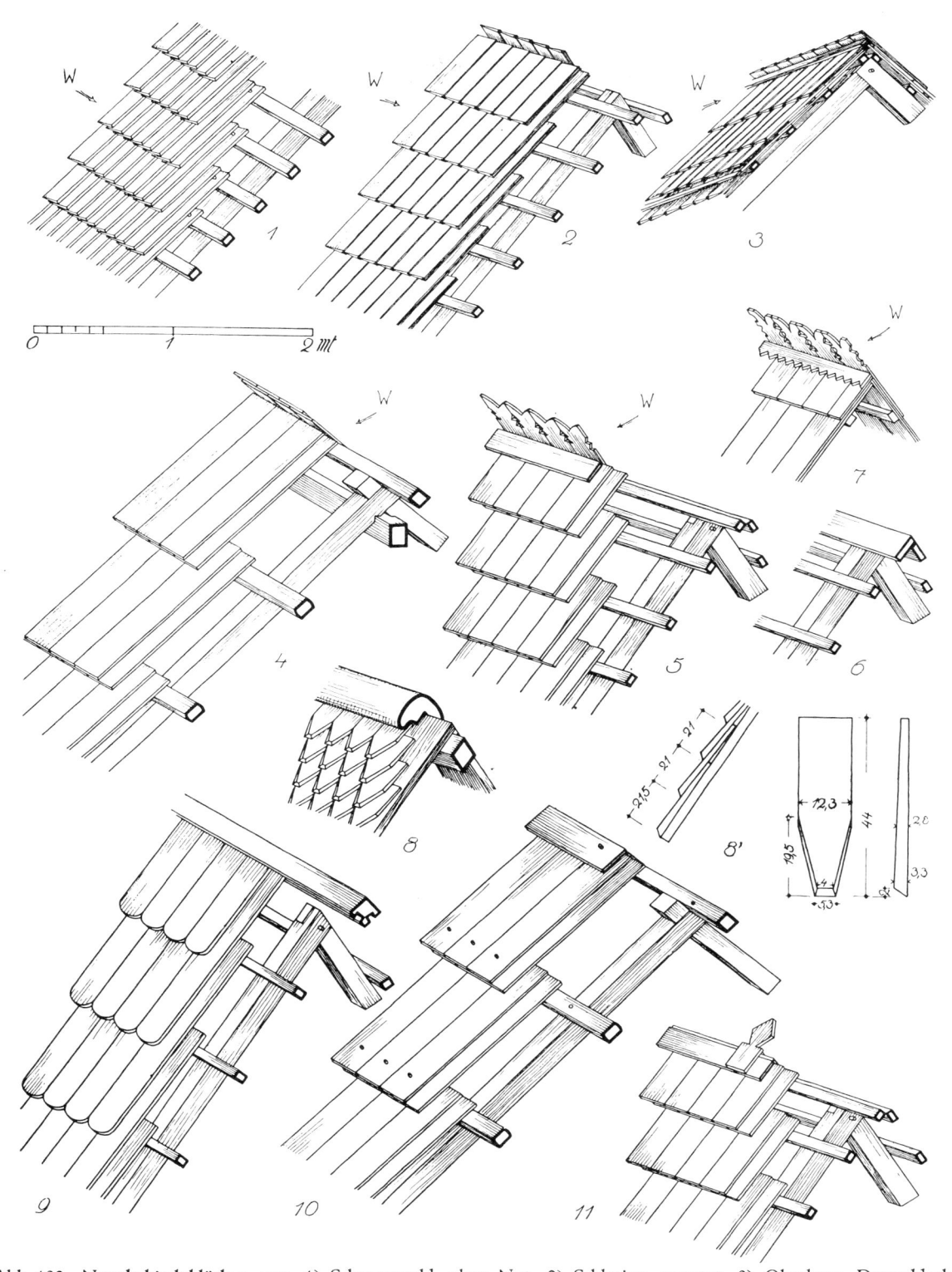

Abb. 132: **Nagelschindeldächer,** aus: 1) Schwarzwald, ohne Nut; 2) Schlesien, genutet; 3) Oberharz, Doppeldach, genutet; 4) Salzburg, ohne Nut; 5 bis 7) Kroatien; 8) Norwegen; 9) Kroatien; 10) Salzburg; 11) Kroatien. Die Schindeln wurden ursprünglich mit Holz-, später mit Eisennägeln auf die Dachlatten aufgenagelt; bei ungenuteten jede einzelne, bei genuteten nur an der untersten Reihe, darüber dann etwa jede fünfte. Diese Befestigung gestattete einen größeren Neigungswinkel der Dachfläche (im Durchschnitt 45°) als beim Legschindeldach. Das Wasser fließt rascher ab; Dachstuhl und Dachhaut werden gelockert und leichter als beim letzteren. Die nutlosen Schindeln zeigen im Querschnitt entweder durchgehend die gleiche Stärke (4, 5, 7, 9, 10, 11) oder sind in der Richtung des Hirnholzes (1) oder des Längsholzes (8) verjüngt, was ein Anschmiegen ermöglicht. Es gibt zwei Arten der Schichtung.

(Fortsetzung auf Seite 104)

Abb. 133: **Schlesischer Schindelmacher beim Herausstechen der Nut mit dem Nutmesser.** Eine Reihe von Schindeln wird mit den breiten Kanten nach aufwärts auf einer Bank eingeklemmt. Dann wird mit dem zweischneidig ausgebildeten Nutmesser oder Nippel (vgl. Abb. 123/10—13) zuerst von rechts und von links angreifend, von Stück zu Stück, die Nut herausgestochen.

Zu Abb. 134: **Mit Nagelschindeln in zweierlei Art gedecktes Bauernhaus aus Ebene Reichenau in Kärnten.** Beim älteren Dach, links, überbinden sich die Reihen, die in sich aus einer Lage stumpf aneinanderstoßender Schindeln gebildet werden (vgl. Abb. 132/1, 8, 9). An der Traufe besteht die Reihe aus einer doppelten Lage von Schindeln. Die neuere Deckung, rechts, zeigt durchgehend in jeder Reihe eine doppelte Lage, dafür sind die Reihen hier nur in geringer Breite überbunden (vgl. Abb. 132/4, 5, 10, 11). Die einzelnen Reihen sind beim letzten Dach dreimal so breit und ihre Absätze doppelt so stark als beim ersten, deshalb wirkt dieses schwerer als das andere.

Abb. 133

Abb. 134

(Fortsetzung von Seite 103)
Die eine reiht die Schindeln in zwei sich vollständig überbindenden Reihen (4, 5, 10, 11), die andere rückt mit jeder überbundenen Reihe in einem gewissen Abstand zurück, so daß im Schnitt 2 bis 5 Lagen übereinanderliegen. Am First läßt man auf der Wetterseite die Schindeln übergreifen (4) und stößt, wenn man die Sicherheit erhöhen will, auf der gegenüberliegenden Dachfläche ein Firstbrett an (5, 7). In Norwegen (8) und auch in Kroatien (9) (wohin die Ostgoten dieses Gefüge brachten), sichert man diese Stelle mit einem ausgesetzten oder genuteten Firstbaum. Die Art, den First mit zwei Längsbrettern zu verschalen (10, 11), ist nicht ratsam, weil diese sich zu sehr werfen und dadurch den Verband undicht machen.

Abb. 135 bis 138: **Stabkirche in Borgund, Norwegen, aus der Mitte des 12. Jahrhunderts.** 135) Ansicht von Südwesten; 136) Teilansicht von Süden; 137) Ausschnitt aus der Westfassade; 138) westlicher Vorbau. Der Bau ist bis auf den unteren Umgang (sval) durchgehend mit schuppenartig überbundenen, auf einer Bretterunterlage aufgenagelten Schindeln gedeckt und verkleidet worden (vgl. Abb. 132/8). Am First wird die Schindellage durch einen Firstkamm (bust) geschützt, der mit durchbrochenen Ornamenten und Drachenköpfen, von einer Erneuerung aus dem Jahre 1738 stammend, geziert ist. In ähnlicher Weise, aber mit einem leichter gestalteten, einer umgekehrten Rinne gleichenden Holz sind die Grate gedeckt. Bei den Kehlen liegen die Schindeln auf einer leicht ausgehöhlten Bohle auf. In eigenartiger Weise sind die Windbretter von zwei im rechten Winkel anstoßenden Schindelreihen verkleidet, von denen die eine der Giebelflucht, die andere der Dachfläche sich anschmiegt.

Beim Überbinden der Reihen übereinander ist man — um die Dichtigkeit zu erhöhen — so weit gegangen, daß im senkrechten Schnitt bis zu 5 Schindeln übereinanderliegen.
Das Eindecken der Grate kann bei ungenuteten und genuteten Nagelschindeln in der Weise geschehen, daß die Reihen über diese Schrägkanten hinübergezogen werden (Abb. 143, 146, 147, 148, 149, 153). Die den Grat berührenden und die diesen benachbarten Schindeln müssen nach oben zu schmäler werden, und zwar um so mehr, je flacher die Dachneigung ist. Ferner dürfen die Reihen nicht zu breit oder (anders ausgedrückt) die Schindeln nicht zu lang sein. Ist dieses der Fall, dann werden die Grate entweder mit besonderen Schindeln überdeckt, die sich paarweise überbinden (Abb. 150, 151, 152, 154), oder es treten Bretter an ihre Stelle (Abb. 134). Das Eindecken der Kehlen geschieht in verwandter Weise. Auch hier lassen sich, wenn die Schindeln nicht zu lang und die Neigung nicht zu flach ist, die Reihen über diesen Knick hinwegziehen (Abb. 142, 150, 153).
Die Nagelschindelung ermöglicht es, an den Giebeln den Dachsaum schräg zu gestalten (Abb. 155 und 156) oder an der Traufe von einer Geraden in eine geschwungene Linie überzugehen (Abb. 157).

Abb. 136:
Text bei Abb. 135

Abb. 137:
Text bei Abb. 135

Abb. 138
Text bei Abb. 135

Abb. 139

Abb. 140

Abb. 139 bis 141: **Nagelschindeldächer aus Salzburg.** Bei Abb. 139 sind die Schindelreihen in der Breite einer Schindel in die Giebelflucht hinübergezogen worden, wobei jeweils die Schindel der Dachfläche die Kante der Windbrettschindel überdeckt. Bei Abb. 140, wo die ganze Giebelflucht verschindelt wurde, liegen die Dachschindeln auf einem vor die Flucht gerückten Windbrett. Das dritte Beispiel (141) ist dem ersten verwandt, jedoch haben hier Schindeln wie Windbrett am Rande ornamentale Einschnitte erhalten, was spielerisch und gekünstelt aussieht.

Abb. 141

Abb. 142: **Geschindelte Zeltbauten von einem schwedischen Militärlager** (Foto Olsson, Ljungbyhed). Die die Kegelflächen waagerecht umziehenden Schindelreihen steigen an den äußerst flach gehaltenen Kehlen der Dachgaupen in leicht geschwungener Kurve aufwärts. Der First ist, wo die Reihen zusammenstoßen, ebenfalls mit Schindeln gedeckt; diese ordnen sich aber nach dessen Laufrichtung.

Abb. 142

Abb. 144

Abb. 143: **Glockenturm aus Stasjö im östlichen Jämtland.** Erbaut von dem Bauern Pal Person 1778—1779. Bei der achteckigen Haube laufen die Reihen der schuppenförmigen Schindelung ununterbrochen über die Grate hinweg, deshalb mußten die einzelnen Schindeln an Stelle der letzteren durch Nacharbeiten besonders angepaßt werden. (Abb. 142 und 143 nach einer im Handel befindlichen Fotografie.)

Abb. 143

Abb. 144 und 145: Nagelschindeldach, von einem Schuppen aus **Turrach, Steiermark,** mit vorgehängter, aus einem Halbholz herausgestochener und am Kopf verzierter Rinne. An den einzelnen Schindeln ist das durch das Arbeiten des Holzes hervorgerufene Werfen deutlich zu beobachten.

Abb. 145

Abb. 146: **Nagelschindeldach aus Reinersdorf, Kreis Kreuzburg, Schlesien.** Die einzelnen Reihen genuteter Schindeln werden ununterbrochen gleichwie ein Band um die Grate gezogen. Weil die Schindeln an letzterer Stelle in eine Schräge übergehen, müssen sie nach oben schmaler, nach unten breiter werden. Damit der Rhythmus der Schindelbreiten nicht gestört wird, das heißt, damit die Gratschindeln unten nicht zu breit und oben nicht zu schmal werden, rückt der Reihensaum hier über die Waagerechte.

Abb. 147: **Schindeldächer mit genuteten Schindeln aus dem Siebenbürgischen Erzgebirge.** Um an der Traufe die Dachhaut dicht zu halten, liegt hier eine doppelte Reihe von Schindeln. Am Grat hat man Schindeln gewöhnlicher Ausmaße benutzt und sie nur mit dem Ziehmesser an der schmalen Kante nach oben zu zurückgearbeitet. Dadurch wurde am Saum in den Schindelbreiten ein einheitlicher Rhythmus eingehalten. Um nach oben zu an den Graten die einzelnen Schindeln nicht zu schmal werden, zugleich aber auch die Reihen in gleicher Breite umlaufen zu lassen, mußte man mützenschildähnlich ausstehende Zwischenlagen einfügen.

Abb. 148

Abb. 148 bis 150: **Schindeldächer mit genuteten Schindeln aus Siebenbürgen.** 148) Ostgermanische Polygonalscheune aus dem Siebenbürgischen Erzgebirge. 149) Von einem Gehöft aus dem Törzburger Paß, mit Anschluß eines Satteldaches an den Walm. 130) Wohnhaus aus dem Siebenbürgischen Erzgebirge mit Kehlschindelung und Fledermausluke.

Abb. 149

Abb. 150

Abb. 151

Abb. 151 und 152: **Schindeldächer mit Zierschindeln aus dem Széklerland in Siebenbürgen.** Die Grate sind mit Schindelpaaren eingedeckt worden, die in der Laufrichtung der Grate liegen. Am First rücken auf der Wetterseite die Schindeln über die anstoßende Dachfläche hinweg und sind zu Zierformen umgestaltet. Sie sind dem Wesen des dünnwandigen Holzbrettchens angepaßt. Eine eigenartige Belebung hat das Dach des zweiten, mit einer ostgermanischen Vorhalle versehenen Beispiels (Abb. 152) erhalten, indem in ungefähr ein Drittel der Höhe die Lattung verdoppelt und dadurch ein Absatz geschaffen wurde.

Abb. 152

Abb. 153

Abb. 153: Geschindelte Fledermausluke aus dem Törzburger Paß in Siebenbürgen. Das Stirnbrett besteht aus zwei Stücken, die gleich den Schindeln überbunden sind.

Abb. 153a

Abb. 153a: Nagelschindeldach mit Dachgaupen und Fledermausluken aus Dürnstein an der Donau. An den Fledermausluken sind die horizontalen Reihen über die Wölbung hinweggezogen. In der Mitte löst sich eine Reihe, um eine leichte Vermittlung zu erreichen, nach dem Scheitel zu auf.

Abb. 154

Abb. 154: Mit großen Nagelschindeln gedeckter Walm und Krüppelwalm aus Arriach, Kärnten. Wegen der Schwierigkeit, mit Dachbrettern einen wasserdichten Verband herzustellen, wird bei beiden der First über die Spitze des Walmes hinweggezogen.

Abb. 155

Abb. 155 bis 157: **Schräge und geschwungene** Dachsäume von Nagelschindeldächern. 155) Vom Millstätter See, Kärnten. 156) Aus dem Schwarzwald. 157) Aus Ebene Reichenau, Kärnten.

Abb. 157

Abb. 156

Das Bretterdach

Das Bretterdach in heutiger Form ist unter den hölzernen Dachdeckungen das jüngste, weil die Bretter mit der Säge aus dem Baumstamm geschnitten werden. Die ältere Form benutzte Bohlen, von denen je zwei aus einem Stamm gespalten und bebeilt wurden. Wegen ihrer großen Abmessungen wirkt sich hier das Werfen und die Neigung zu Rißbildungen in stärkerem Maße aus als beim Schindeldach, worauf schon beim Herausschneiden der Bretter geachtet werden muß. Die Bretter können entweder überstülpt (Abb. 158 und 159) oder in doppelter Lage (Abb. 160 und 161) aufgenagelt werden, wobei in der Waagerechten auf je ein Brett immer nur ein Nagel kommen darf.

Abb. 158

Abb. 159

Abb. 158 bis 161: Bretterdächer aus dem Széklerland in Siebenbürgen (Abb. 158 bis 160) und aus Ebene Reichenau in Kärnten (Abb. 161). Bei den ersten drei Beispielen sind die Bretter überstülpt; beim vierten besteht das Dach aus einer Doppellage, bei der die einzelnen Bretter dicht aneinanderstoßen. Abb. 158 bildet in seiner mehrfachen Reihung ein Zwischenglied zwischen dem Nagelschindel- und dem Bretterdach. Bei Abb. 159 ist bloß am First eine zweite Reihe aufgenagelt worden, die sich als Fries raushebt. Bei ihm wie beim ersten und dritten Beispiel wachsen die Bretter auf der Wetterseite über die Firstlinie hinweg. Bei Abb. 160 nagelte man am First die überstülpten Bretter fischgrätenartig und schuf dadurch eine eigenartige Belebung. Abb. 161 zeigt bloß eine Reihe doppelt gelegter Bretter und ist am First durch zwei in der Längsrichtung liegender Bretter gesichert.

Abb. 160

Abb. 161

Das Steindach

Eine eigenartige Dachhaut findet sich in den südlichen Kantonen der Schweiz, wo in ähnlicher Art wie bei den Legschindeln Gneisplatten von etwa 6 cm Dicke (Abb. 162), bei sorgfältig bearbeiteten Beispielen von einer Länge bis zu 90 cm und einer Breite von 60 cm verwandt werden (Abb. 163). Diese Platten werden auf eine besonders starke Lattung so verlegt, daß sich zwischen die unmittelbar die Latten berührenden Stücke eine oder zwei Lagen zwischenschieben. Auf diese Weise gestaltet sich die Lage flacher als die Dachneigung, was, verbunden mit dem großen Eigengewicht, das Abrutschen verhindert. Damit an der Traufe die Platten ebenfalls flach liegen, muß hier durch Vorkragen der Balken eine Überleitung in die Waagerechte geschaffen werden (Abb. 163).

In Norwegen finden sich vereinzelt auch Steindächer, deren große Platten, leicht überbunden, gleich dem deutschen Schieferdach aufgebracht werden (Abb. 164).

Abb. 162: **Heustadel mit Steindächern aus Kippel am Lötschberg im Wallis.** An dem in ursprünglichster Art mit Gneisplatten gedeckten Dach hat man, weil die Platten nur eine behelfsmäßige Bearbeitung aufweisen, noch mit Holzschindeln geflickt.

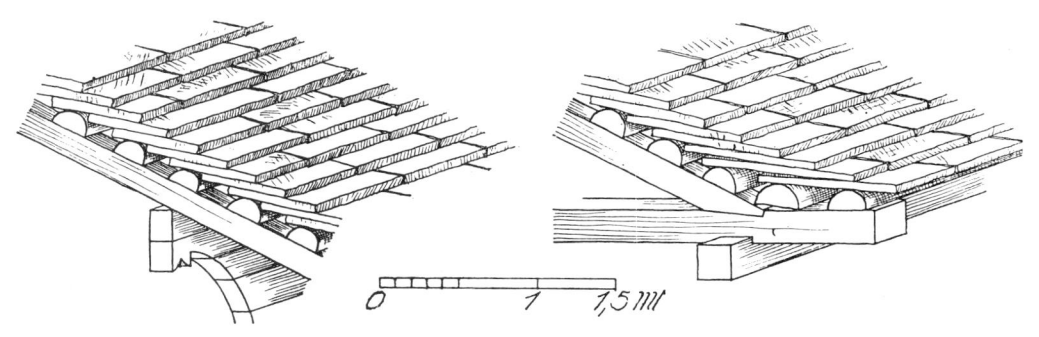

Abb. 163: **Steindächer aus Gneisplatten aus dem Tessin** (links nach Gladbach). Durch das große Eigengewicht und dadurch, daß die einzelnen Platten fast waagerecht liegen, bedarf diese Dachdeckung keiner weiteren Sicherung.

Abb. 164: **Mit Schieferplatten gedeckte Blockhütte aus Hardanger in Norwegen.**

Der Dachstuhl

Das Setzen der Blockwände wirkt sich, wenn die Giebel im Blockbau ausgeführt werden, bis zum Dachgefüge aus. Aus diesem Grunde müssen die Stützpunkte der Dachpfetten im Innern des Daches das Setzen mitmachen, also auf einer Block- oder Kegelwand aufliegen (Abb. 165). Werden innerhalb des Daches Dachstühle mit stehendem oder liegendem Stuhl errichtet, dann müssen umgekehrt die Giebel in einer Form gestaltet werden, die das Setzen ausschließt (Abb. 166). Bei dem ersten Gefüge, einem reinen Blockbau, liegen (mit Rücksicht auf das Setzen) die Sparren gleitbar auf den Pfetten und erhalten an der Firstpfette einen festen Halt (Abb. 165 und 167—171). In Schweden kommt eine Art Gefüge vor, bei welchem die Sparren auf der Blockwand fest aufsitzen und am First aufwärtsgleiten können (Abb. 168/5 und 6). Dies gefährdet aber die Dachhaut und ist nur bei Sodendächern zulässig.

Das Setzen geschieht auf der Sonnenseite in stärkerem Maße als auf der Schattenseite.

Ein im Blockbau ausgeführter Giebel ist an sich nicht standsicher. Er muß durch Querversteifungen einen Halt bekommen. Dies läßt sich am Beispiel Abb. 172 klar erkennen, wo gewissermaßen zwei durch Querhölzer verbundene Blockwände aneinandergerückt sind. Im allgemeinen geben — abgesehen von Zwischen- und Kegelwänden — die Pfetten (Abb. 165) die notwendige Versteifung. Fehlen diese, so muß ein Längsanker (Abb. 173) eingezimmert werden.

Das Gespärre ist mit dem im Blockbau ausgeführten Giebel in verschiedenster Weise in Beziehung gebracht worden (Abb. 174 und 175), aber alle diese alten Gefügearten setzen ein vollkommen lufttrockenes Holz und ein Zurruhekommen der Blockwand voraus. Am besten empfiehlt es sich, die Sparren als Streifsparren an die Außenflucht anschmiegen zu lassen, so daß die Blockwand von den Sparren verdeckt unbehindert sich bewegen kann (Abb. 175/2).

Das germanische Haus besaß ursprünglich keine Zwischendecke, sondern nur ein offenes Dach. Es ist sehr zu bedauern, daß wir diese Raumgestaltung aufgegeben haben. Ihr Wert liegt nicht nur auf künstlerischem, sondern auch auf wirtschaftlichem Gebiet. Es wird gezeigt, wo wir sparen und dabei Lösungen finden können, die an Schönheit und Wohnlichkeit unsere heutigen Schachtelräume übertreffen. Welch reiche Zahl von Beispielen hier gefunden wurde, zeigen die Abb. 176 bis 197.

Zu Abb. 165: **Pfettendächer, deren Pfetten von Block- und Kegelwänden getragen werden, die ein gleichmäßiges Setzen verbürgen.** Um die Spannweite der Pfetten zu verringern, zieht man Sattelhölzer zu Hilfe. Bei 1 ist das Sattelholz mit einer Kegelwand verbunden, wodurch zugleich die Standsicherheit des Giebels gewährleistet wird. Bei 2 sind Kegelwand und Sattelhölzer getrennt. Bei 3 werden die Zwischenpfetten von parallel zur Längsflucht liegenden Scheidewänden getragen. Bei 4 ruht das Sattelholz der Firstpfette auf einer die ganze Höhe durchlaufenden Kegelwand, das Sattelholz der Zwischenpfetten aber nur auf Kegelwänden, die innerhalb der Giebelzone liegen. Bei 5 ist durch eine parallel zur Giebelflucht laufende Scheidewand eine Zwischenstütze geschaffen, die an den Nebenpfetten die Kegelwände entbehren läßt. Bei 6 wurden diese Zwischenwände durch Kegelwände ersetzt. Bei 7 (von einem Bauernhaus aus Eggstetten in Oberbayern) hat man als Stütze für die Firstpfette einen sogenannten „Hund" eingezimmert.

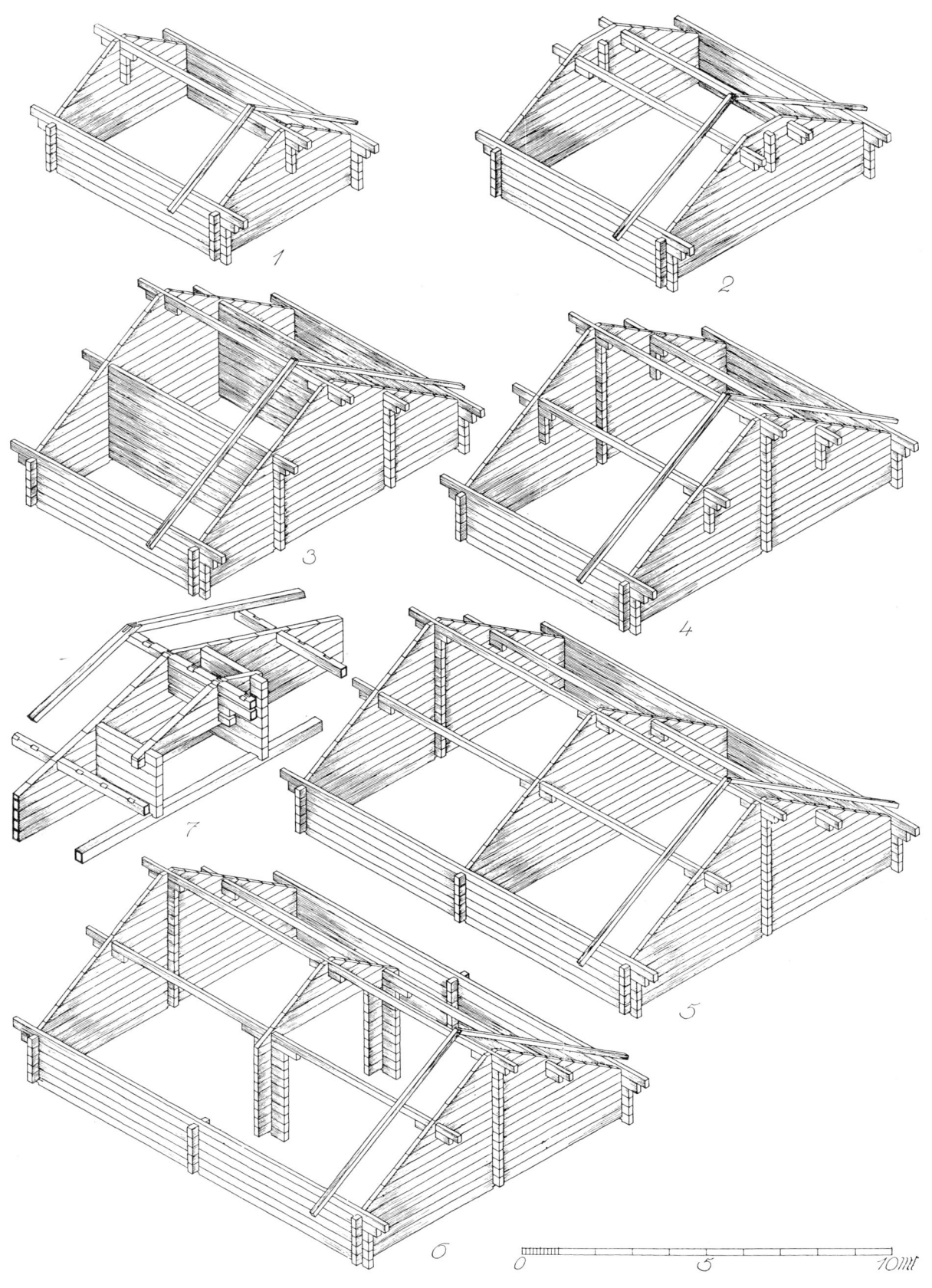

Abb. 165 (Text siehe Seite 117)

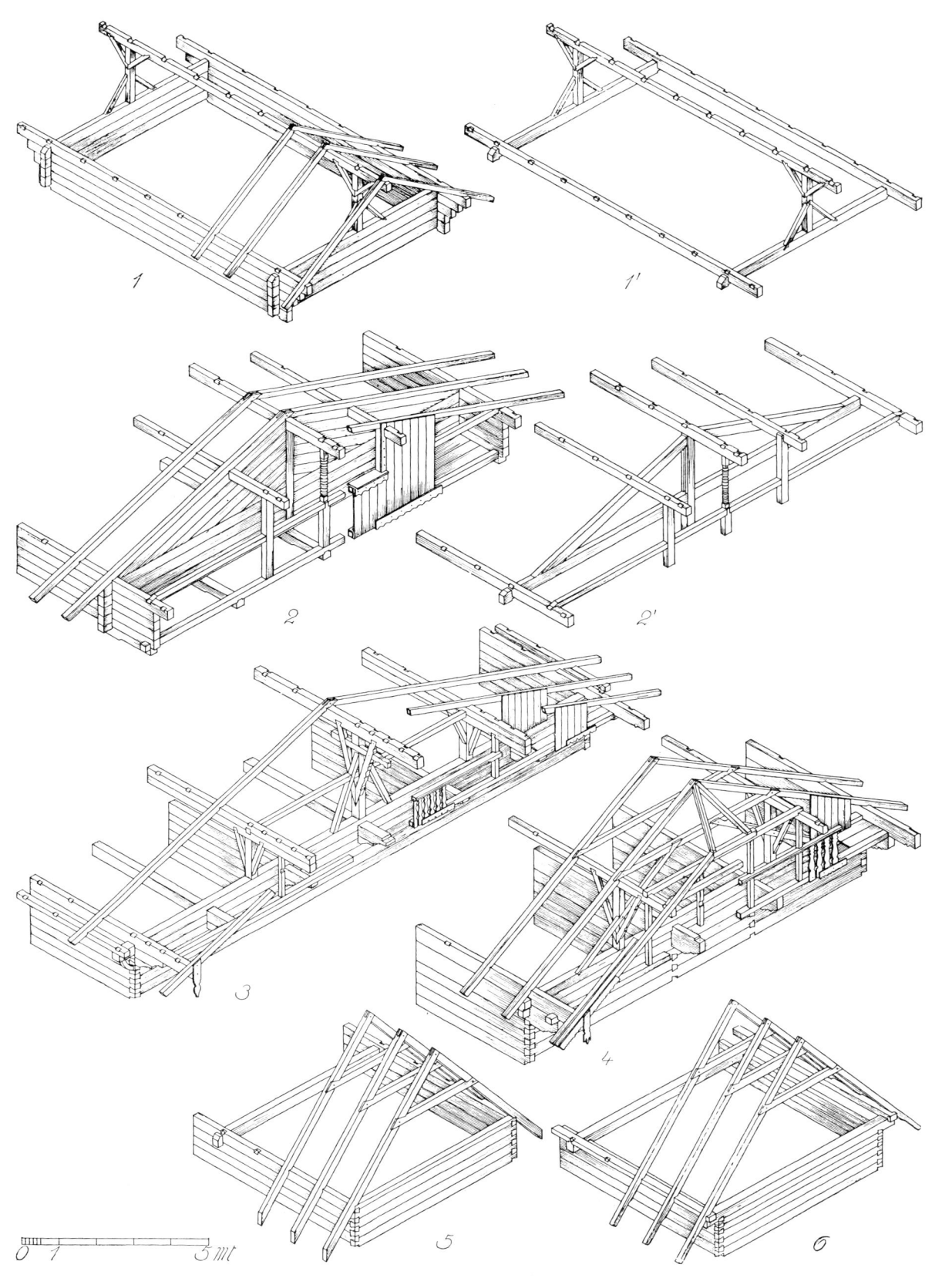

Abb. 166 (Text siehe Seite 120)

119

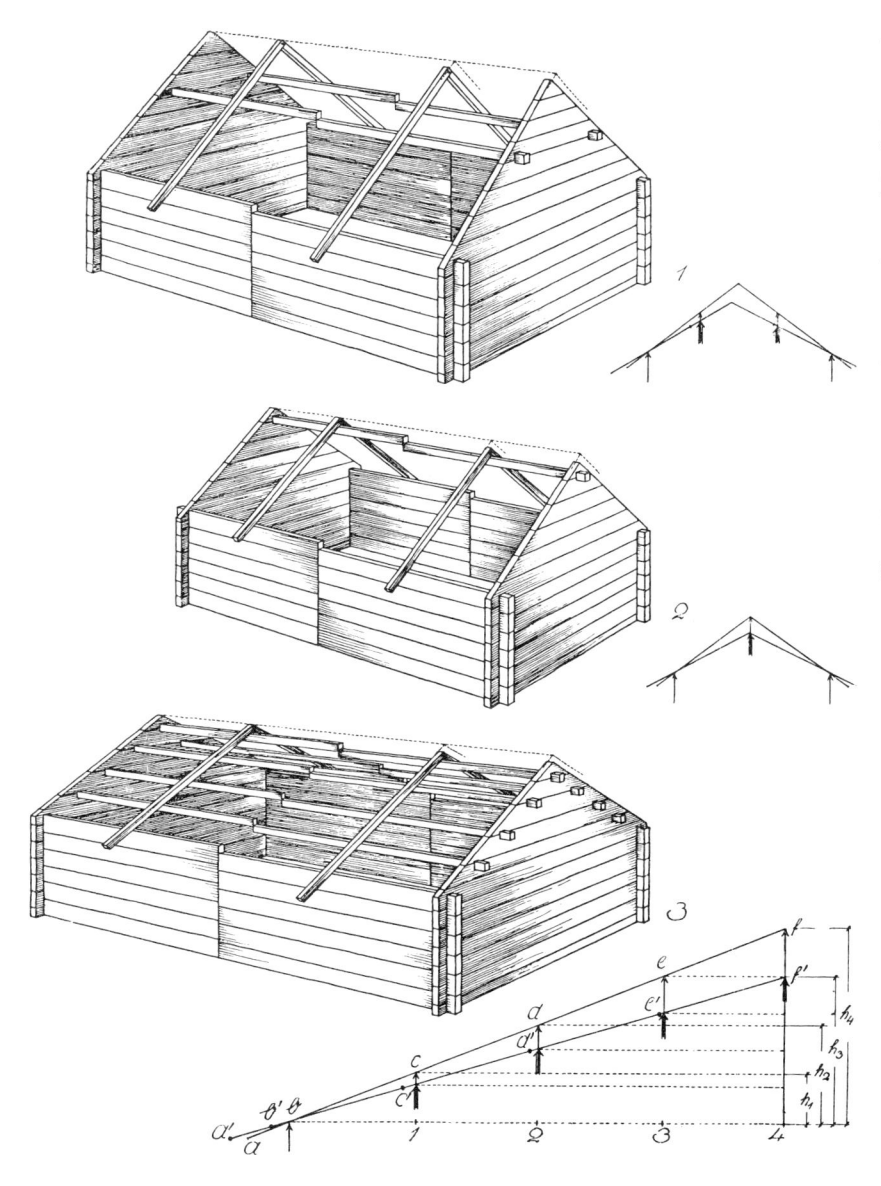

Abb. 167: **Einfluß des Schwindens der Blockwand auf die Sparren des Pfettendaches.** Liegen die Pfetten auf einer Blockwand auf, so verändern auch sie bei der durch Schwinden bewirkten Verringerung der Wandhöhe ihre Höhenlage. Auf ein Dreieck bezogen, bedeutet dieses die Verminderung der Höhe und dadurch die Verkürzung der Schenkel des Dreiecks. Im gegebenen Falle werden die Schenkel von den Sparren gebildet. Damit die Veränderung der Stützpunkte sich nicht nachteilig auswirkt, müssen die Sparren gleitend aufliegen und dürfen nur an der Firstpfette aufgehängt werden (2 und 3). Läßt man die Firstpfette weg und zugleich die Sparren unverkämmt aufliegen, so ist die Standsicherheit gefährdet (1), denn die Sparren haben keinen sicheren Halt mehr. Bei den aufskizzierten Diagrammen ist zur besseren Veranschaulichung ein Schwindmaß von einem Viertel der Höhe angenommen worden.

Zu Abb. 166: **Dachstühle, bei denen das Schwinden des Holzes keine wesentlichen Formveränderungen hervorruft.** Beim Verringern der Wandhöhe rücken die Dachgefüge unverändert mit (1). Dieses trifft selbst bei 2 (aus der Oberpfalz) zu, wo der Giebel aus schräggestellten Blockbalken gebildet wird, denn sobald man den die Zwischenpfetten aufnehmenden Blockbalken an ihrem Fuß das Ausweichen verwehrt, wirken sie wie Streben und bilden mit der Firstsäule einen festgefügten Stuhl. Am dritten und vierten Beispiel (beide aus Salzburg) kommt die Rücksichtnahme auf das Schwinden auch an dem vorkragenden Dachgefüge zum Ausdruck. Während die Fußpfetten und ihre Stützen mit der Blockwand eine Einheit bilden, treten an den Zwischenpfetten Verstrebungen auf. Wegen der Unverrückbarkeit können die Sparren bei diesen Dachstühlen mit der Pfette verkämmt werden. Die Beispiele 5 aus Oberösterreich und 6 aus dem Siebenbürgischen Erzgebirge zeichnet gleich den vorigen eine Unverrückbarkeit aus. Der hier gekennzeichnete Unterschied zwischen der veränderlichen Blockwand und dem unveränderlichen Dachstuhl verbietet es beim letzteren, die Giebelwand im Blockbau aufzurichten. Die Giebelwände müssen in den gegebenen Fällen entweder verschalt (3, 4) oder in Fachwerk ausgeführt werden.

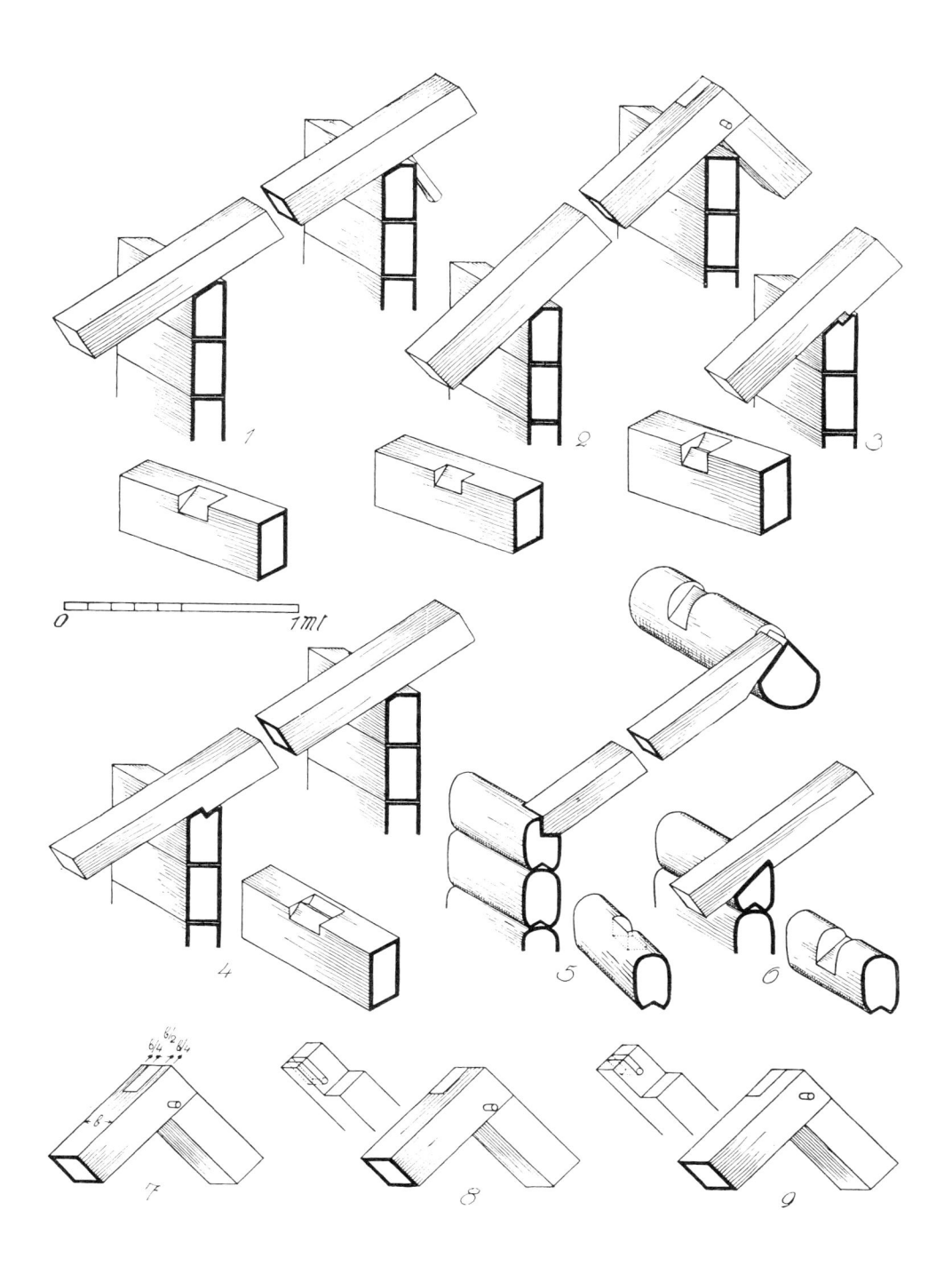

Abb. 168: **Gefüge der gleitenden Sparren.** Beim Pultdach wird der Sparren mit Hilfe eines Holznagels am First aufgehängt (1) und in die stützenden Längshölzer eingelassen, damit er während des Abwärtsgleitens nicht seitlich ausweichen kann. Man kann auch den umgekehrten Weg gehen (4) und den Sparren mit einer Klaue verkämmen und am Fuß fest aufsitzen lassen, so daß er während des Setzens nach dem First zu aufwärts gleiten kann. Beim Satteldach (2, 5 und 6) befolgt man ähnliche Wege. Entweder gibt man den Sparren durch gegenseitiges Verblatten oder Verkämmen am First oder aber durch eine Klaue oder Kamm am Fuße einen festen Halt. Im letzteren Falle bedarf man einer besonders kräftigen Firstpfette. Man kann auch die abwärts gleitenden Sparren am Fuße (3) festhalten, aber erst nachdem die Blockwände zur Ruhe gekommen sind, was durch Aussparen von Setzluft geschieht. Da beim Verschlitzen oder Verblatten (7 bis 9) neben der an den Stützpunkten wirkenden Reibung die Nagelung mit den Zug aufzunehmen hat, muß darauf geachtet werden, daß die dem Nagel entgegenwirkende Scherfestigkeit stark genug bleibt, d. h., daß die Entfernung vom Nagelloch bis zum Hirnholz möglichst groß ist.

Abb. 169

Abb. 169: **Wohnhaus mit Pultdach aus Münster, Wallis, Schweiz.** Die Sparren sind am First mit Holznägeln (hakenförmig) aufgehängt. Beide Stockwerke tragen ein sogenanntes „Wölbi", eine Decke, bei der die Bretter gleich einem inneren Dach, eingenutet in die Längswände, parallel zum Giebel liegend und nach oben ansteigend, in einen Dielenträger eingreifen. Darüber liegt dann ein zweiter, waagerechter Dielenboden. Die gleich Firstbalken wirkenden Dielenträger treten am Äußeren in Erscheinung.

Abb. 170/1

Abb. 170/2

Abb. 170/1: **Mit Pultdächern versehene Kleinbauten aus Kärnten.** Bei 1 liegen die Legschindeln auf Wand und Pfetten auf. Die die Pfetten tragenden Seitenwände machen die ansteigende Bewegung mit. Bei 2 treten an Stelle der seitlichen Blockwände auf Gelände und Stützen aufliegende Sparren und an Stelle der Pfetten kräftige Dachlatten. Beide Beispiele stellen in behelfsmäßiger Form die zwei Wege dar, die beim Gestalten eines flachen Daches beim Blockbau beschritten werden können.

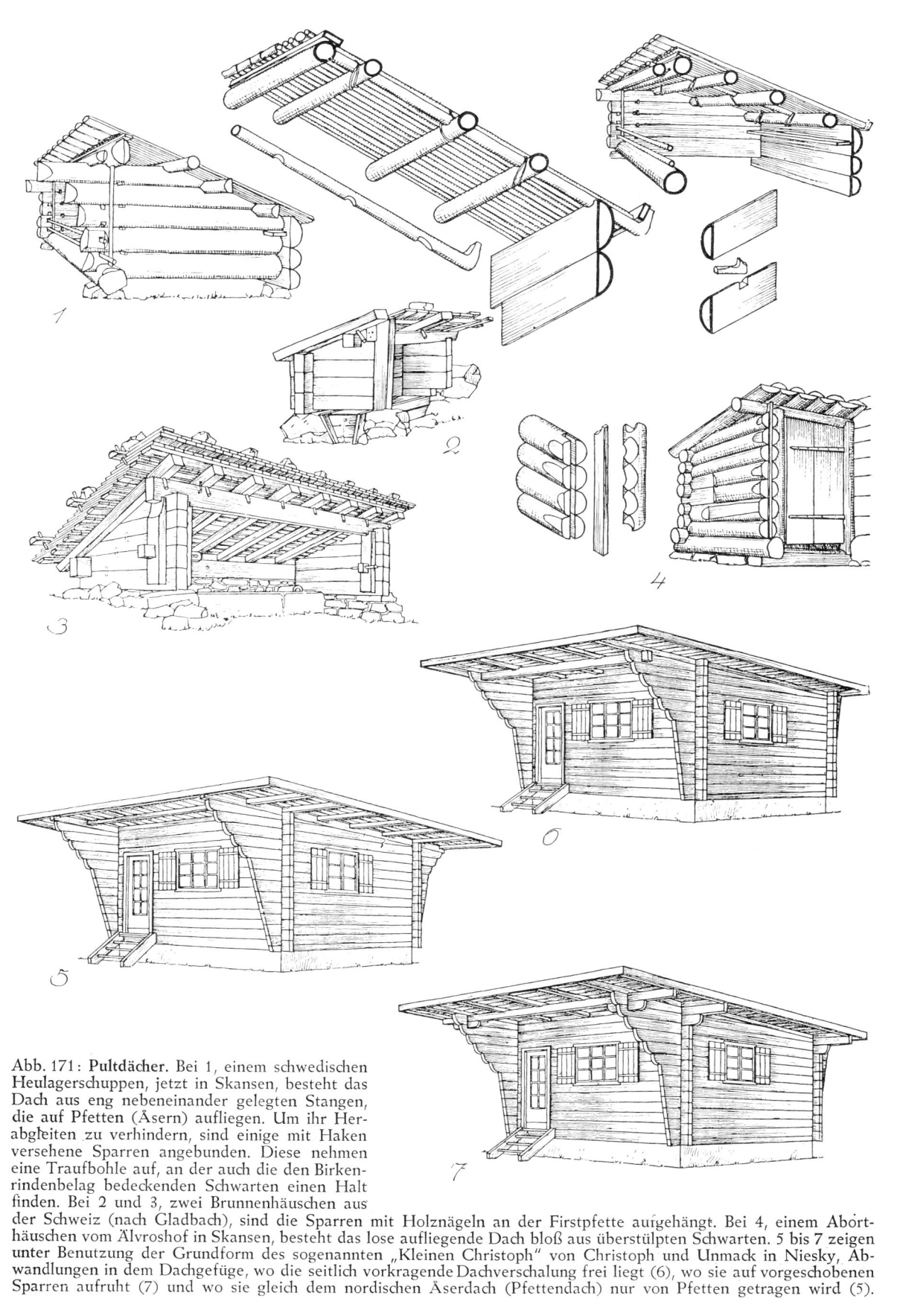

Abb. 171: **Pultdächer.** Bei 1, einem schwedischen Heulagerschuppen, jetzt in Skansen, besteht das Dach aus eng nebeneinander gelegten Stangen, die auf Pfetten (Åsern) aufliegen. Um ihr Herabgleiten zu verhindern, sind einige mit Haken versehene Sparren angebunden. Diese nehmen eine Traufbohle auf, an der auch die den Birkenrindenbelag bedeckenden Schwarten einen Halt finden. Bei 2 und 3, zwei Brunnenhäuschen aus der Schweiz (nach Gladbach), sind die Sparren mit Holznägeln an der Firstpfette aufgehängt. Bei 4, einem Aborthäuschen vom Älvroshof in Skansen, besteht das lose aufliegende Dach bloß aus überstülpten Schwarten. 5 bis 7 zeigen unter Benutzung der Grundform des sogenannten „Kleinen Christoph" von Christoph und Unmack in Niesky, Abwandlungen in dem Dachgefüge, wo die seitlich vorkragende Dachverschalung frei liegt (6), wo sie auf vorgeschobenen Sparren aufruht (7) und wo sie gleich dem nordischen Åserdach (Pfettendach) nur von Pfetten getragen wird (5).

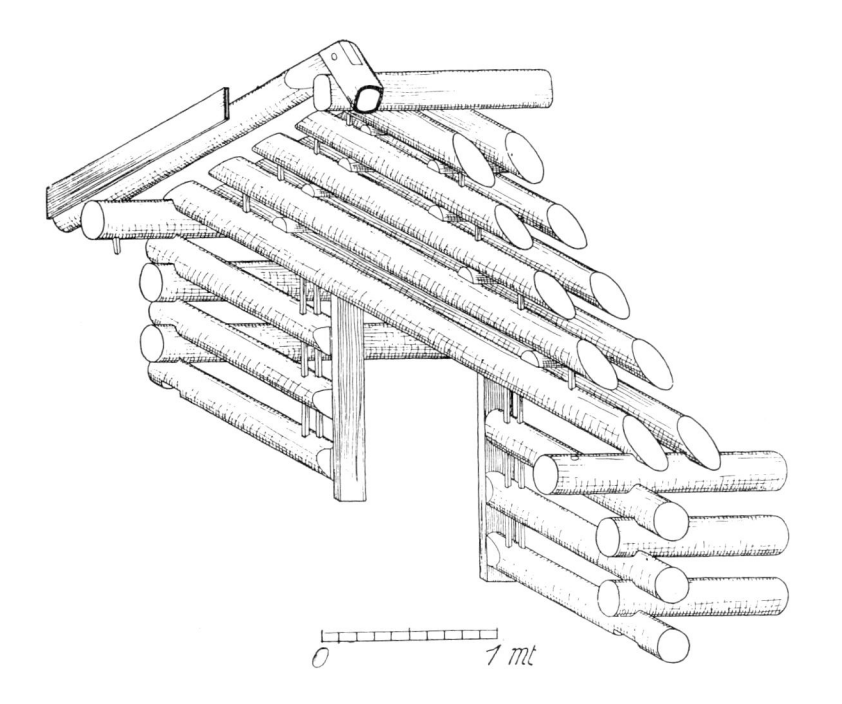

Abb. 172: **Aus doppelter Blockwand gestalteter Giebel von einem Heustadel in Zell am See, Salzburg.** Weil für die Blockbalken des Giebels die Dübel nicht die genügende Standsicherheit gewährten, richtete man hier zwei Blockwände auf und verband sie mit Wechselhölzern. Das ganze gleicht einer Verankerung oder Versteifung zweier gegenüberliegender oder nahe aneinandergerückter Wände.

Abb. 173: **Norwegischer Speicher (bur) aus Snartland und Herdstube (arestue) aus Grove vom Jahre 1704** (umgezeichnet nach J. Meyer, Fortids Kunst i Norges Bygder). Beim oberen Beispiel ist die Standsicherheit der beiden Giebelwände durch eine aus einer Bohle bestehenden Längsverankerung erreicht worden. Beim unteren dienen zwei Pfetten demselben Zwecke, außerdem war hier wegen des Dachdruckes ein Queranker notwendig.

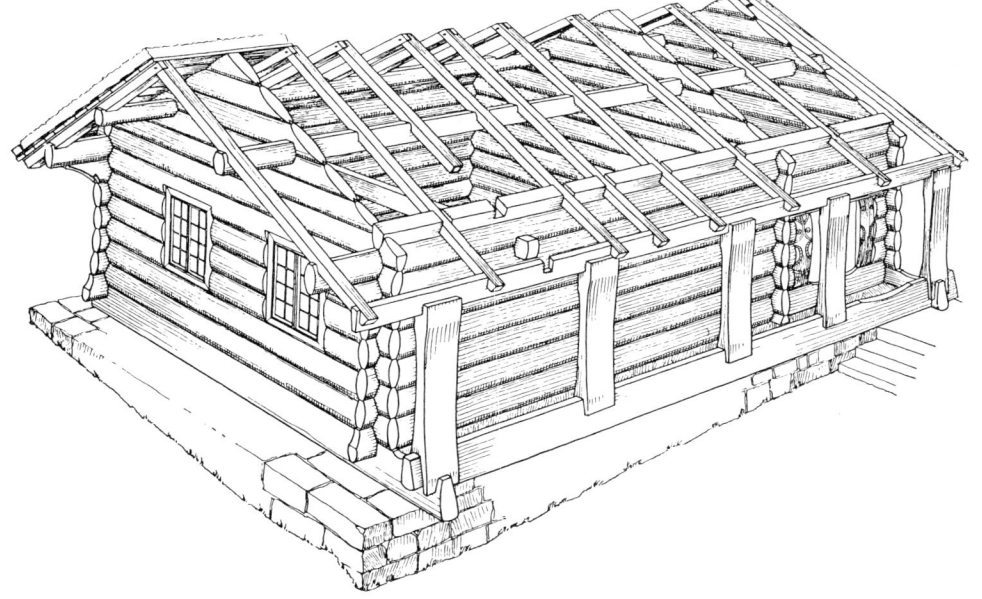

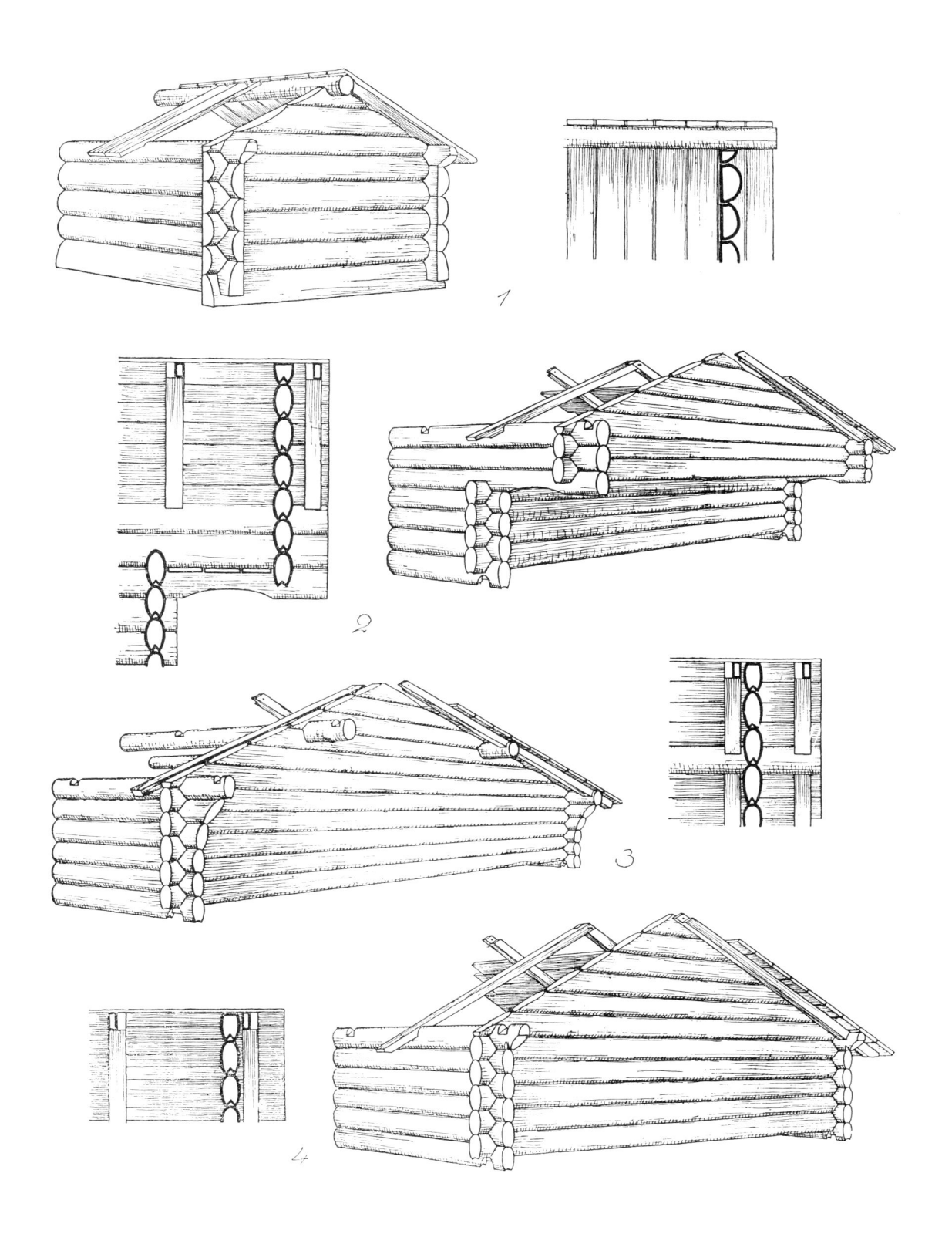

Abb. 174: **Die Verbindung zwischen Giebel und Dach.** Bei 1, aus Setesdalen, wird das Bohlendach über den Giebel hinweggezogen. Bei 2, aus Vest-Agder, rückt ein Sparrenpaar vor die Flucht und die Verschalung berührt den Giebelsaum. Bei 3, aus Morgedal, rückt zur Dichtung der Fuge ein Gespärre an die Innenflucht des Giebels heran. Bei 4 das gleiche an der Außenflucht. (1) nach Setesdalen, 1919; 2) nach Vest-Agder II, 1927; 3) nach Johann Meyer, Fortids Kunst 1, 1920; 4) nach Vest-Agder II.)

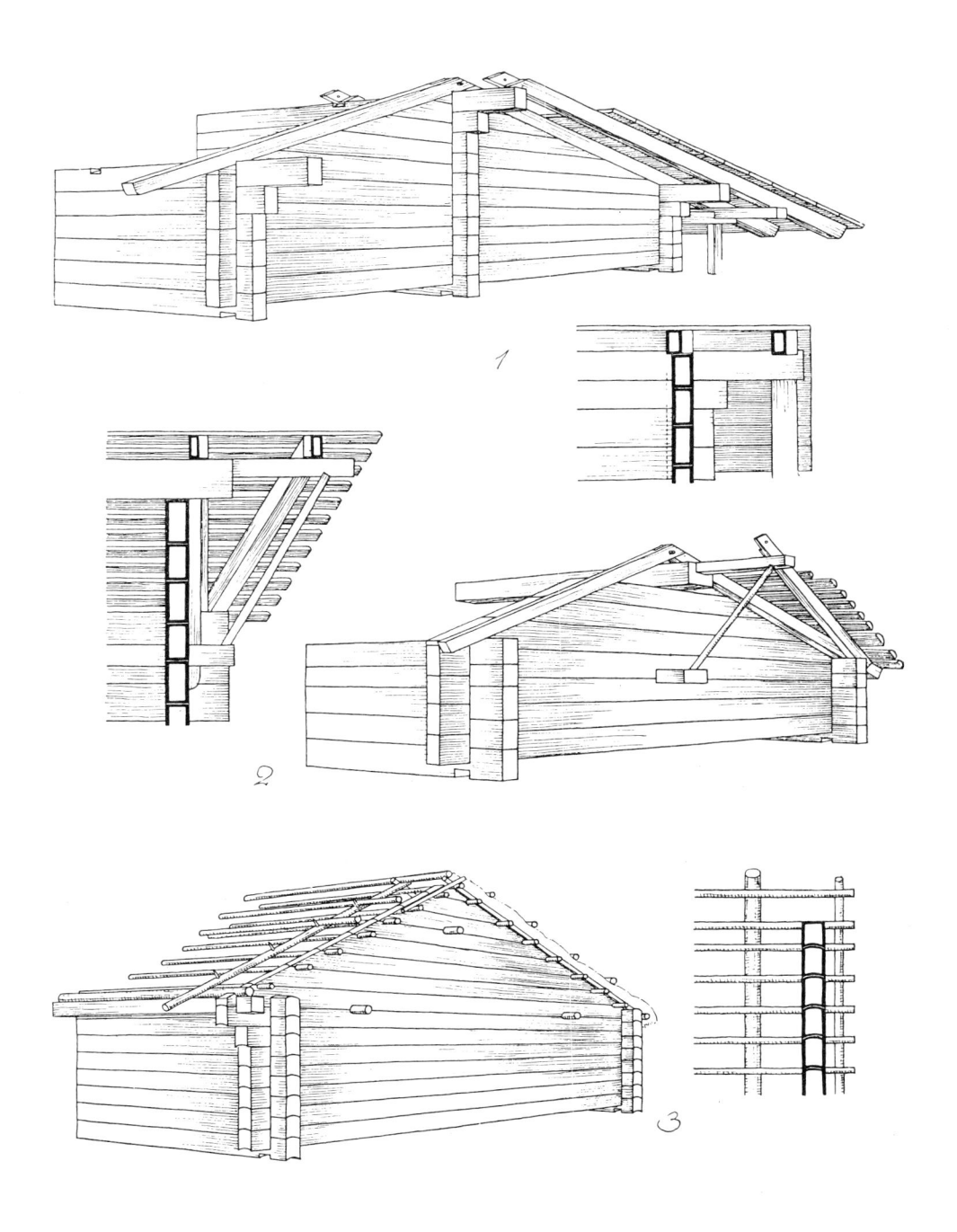

Abb. 175: **Verbindung zwischen Giebel und Dach.** Bei 1, aus dem Wallis, liegt ein Sparrenpaar bündig mit der Blockwand, was ein vorheriges Austrocknen und Setzen derselben zur Voraussetzung hat. Bei 2, aus Kippel, Wallis, berührt ein Gespärre die Außenflucht. Außerdem hat man hier das mit Steinplatten gedeckte, vorkragende Dach behelfsmäßig mit einem schräg nach außen geneigten Gespärre tragen lassen. Bei 3, aus Uppland, berührt das Streudach den Giebelsaum. 1) Nach: Das Bauernhaus in der Schweiz; 2) nach eigener Aufnahme; 3) nach Nordiska Museet, Fataburen, 1912.

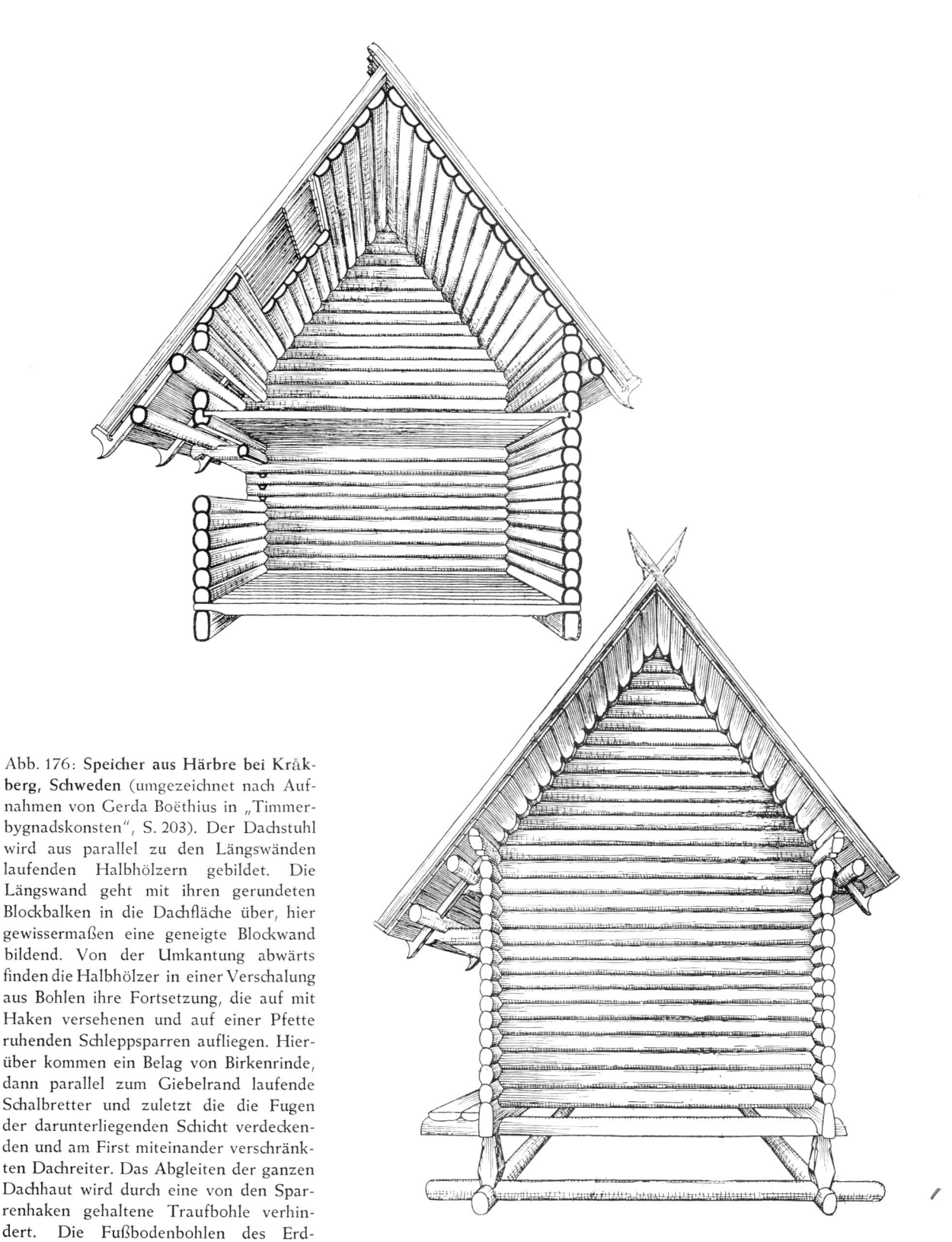

Abb. 176: **Speicher aus Härbre bei Kråkberg, Schweden** (umgezeichnet nach Aufnahmen von Gerda Boëthius in „Timmerbygnadskonsten", S. 203). Der Dachstuhl wird aus parallel zu den Längswänden laufenden Halbhölzern gebildet. Die Längswand geht mit ihren gerundeten Blockbalken in die Dachfläche über, hier gewissermaßen eine geneigte Blockwand bildend. Von der Umkantung abwärts finden die Halbhölzer in einer Verschalung aus Bohlen ihre Fortsetzung, die auf mit Haken versehenen und auf einer Pfette ruhenden Schleppsparren aufliegen. Hierüber kommen ein Belag von Birkenrinde, dann parallel zum Giebelrand laufende Schalbretter und zuletzt die die Fugen der darunterliegenden Schicht verdeckenden und am First miteinander verschränkten Dachreiter. Das Abgleiten der ganzen Dachhaut wird durch eine von den Sparrenhaken gehaltene Traufbohle verhindert. Die Fußbodenbohlen des Erdgeschosses greifen bis zur Außenflucht durch und schieben sich in die Zone des Wandquerschnittes ein. Dadurch, daß im Dachgeschoß die in der Ansicht gleichgeformten Blockbalken in allen Fluchten waagerecht liegen, ist zwar ein Bild von geschlossenster Einheit erzielt worden, da aber die Decke gleich aussieht wie die Wand, wird eine drückende, beengende Wirkung hervorgerufen. Die Dachschrägen erwecken den Eindruck, als seien sie umgekippte Blockwände.

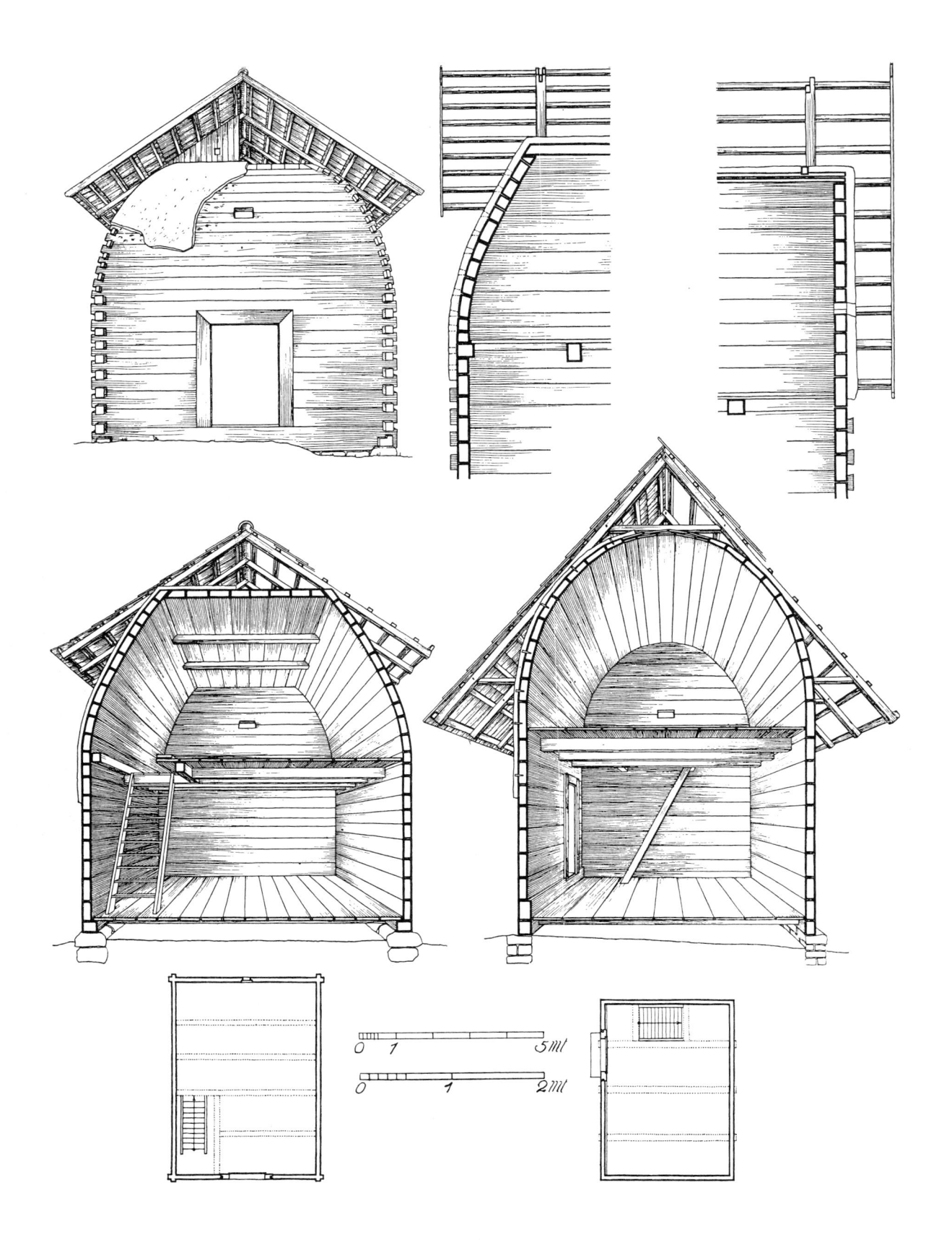

Abb. 177 (Text siehe Seite 129)

Abb. 178: **Fruchtspeicher aus Altreu, Kanton Solothurn.** (Umgezeichnet nach E. Gladbach, „Charakteristische Holzbauten der Schweiz", S. 10.) Auf der Firstpfette und auf zwei von den Vorstößen der Giebelwände getragenen Fußpfetten finden die Sparren ihr Auflager. Das Strohdach ist von innen verschalt. Unterhalb dieses Schutzes hat man eine besondere, von Giebel zu Giebel laufende und die Schräge unter geringer Abweichung mitmachende, gespundete Bohlendecke eingezogen, die sich von den Blockbalken der Wände durch ihre breiteren Ausmaße wirkungsvoll abhebt. Hierdurch ist die Gefahr, ihr das gleiche Aussehen wie der Blockwand zu geben, vermieden.

Zu Abb. 177: **Oberschlesische Kornspeicher, sogenannte Laimes, aus Mittenbrück (links) und Leschane (rechts), beide im Kreis Cosel gelegen.** (Umgezeichnet nach Aufnahmen der Höheren Technischen Lehranstalt in Beuthen, Oberschlesien.) Der eigenartige Aufbau beider Beispiele gliedert sich in je ein in sich geschlossenes Raumgefüge und ein, gleich einem breitrandigen Hut, aufgesetzten Dach. Das links stehende war ursprünglich mit einem Stroh-Walmdach überdeckt. Die Außenfluchten sind durchgehend mit einer 6 cm starken, aus Lehm und Häcksel gemischten Schicht überzogen, die bei dem einen an einer künstlichen Aufrauhung, bei dem anderen an Holznägeln ihren Halt findet. Wegen dem Schwinden des Holzes sind beim letzteren am Scheitel anstatt Blockbalken eine zweifache Lage von Bohlen eingebunden, die gegenseitig ihre Fugen überdecken. Dadurch, daß im Obergeschoß des links stehenden Beispieles zwei Unterzüge eingreifen, bekommt die Decke einen besonderen Ausdruck. Die Unterzüge betonen das Tragen und deshalb wird die Gefahr eines einengend wirkenden Aussehens gebannt. Das rechts stehende zeigt ein Gewölbe. Hier leidet aber die Raumwirkung durch den zu tief liegenden Kämpfer, der immer über Kopfhöhe sein sollte. Man hat das Empfinden, als befände man sich innerhalb eines Riesenfasses.

Abb. 179: **Eldhus aus Fåsås.** (Umgezeichnet nach Aufnahmen in Gerda Boëthius, „Timmerbygnadskonsten", S. 104.) In ursprünglichster Weise liegen die aus Halbhölzern gebildeten Sparren eng aneinandergereiht auf einer Firstpfette sowie auf den Längswänden auf. Auf diese an sich schon eine geschlossene Dachhaut bildende Sparrenlage kommt ein Birkenrindenbelag, der durch dicht aufeinanderfolgende Dachreiter geschützt wird. Da die die Decke bildenden Sparren eine andere Richtung einnehmen als die Blockbalken und man ihren durch die Firstpfette gegebenen Halt fühlbar wahrnehmen kann, ist ihre Besonderheit für das Auge gewährleistet. Das ganze ergibt eine angenehme Wirkung.

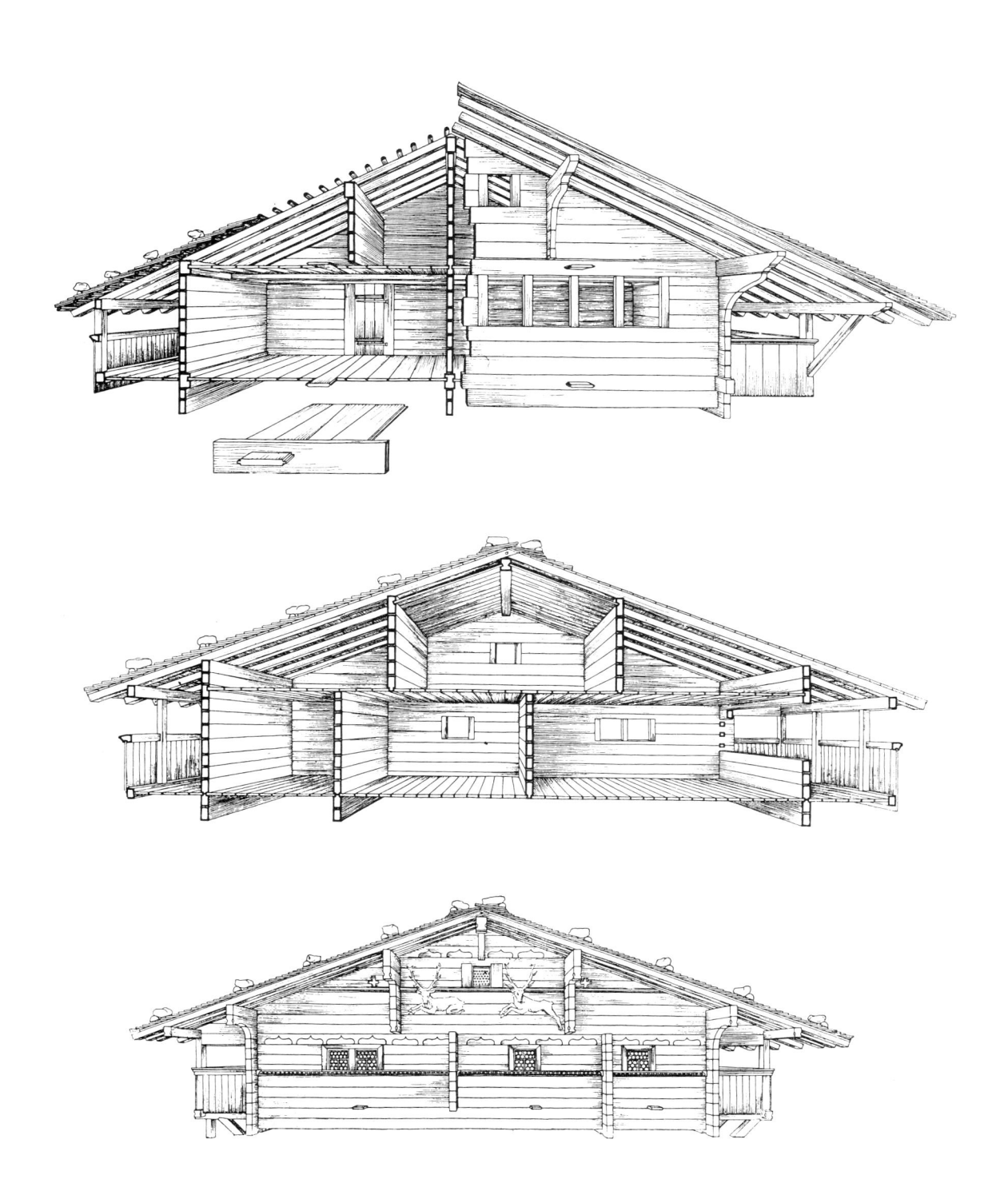

Abb. 180: **Schweizer Bauernhäuser aus Matten in Interlaken (oben) und Ernen, Wallis (Mitte und unten).** (Umgezeichnet nach Aufnahmen in „Das Bauernhaus der Schweiz", Bern Nr. 5 und Wallis Nr. 2.) Der mit einem Legschindeldach überdeckte Dachraum ist bei beiden Beispielen bis zu seinem First ausgenutzt worden. Bei dem oberen merkt man noch keinen besonderen Bedacht auf die Ausbildung dieses zu höchst liegenden Raumes, sie ergibt sich von selbst aus der Anordnung des inneren Gefüges. Beim zweiten hingegen ist mit Rücksicht auf eine wohlgefällige Raumwirkung die Mittelwand weggelassen und ihre auf das Dach bezogene Aufgabe einer Firstpfette übertragen worden. Außerdem schob man über diesem Raum, obwohl die Legschindeln auf einer Verschalung liegen, noch eine besondere, der Dachneigung sich anpassende Bohlendecke ein. Neben der Sicherung gegen Kälte und Hitze, die diese Decke gewährt, entstand zugleich ein Raumbild wohlgefälligsten Aussehens.

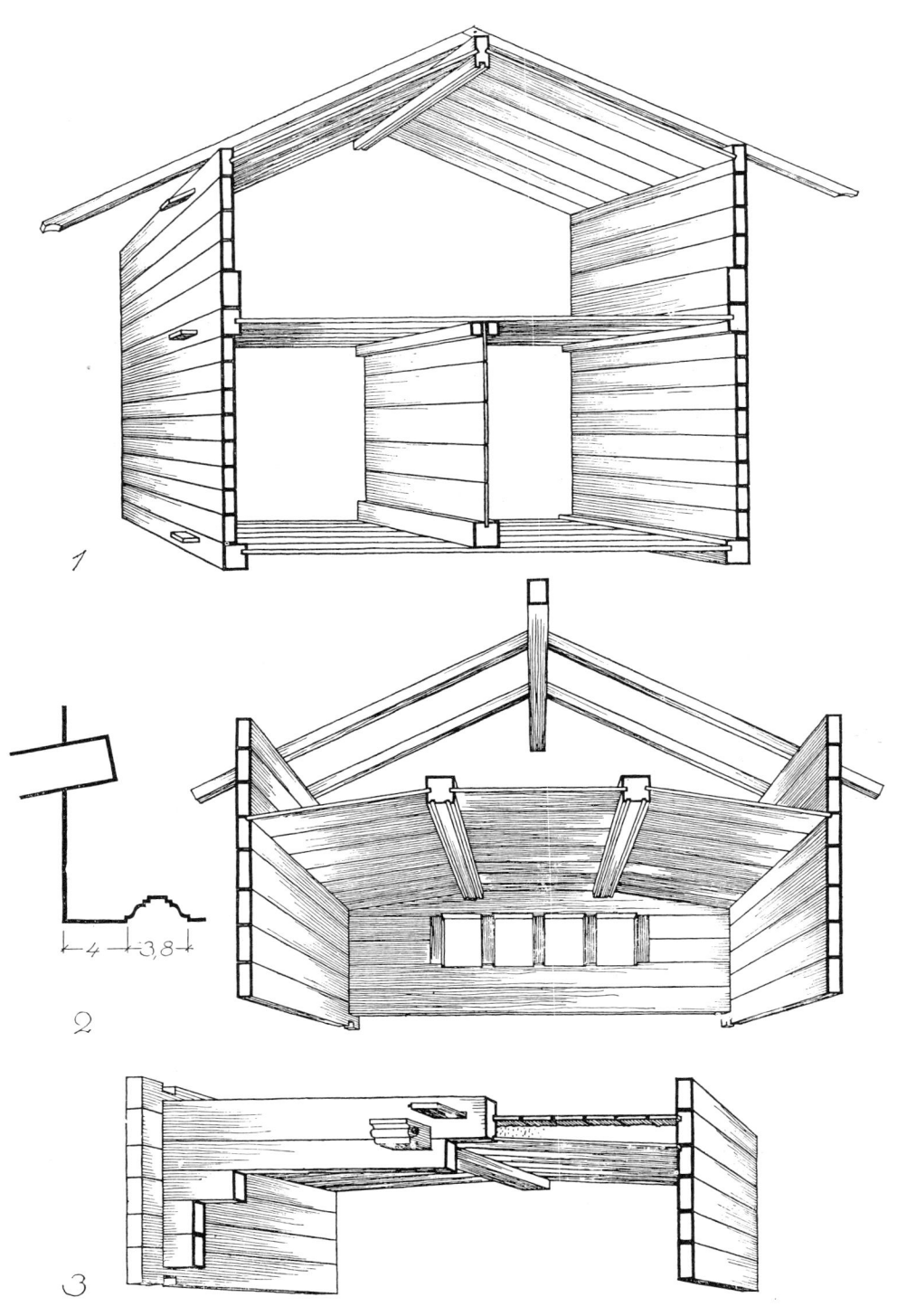

Abb. 181: **Ausschnitte von einem Kässpeicher aus Böningen, Kanton Bern (oben), einem Wohnhaus in Stalden, Wallis (Mitte) und einem Wohnhaus aus Kippel, Wallis (unten).** (Das erste und dritte Beispiel umgezeichnet nach E. Gladbach „Der Schweizer Holzstil", I. Tafel 28 und II. S. 21, das zweite nach einer Aufnahme des Verfassers. Das obere Beispiel hat unter einem vierfachen, auf einer Verschalung aufruhenden Legschindeldach noch eine die Dachneigung mitmachende, eingeschobene Bohlendecke erhalten. In der Mitte der die Richtung der Sparren einhaltenden Bohlen liegt in gleicher Weise wie bei den waagerechten Bohlendecken eine konisch geformte Keildiele. Sie dient dazu, um innerhalb der Fugen die Spannung aufrechtzuerhalten. Die Gewöhnung an den ursprünglich offenen Dachraum des germanischen Hauses hat die ins Wallis eingewanderten ostgermanischen Stämme dazu angehalten, die Zwischendecken nicht waagerecht, sondern nach der Mitte zu gehoben, mit einer leichten Ausweitung nach oben, in der dortigen Volkssprache „Wölbi" genannt, zu gestalten (Mitte und unten). Soll das darüberliegende Geschoß Wohn- und Nutzräume bergen, so wird hierfür dann eine besondere waagerechte Bohlendecke eingeschoben (unten). Trotz den geringen Ausmaßen, die mit diesen sich leicht aufwärts ausweitenden Decken verbunden sind, ist ihre Wirkung stark genug, um der Decke das Wesen des Lastenden zu nehmen. Man empfindet das von ihr hervorgerufene eigenartige Raumbild selbst bei geringen Höhen nicht als drückend.

Abb. 182: Stube von einem Wohnhaus aus Stalden mit dachartiger Decke,
dem sogenannten Wölbi.

Zu Abb. 183: **Waldarbeiterhütte aus Hälsingland, Norrland** (oben), **Badestuben aus Backa Väddö** (Mitte) **und aus Tallet, Aspnäs, Östervåla** (unten), **im Uppland gelegen.** (Umgezeichnet nach S. Erixon, Skansens kulturgeschichtliche Abteilung, Fig. 92; Fataburen, Kulturhistorisk Tidskrift 1910, S. 118, Fig. 4 und 1925, S. 80, Fig. 13.) Beim obersten, 4,90 m breiten, mit Schindeln gedeckten Raum liegen die unteren Enden der Sparren auf einer nach außen gerückten Fußpfette auf. Dadurch ist für eine aus Bohlen gebildete Zwischendecke, deren Halt noch durch je eine Zwischenpfette gesichert wird, ein breites Auflager geschaffen. Eine Erdaufschüttung gibt diesem so selbstverständlich wirkenden Gefüge eine wohlfeile, sichere Isolierung gegen Kälte und Hitze. (In der Skizze ist eine in der Mitte des Daches angebrachte Rauchöffnung weggelassen worden.) Beim mittleren, im Innern 3,70 m breiten Beispiel ruht die Zwischendecke außer auf einer Firstpfette noch auf ins Innere verlegten Streifbalken auf. Die Isolierung geschieht ähnlich wie beim vorigen. Unten kehren im einzelnen Gedanken der beiden vorangegangenen Beispiele wieder. So rücken, wie beim obersten, die Fußpfetten nach außen und ist, wie beim zweiten, in der Mitte der Decke ein Längsbalken angeordnet. Eine Steigerung in der Gefügeart wurde bei diesem 5,10 m breiten Raum dadurch erreicht, daß man die das Strohdach tragenden Zwischenpfetten mit zum Halten der Zwischendecke heranzog und die Bohlen in sie sowie in den Mittelbalken einspundete. Alle drei zeichnet eine weitgehende Ausnutzung des durch Wände und Dach gegebenen Raumes aus. Wollte man sich von hier aus für neuzeitliche Aufgaben Anregung holen, so müßte man, wenn die Raumtiefe es verlangte, noch eine Zwischenstütze für Pfetten und Längsbalken mit zu Hilfe ziehen.

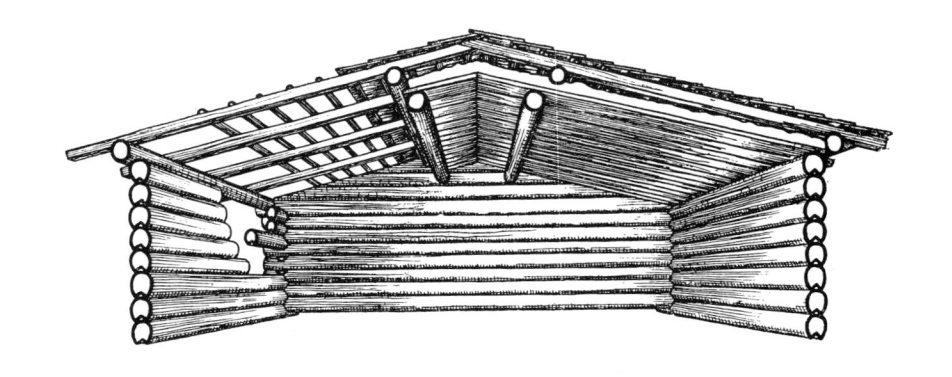

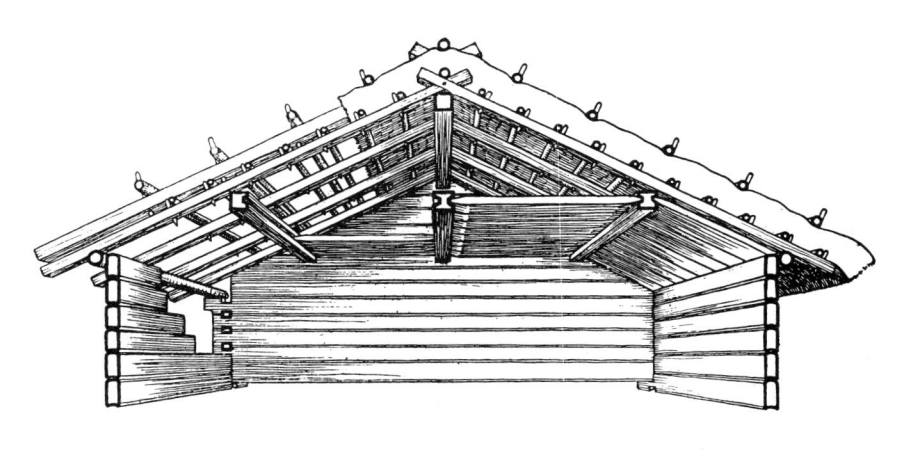

Abb. 183 (Text siehe Seite 133)

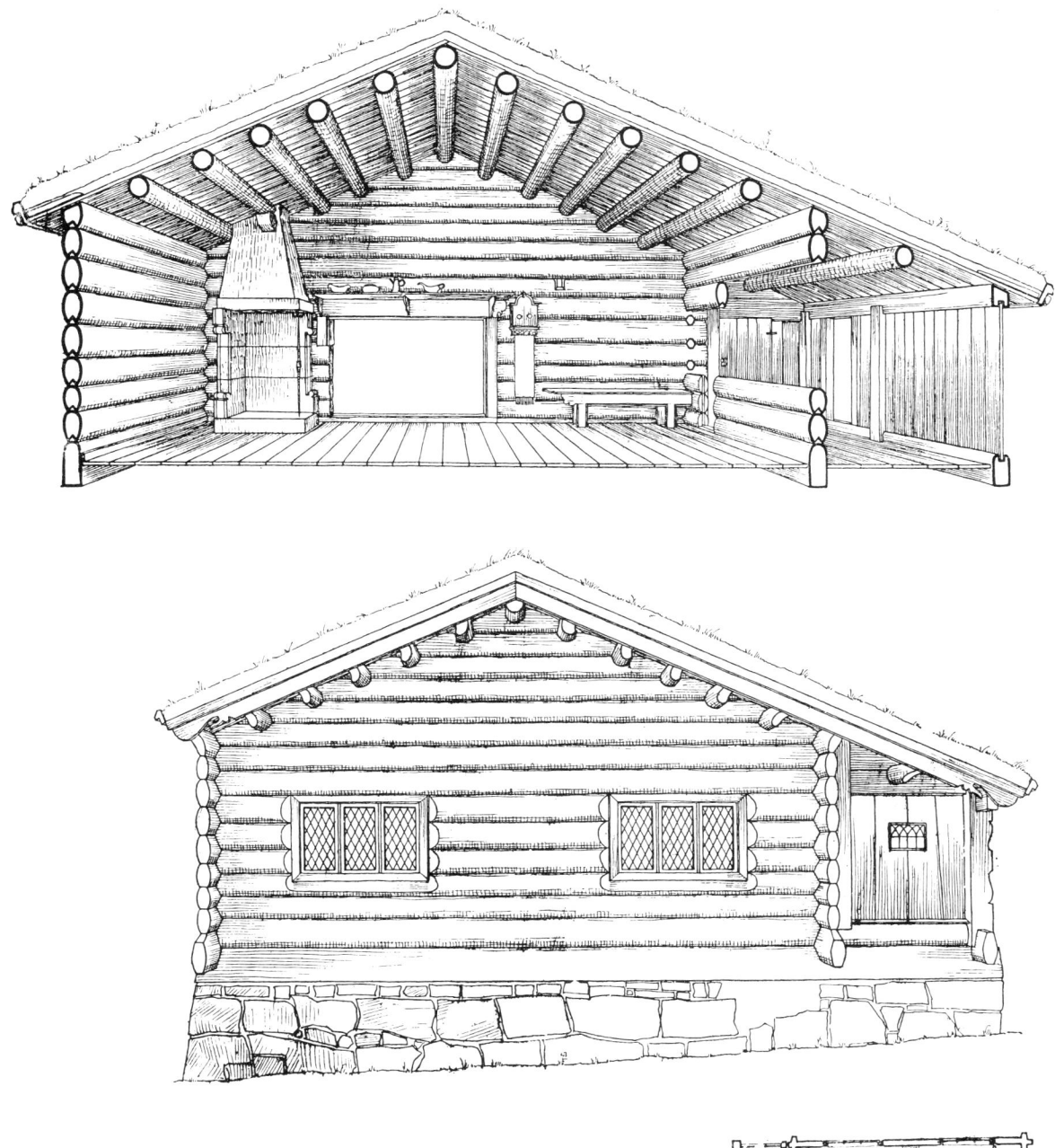

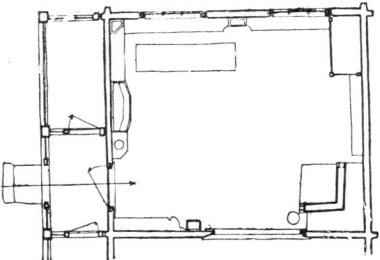

Abb. 184: **Wohnhaus (Sommerhaus) aus Lökre vom Jahre 1663, jetzt in den Sandvigschen Sammlungen in Lillehammer.** (Umgezeichnet nach „De sandvigske sammlinger", 1907, S. 84, Fig. 143.) Die Stube mit der dahinterliegenden Kammer sowie die Seitenlaube (sval) sind mit einem sogenannten Åsdach, einem eigenartigen Pfettendach überdeckt, dem die Sparren fehlen. Die parallel zum Giebelsaum laufenden Schalbretter liegen unmittelbar auf den Åsern auf. Die Traufbohle wird durch Riesenholznägel gehalten, die in den Rindenbelag eingreifen und von ihm vor Nässe geschützt werden. Die Nagelköpfe werden von einer mit Wassernase versehenen Traufbohle verdeckt. In malerischer Weise hebt sich die Decke als ein mit eigenem Wesen ausgestatteter Sonderteil ab. Dadurch, daß die Reihung der Åser nach dem First zu ansteigt, wird das Beengende, das einem Raum mit niedrig und waagerecht liegenden Balken anhaftet, gebannt. Die Wände der Längslaube bestehen aus einem mit senkrechten Bohlen geschlossenen Ständerwerk, norwegisch Reiswerk genannt.

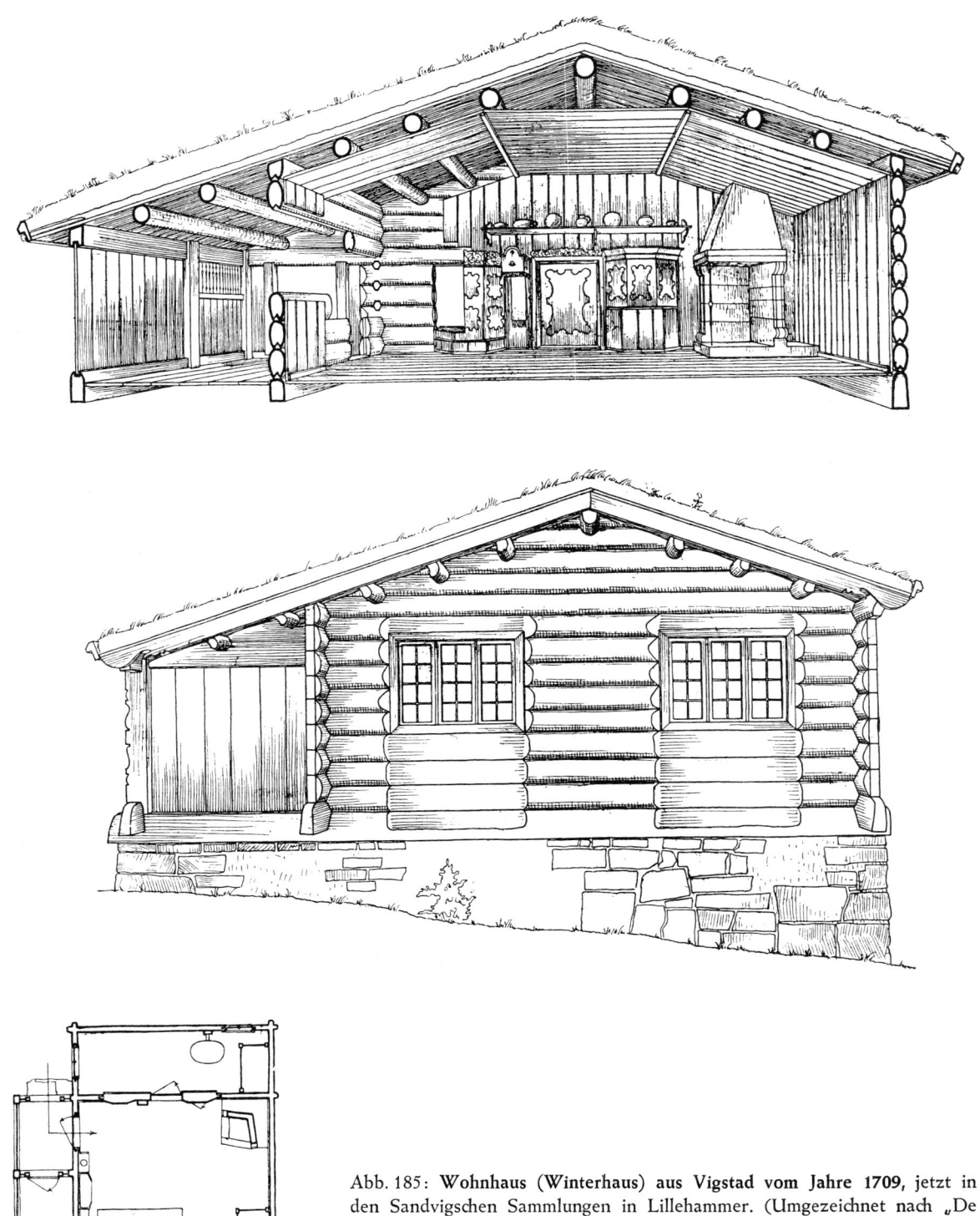

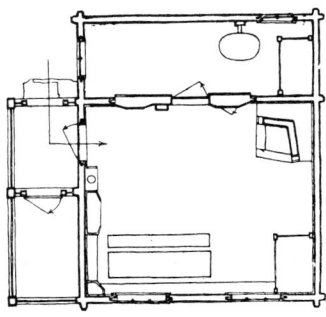

Abb. 185: **Wohnhaus (Winterhaus) aus Vigstad vom Jahre 1709,** jetzt in den Sandvigschen Sammlungen in Lillehammer. (Umgezeichnet nach „De sandvigske sammlinger", 1907, S. 122, Fig. 231.) Stube und Seitenlaube (sval) sind mit einem Åsdach (Pfettendach) überdeckt. Während eines Umbaues von 1811 erhielten die Stubenwände senkrechte Verbretterung, die in Form einer an die Zwischenpfetten angenagelten Schaldecke ihre Fortsetzung findet. An den Knicken, wo die Bretter an der zweimal gebrochenen Decke zusammenstoßen, sind Deckleisten angebracht. Dadurch, daß die Schalbretter — wenn auch mit Ausnahme der Giebelwände — an der Senkrechten, Schrägen wie Waagerechten die gleiche Laufrichtung einhalten, wirkt der Raum zu kistenmäßig. Wenn die Blockbalken der Umfassungswände unverhüllt ihr Gesicht zur Schau tragen würden, verschwände dieses unbehagliche Aussehen und machte einem wohnlichen Eindruck Platz.

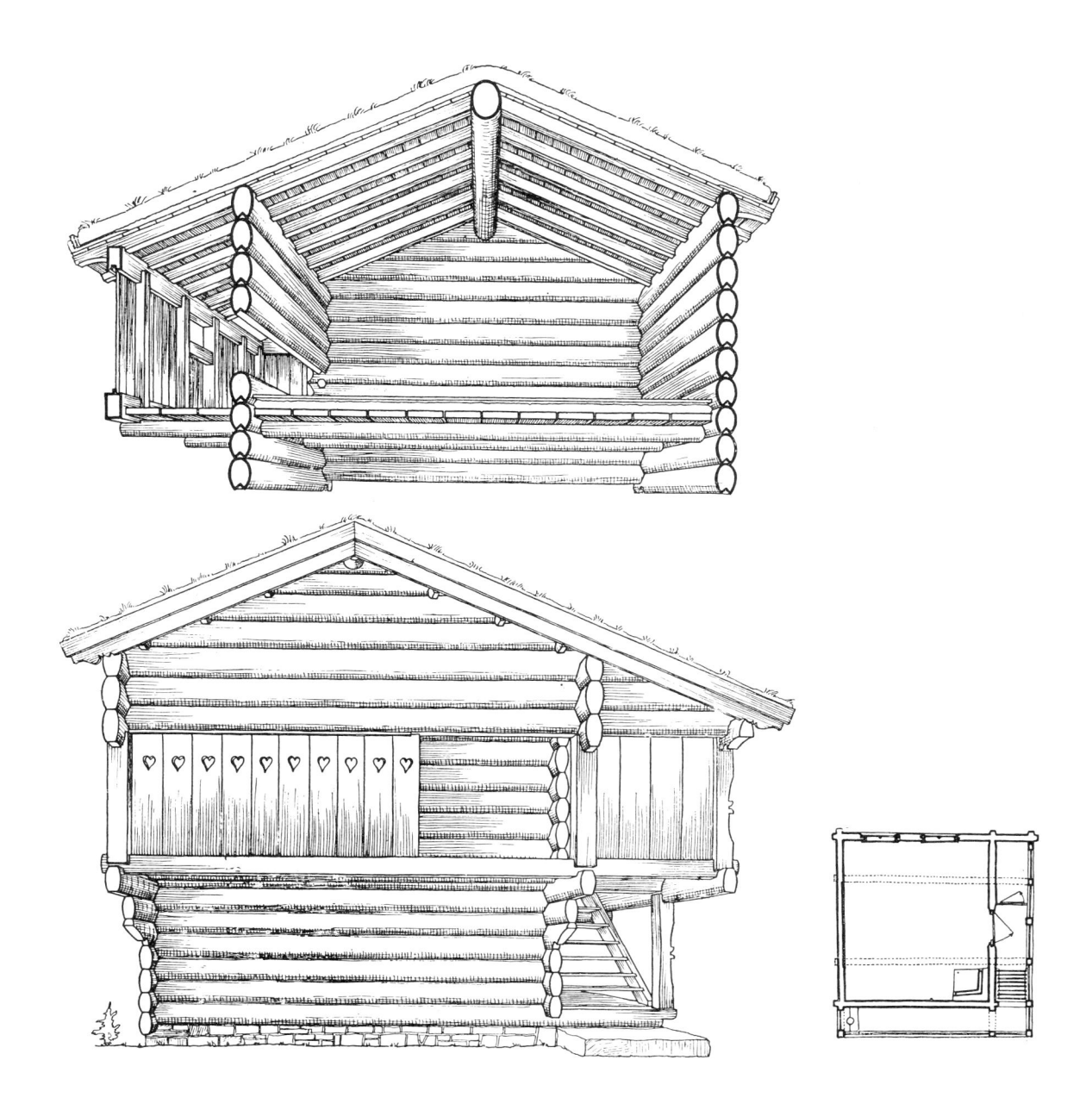

Abb. 186: **Stockwerkshaus, sogenanntes „Per-Gynt-Haus"** aus Nordgard Hågå bei Vinstra aus der Zeit um 1700, jetzt in den Sandvigschen Sammlungen in Lillehammer. (Umgezeichnet nach „De sandvigske sammlinger", 1907, S. 54, Fig. 96.) Das Dach ist ein einfaches Pfettendach, bei dem die Sparren auf einer Firstpfette aufruhen. Die Verschalung liegt demgemäß parallel zur Traufe. Die Schutzbohle an der Traufe wird von Holzhaken gehalten, die in den Rindenbelag eingreifen und von ihm mit gegen Nässe geschützt werden. Die Wand der von dem vorkragenden Balken der Zwischendecke aus getragenen Seitenlaube besteht aus einem Ständerwerk, dessen Fächer mit senkrechten Bohlen geschlossen sind (norwegisch Reiswerk). Vom Innern aus gesehen, wirken die ansteigenden Sparren raumweitend. Die kräftige Firstpfette verbürgt dem Auge eine Sicherheit des Auflagers für dieses Dachgefüge. Dazu hebt es sich deutlich als etwas Leichtes gegenüber den gewichtig wirkenden Blockwänden ab.

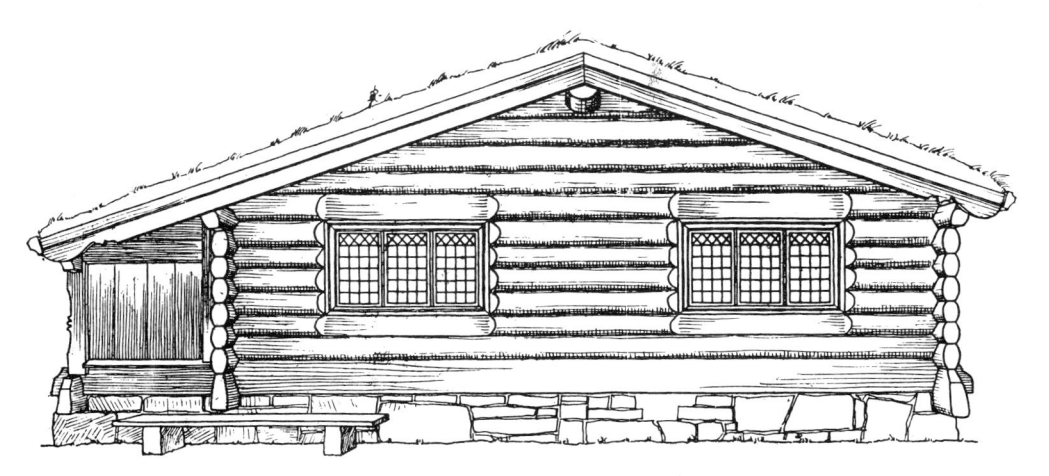

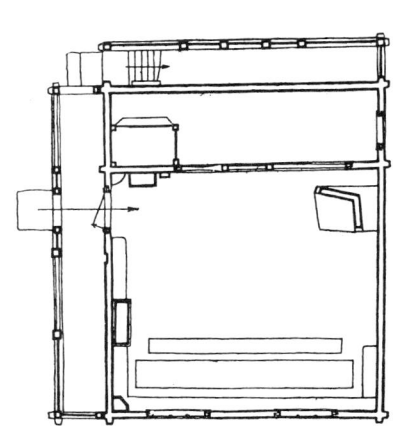

Abb. 187: **Gästehaus vom Hofe Hjeltar aus dem Jahre 1565,** jetzt in den Sandvigschen Sammlungen in Lillehammer. (Umgezeichnet nach „De sandvigske sammlinger", 1907, S. 140, Fig. 262.) Die Sparren des Daches ruhen auf einer Firstpfette auf, die entsprechend den großen Spannweiten aus einem auffallend kräftigen Rundbalken besteht. Das Wechselspiel zwischen diesem wichtigen Träger, den kantig beschlagenen Sparren und der Verschalung gibt einen lebendigen Gegensatz gegenüber den im Inneren ebenen und abgefasten Blockbalken. Die Umfassungswände der Längshaube (sval) sind als Reiswerk aus Ständern (stolper) und Bohlenausfüllung gestaltet worden. In einem kurzen Abstand wurde von der Giebelseite bis zu einem querliegenden Ankerbalken eine Zwischendecke eingezogen, wodurch darunter eine behagliche Eßnische, darüber ein wirtschaftlicher Aufbewahrungsraum entstand; ein belangreiches Beispiel dafür, wie weit die Ausnutzung des durch die Umfassungswände und das Dach gebildeten Raumes geschehen kann, ohne das anheimelnde Wesen zu stören.

Abb. 188: **Stube vom Morahaus, Dalarna,** jetzt in Skansen, Stockholm. (Nach einem im Handel befindlichen Foto.) Von der Decke hängt die mit Tierköpfen geschmückte Kronenstange herunter. Der Raum wird durch zwei Kronenstangen in drei Abteilungen geteilt, die im Landschaftsgesetz für Hälsingland verschiedenen Schutz genossen.

Zu Abb. 189: „Stogu", **des Aamlihauses aus Valle in Setesdal, aus dem Ende des 17. Jahrhunderts,** jetzt im „Norsk Folkemuseum" in Oslo. (Umgezeichnet nach „Setesdalen", 1919, Pl. 23.) Diese Areststube ist mit einem reinen Sparrendach überdeckt, das über dem Herd (Are) eine Rauch- zugleich auch Lichtöffnung (Ljore) aufweist. Die sichtbaren, aufwärtsstrebenden Sparren mit der darüberliegenden Verschalung stehen im angenehmen Gegensatz zu den im Querschnitt leicht gerundeten Blockbalken der Wände. Dem knapp über Kopfhöhe liegenden Anker ist dadurch, daß er eine leichte, nach aufwärts gerichtete Biegung macht, also eine Bewegung nach aufwärts andeutet, das Kennzeichen des Ausweichens gegeben. Hätte man ihn in einer Waagerechten durchlaufen lassen, würde er drückend und beengend wirken und auch den angenehmen Raumeindruck zerstören.

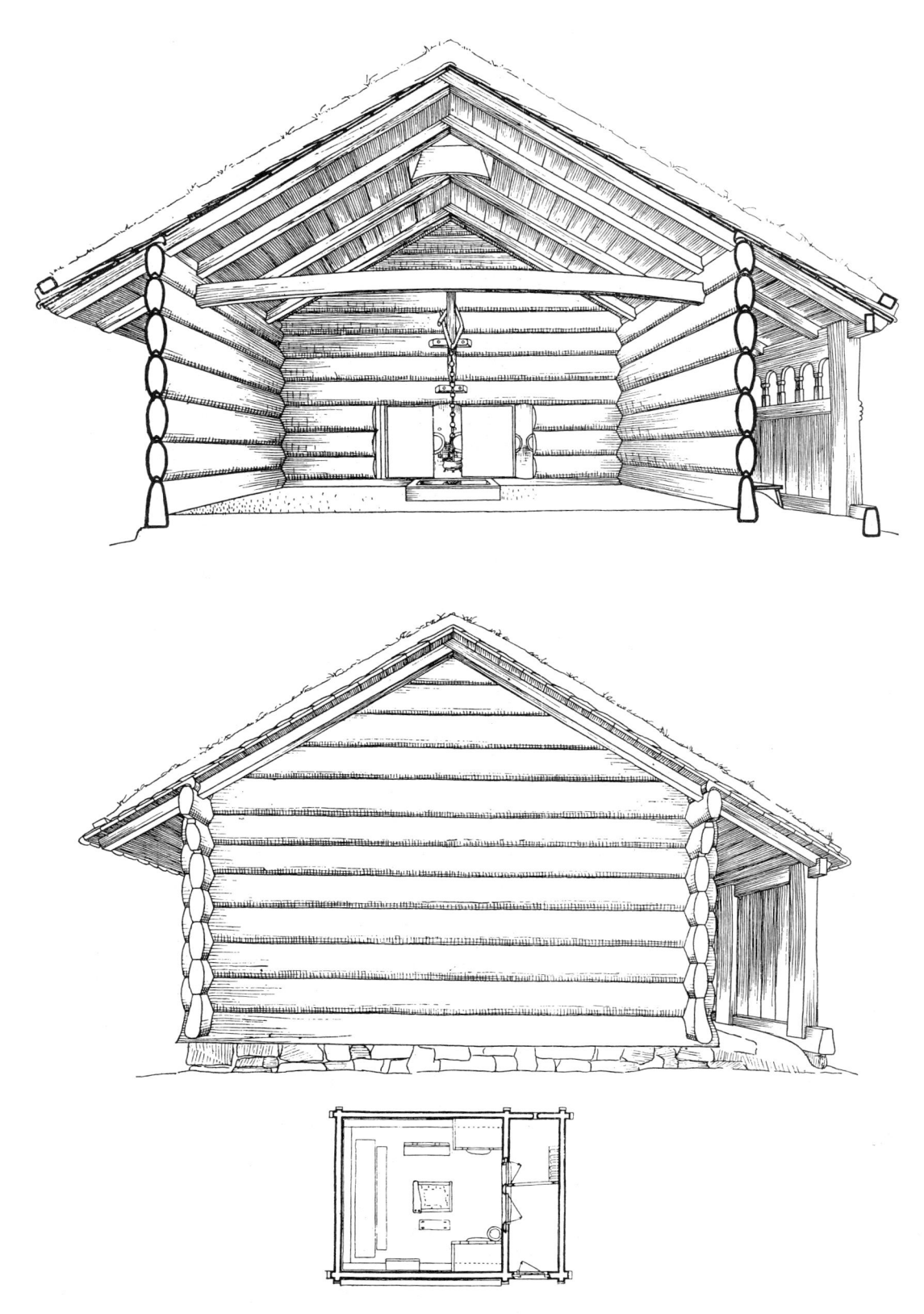

Abb. 189 (Text siehe Seite 139)

Abb. 190: **Peisstube vom Hjeltarhaus in Gudbrandsdalen vom Jahre 1565**, jetzt in Lillehammer. (Aufn. von Neupert, Oslo.)

Abb. 191: **Die gute Stube aus dem Wohnhaus des Bergmannshofes in Laxbro, Västmanland, erbaut um 1650**, jetzt in Skansen, Stockholm. (Nach einem im Handel befindlichen Foto.)

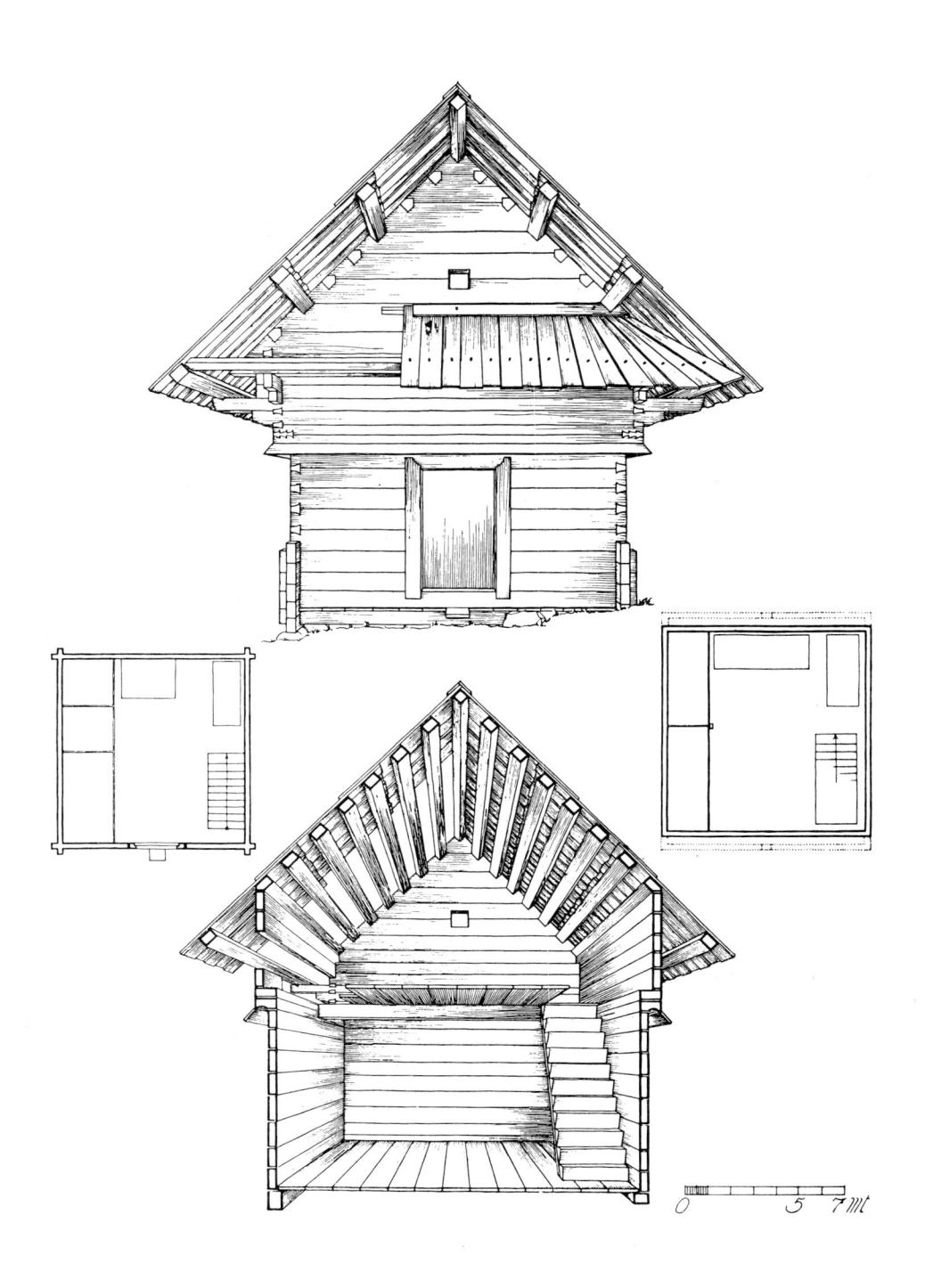

Abb. 192: **Getreidekasten (Troadkasten) vom "Bodnerhof" in St. Oswald in Kärnten.** (Umgezeichnet nach einer Aufnahme der Höheren Staatlichen Gewerbeschule in Villach.) Das Gefüge des Daches erinnert an das nordische „Äsdach. Auch hier fehlen die Sparren. Die Dachhaut besteht aus Schindeln in doppelter Lage. Um das Einsteigen vom Dache zu verhindern, sind zwischen die Pfetten je zwei Nebenpfetten, sogenannte „Lumpenbalken" eingefügt worden. Bemerkenswert ist, wie man durch ein fünfkantiges Holz, halb Blockbalken, halb Pfette von der senkrechten Längswand aus eine Überleitung in die Dachflucht geschaffen hat. Die Vorkragung des Obergeschosses geschah durch Verbreitern zweier Blockbalkenringe. Um die Mäuse abzuwehren, ist das sichtbare untere Längsholz des verdoppelten, die Vorkragung bildenden Blockbalkens ausgekehlt. Außerdem sitzt hier zu diesem Zwecke noch ein schräg angenageltes Brett, die „Mauswihr".

Abb. 193: **Speicher „Zum Türken" bei Summiswald, Schweiz.** (Umgezeichnet nach „Bauwerke der Schweiz", 1896, Tafel 32.) An diesem belangreichen Beispiel vereinigen sich mit einem Åsdach, einem sparrenlosen Pfettendach, das das Dachgeschoß überdeckt, nach den Seitenlauben zu je ein als Sparrendach gestaltetes Schleppdach. Das erste ist mit parallel zum Giebelsaum laufenden Brettern verschalt. Bei den zweiten begnügte man sich mit einer Lattung und Verschindelung. Die angehängten Sparren sind auf die obersten Blockbalken aufgekämmt. Ihr Hirnholz liegt hier bündig mit der Innenflucht. Eine zweite Unterstützung erhalten sie von einem Rähm der Seitenlauben, das samt der ihn stützenden Säulen durch verlängerte Vorstöße der Giebelwände eine Sicherung gegen Umkippen erhält.

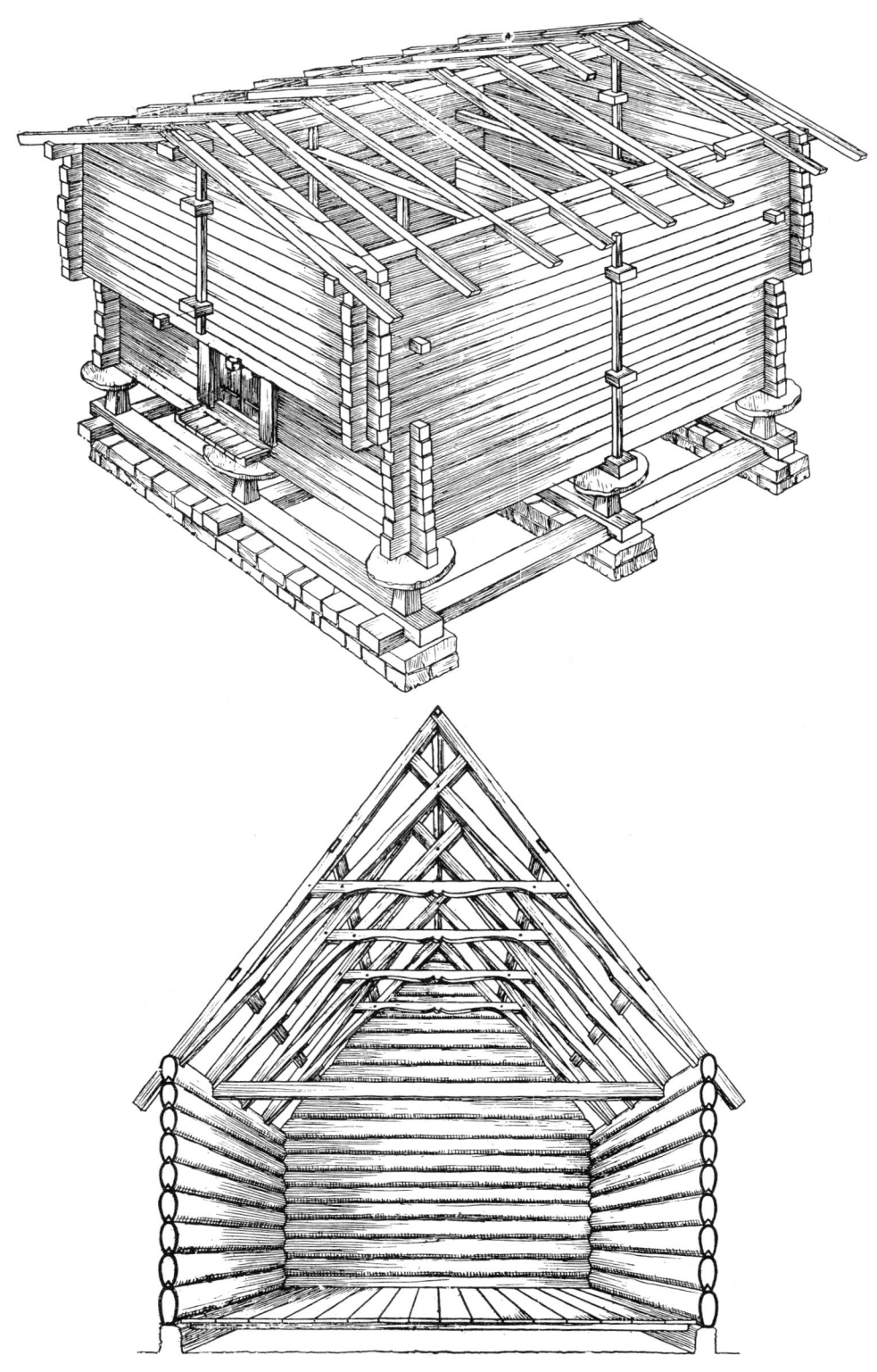

Abb. 194: **Gefüge eines Stadels aus Ernen im Wallis, Schweiz, und der Kapelle des hl. Olaf und der hl. Jungfrau Maria vom Jahre 1459 im Freilichtmuseum in Lillehammer.** (Umgezeichnet nach „Das Bauernhaus der Schweiz", Ober-Wallis, und „De sandvigske sammlinger", 1907, S. 24, Fig. 33.) Das obere Beispiel zeigt neben der Versteifung der Wände mit Zangen eine solche mit dreifacher Verankerung, wobei der mittlere Anker mit je einer Zange in engste Verbindung gebracht wurde. Beim unteren Beispiel ist der Anker auf den obersten Blockbalken aufgekämmt. Während beim ersten die Sparren der Wände nach innen zu drücken suchen, geschieht beim zweiten der Druck des steilen, in der kennzeichnend nordischen Form gestalteten, freitragenden Daches nach außen. Das Auge spürt ganz unbewußt dieses statische Kräftespiel und empfindet den Anker nicht als störend.

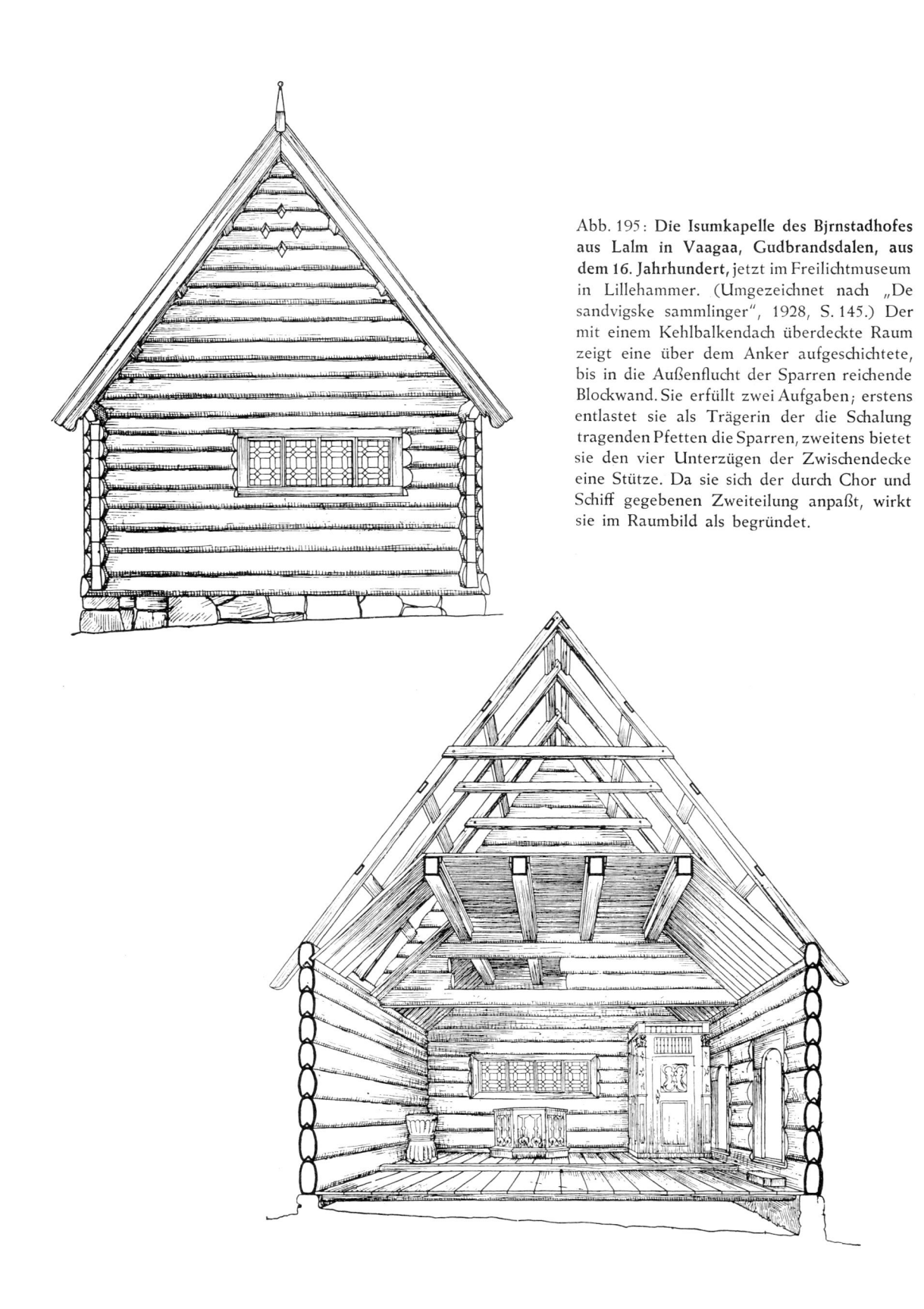

Abb. 195: **Die Isumkapelle des Bjrnstadhofes aus Lalm in Vaagaa, Gudbrandsdalen, aus dem 16. Jahrhundert,** jetzt im Freilichtmuseum in Lillehammer. (Umgezeichnet nach „De sandvigske sammlinger", 1928, S. 145.) Der mit einem Kehlbalkendach überdeckte Raum zeigt eine über dem Anker aufgeschichtete, bis in die Außenflucht der Sparren reichende Blockwand. Sie erfüllt zwei Aufgaben; erstens entlastet sie als Trägerin der die Schalung tragenden Pfetten die Sparren, zweitens bietet sie den vier Unterzügen der Zwischendecke eine Stütze. Da sie sich der durch Chor und Schiff gegebenen Zweiteilung anpaßt, wirkt sie im Raumbild als begründet.

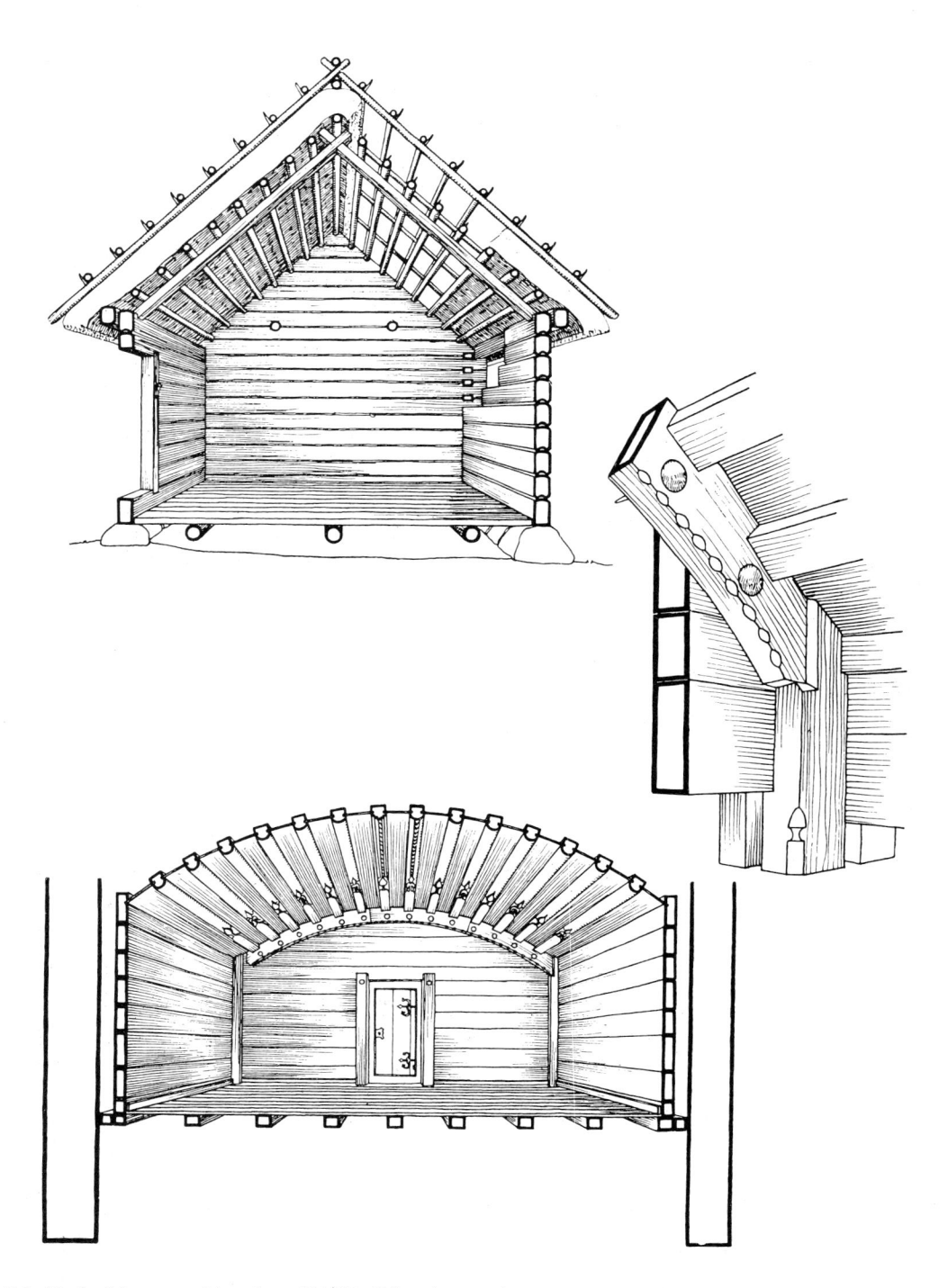

Abb. 196: **Fischerhütte aus Marviken, Väddö, Schweden, und in einen Massivbau eingebaute Stube aus Villanders bei Klausen, Tirol, um 1500.** (Umgezeichnet nach „Nordiske Museet, Fataburen", 1912, S. 224, Fig. 16, und „Der Baumeister", 1934, S. 26.) Beim ersten, im Innern 3,30 m breiten Beispiel sind die die Strohdecke tragenden Stangen in die Fugen der Giebelwände eingebunden und werden in der Mitte durch ein Gespärre gestützt. Es erinnert mit diesen Stangen stark an das Äsdach. Ihr Abstand von einander wird einerseits vom Wesen der Strohhalme, anderseits von der Stärke der Blockbalken bestimmt. Die Balken des unteren, 4,80 m breiten Raumes liegen auf einer an die Blockbalken der Stirnwände angenagelten Streifbohle auf. Hier ergibt sich der Abstand aus der Breite der eingenuteten, die Laufrichtung der Balken mitmachenden Füllbretter. Entwicklungsgeschichtlich ging dieser Decke, wenn wir vor den Römern absehen, die reine Bohlendecke voraus, bei der man jede zweite Bohle durch einen Balken ersetzte. Bemerkenswert ist die auffallende Breite der geschmiedeten Nagelköpfe, mit denen man ein belebendes Schmuckmittel geschaffen hat.

Abb. 196a (Text siehe Seite 148)

Abb. 196b (Text siehe Seite 148)

10*

147

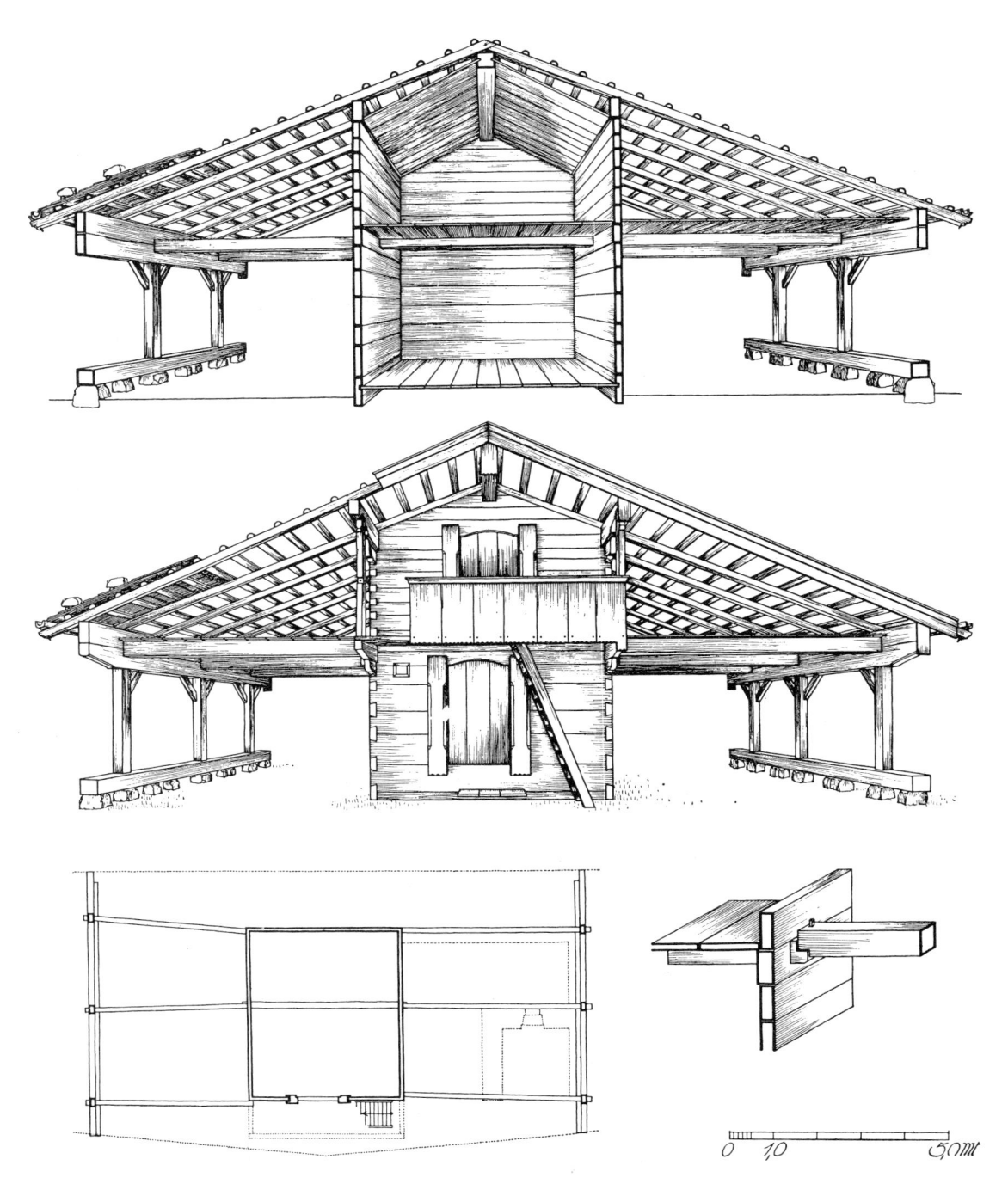

Abb. 197: **Kasten aus Schleching bei Marquartstein, Chiemgau, aus dem Jahre 1675.** Der geschlossene Mittelbau stellt ein Gefüge für sich dar, das nur durch die Sparren und durch nachträglich blattförmig angestoßene, aufgenagelte Balken mit den seitlichen Schuppen verbunden ist. Im Obergeschoß greifen die die Dachneigung mitmachenden Schalbretter in eine aus der Firstpfette herausgestochene Nut ein und sind seitlich an die obersten Blockbalken, die hier zugleich Zwischenpfetten darstellen, angenagelt. Das Ganze zeigt den heutigen Zustand, dem ein Umbau vorausgegangen sein muß.

Zu Abb. 196a: **Spätgotische Stube aus Villanders,** jetzt im „Tiroler Volkskunstmuseum" in Innsbruck. (Vgl. Abb. 196, worauf der Schnitt dieser Stube, und Abb. 278, 280, 181, worauf die Türe mit ihren Einzelheiten dargestellt ist.) Die Blockwände dienen hier nur als Verkleidung der massigen Außenwände. So sehr hatte man an der Gewohnheit, „im Holzhaus zu wohnen", festgehalten. Aber auch die in Wölbeform gestaltete Decke weist auf Vergangenes. Es ist dies die Ausweitung nach oben, wie es in reinerer Form das urgermanische offene Dach hat. (Foto: Richard Schimann, Innsbruck.)

Zu Abb. 196b: **Spätgotische Stube aus Villanders in Tirol.** (Foto: Richard Schimann, Innsbruck.)

Die Traufe ohne Gebälk

Bei Bauten mit offenem Dachraum wird die Ausbildung der Traufe durch die Art des Dachgefüges vorgeschrieben. Da die Dachhaut als Schutz der Blockwand vor die Flucht gezogen werden muß, geben hierfür das Sparren- und Pfettendach mit ihren beliebig lang gestaltbaren Sparren ganz von selbst die Lösung (z. B. Abb. 186 und 189). Bei Sparrendächern mit aufgeklautem Sparrenfuß müssen Aufschieblinge oder Schleppsparren (Abb. 200/1), bei Äserdächern ähnlichen Zwecken dienende besondere Hölzer (Abb. 176 und 192) eingefügt werden. Es lassen sich auch Teile der Vorstöße verlängern und zum Tragen von Fußpfetten ausnutzen. Wird der Dachraum durch eine Bohlendecke abgetrennt (Abb. 198 und 199), so bringt dies keine Änderung in der Ausbildung der Traufe. Diese schiebt sich, um eine möglichst wenig behinderte Bewegung innerhalb des Dachraumes zu ermöglichen, in einem gewissen Abstand unterhalb des Dachauflagers in eine aus den Blockbalken herausgestochene Nut ein (Abb. 199/2). Eigenartige Traufen zeitigte der russische Blockbau, indem hier die Blockwand gleichsam nach außen gebogen und zur Aufnahme des Dachbelages gestaltet wurde (Abb. 201).

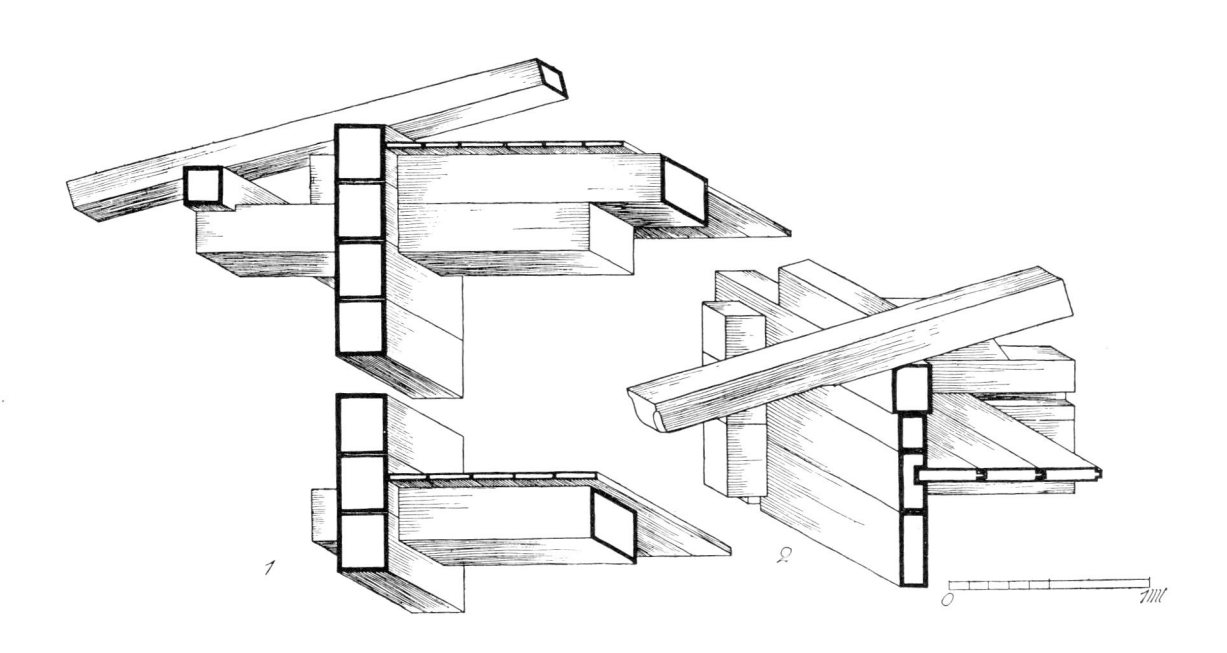

Abb. 198: **Aus der Blockwand heraus gestaltete Traufen von Pfettendächern.** 1) Eggenstein, Niederbayern; 2) Graubünden. (1: Nach „Das Bauernhaus in Deutschland"; 2: nach „Das Bauernhaus in der Schweiz".) Um den beim ersten Beispiel weit vorkragenden Sparren das notwendige Auflager zu bieten, ist dem Balken ein Sattelholz untergeschoben und auf dieses dann die Fußpfette aufgekämmt worden. Wegen des sicheren Regenschutzes, den dieses weit vor die Flucht vorspringende Dach gewährt, durfte man die Balkenköpfe der darunterliegenden Balkenlage vortreten lassen. Beim zweiten Beispiel bildet der oberste Blockbalken zugleich die Fußpfette, weshalb man ihn verstärkte. Um ihn vor dem Umkippen zu bewahren, wurde er an der Zwischenwand mit einem Kegelbalken eingebunden.

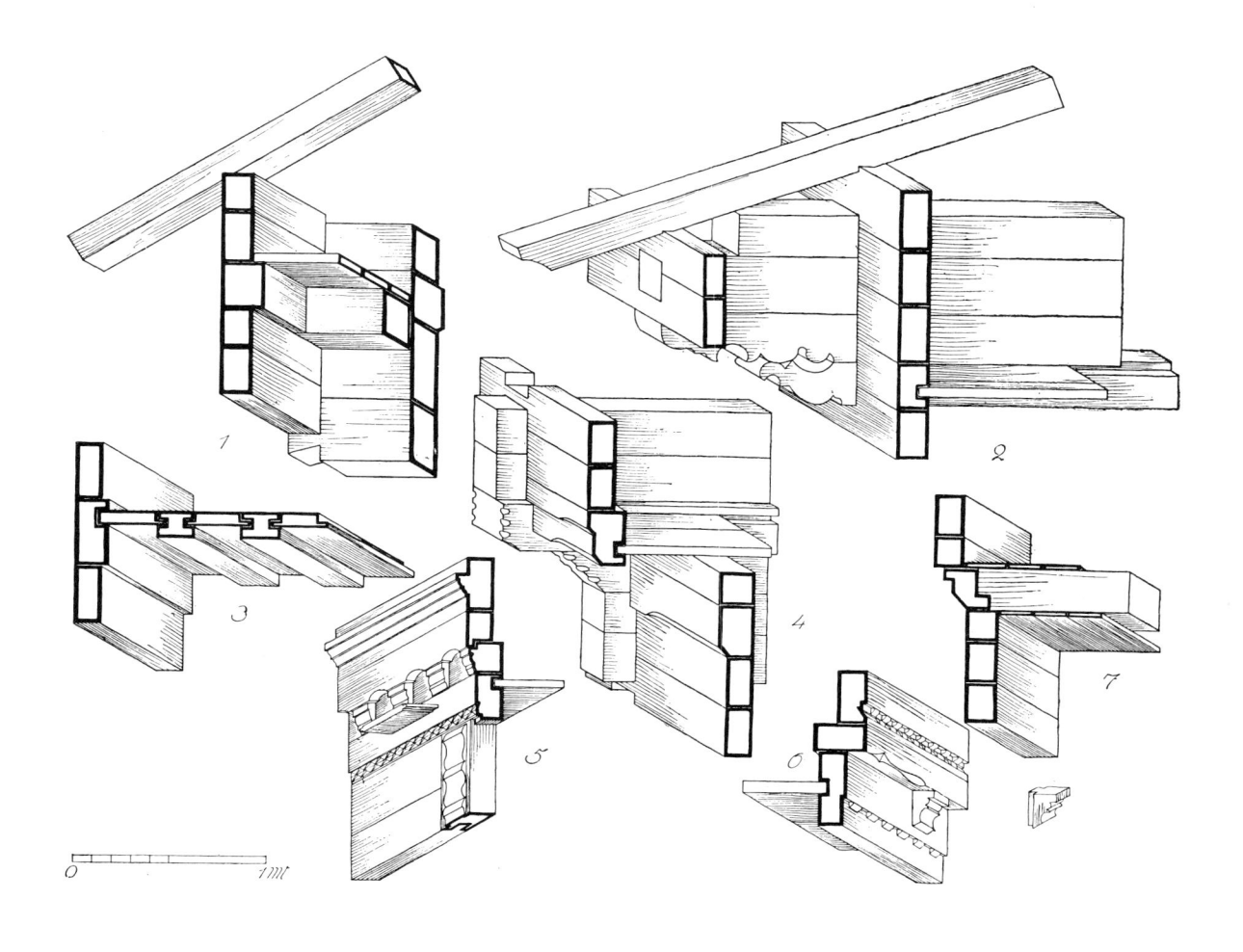

Abb. 199: **Zwischendecken und Gebälke.** 1) Berg, bei Söllstein, Salzburg; 2) Tegernsee; 3) Gösis, Wallgau, Vorarlberg; 4) Brienz, Kanton Bern (1602); 5) Meiringen, Kanton Bern; 6) Bönigen, Kanton Bern; 7) Reuthe, Vorarlberg. (1: Nach „Das Bauernhaus in Österreich-Ungarn"; 2: nach Baumeister: „Das Bauernhaus des Wallgaues"; 4 bis 6: nach Gladbach, „Der Schweizer Holzstil"; 7: nach Deininger, „Das Bauernhaus in Tirol und Vorarlberg".) Um das Bewegen innerhalb des Dachraumes nicht zu behindern, ist die Decke tiefer gelegt als der Dachfuß, und dieses sowohl bei Balken- (1) als auch bei Bohlendecken (2). Die Bohlendecke greift seitlich in eine aus den Blockbalken herausgestochene Nut ein. Deshalb wurden diese Balken gerne verstärkt, entweder nach innen (3 und 4) oder außen (5 und 6). Beim letzteren gab dieses dazu Anregung hier Zierformen herauszustechen. Es liegt nahe, daß der benachbarte Ständer- und Fachwerkbau abfärben mußte. Da der Bohlendecke die hierfür notwendigen Gegebenheiten fehlen, rückte man bloß die Blockbalken um ein weniges nach außen (5). Kam die Schwerpunktlinie in bedenkliche Nähe der Außenflucht, dann behalf man sich mit eingenuteten Konsolen (6). Nur wenn die Spannweite zwischen Außen- und Zwischenwand kurz bemessen war, wie am Beispiel 4 nur 2,80 m, wagte man es, aus diesen senkrecht auflaufenden Wänden heraus das obere Geschoß vorkragen zu lassen. Die geringe, nur aus dem Längsholz heraus gestaltete Vorkragung kommt auch in Verbindung mit Balkendecken vor (7). Während der Renaissance wird dem Ornament ein solch weites Spielfeld eingeräumt, daß man sogar den Bogenfries der Steinarchitektur nachzunehmen trachtete, eine zu den verwickeltsten Formen führende Entgleisung (5).

Traufen mit Gebälk

Die vom Längsholz eindeutig verkörperte Bewegung findet auch an den Balkendecken ihre Auswertung. Man läßt die Balkenköpfe vor die Flucht treten und sie als Träger der Sparren, ihrer Aufschieblinge, der Dachschwellen oder der Fußpfetten wirken (Abb. 200). Wer ein Gefühl für die lebendige Ausdrucksfähigkeit eines Holzgefüges besitzt, der wird die vortretenden Balkenköpfe sichtbar lassen. Hat doch selbst die Antike es nicht vermocht, rein aus dem Wesen des Steingefüges heraus etwas Ähnliches an Ausdruckskraft zu gestalten, wie es einem Holzgebälk innewohnt, und hat sie es daher in Stein nachgemacht. Beim Beispiel 6 der Abb. 200, das verschalte Balkenköpfe zeigt, wird die Verschalung der Balkenköpfe durch die sichtbaren Aufschieblinge verbessernd belebt.

Zu Abb. 200: **Gebälkausbildungen.** 1) Friedersdorf, Oberfranken (von 1686); 2) Niederneuching, Oberbayern (von 1581); 3) Neukenroth, Oberfranken (von 1606); 4) Willkassen, Kreis Oletzko, Ostpreußen; 5) Pempen, Kreis Memel, Ostpreußen; 6) Sonneborn, Kreis Mohrungen, Ostpreußen; 7) Rheintal, Vorarlberg; 8) Gilge, Kreis Labiau, Ostpreußen. (1 und 2: Nach „Das Bauernhaus in Deutschland"; 3: nach A. Gut in „Die Denkmalpflege", 1923; 4 bis 6 und 8: nach Dethlefsen; 7: nach Deininger.) Bei 1 bis 5 sitzen die Sparren auf einer Dachschwelle auf, die entweder bündig mit der Wand liegt (1) oder, gestützt durch vorkragende Balken, vor die Flucht gerückt ist. Hierbei ergeben sich die verschiedenartigsten Gestaltungen: a) der Dachschwelle wird ein die Verbindung herstellendes, breites Halbholz untergelegt (2); b) sie fand gedoppelt noch in einem Falz des darunterliegenden Blockbalkens einen Halt (3); c) man suchte durch Stoß an die Außenflucht Anschluß (4); d) man legte zwischen Dachschwelle und Blockwand noch ein Füllbrett auf (5). Bei 1 wurde eine besondere Pfette vorgeschoben, die allein die Aufschieblinge aufnehmen sollte. Die Beispiele 6 bis 8 zeigen auf Balken aufgezapfte Sparren, deren Köpfe unverschalt (7 und 8) blieben oder mit einem Schalbrett schamhaft zugedeckt wurden (6). Auch hier kommen Lösungen vor, wobei, wie bei 1, die Aufschieblinge auf einer Pfette aufliegen (8), die zugleich einen Übergang von der Hauptflucht zur Traufe darstellt.

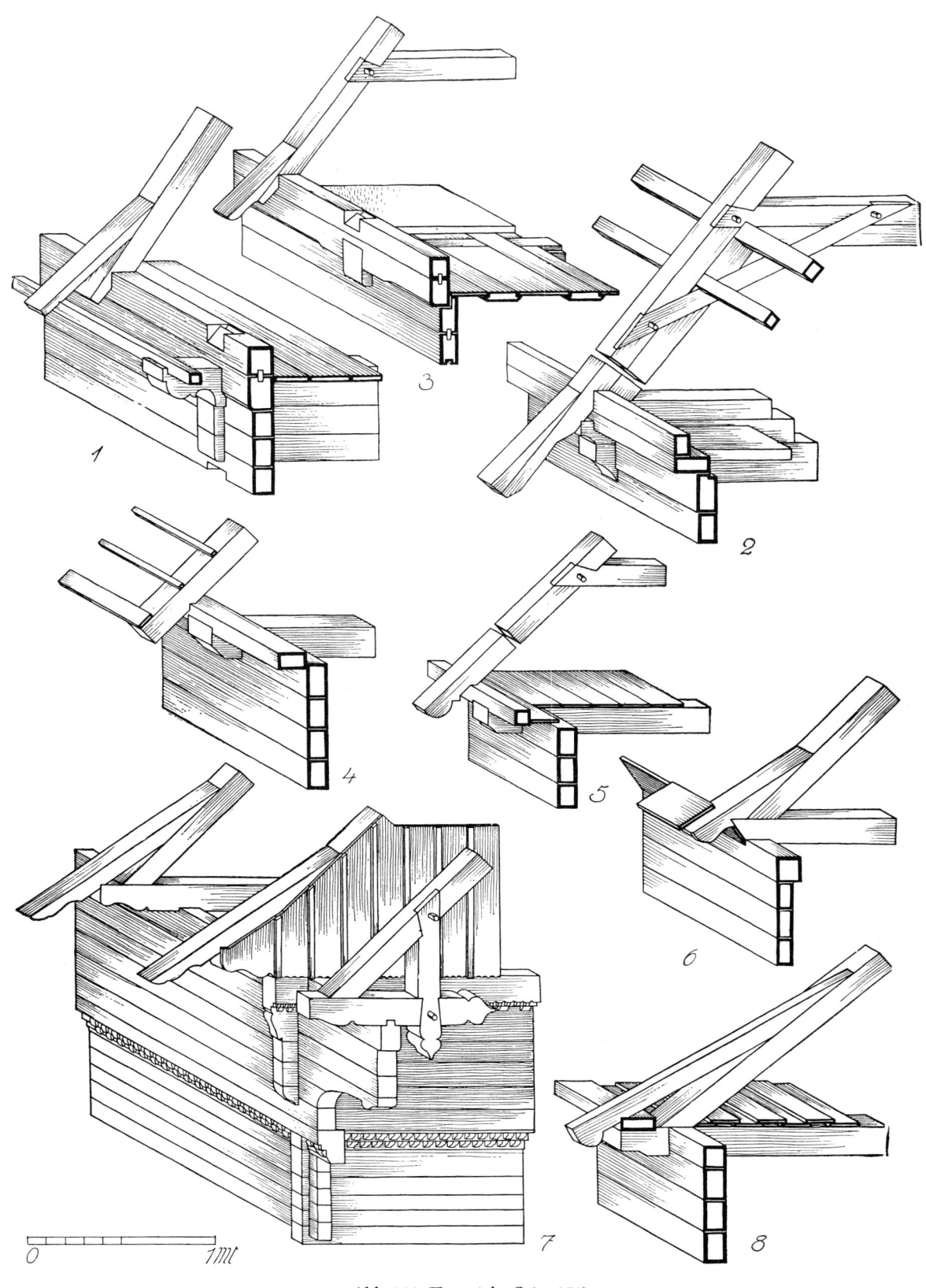

Abb. 200 (Text siehe Seite 151)

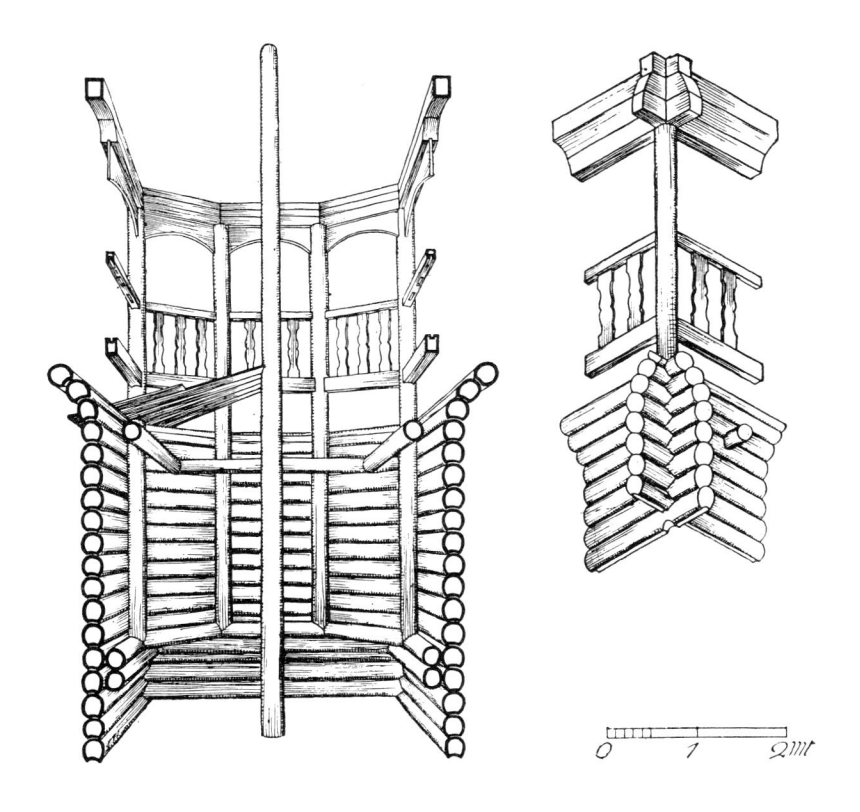

Abb. 201: **Aus der Blockwand heraus entwickeltes Hohlkehlgesims von einem Glockenturm in Ounejma, Gouvernement Archangel.** (Nach W. Souslow, „Monuments de l'ancienne architecture russe", Petersburg, 1901.) Die am Gesims mit dem Längsholz sich vorschiebenden Blockbalken bekommen ihren Halt an den verschränkten Ecken. Da sie nur eine leichte Bretterdecke zu tragen haben und alle Lasten im Innern durch einen Rahmenbau aufgenommen und auf den vierkantigen Unterbau übertragen werden, waren hier keine weiteren Sicherungen notwendig. Die Blockwand bildet von oberhalb der Schwellen des inneren Rahmenbaues an gerechnet bloß einen Raumabschluß.

Die Zwischendecke

Die waagerechte Teilung der Blockhäuser kann durch Bohlen- oder Balkendecken geschehen (Abb. 202—203). Wenn die Bohlendecken in einer Nut sitzen und deshalb in der Außenflucht nicht sichtbar werden, bringt dies hier nur bei Verstärkungen der Blockbalken Veränderungen mit sich. Tritt der kräftiger gestaltete Blockbalken vor die Innenflucht, dann macht sich dies im Äußern

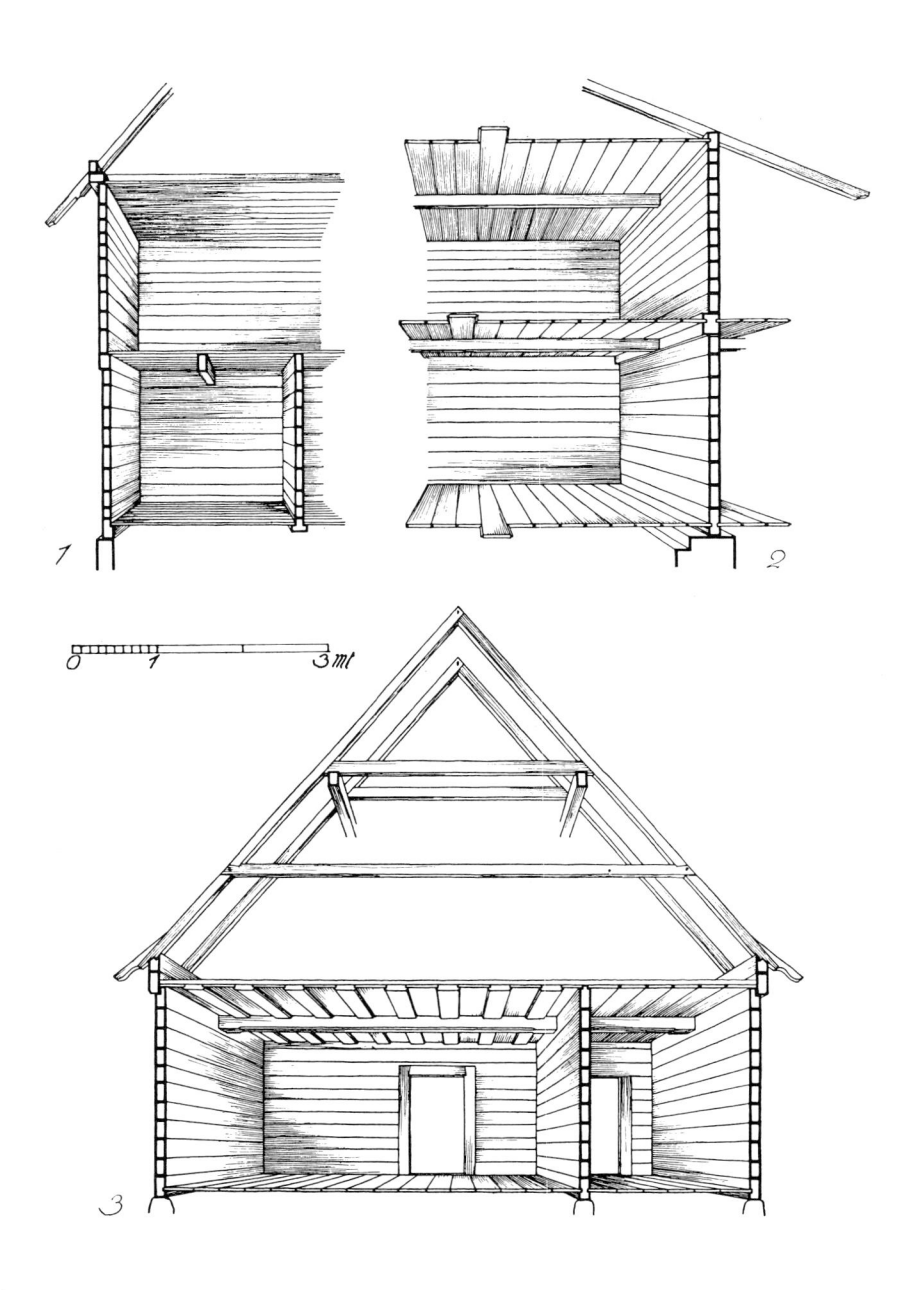

Abb. 202: **Auf Unterzügen oder Ankerbalken aufruhende Bohlendecken.** 1) Niederneuching (1581), Oberbayern; 2) Meiringen, Kanton Bern (1785); 3) Neukenroth, Frankenwald, Oberfranken (1606). (1: Nach A. Gut, Denkmalpflege, 1923; 2: nach Gladbach; 3: nach „Das Bauernhaus in Deutschland".) Bei 1 stoßen die Bohlen stumpf aneinander und liegen auf der Wand auf. Bei 2 sind sie gespundet, mit einer Keildiele versehen und greifen an der Wand in eine Nut ein. Bei 3 wechseln Bohlen mit Dielen, die miteinander verfalzt sind und an der Wand auf einem Vorsprung bzw. einem Falz aufliegen.

nur an den Vorstößen bemerkbar. Rückt er aber nach außen, dann entstehen hier gesimsartige Vorkragungen (Abb. 199). An Kärntner Speichern werden die Bohlendecken zuweilen auf die Blockbalken aufgelegt, vor die Außenflucht vorgekragt und als Träger für das darüberliegende Geschoß benutzt (Abb. 204).

Bei Balkendecken muß für ein genügend großes Auflager für die Balkenköpfe gesorgt und darauf geachtet werden, daß sie nicht ungeschützt freiliegend vor die Außenflucht treten. Wenn das Obergeschoß vorkragt, wird das bündig mit ihm liegende Hirnholz von hier aus geschützt, zugleich erhält der Balken ein von der Stärke der Blockwand vorgezeichnetes Auflager. Liegen aber Unter- und Obergeschoß bündig, dann darf das Hirnholz des Balkens nicht vor die Flucht treten. Wird er aufgekämmt, dann ist der Abstand zwischen Kamm und Hirnholz zu kurz, um gegenüber Ansprüchen auf Scherfestigkeit genügend stark zu sein. Deshalb bindet man ihn am besten mit Schwalbenschwanz ein und verstärkt zugleich den tragenden Blockbalken nach innen (Abb. 199 und 203). Die Gebälke vorkragender Geschosse sind insbesondere im Speicherbau in verschiedenster Gestaltung entwickelt worden. Die Abb. 204 und 205 zeigen einige Belege aus Kärnten und Norwegen.

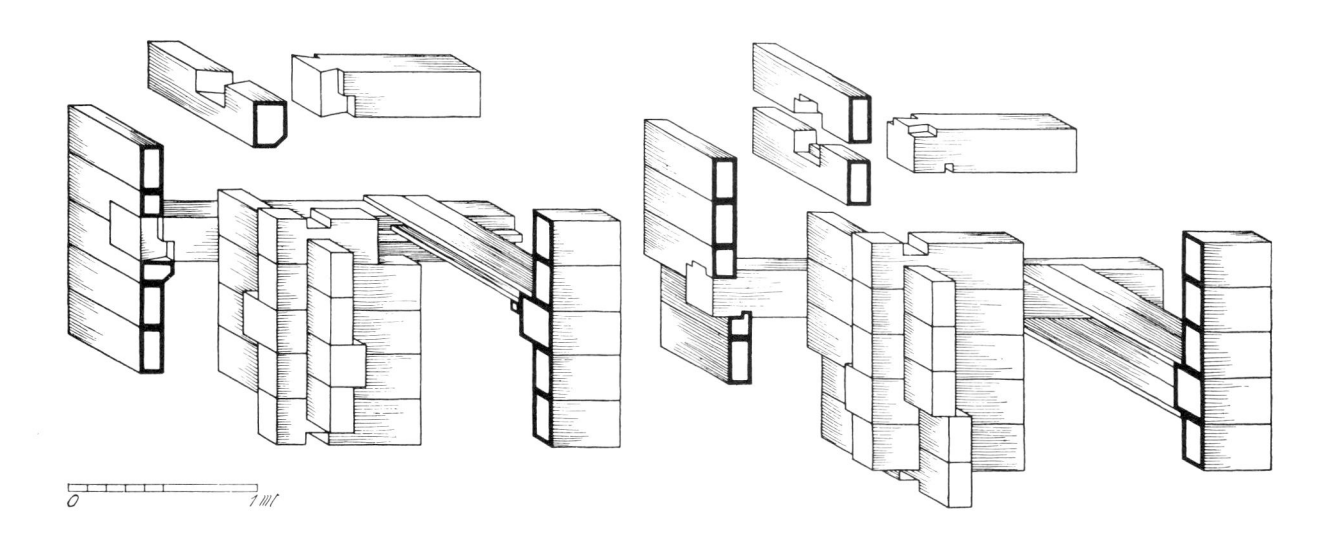

Abb. 203: **Balkendecken, bündig mit der Außenflucht liegend oder vor dieselbe vorkragend.** Um das Hirnholz vor Nässe zu schützen, muß der Regen rasch abfließen können. Es darf deshalb der Balkenkopf im Äußern nie ganz frei vor die Flucht treten. Um ihm bei bündig liegenden Geschossen das nötige Auflager zu geben, verstärkt man den ihn tragenden Blockbalken und verankert ihn durch Schwalbenschwanz mit der Wand. Die verstärkten Balken können, ohne zu stören, am Vorstoß mit in Erscheinung treten. Bei vorkragendem Balkenkopf muß die darüberliegende Wand bündig mit seinem Hirnholz liegen. Hierdurch erhält er den notwendigen Nässeschutz. Da er in voller Stärke auf den ihn aufnehmenden Blockbalken aufgekämmt werden kann, ergeben sich hier keine Schwierigkeiten. Schwierigkeiten treten bloß an den Gebäudeecken auf, wo die Vorstöße die Vorkragung mit aufnehmen müssen. Um hier eine körperliche Geschlossenheit zu wahren, müssen die Blockbalken des oberen Geschosses die des unteren, wenn auch nur mit schmalem Auflager, berühren.

Zu Abb. 204: **Geschoßvorkragungen an Speichern aus Kärnten.** 1) Vom Brugger-Hof in Radenthein (von 1707); 2) von einem Speicher in St. Oswald (von 1563). (Aufnahmen des Verfassers.) Beim ersten Beispiel wird der Übergang zum Obergeschoß durch einen zwischen beiden Fluchten vermittelnden, kräftigen, eine große Kehle bildenden Balkenkranz gestaltet. Zu diesem schon an sich bis zu einem gewissen Grad tragfähigen Gefüge treten an den Längsfluchten noch die Balkenköpfe dazu, deren Hirnholz sich der Flucht der Kehle bündig einordnet. Während man hier in strengster Folgerichtigkeit Balkenkranz auf Balkenkranz schichtete, wurde beim zweiten Beispiel zwischen beide Geschosse eine Platte stumpf aneinandergereihten, 7 cm starker Bohlen zwischengeschoben. Diese an den Längsfluchten von Konsolen und je einem Balkenkopf gestützt, trägt das Obergeschoß und bildet für dieses zugleich den Fußboden.

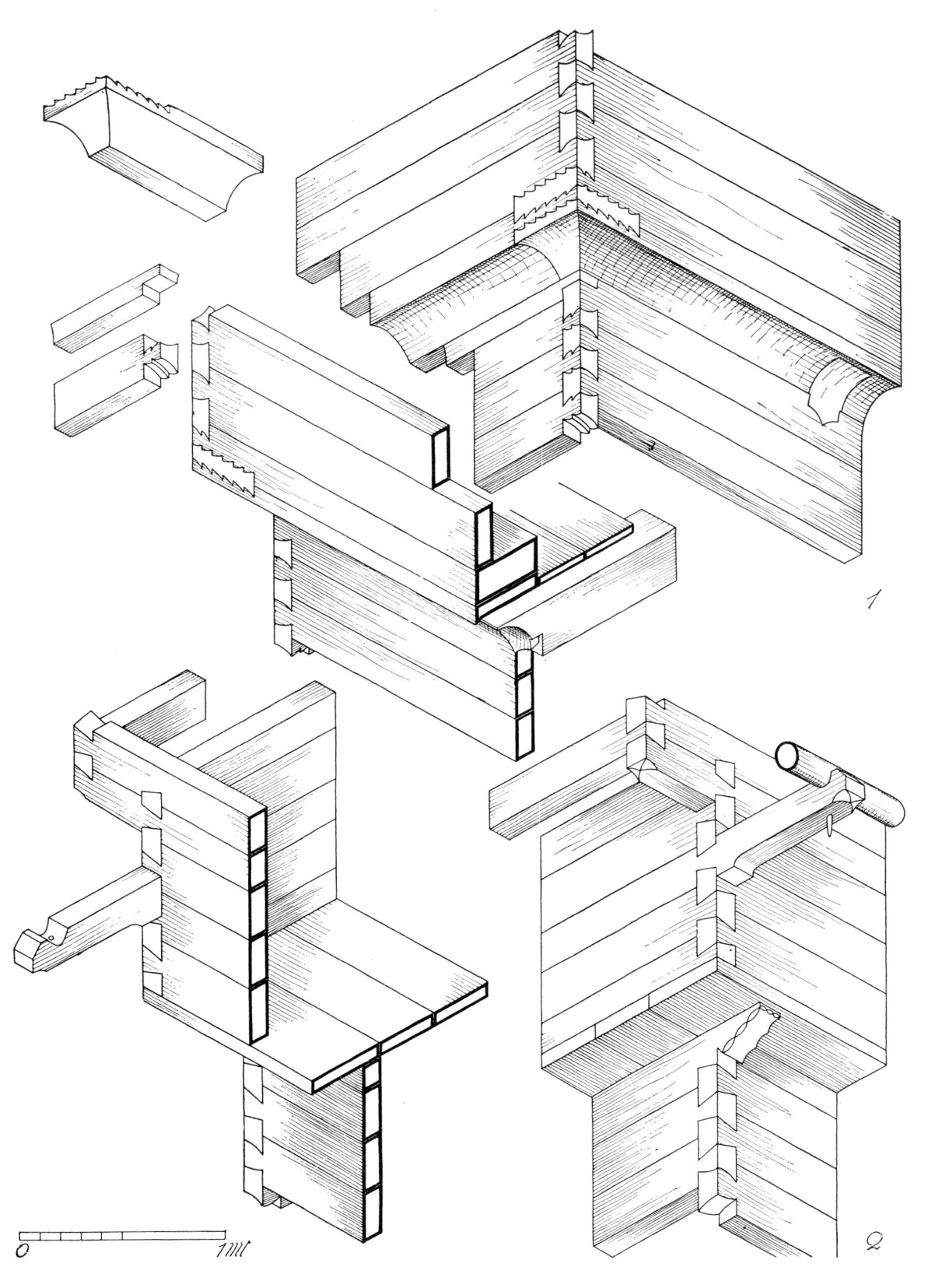

Abb. 204 (Text siehe Seite 155)

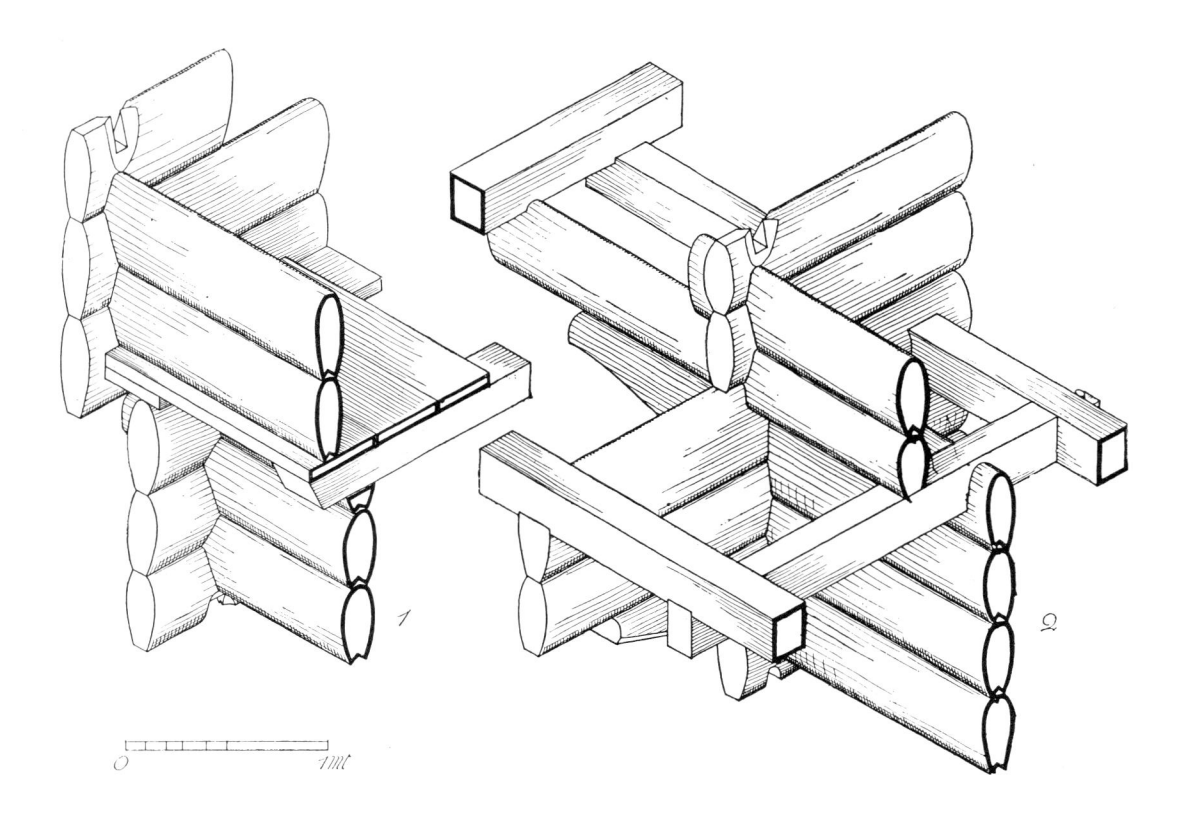

Abb. 205: **Vorkragungen von norwegischen Blockbauten.** 1) Brottweit, Valle, Setesdalen; 2) Ljosland, Åseral, Vest-Agder. (1 Nach Midttun, Setesdalen; 2: nach Aufnahmen von Arne Berg in Norske Bygder, Vest-Agder.) Bei 1 wird das vorkragende Geschoß nach der einen Flucht hin von Balken und Vorstößen, nach der anderen nur von den Vorstößen getragen. Bemerkenswert ist, daß bei der einen Flucht die Blockwand auf dem Bohlenbelag aufliegt, bei der anstoßenden eine Bohle den Ausgleich bildet. Im alemannischen Ständerbau reicht der Bohlenbelag des oberen Geschosses ebenfalls bis zum Hirnholz der Balkenköpfe. Bei 2 treten an beiden Fluchten die Balkenköpfe als tragende Körper in Erscheinung. Hier behalf man sich mit Stichbalken, die durch Achselzapfen mit dem nächstliegenden Hauptbalken verbunden wurden.

Die Tür

Die Tür ist älter als das Fenster und spielte ursprünglich auch als Lichteinlaß eine wichtige Rolle. Sie war früher um ungefähr einen halben Meter niedriger als heute. Durch den Türausschnitt wird die Sicherheit des Wandgefüges erheblich geschwächt. Man muß deshalb hier besondere Verstärkungen anbringen. Als nächstliegend kommt eine Vermehrung der Dübel in Betracht. Man läßt sie bis nahe an das Hirnholz heranrücken. Manchmal hat man sie sogar verdoppelt (Abb. 206). Aber diese Vorkehrungen beginnen schon, wenn mehr als zwei Blockbalken zerschnitten werden, zu versagen. Die Wand weicht aus dem Lot. Um dies zu verhindern, müssen Wechsel eingefügt werden. Da das Längsholz derselben senkrecht zum Längsholz der Blockbalken steht, treten verschiedene Setzungen ein und damit neue Lösungen auf den Plan (Abb. 207). Zunächst erscheint eine solche Aufgabe leicht lösbar und ohne besondere Bedeutung. Es ist aber belangreich zu beobachten, wie verschieden diese Aufgabe gemeistert worden ist und zu welch mannigfaltigen, den einzelnen Volksstämmen eigentümlichen Lösungen sie Anregung gegeben hat. So können wir ein **nordisches**, ein **keltisches** bzw. **keltisch-germanisches** und ein **bajuwarisches** Türgefüge unterscheiden.

Abb. 206: **Luke von einem Stadel aus Radenthein in Kärnten mit Doppeldübeln, sogenannten Stuhldübeln.** Diese Verdoppelung kommt nur am Gewände, also wo die Blockbalken zerschnitten sind, vor, sonst sind in die Wand nur einfache Dübel eingefügt.

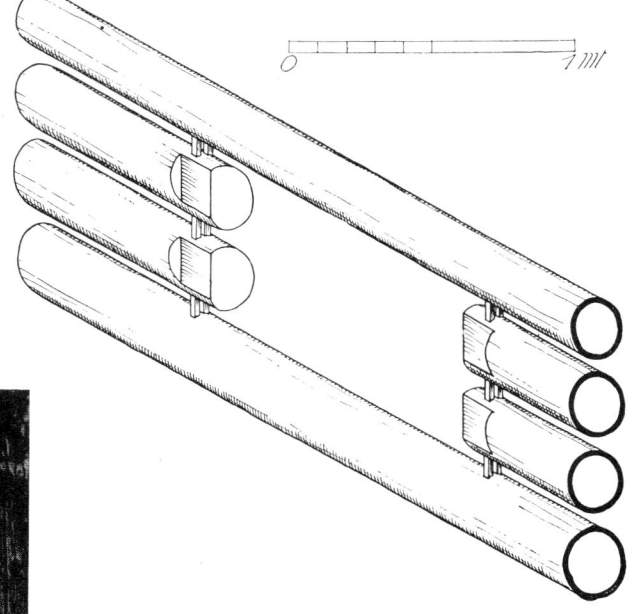

Abb. 207: **Türe von einem Bauernhaus in Kürnbach, Oberamt Waldsee, Württemberg.** An diesem Beispiel ersieht man deutlich die verschiedenen Schwindmaße, die in der Richtung der Markstrahlen etwa 30mal größer sind als in der Richtung der Fasern. Weil das auf den Türpfosten und Eck- wie Zwischenständern liegende Rahmholz von diesen daran gehindert wurde, den Blockbalken nachzurücken, mußte oberhalb des obersten Blockbalkens eine klaffende Fuge entstehen.

Das nordische Türgefüge

Beim nordischen Türgefüge greifen die Wechsel ursprünglich als Bohlen in einen entsprechenden, aus dem Hirnholz der Blockbalken herausgestochenen Schlitz ein und sind am Sturz mit Setzluft, in der Regel in voller Stärke, eingelassen. Auf Abb. 208 ist ihre Wesensart rein theoretisch erläutert, auf Abb. 209 an Hand von schwedischen Beispielen entwicklungsgeschichtlich geordnet. In welch verschiedenartigen Abwandlungen der künstlerische Gestaltungsdrang dieses Gefüge zu behandeln verstand, dafür geben die Abb. 209 bis 217 einige Proben.

Spuren, die seine Eigenart verraten, lassen sich bis in die Schweiz und Tirol — hier allerdings nur in wenigen Ausnahmen — verfolgen (Abb. 217). Sie beweisen, daß auch die Ostgermanen dieses Gefüge verwendet haben. Funde einer frühmittelalterlichen slavischen Siedlung in Oppeln belegen die kulturelle Ausstrahlung, die von den Wikingern damals bis an die Oder ausging (Abb. 217 und 225).

Eine Meisterleistung vollbrachte der nordische Blockbau mit den mit Schwellung versehenen Türpfosten, welche die durch die Blockbalken verkörperten Spannungen aufnehmen und anschaulich verdeutlichen (Abb. 213—216). Sie gleichen dem mit Schwellung versehenen antiken Säulenschaft. Merkwürdigerweise hat die Kunstgeschichte von dieser Verwandschaft bisher noch keine Kenntnis nehmen wollen.

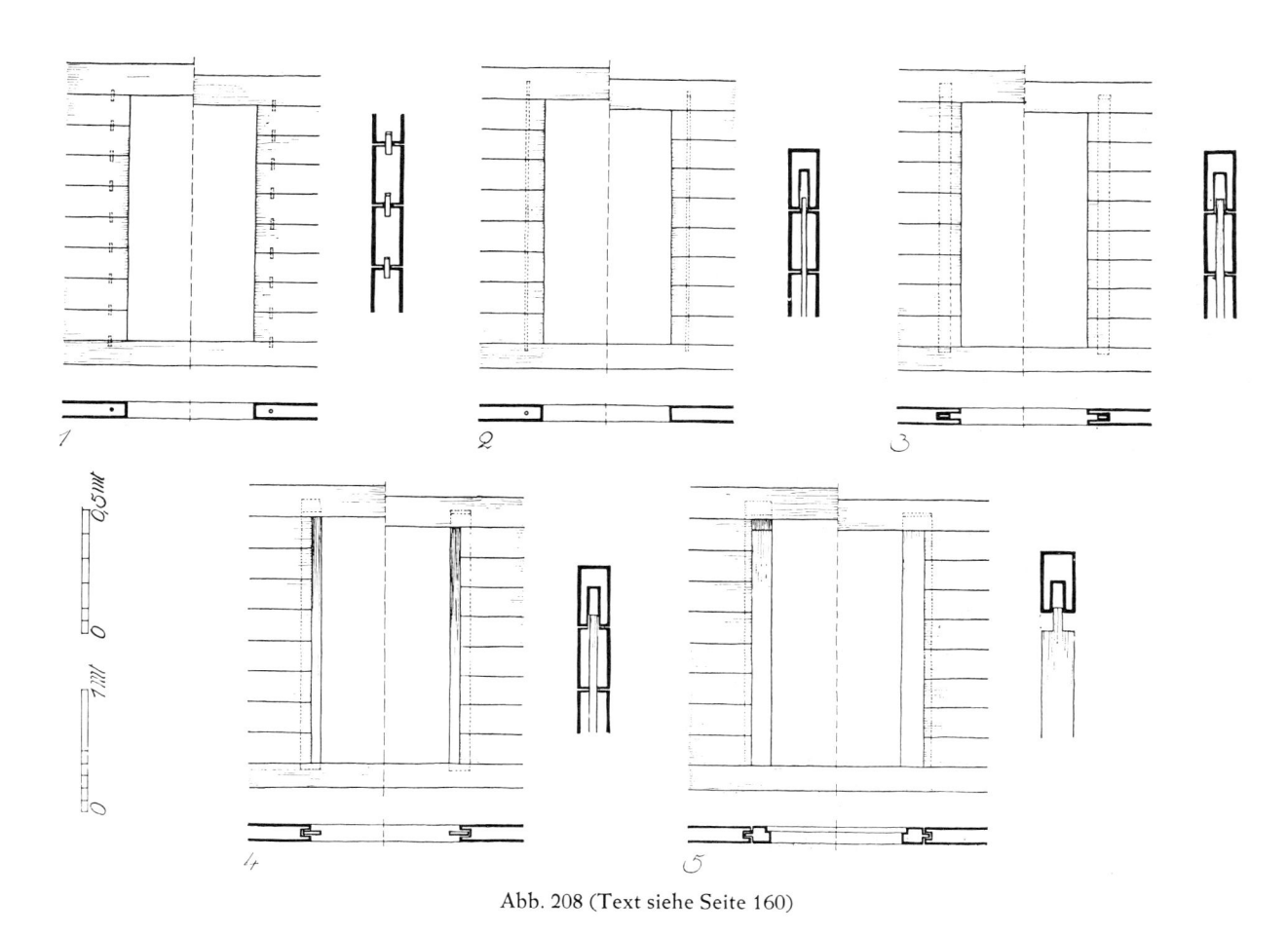

Abb. 208 (Text siehe Seite 160)

Zu Abb. 208: **Erläuterung des „nordischen Türgefüges".** In der linken Hälfte der einzelnen Skizzen ist die Wand im Zustand während des Aufrichtens, in der rechten nachdem sich das Schwinden des Holzes ausgewirkt hat, dargestellt. Um das Ausweichen der Blockbalken aus dem Lot zu verhindern, mußten außer der Verkämmung an den Ecken noch Dübel eingeführt werden. Dieses war dort am stärksten bedingt, wo die Blockbalken zerschnitten wurden, also an den Wandausschnitten. Gingen diese über mehrere Blockbalken hinweg (1), dann genügte auch dieses Hilfsmittel nicht mehr. Rein gedacht, hätte man die übereinanderliegenden Dübel zu je einer Stange vereinigen müssen (2). Dies erschwerte aber das Aufrichten. So griff man zu einer in Schwelle und Sturz eingelassenen Leiste (3), die von den Blockbalken mit einem Schlitz gefaßt wurden. Mit Rücksicht auf das Setzen wurde am Sturz ein entsprechend tiefes Loch für Setzluft ausgestemmt. Um einen Anschlag für den Türflügel zu bekommen, verbreitete man die Leiste zu einer Bohle (4). Beim Umwandeln derselben zu einem sich der Wandstärke angleichenden Türpfosten konnte dieser am Sturz nur mit Zapfen oder Verjüngung in der Stärke und Setzluft herausgeschnitten werden (5). An dem am Längsholz der Pfosten vortretenden und in das Hirnholz der Blockbalken eingreifenden Spund erkennt man die Form der vorangegangenen Entwicklungsstufe.

Zu Abb. 209: **Türen schwedischer Blockhäuser.** Bei 1, von einer Heuscheune aus dem Kirchspiel Aelvros in Härjedalen, Schweden, sitzen in den aus dem Hirnholz der Blockbalken herausgestemmten Schlitzen zu beiden Seiten des Türausschnittes 6/6 cm starke Leisten. Sie sind in die Schwelle eingelassen und greifen, um das Setzen nicht zu verhindern, durch den Sturzbalken durch. Zwischen den einzelnen Blockbalken stecken Keile, um den Lüftungsschlitz zwischen den Blockbalken zu sichern. Durch diese Sicherungen erhalten die Blockbalken einen festen Halt. Das Beispiel 2, von einer Schmiede aus der gleichen Gegend wie das vorige, ist diesem verwandt, doch sind hier die Fugen zwischen den Blockbalken gedichtet, und es tritt an Stelle der Leiste eine zugleich als Türanschlag dienende Bohle. Um den Verband der letzteren mit den Blockbalken möglichst dicht zu gestalten, ist sie am Stoß ausgekehlt, und im Schlitz der Balkenköpfe ist ein entsprechender, einkantiger Vorsprung ausgespart. Im Sturzbalken wurde für beide Gewändebohlen Setzluft gelassen. Beispiel 3, von einem Kochhaus aus dem mittleren Jämtland, zeigt eine weitere Entwicklungsstufe, denn hier hat man am Sturz einen mit den Bohlen bündig liegenden Anschlag vorgesehen. Nach dem Hirnholz zu wurden die Blockbalken, um eine Vermittlung zu schaffen, abgeschrägt. Bei 4, von einem Rauchhaus aus dem Kirchspiel Lekvattnet, einer von Finnen bewohnten Gegend aus dem nördlichen Värmland, treten Türpfosten auf den Plan, die mit einem Spund in eine aus den Blockbalken herausgestochene Nut eingreifen. Da diese Pfosten mit Zapfen in den Sturzbalken eingreifen, wurde gerade soviel Setzluft ausgespart, daß nach dem Setzen die Stoßfuge dicht saß. Bei 5, einer Ecktür vom Morahof, Dalarne, greifen die Gewändebohlen in voller Stärke mit Setzluft in den Türsturz ein. Auch für den in einen Schlitz der Eckbohle eingreifenden Vorstoß wurde Setzluft gelassen. Während die linke Gewändebohle in nordischer Art in die Blockbalken eingelassen ist, greifen rechts umgekehrt die Blockbalken mit einem Spund in eine entsprechende Nut ein. Hierin darf man den Einfluß des Reiswerks sehen, wo die Bohlen der Fachfüllung in die Ständer eingenutet wurden. Beispiel 6, von einem Eldhus aus Fagerasen, ist von solcher Entlehnung frei, denn hier greift die Bohle mit einem Spund in eine Nut der Blockbalken ein. (1 bis 5 Aufnahmen des Verfassers von Beispielen des Freilichtmuseums in Skansen, 6 nach Gerda Boëthius.)

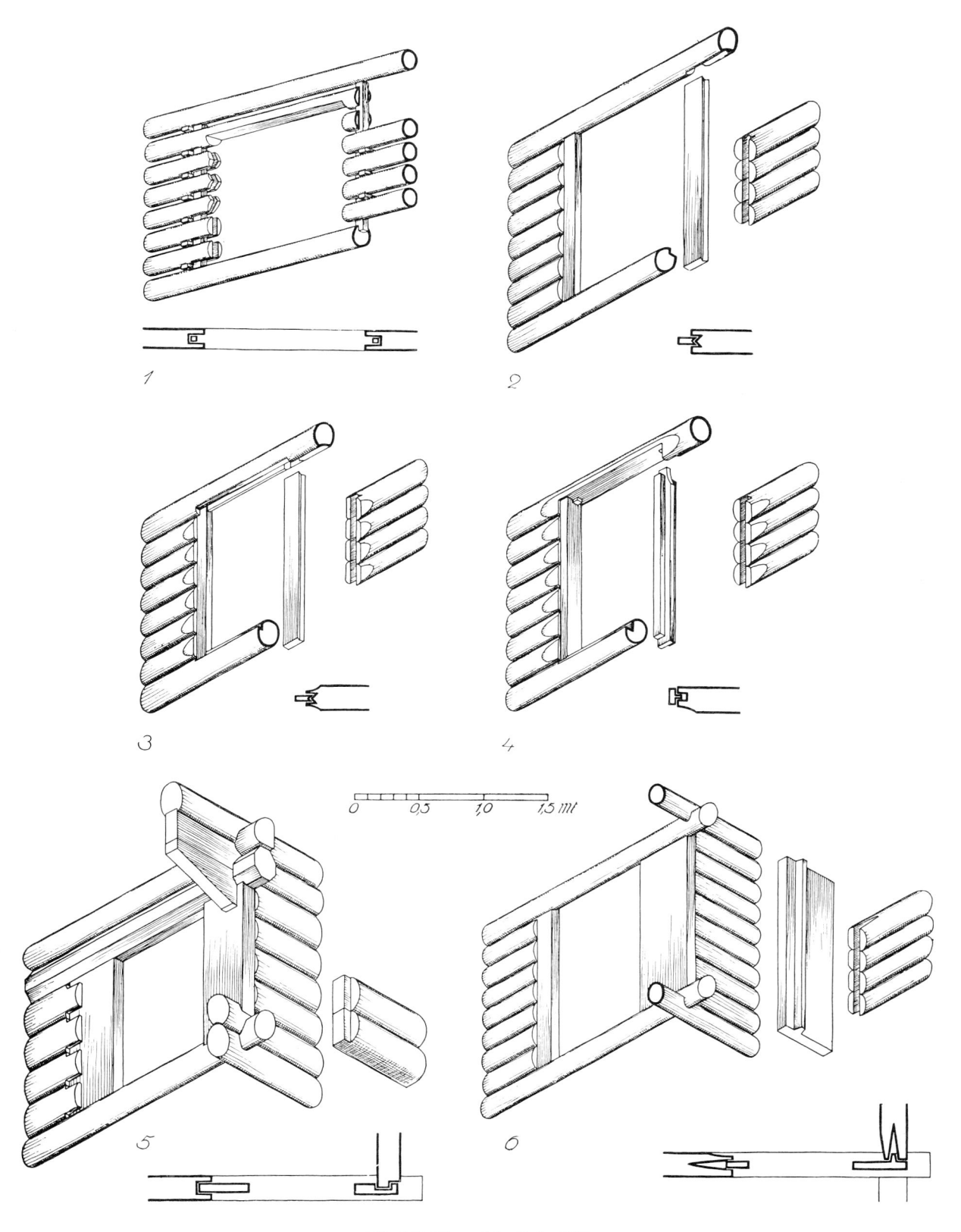

Abb. 209 (Text siehe Seite 160)

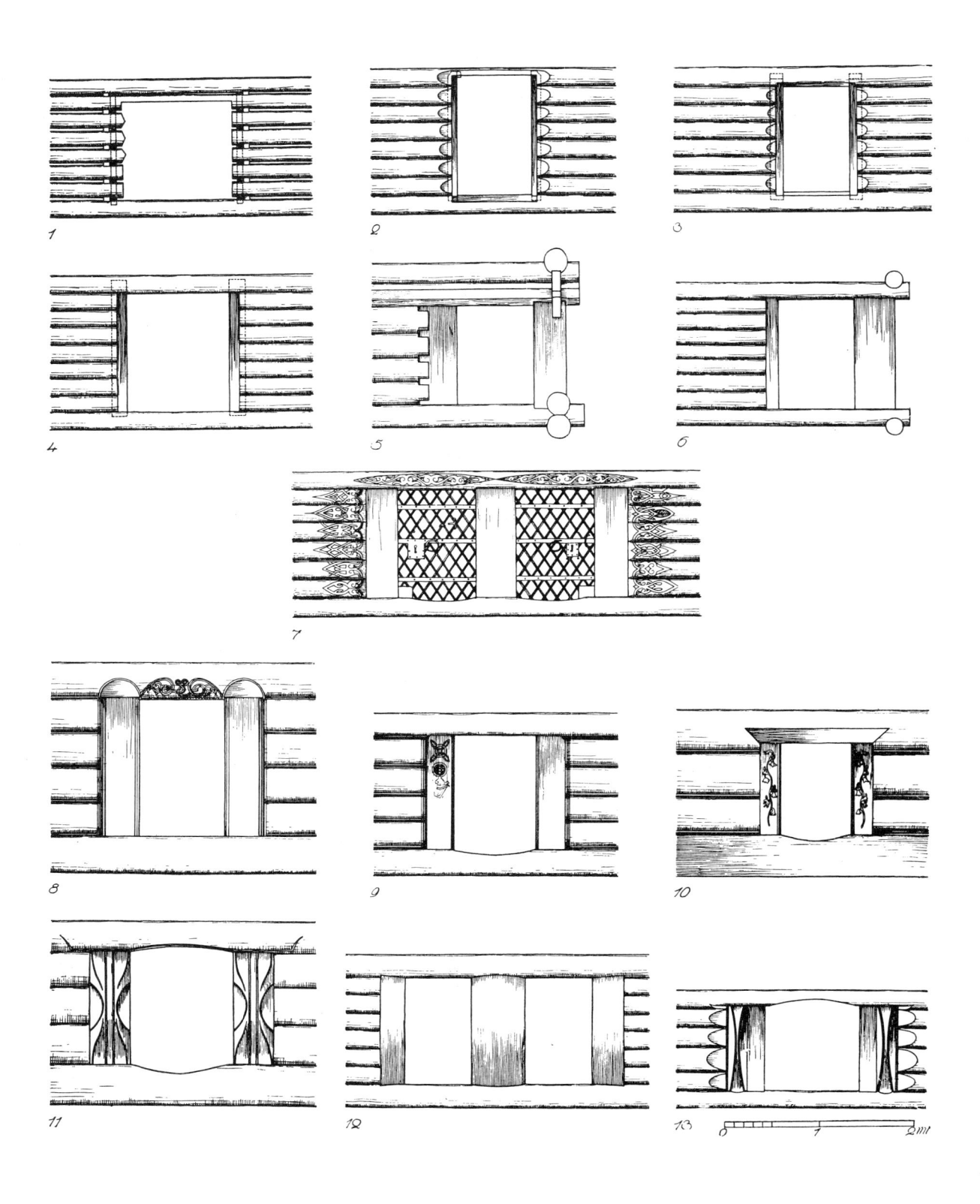

Abb. 210: **Nordische Türen.** (Die in Klammern gesetzten Zahlen bezeichnen die Abbildungen mit den Einzelheiten zu den betreffenden Beispielen.) Die Beispiele stammen aus: 1) Aelvros (209); 2) Lekvattnet (209); 3) Jämtland (209); 4) Aelvros (209); 5) Mora (209); 6) Fageråsen (209); 7) Aelvdalen (212); 8) Vindlaus (211); 9) Midgarden (211); 10) Snartland (211); 11) Haugen (213); 12) Härbre (213); 13) Dagsgård (213). (1—7 aus Schweden, 8—13 aus Norwegen.)

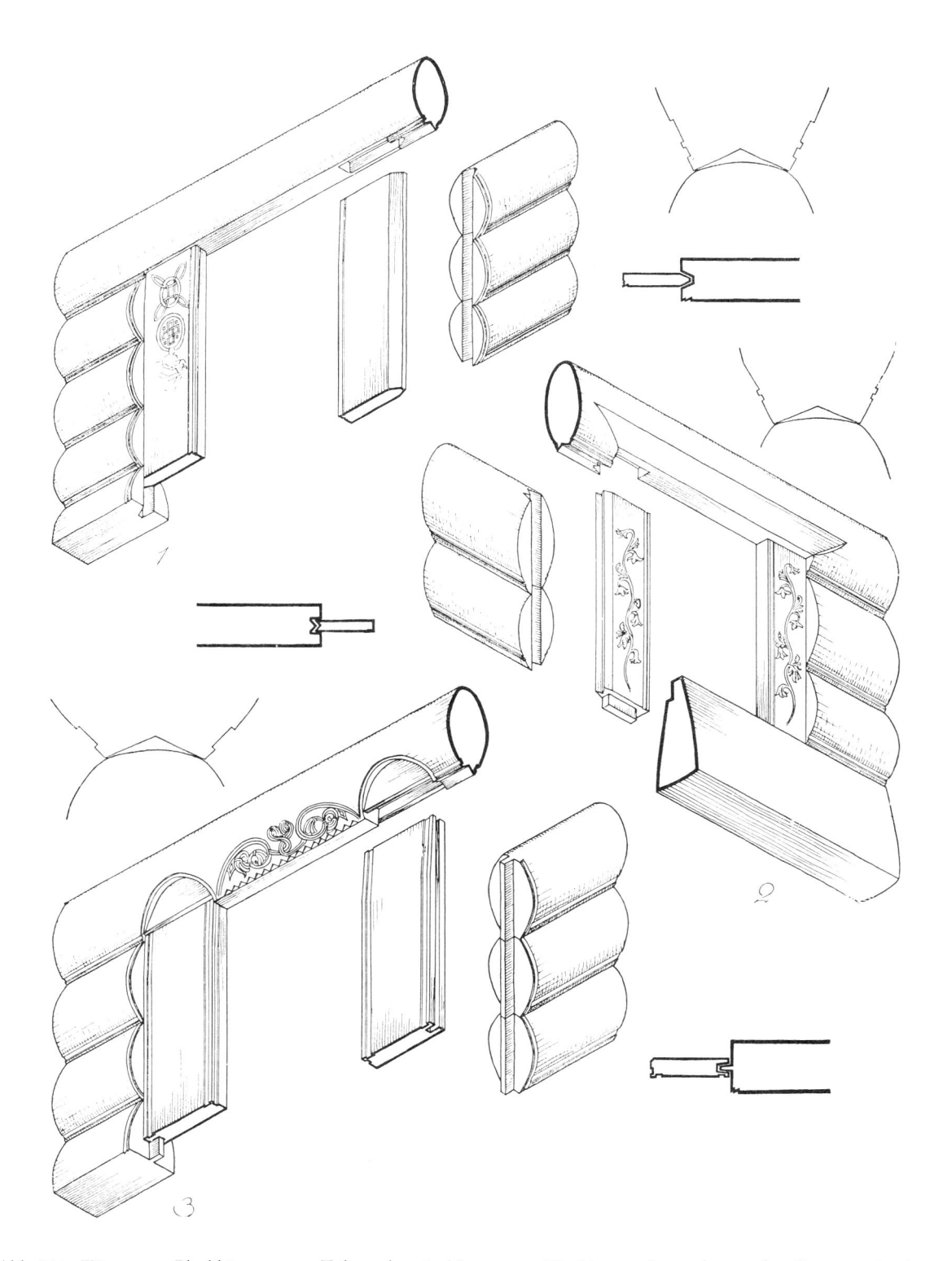

Abb. 211: **Türen von Blockhäusern aus Telemarken in Norwegen.** Die Umgestaltung des runden Stammes in einen Blockbalken mit ovalem Querschnitt läßt diesen in der Richtung der Längsachse die größte Kraftentfaltung andeuten. Dieses sowie das jeden Blockbalken begleitende zartbemessene Profil geben den Auftakt auch für die Türbohlenpfosten. Diese Bohlen liegen bei 1, von einem Bur aus Snartland in Fyresdal, in einem aus dem Hirnholz der Blockbalken herausgestochenen Schlitz; bei 3, von einem Loft aus Vindlaus in Eidsberg, um 1300, tritt der umgekehrte Fall ein. Hier greifen die Blockbalken mit Zapfen, die sich zu einem Spund vereinen, in eine entsprechende Nut der Bohlen ein. Das letzte steht unter dem Einfluß des sogenannten Reiswerkes, bei dem die Fachfüllungen untereinander gespundet und in ähnlicher Form in die Türpfosten eingenutet sind. (Die Beispiele sind umgezeichnet nach: Johan Meyer, Fortids Kunst i Norges bygder, 1920, 1922.)

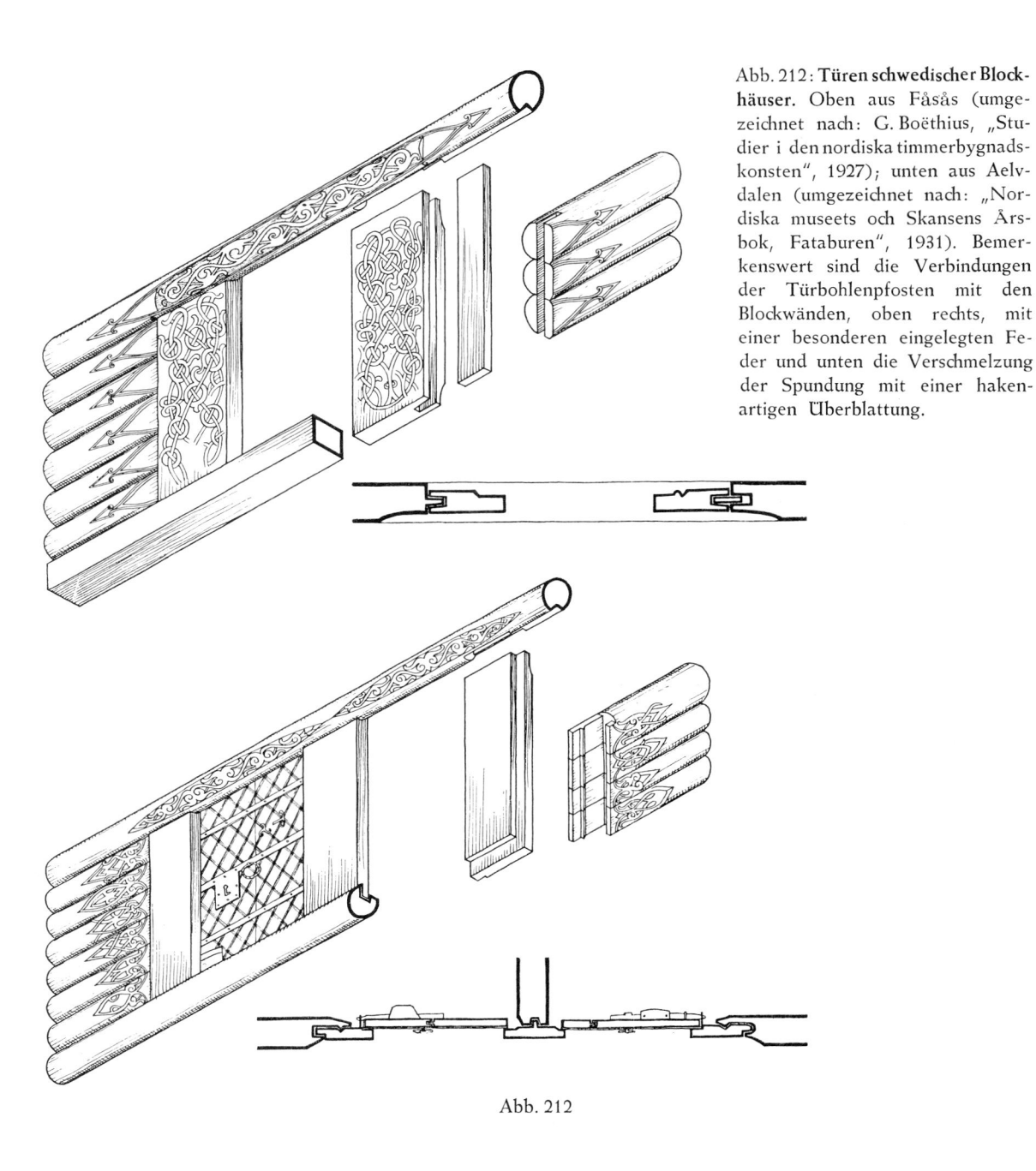

Abb. 212: **Türen schwedischer Blockhäuser.** Oben aus Fåsås (umgezeichnet nach: G. Boëthius, „Studier i den nordiska timmerbygnadskonsten", 1927); unten aus Aelvdalen (umgezeichnet nach: „Nordiska museets och Skansens Årsbok, Fataburen", 1931). Bemerkenswert sind die Verbindungen der Türbohlenpfosten mit den Blockwänden, oben rechts, mit einer besonderen eingelegten Feder und unten die Verschmelzung der Spundung mit einer hakenartigen Überblattung.

Abb. 212

Zu Abb. 213 **Türen norwegischer Blockhäuser mit geschwellten Türpfosten.** Die im Querschnitt ovalen Blockbalken zeigen in der Richtung der großen Achse, also im vorliegenden Fall in der Senkrechten der Wand, die größte Kraftentfaltung. Man darf sie gespannten Muskeln gleichstellen. Diese Veranschaulichung des in der Blockwand waltenden Kräftespiels übertrug man auch auf die Türpfosten und gab ihnen eine in der Senkrechten liegende Schwellung. Es stellt dies die Höchstleistung architektonischer Ausdrucksfähigkeit in der Einzelform dar und wurde vom Norden nach dem Süden verpflanzt. In der Schwellung des antiken Säulenschaftes kehrt der gleiche Gedanke in Stein übersetzt wieder. Bei 1, von einem mittelalterlichen Loft aus Haugen in Setesdalen, hat man aus feinem Empfinden heraus von den Kanten des Längsholzes aus halbkreisförmige Einschnitte gemacht, um vom Scheitel der Schwellungskurve eine Überleitung zur Wandflucht zu schaffen. Beispiel 2, von einem Loft aus Dagsgård (17. Jahrhundert), ist dem vorigen verwandt, doch geschah hier die Vermittlung zur Schwellung jeweils von der gesamten Längskante aus. Dadurch ergab sich eine in leichter Schwingung sich bewegende Schnittlinie. Bei 3, aus Härbre bei Kråkberg, fallen die Vermittlungen zu den geraden Längskanten weg, dafür ist aber hier die Schwellung weniger stark als bei den vorigen. (Die Beispiele sind umgezeichnet nach: 1) Gisle Midttun, Setesdalen, 1919; 2) „De sandvigske sammlinger", 1928; 3) Gerda Boëthius, Timmerbygnadskonsten, 1927.)

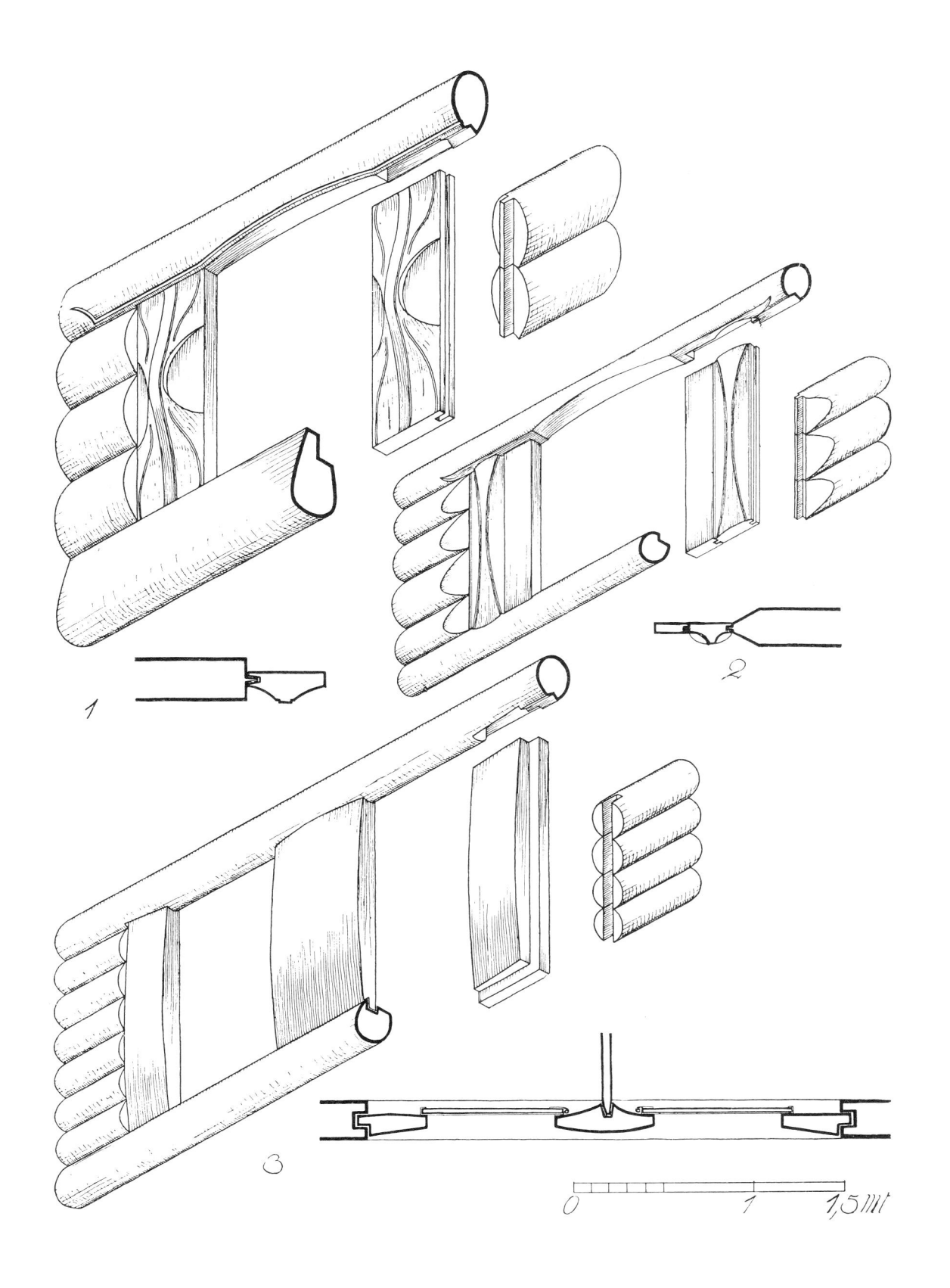

Abb. 213 (Text siehe Seite 164)

Abb. 214 (Text siehe Seite 167)

Abb. 215 (Text siehe Seite 167)

Abb. 216: **Gegenüberstellung nordischer Holzgefüge und antiker Steinarchitekturen**, die gemeinsam in ihrer Formgebung ein lebendiges Kräftespiel zur Schau bringen. Beim ersten erscheinen die Türpfosten, gleich den im Querschnitt oval gestalteten Blockbalken, wie in Spannung begriffene Muskeln; beim zweiten hingegen geben die senkrecht gestellten Bohlen der Fachausfüllung den Auftakt. Deshalb hat man hier an den Türpfosten das Greifen und zugleich das Anschmiegen betont. Das dritte, eine dorische Säule, zwingt mit der Schwellung ihres Schaftes deutlich zum Vergleich mit den Türpfosten des ersten Beispieles, seiner Ahne. Diese aus starkem Einfühlen heraus geborene Sprache wurde selbst bis auf die als Stütze verwandte menschliche Figur (4) ausgedehnt.

Zu Abb. 214: **Tür vom oberen Stockwerk des Oseloft, jetzt in Bygdö.** (Norsk Folkemuseum.) Gleich dem waagerecht liegenden Blockbalken deuten auch die senkrecht stehenden Türpfosten eine die Lasten kennzeichnende Spannung an. Am eisernen Türbeschlag sind die ausstrahlenden Ranken angeschweißt, eine in der nordischen Schmiedekunst sehr beliebte Handwerksübung.

Zu Abb. 215: **Doppeltür von der Ämlistue, jetzt in Bygdö.** (Aufnahme Norsk Folkemuseum.) An diesem Beispiel hat man den Schmuck der Türpfosten nach dem Innern, nach der Aarestue zu verlegt.

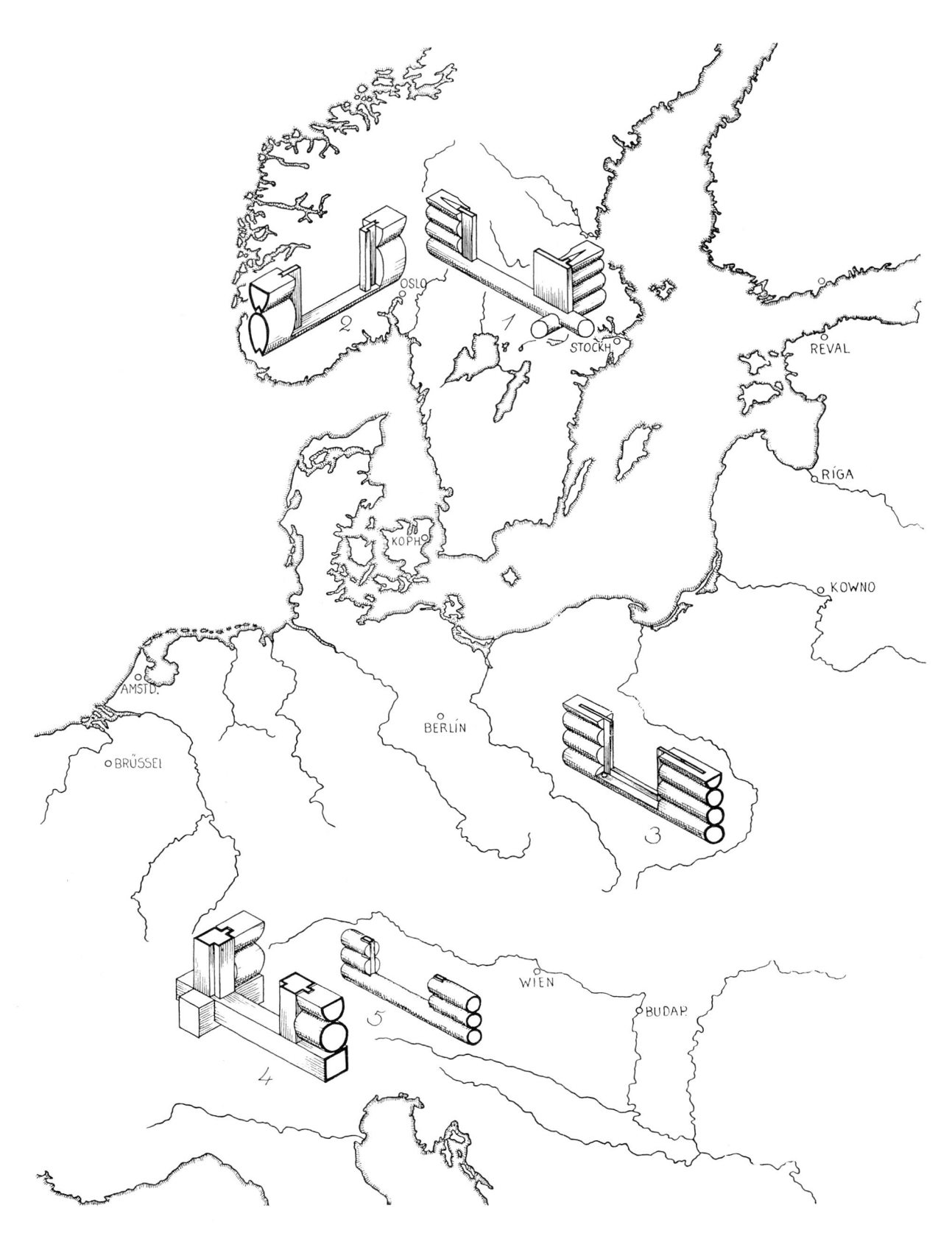

Abb. 217 (Text siehe Seite 169)

168

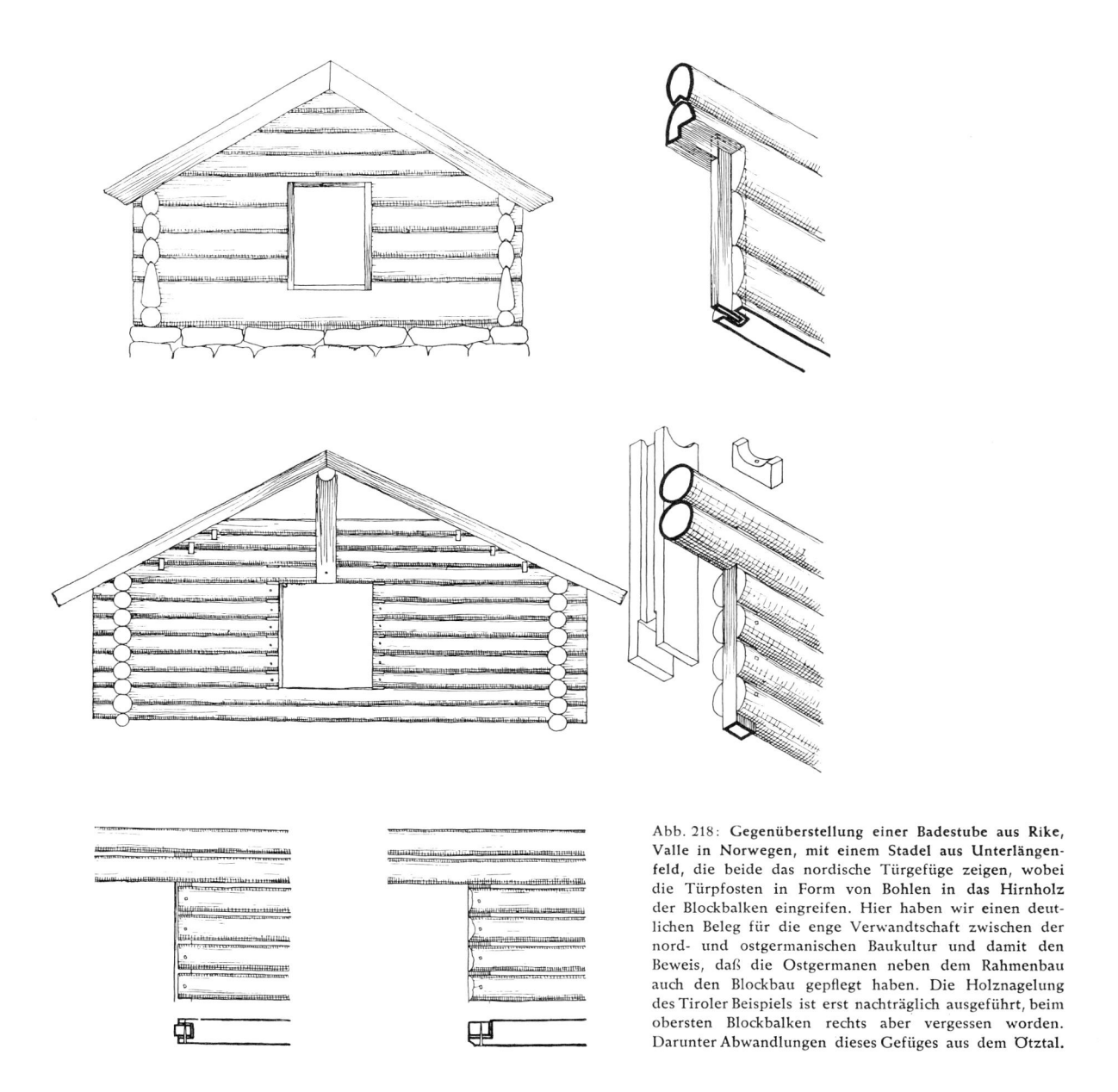

Abb. 218: **Gegenüberstellung einer Badestube aus Rike, Valle in Norwegen, mit einem Stadel aus Unterlängenfeld**, die beide das nordische Türgefüge zeigen, wobei die Türpfosten in Form von Bohlen in das Hirnholz der Blockbalken eingreifen. Hier haben wir einen deutlichen Beleg für die enge Verwandtschaft zwischen der nord- und ostgermanischen Baukultur und damit den Beweis, daß die Ostgermanen neben dem Rahmenbau auch den Blockbau gepflegt haben. Die Holznagelung des Tiroler Beispiels ist erst nachträglich ausgeführt, beim obersten Blockbalken rechts aber vergessen worden. Darunter Abwandlungen dieses Gefüges aus dem Ötztal.

Zu Abb. 217: **Ausbreitung des nordischen Türgefüges.** Kennzeichnend ist hier, daß die Türpfosten, die ursprünglich Bohlenform zeigten, in eine aus dem Hirnholz der Blockbalken herausgestochene Nut eingreifen (vgl. Abb. 208). Wo die Bohle durch ein Ganz- oder Halbholz abgelöst wurde, blieb der in die Blockbalken eingreifende Teil in Form eines Spundes wirksam. Diese Gefügeart hat sich in Skandinavien bis in die heutigen Tage erhalten. Ihre Spuren führen aber über Schlesien bis in die Schweiz und nach Tirol. 1) von einem Eldhus aus Fagerásen, Schweden nach G. Boëthius; 2) von einem Loft aus Valle, Setesdalen, Norwegen, nach Gisle Midttun, „hus og huskunad", 1919; 3) von einem Wohnhaus der frühmittelalterlichen Siedlung auf der Oderinsel bei Oppeln (11.—12. Jahrhundert), nach Georg Raschke: „Die Entdeckung des frühgeschichtlichen Oppeln", 1931; 4) von einer Sennhütte aus Seewis, Graubünden, nach: „Das Bauernhaus in der Schweiz", 1903; 5) von einem Stadel aus Unterlängenfeld, Ötztal, Tirol, nach eigener Aufnahme. Das Beispiel 4 weist auf burgundische und 5 auf gotische Wurzel hin.

Abb. 219: **Gegenüberstellung von kleinen Heuscheunen** aus: 1) Aseral, Norwegen, 2) Narbotten, Schweden, und 3) Kleis, Oberbayern, mit Firstsäulen aus der Gegend um Mittenwald, die sich auffallend ähnlich sehen und die die Verwandtschaft zwischen nord- und ostgermanischer Bauweise belegen. Außer dem Blockbau bilden 1 und 2 die aufgestülpten Firstsäulen, ein Gefüge, das an den Säulen (norwegisch stolper) des Rahmen- oder Reiswerkes in Gebrauch war, weiter 2 und 3 die nach außen geneigten Wände. Das alle drei überdeckende flache Dach ist bedingt durch die Art der zur Dachhaut verwendeten Baustoffe und Sicherung ihrer Standfestigkeit durch Eigen- und Zusatzgewicht.

Abb. 220: **Gegenüberstellung von einem Loft vom Hofe Halvorgaard, Sundalen, Gol in Hallingdal, Norwegen, aus dem Anfang des 18. Jahrhunderts (links) und einem Stadel vom Untertauersteinhof in Alpbach, Tirol**, woraus die enge Verwandtschaft zwischen nord- und ostgermanischer Baukultur zutage tritt. Das letztere, das an seiner Verschalung anschaulich den auf die künstlerische Gestaltung lähmend wirkenden Einfluß der Gattersäge und des Eisennagels erkennen läßt, darf auf gotische Wurzel zurückgeführt werden. Je weiter man zeitlich zurückgeht, desto ähnlicher muß es seiner nordischen Schwester gewesen und die Ummantelung des oberen Ganges in Reiswerk ausgeführt worden sein.

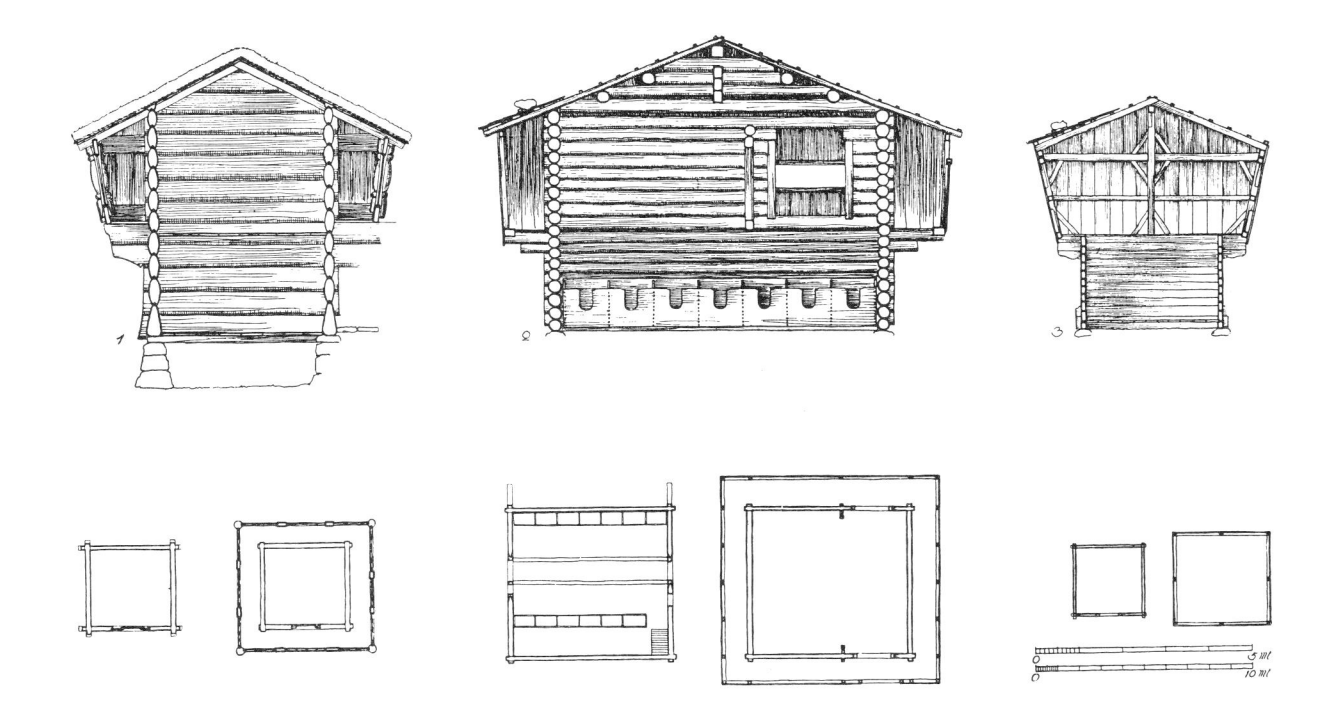

Abb. 221: **Grundrisse und Querschnitte von einem Loft aus Dale, Valle, Setesdalen (links), einer Stallscheune aus Alpbach (Mitte), und einem Kasten aus Vorderbrand bei Berchtesgaden, Oberbayern (rechts).** Das erste Beispiel zeigt die kennzeichnenden Formen des nordgermanischen Speichers, der zur Aufbewahrung von Feldgeräten und Vorräten, im Obergeschoß sogar als Schlafraum diente. Das zweite ist auf ostgermanische Wurzel zurückzuführen. Sein Erdgeschoß birgt einen Stall, sein Obergeschoß eine Scheune. Das dritte, dessen Obergeschoß in westgermanischem Ständerwerk errichtet wurde, verrät eine Mischung der beiden vorangegangenen. Im Erdgeschoß liegt ein Speicher, im Obergeschoß eine Scheune. Bei ihm fehlt der bei den beiden anderen das Obergeschoß umrahmende Svale oder Laufgang.

Zu Abb. 222: **Ausbreitung der im nordischen Rahmenbau und Reiswerk entstandenen und auch auf den Blockbau übertragenen Aufstülpung.** 1) von einem Loft aus Totakoygarden, Telemarken, Norwegen (1722), 2) aus Västergötland, Schweden, 3) von der Gotland benachbarten Insel Farö, 4) aus Münster, Schweiz, und 5) aus Sölden, Ötztal, Tirol. Neben dieser Aufstülpung mit sichtbaren Schlitzen gibt es eine solche, wobei das Hirnholz des Schwellen- oder Rahmenkranzes verdeckt wird (vgl. Phleps, „Ostgermanische Spuren im Gefüge des westgermanischen, alemannischen Ständerwerks" in „Brauch und Sinnbild", herausgegeben von F. Herrmann und W. Trautlein, 1940, Tafel 32). Die Aufstülpung greift von Skandinavien auf die Fünische Halbinsel (Dänemark) herüber und reicht dort bis nach Schleswig herunter. Dieser nordgermanischen Ausbreitung steht die ostgermanische gegenüber, die sich in vereinzelten Beispielen nördlich, südlich und südwestlich vom Bodensee und im Wallis in eine burgundische und in Tirol in eine gotische Gruppe gliedert.

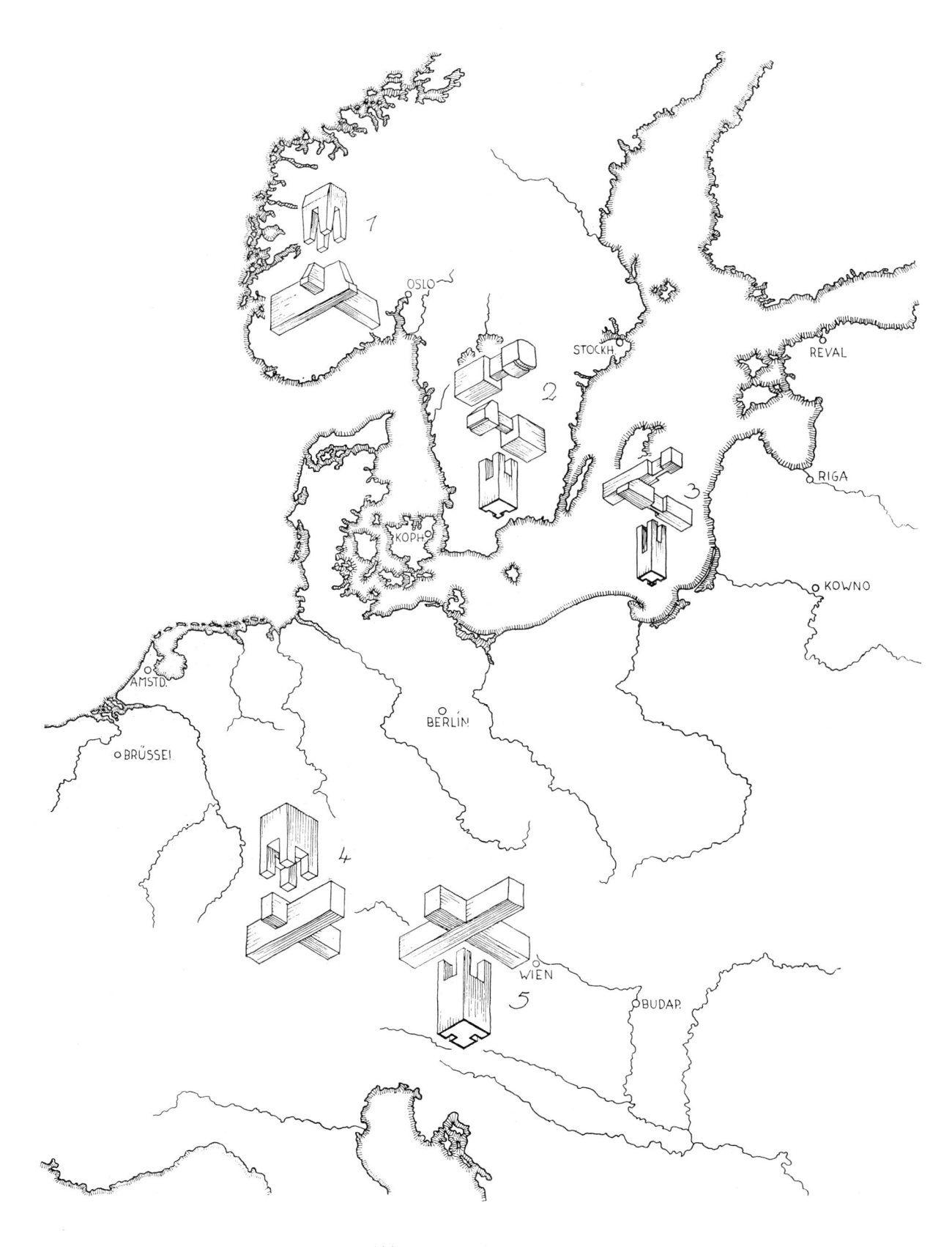

Abb. 222 (Text siehe Seite 171)

Abb. 223: **Stockwerk-Stadel aus Sölden im Ötztal in Tirol,** dessen Raumform und Bretterdach auffallend auf schwedische Nebenbeispiele hinweist.

Abb. 224: **Tenne von einem Heustadel in Sölden, Ötztal, Tirol,** wo die verschnittene Blockwand durch einen in Schlitzen sitzenden Wechsel, einem kennzeichnend nordischen Gefüge, gehalten wird.

Abb. 223

Abb. 225: **Reste einer Haustür von einer im Jahre 1930 freigelegten, frühmittelalterlichen Siedlung auf der Oderinsel bei Oppeln (11. bis 12. Jahrhundert).** Der schattierte Teil gibt den von Georg Raschke freigelegten Fund wieder; die Ergänzung stammt vom Verfasser. Wie bei den skandinavischen Beispielen griffen auch hier Türbohlenpfosten in einen aus den Blockbalkenköpfen herausgestochenen Schlitz ein. Dieses ergibt mit einen deutlichen Beweis für die Annahme, daß die in dem aus dem 10. Jahrhundert

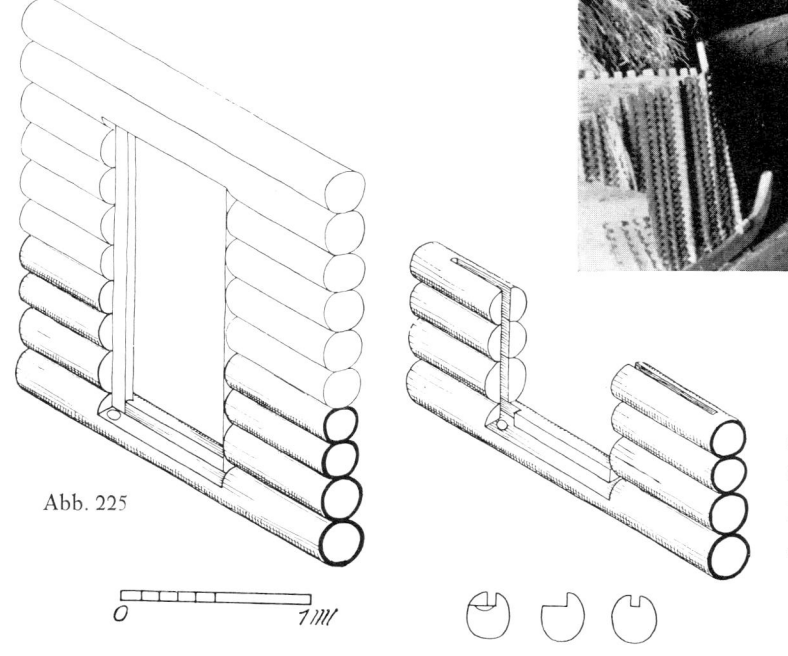

Abb. 224

Abb. 225

stammenden Reisebericht des arabischen Kaufmannes Ibrahim-ibn-Jakub genannten „Rus" (vgl. G. Raschke, Aus Oberschlesiens Urzeit, Nr. 17, 1932, S. 9) wikingische Schweden gewesen sein müssen.

173

Das keltische und das keltisch=germanische Türgefüge

Bei diesem Gefüge greifen die Blockbalken mit Zapfen, die sich zu einem Spund vereinen, in eine entsprechend aus den Türpfosten herausgestochene Nut ein. Desgleichen suchen auch die Türpfosten selbst mit Zapfen an Schwelle und Sturz ihren Halt. Das Aussparen von Setzluft an letzterer Stelle erwies sich, weil hier nicht wie beim nordischen Gefüge der Pfosten in voller Stärke eingelassen werden konnte, schwieriger als dort und führte deshalb zu den verschiedensten Lösungen (Abb. 226). Der Name „keltisch" wurde deshalb gewählt, weil dieses Türgefüge sich schon in vorkeltischer Zeit nachweisen läßt (Abb. 227) und sich in den ehemals von Kelten bewohnten Gebieten am reichsten entfaltet hat. Es verbreitete sich weit über dieses Gebiet hinaus und gilt heute als die gebräuchlichste Verbindungsart im Blockbau (Abb. 228).

Dieses Gefüge erlebte schon allein auf dem Gebiet der Schweiz die mannigfaltigsten Abwandlungen (Abb. 229—251), sowohl in bezug auf die Verbindungsart im einzelnen, als auch in der künstlerischen Ausgestaltung, die mit wenigen Ausnahmen (Abb. 238/2) aber immer dem Wesen des Holzes gerecht wurde. An den Türpfosten wird die ursprünglich nur seitlich herausgestochene Nut — sich zu einem Schlitz verwandelnd — auch über das Hirnholz hinweggezogen. Die Anregung hierzu kam vom Ständer- und Stabwerk, bei dem die Bohlenfüllungen in einer die Fächer als geschlossenen Ring umziehenden Nut liegen, also von germanischer Seite. Deshalb gebührt diesem Gefüge der Name „keltisch-germanisch".

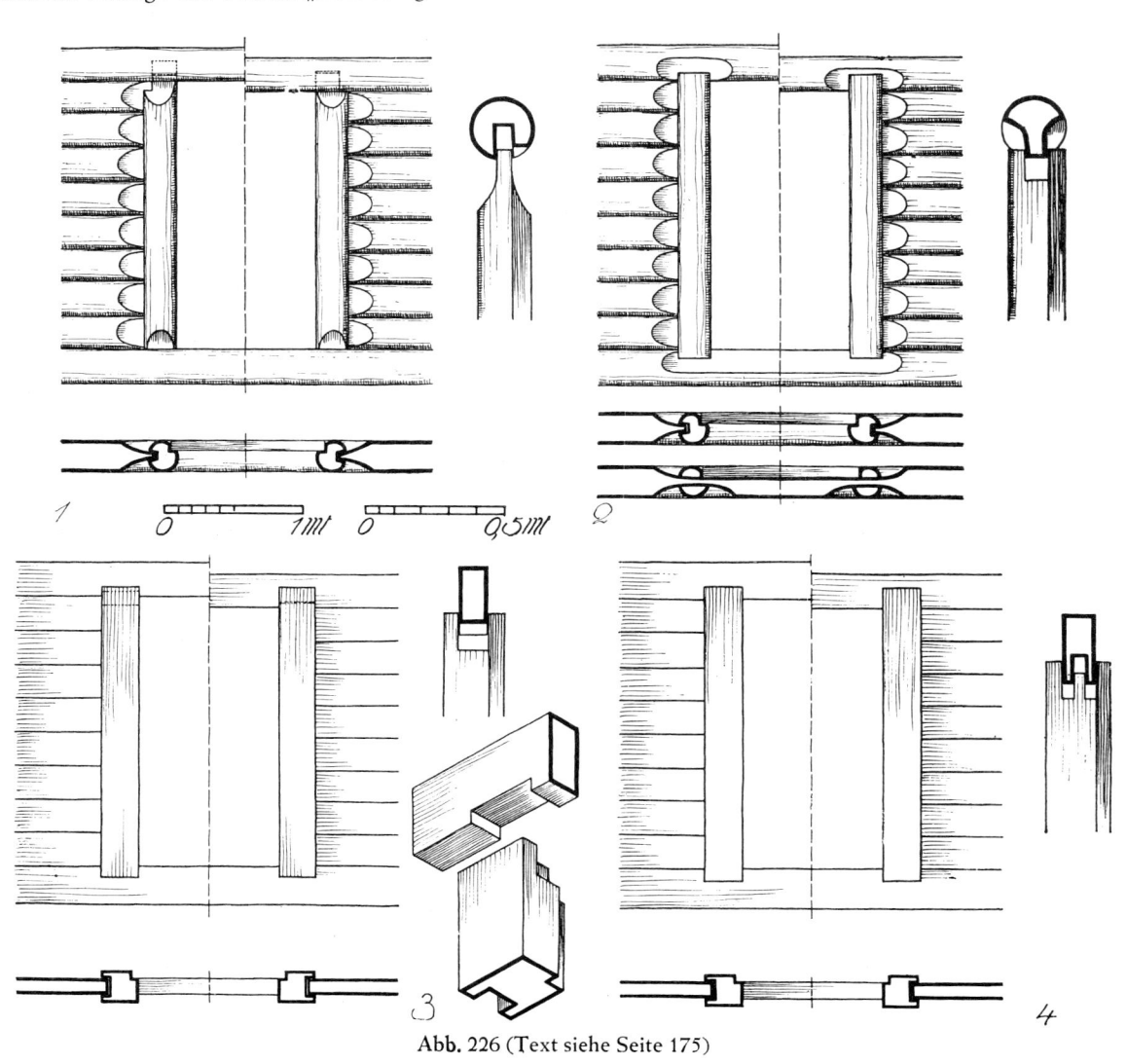

Abb. 226 (Text siehe Seite 175)

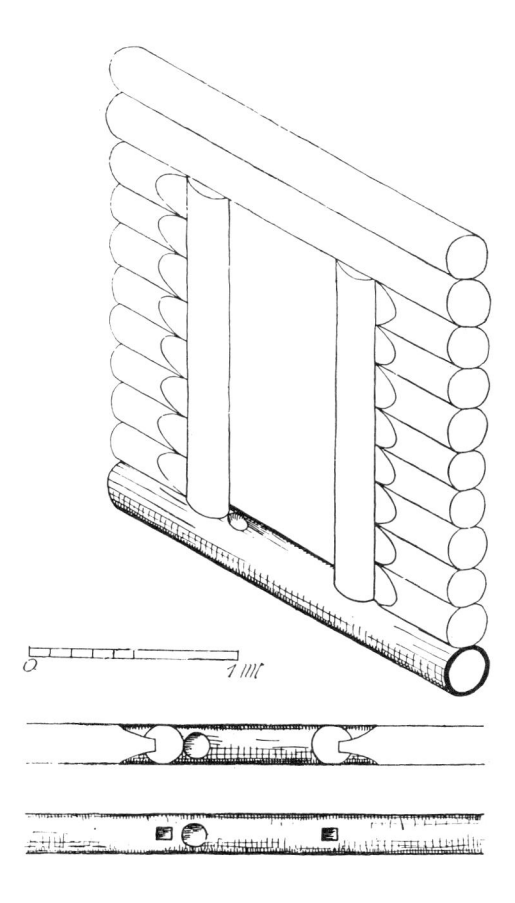

Abb. 227: **Wiederherstellungsversuch einer Tür von den Blockhäusern der Wasserburg Buchau im Federseemoor (Württ.)**, (etwa 1100—800 v. Chr.) nach Angaben des Ausgrabers Hans Reinerth. Erhalten hat sich bloß der unterste Blockbalken. Die mit dünnen Linien gezeichneten Teile zeigen eine erdachte Ergänzung. Am Befund kennzeichnet sich die Lage der Tür durch zwei Zapfenlöcher und ein Lager für die Türangel. Da diese Zapfenlöcher zur Aufnahme der Türpfosten dienten, müssen diese gleichzeitig mit den Blockbalken aufgerichtet worden sein. Es ist selbstverständlich, daß man weiter mit einer kleinen Umwandlung die gleiche Verbindungsart zwischen dem Hirnholz der Blockbalken und dem Längsholz der Türpfosten verwandte. In diesem Falle verwandelten sich die Zapfen zu einem Spund und die Zapfenlöcher zu einer Nut. Da das Aufrichten von Wand und Türpfosten gleichzeitig geschah, muß am Türsturz Setzluft vorgesehen worden sein.

Zu Abb. 226: **Erläuterung zum keltischen und keltisch-germanischen Türgefüge.** In den Skizzen ist jeweils die linke Hälfte im Zustand während des Aufrichtens, die rechte nach dem Setzen dargestellt. Die Türpfosten werden beim ersten Beispiel in Schwelle und Sturz eingezapft und schon während des Aufrichtens eingesetzt. Demselben Gedanken folgen die Blockbalken. Weil sich hier Zapfen an Zapfen geschlossen zu einem Spund vereinigen, wird daran anpassend aus dem Pfosten eine Nut herausgestochen. Um beim Setzen nachrücken zu können, greifen die Pfosten mit Hängezapfen ein, das heißt, man trifft in diesem Sinne durch Aussparen von Setzluft oder Sitzrecht im Zapfenloch Vorsorge. Dieser Gedanke kommt schon beim bronzezeitlichen Buchau (Württ.) vor. Es soll das ihn verkörpernde Gefüge mit dem Namen „keltisch" bezeichnet werden. Beim zweiten, rein gedachten Beispiel wird die Nut unten und oben in das Hirnholz hinübergezogen. Es entstehen an beiden Enden Schlitze. Auch hier muß Setzluft gelassen werden. So selbstverständlich dies auf den ersten Blick aussieht, brauchte es zu dieser Änderung doch eines einer anderen Baukultur entsprießenden Anstoßes. Er kommt von germanischer Seite, denn bei den Nord-, Ost- und Westgermanen greift die Bohlenfüllung der Fächer, sei es Reis- oder Ständerwerk, in eine über alle Gewände hinweglaufende Nut ein. Das dritte Beispiel zeigt ein dem vorigen verwandtes, aber nun auf vierkantige Hölzer übertragenes, die Grundform für die Schweizer Türen darstellendes Gefüge. Man darf ihm den Namen „keltisch-germanisch" geben. Beim vierten sind die im ersten und zweiten Gefüge verwirklichten Gedanken zu einer Einheit verschmolzen, wobei die Blätter des Schlitzes die durch die Setzluft bedingte Fuge verdecken.

Zu Abb. 228: **Ausbreitung des keltischen Türgefüges.** Die Bezeichnung „keltisch" wurde gewählt, weil dieses Gefüge in den ehemaligen Siedlungsgebieten der Kelten beheimatet ist, sich aber über die Keltenzeit hinweg bis zur Bronzezeit verfolgen läßt. Das Kennzeichnende ist, daß das Hirnholz voll oder mit Zapfen in einen entsprechenden, aus dem Längsholz herausgestochenen Ausschnitt wie in ein Zapfenloch oder eine Nut eingreift und daß die Türpfosten gleichzeitig mit den Blockbalken aufgerichtet werden. 1) von der Wasserburg Buchau (etwa 1100—800 v. Chr.); 2) aus Stalden, Wallis; 3) aus Peuerbach, Oberösterreich; 4) aus Oberbayern (Mischform, weil hier die Türpfosten nachträglich eingefügt und deshalb nicht verzapft worden sind); 5) aus dem Kreis Kosel, Schlesien; 6) aus der Provinz Brandenburg; 7) aus Ostpreußen; 8) aus dem litauisch-weißruthenischen Grenzgebiet; 9) aus dem westlichen Blekinge, Schweden; 10) aus Finnland; 11) aus dem Siebenbürgischen Erzgebirge.

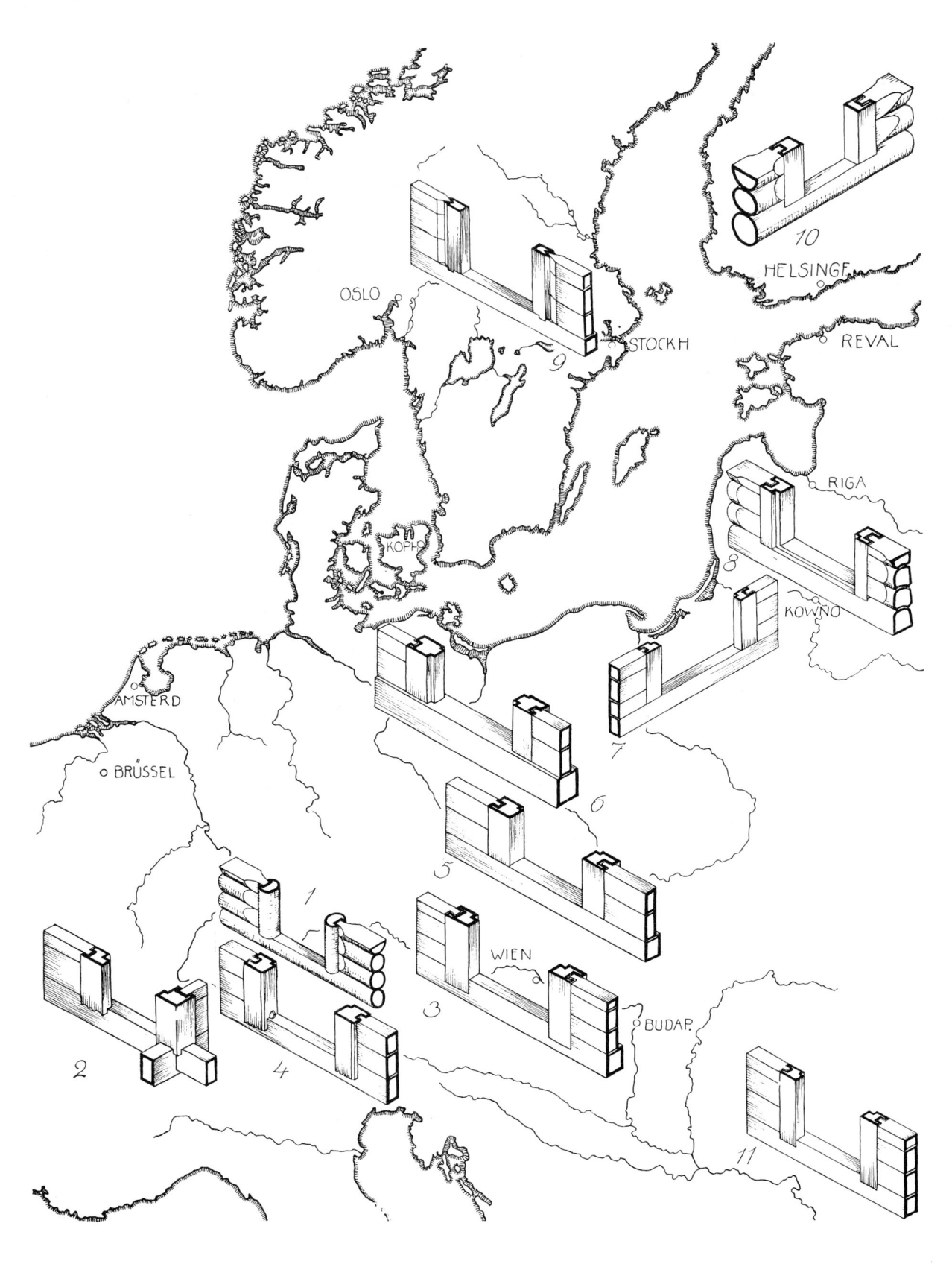

Abb. 228 (Text siehe Seite 175)

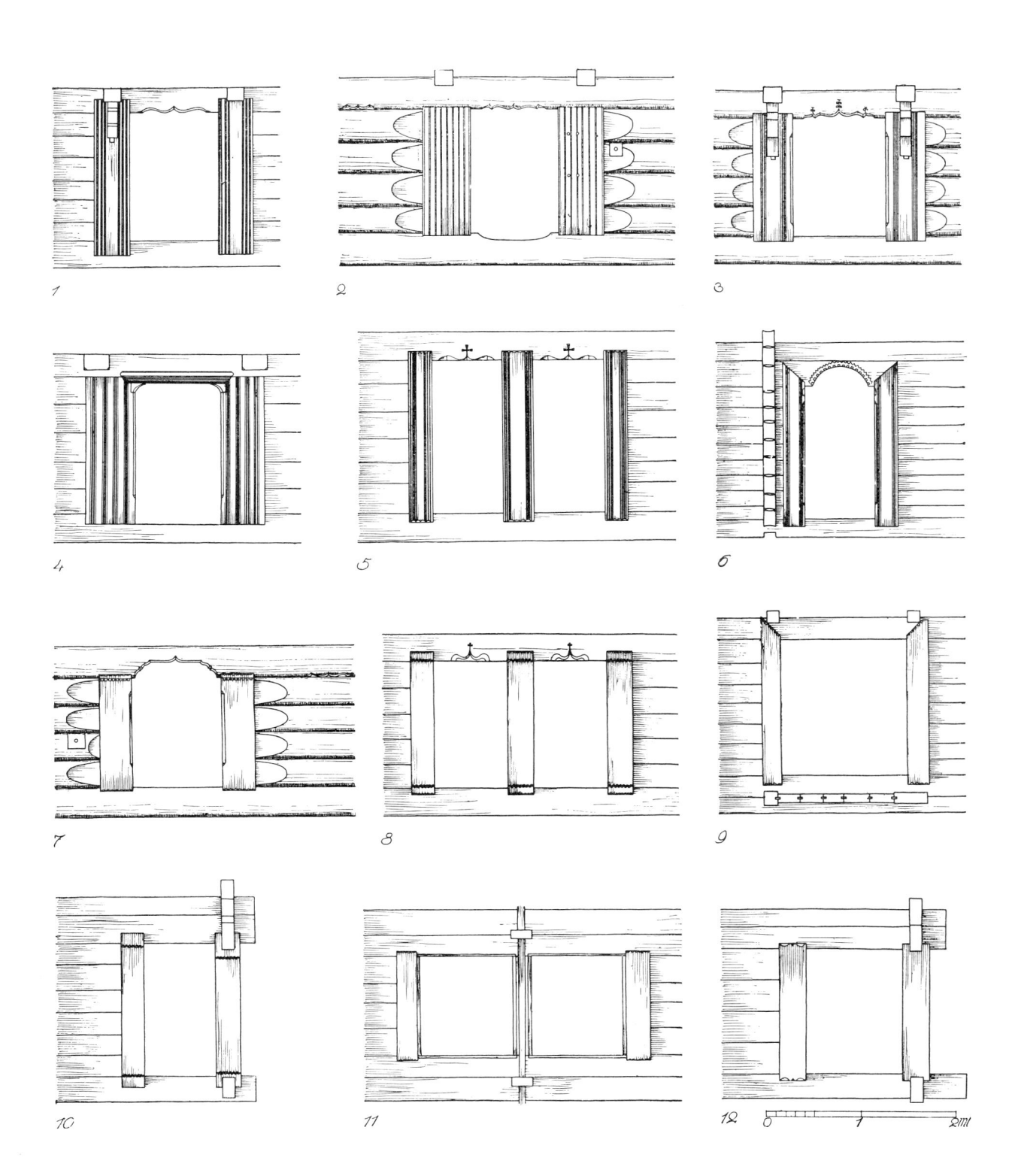

Abb. 229: **Schweizer Türen.** (Die in Klammern gesetzten Zahlen bezeichnen die Abbildungen mit den Einzelheiten zu den betreffenden Beispielen.) Die Beispiele stammen aus: 1) Ried (238, 239); 2) Egisvyl (230); 3) Waldhaus (230, 235, 236); 4) Ried (238, 240); 5) Naters (241); 6) Naters (244, 246, 247); 7) Waldhaus (230); 8) Fiesch (241, 243); 9) Naters (244); 10) Fiesch (251); 11) Kippel (251); 12) Stalden (277).

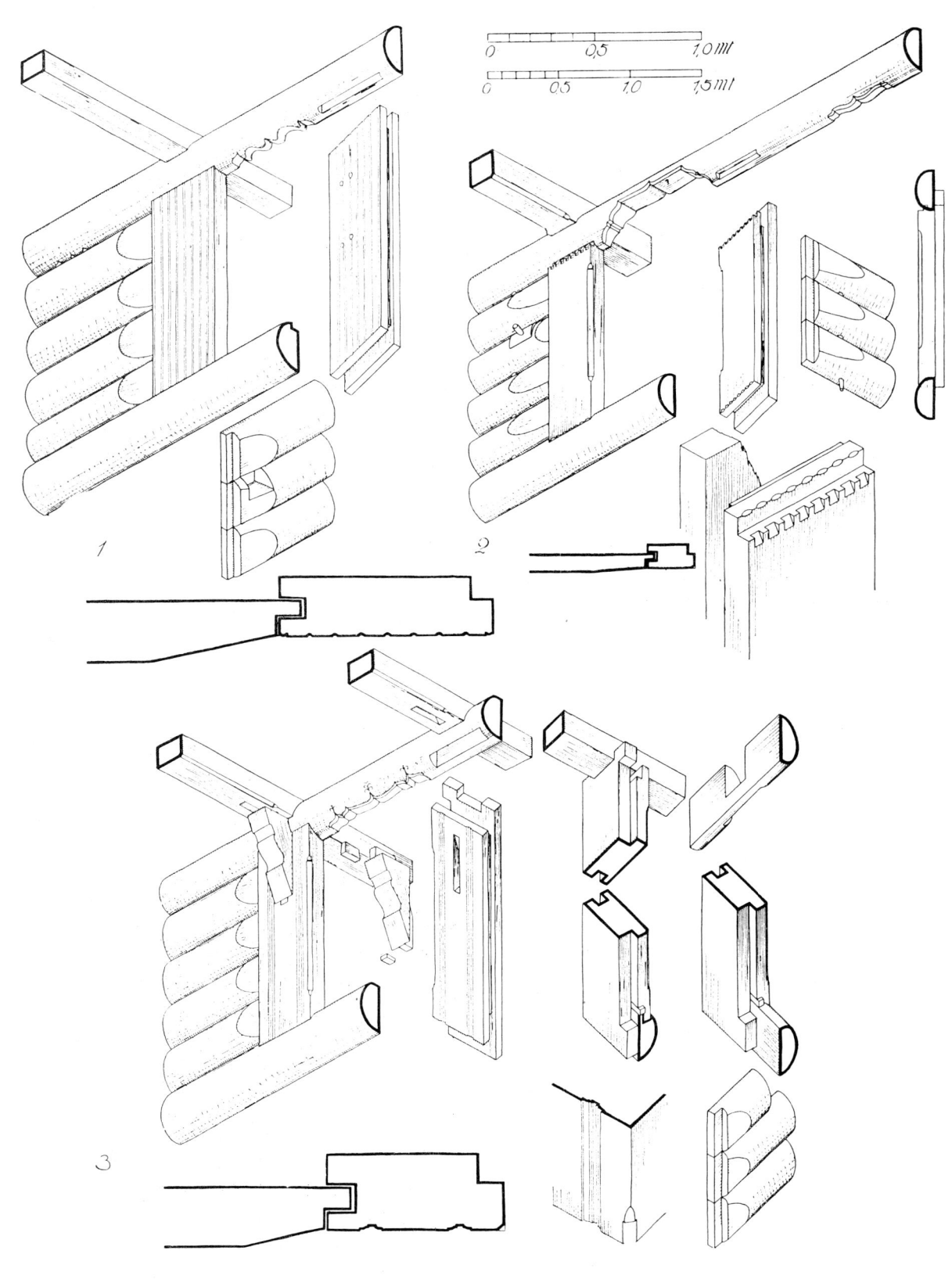

Abb. 230 (Text siehe Seite 179)

Abb. 231　　　　　　　　Speichertüren aus Egisvyl, Kanton Bern　　　　　　　　Abb. 232

Abb. 233: Speichertür aus Waldhaus, Kanton Bern

Zu Abb. 230: **Speichertüren aus dem Kanton Bern.** 1) aus Egisvyl; 2) vom Lüthihof in Waldhaus (von 1629); 3) vom Kipferhof in Waldhaus (von 1701). (Aufnahmen des Verfassers.) Die Blockbalken bestehen aus Hälblingen, die mittels Keilen, sogenannten Scheidweggen, und der Axt aus tannenen Stämmen gespalten worden sind. Sie werden an den breiten Türpfosten am Hirnholz mit einer Nut, am Längsholz mit Schlitzen gefaßt, wobei jedesmal Setzluft gelassen worden ist. Bei 3 durften die Knaggen erst nach dem Setzen eingefügt werden, was mit Jagzapfen geschehen ist. Schwelle und Sturz haben keinen Türfalz. Ausnahmsweise bestehen die Türpfosten bei 1 aus Eichenholz. Das kommt schon in der Art der ausgestochenen Profile, die dieses gegenüber 3 unterscheidet, zum Ausdruck.

Abb. 234:
Tür vom Dachgeschoß des Speichers aus Waldhaus, Kanton Bern

Abb. 235 und 236:
Speichertür aus Waldhaus, Kanton Bern

Abb. 237: Speichertür aus Waldhaus, Kanton Bern

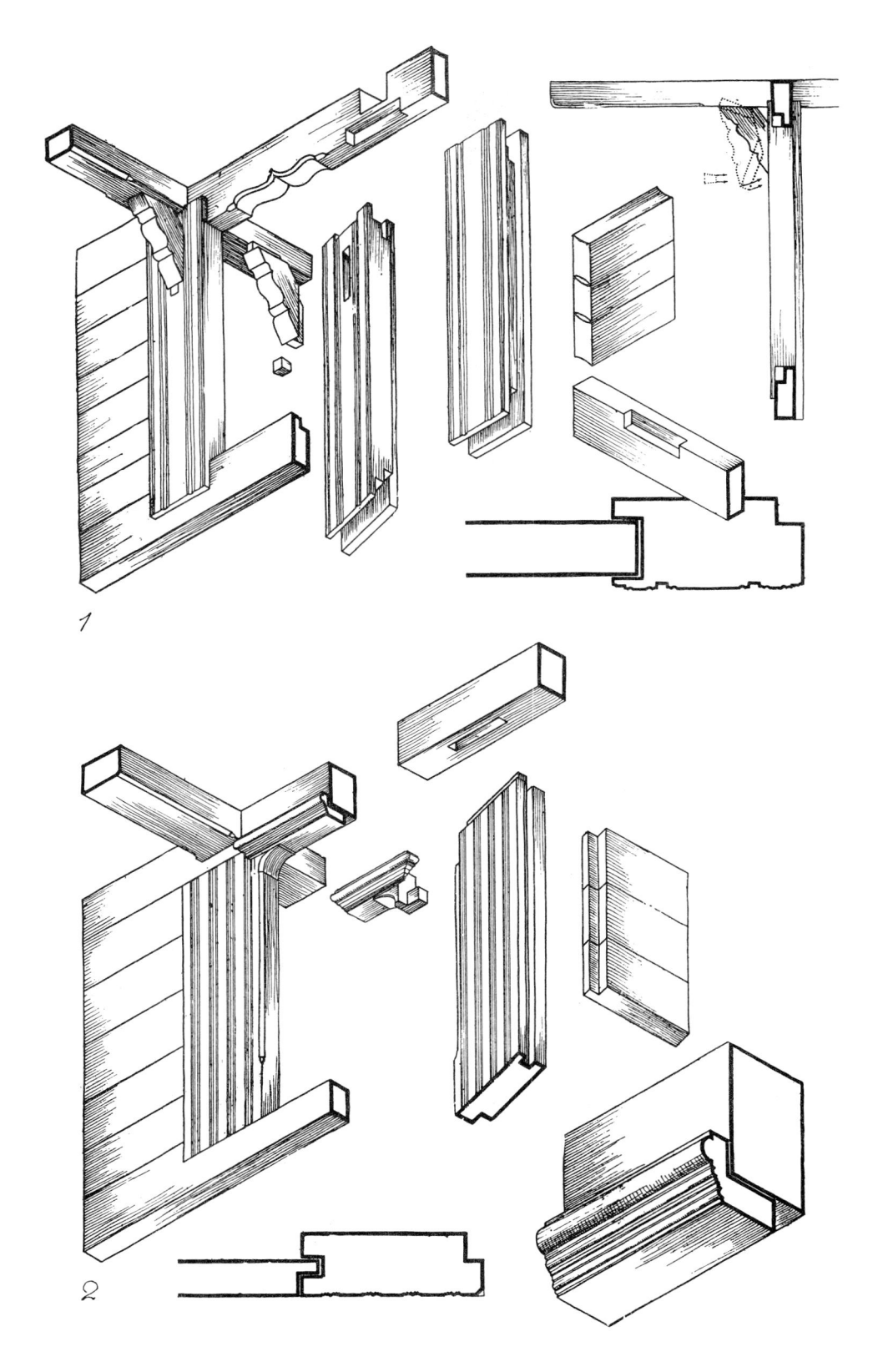

Abb. 238 (Text siehe Seite 183)

Abb. 239:
Speichertür aus Ried, Kanton Bern

Abb. 240: Speichertür aus Ried, Kanton Bern

Zu Abb. 238: **Speichertüren aus Ried im Kanton Bern.** 1) aus dem Jahre 1722, 2) von 1772. (Aufnahmen des Verfassers.) Die aus beschlagenem Kantholz bestehenden Blockbalken greifen mit dem Hirnholz bei 1 in voller Stärke und bei 2 mit Zapfen in die entsprechende Nut der Türpfosten ein. Ihr Längsholz wird bei 1 mit Schlitzen, bei 2 mit Zapfen gefaßt, wobei jedesmal Setzluft gelassen wurde. Ganz aus dem Wesen des Holzes heraus sind die Ansichten der Türpfosten mit flach herausgestochenen Profilen geschmückt worden. Im Gegensatz hierzu steht ein allein als Zierstück zwischengezapfter Türsturz bei 2, der in der Profilierung eine Anlehnung an den Steinbau verrät.

Abb. 241 (Text siehe Seite 185)

Abb. 242:
Speichertür aus Naters,
Wallis.

Abb. 243:
Speichertür aus Fiesch,
Wallis.

Zu Abb. 241: **Speichertüren aus dem Wallis, Schweiz.** 1) aus Naters; 2) aus Fiesch. (Aufnahmen des Verfassers.) Die Türpfosten fassen beide Male die Blockbalken mit einem Schlitz. Da sie außerdem noch in Schwelle und Sturz eingelassen sind und der Stoß zwischen dem Hirnholz der Pfosten und dem Längsholz der Blockbalken dicht ist, ergibt sich der Beweis, wie genau man das Maß der Setzluft voraus zu bestimmen verstand. Der Anschlagfalz läuft über den Sturzbalken hinweg. Bemerkenswert ist die verschiedenartige Verzierung des Türsturzes, die bei verwandter Linienführung bei 1 aus einer Fase, bei 2 aus der Fläche heraus entwickelt worden ist. Bei den Türpfosten wiederum schmückten das erste ein Flächenprofil, das zweite mit Säge und Hohlmeißel gestaltete Ornamente.

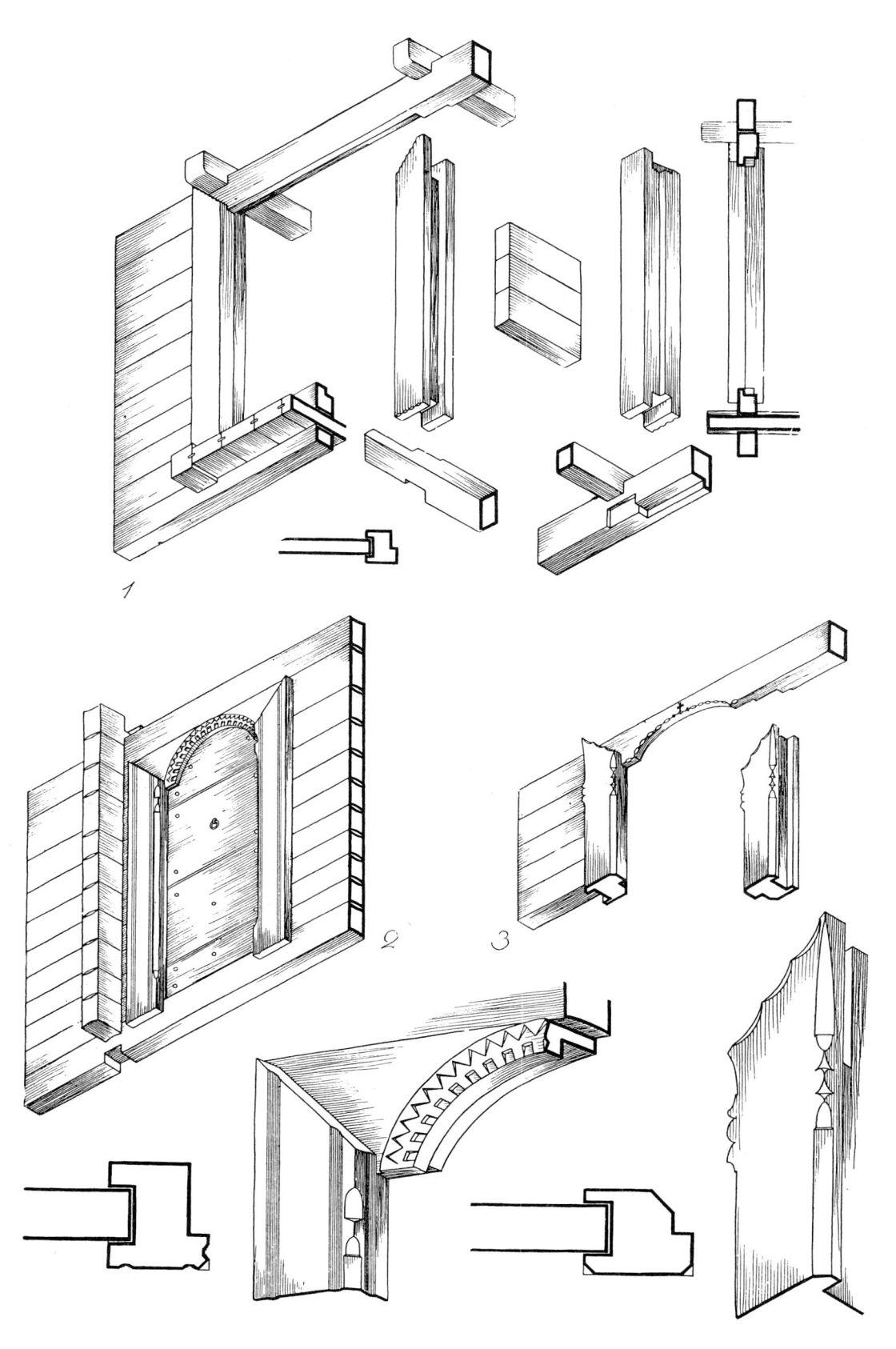

Abb. 244 (Text siehe Seite 187)

Abb. 245:
Speichertür aus Naters, Wallis.

Abb. 246 und 247:
Wohnhaustür aus Naters, Wallis.

Abb. 246   Abb. 247

Zu Abb. 244: Türen: 1) von einem Stadel und 2) von einem Wohnhaus in Naters; 3) von einem Wohnhaus aus St. Nikolaus, Wallis. (Aufnahmen des Verfassers.) Bei allen dreien fassen die Türpfosten die Blockbalken mit einem Schlitz, wobei jedesmal in der Außenflucht der vortretende Lappen schräg nach auswärts abgeschnitten worden ist. Bemerkenswert ist der Schmuck dieser Pfosten. Beim ersten begnügte man sich damit, die Kanten zwischen dem Hirn- und Längsholz mit dem Hohlmeißel zu verzieren, beim zweiten wählte man aus dem Längsholz herausgestochene Flächenprofile und beim dritten legte man das Gewicht auf verschiedenartig ausgestaltete Abfasungen der Kanten, und zwar sowohl am Längs- als auch am Hirnholz.

Abb. 248 bis 250:
Wohnhaustüren aus Fiesch, Wallis.

Abb. 249

Abb. 250

Zu Abb. 251: **Stadel aus Kippel (1) und Tür vom Obergeschoß eines Speichers aus Fiesch (2), beide im Wallis.** (Aufgenommen vom Verfasser.) Bei beiden sitzen Sturz- und Schwellenbalken in einem aus den Türpfosten herausgeschnittenen Schlitz. Dieser ist um die Stärke eines Blattes verschoben, so daß das zweite Blatt als Zapfen verwandelt in ein entsprechendes Zapfenloch eingreift. Der Eckpfosten des zweiten Beispiels ist aufgestülpt. Bemerkenswert ist beim ersten, wie die Zange, welche die Giebelflucht versteift, mit dem Gefüge der Scheidewand im Inneren in Verbindung gebracht wurde.

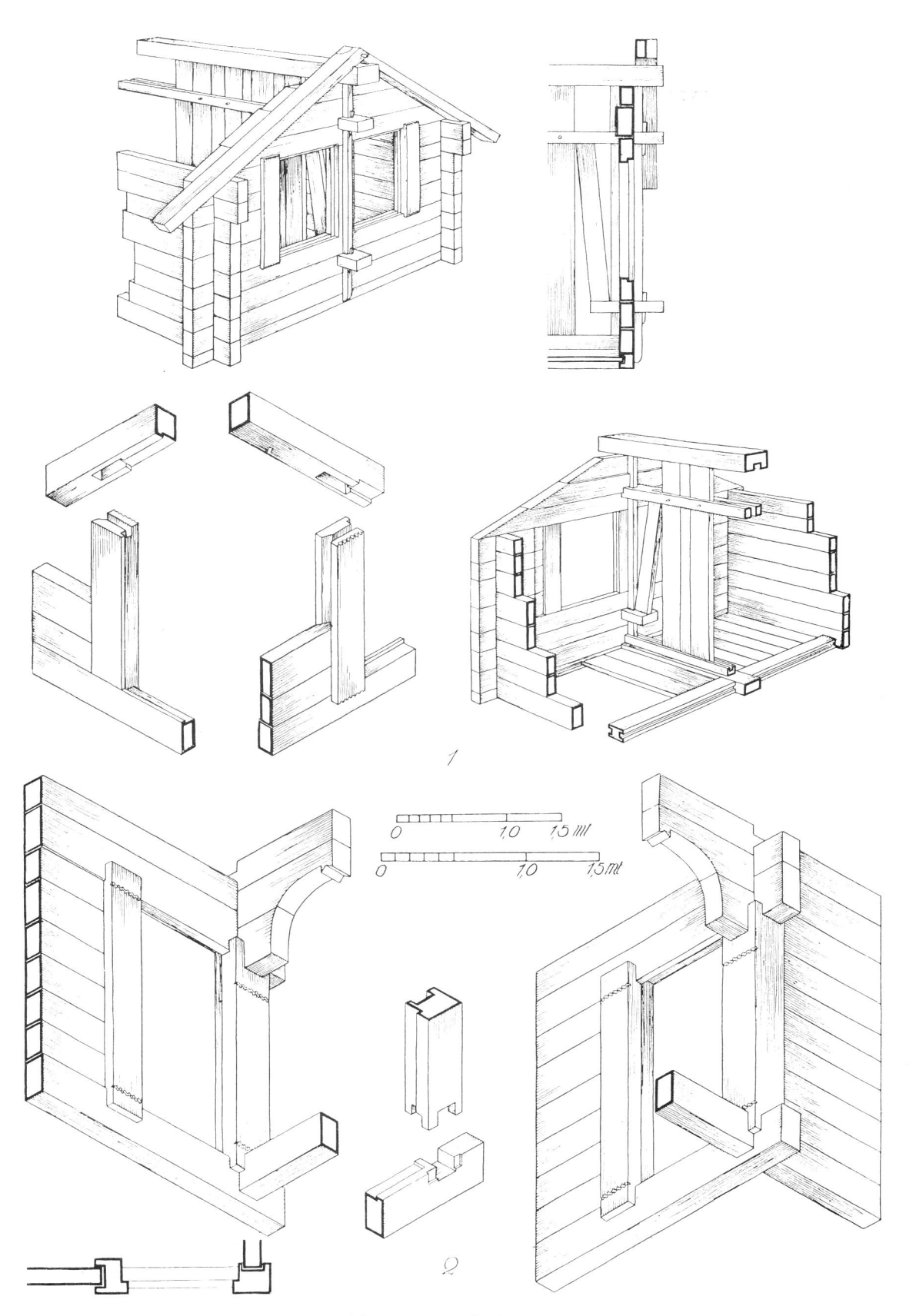

Abb. 251 (Text siehe Seite 188)

Das bajuwarische Türgefüge

Entgegen dem nordischen und keltischen Türgefüge, bei denen man die Türpfosten während des Aufrichtens der Blockwand einfügte, werden diese hier erst, nachdem die Wand sich gesetzt hat und zur Ruhe gekommen ist, an Ort und Stelle gebracht und dann mit Schrägnägeln befestigt (Abb. 252). Dies weist auf den Zuzug eines Volkes hin, das von der Nagelung am ganzen Bau ausgiebigen Gebrauch gemacht haben muß. So stellt im westgermanischen Ständerwerk die Schrägnagelung die urtümlichste Verbindungsart dar (Abb. 253, 254 und 255). Demnach muß ein westgermanischer Stamm zur Gestaltung des bajuwarischen Türgefüges beigetragen haben. So ist es auch gewesen. Es waren die Markomannen, die in das Gebiet des keltischen Blockbaues eindrangen, hier aber, wie die „Leges Baiuvariorum" dartun, in den ersten Jahrhunderten der Be-

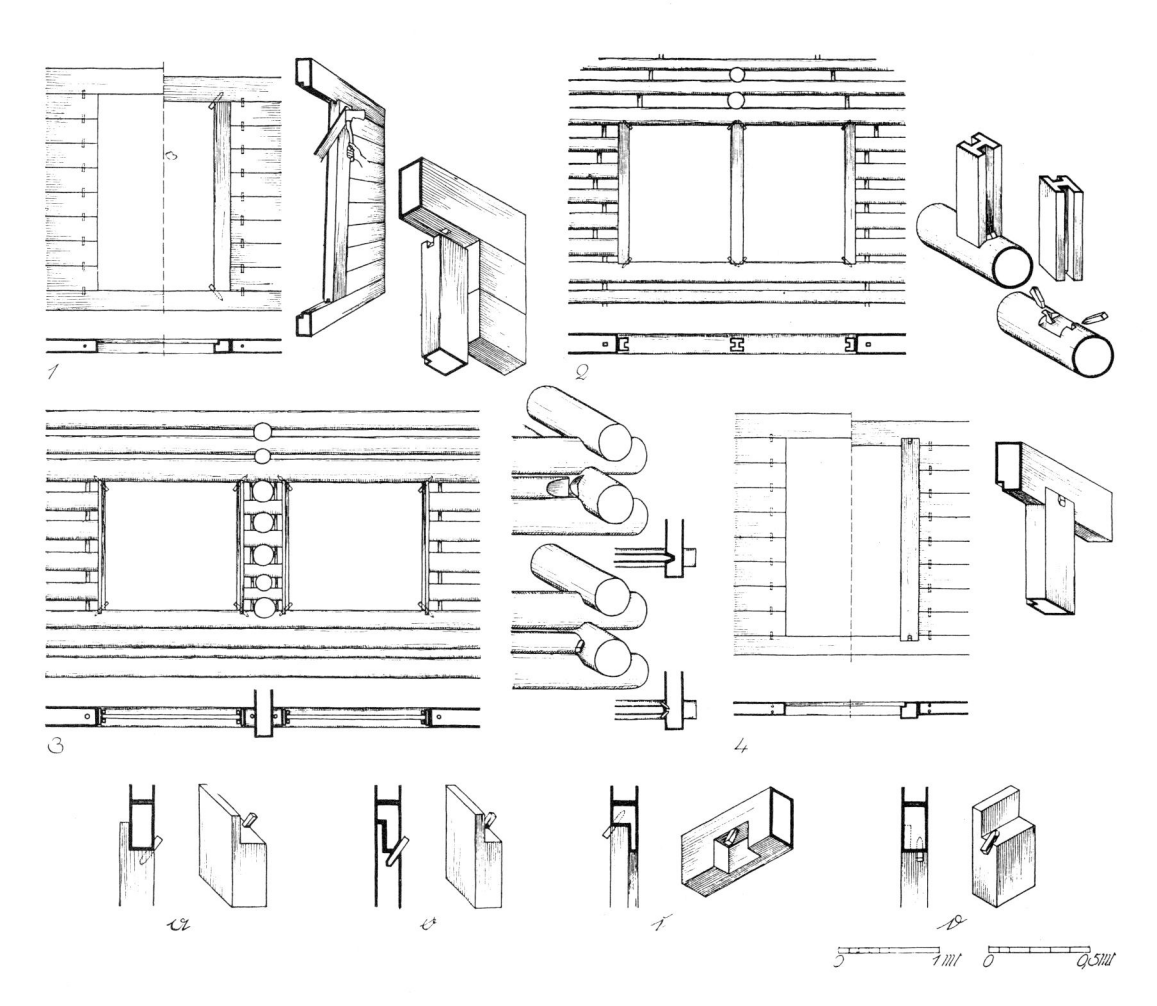

Abb. 252: **Erläuterung zum bajuwarischen Türgefüge.** Hier werden die Türpfosten erst nach dem Setzen eingefügt. Zuerst wird die Wand aufgerichtet, indem man in die Nähe des Gewändes in einer Senkrechten liegende Dübel (1) — nicht selten Dübelpaare, sogenannte Stuhldübel (4) — einlegt. Erst nach dem Setzen geschieht das Einfügen der Türpfosten (1). Um ihren Halt zu sichern, benutzt man Schrägnägel, die hier den Zapfen ersetzen sollen. Die Auswertung des Schrägnagels ist in einer anderen Holzbaukunst, im westgermanischen Ständerwerk erfunden und von zugewanderten Westgermanen, den Markomannen, dem keltischen Blockbau zugetragen worden. In offenkundigster Weise kann man dieses Gefüge an Stadeln, wie bei den Beispielen 2 und 3, beide aus Hofgastein, beobachten. Hier nutzte man die Schrägnagelung auch zum Befestigen der in die Blockwand eingefügten Stangen (3). In der höchsten Stufe der Entwicklung wird die Schrägnagelung mit einer versetzten (4 b, c, d) oder nicht versetzten (4 a) Anblattung vereinigt. Die Nägel selbst können in einer Wandflucht (a, b, c) oder im Gewände (d) sitzen. Liegt der Nagel auf der dem Blatt gegenüberliegenden Flucht (a, b), dann greift der Nagel von oben nach unten geneigt ein und bildet am Hirnholz des Pfostens eine Art Zange. Faßt er aber unmittelbar das Blatt (c), dann ist er nach oben gerichtet und die Zangenwirkung tritt am Sturz in Erscheinung (c).

190

siedlung an ihrem Ständerwerk festhielten. Der Übergang zum Blockbau geschah allmählich. Trotzdem sie diese Wandlung durchmachten, hielten sie bezüglich der Art der Befestigung der Türpfosten so lange am Ureigensten fest, daß der Schrägnagel an dieser Stelle heute noch mit der Ausbreitung des bajuwarischen Stammes zusammenfällt (Abb. 256).

Die Gepflogenheit, die Türpfosten oder den Türstock erst nach dem Setzen der Wand einzubauen, blieb noch länger in Übung als die Schrägnagelung. So wird heute noch im österreichischen Alpenland dem Blockhaus einen Winter und Sommer, oder zum mindesten einen Sommer hindurch, Gelegenheit zum Trocknen gegeben, bevor man Tür- und Fensterstöcke einsetzt und zum inneren Ausbau schreitet. Dabei verwendet man das Holz erst zwei Jahre nach dem Fällen.

Das nachträgliche Einfügen der Türpfosten brachte es mit sich, daß man hier mit der künstlerischen Ausgestaltung im allgemeinen äußerst zurückhaltend war (Abb. 257—272) und den Schmuck auf den Sturz beschränkte, den man selbst in bewegter Linienführung ausschnitt (Abb. 261 und 266), oder nur ähnlich gezeichnete Anschlagbretter einfügte (Abb. 263, 264 und 265). Es kommen auch Flächenprofile vor, aber nur dann, wenn sie am Sturz fortgesetzt werden und eine geschlossene Umrahmung darstellen. Bei durchgehender (Abb. 267) oder teilweiser Verschalung (Abb. 268) wird das Kantenprofil in verschiedener Weise am Sturz in die Waagerechte übergeleitet.

Der Schrägnagel fand auch am Eckpfosten Anwendung (Abb. 271). Zum Nachweis der eingangs dieses Abschnittes angeführten Herkunft des Schrägnagels sei noch ein Tennentor aus dem Verbreitungsgebiet dieser Schrägnagel angeführt, dessen Pfannen durch sie einen festen Halt bekommen haben (Abb. 272). Selbst an Stadeln, an denen die Blockbalken mittels zwischengefügter Dübel in Balkenstärke voneinander abgerückt liegen, fand der Schrägnagel Anwendung und verhalf auch hier dem Türpfosten zu einem festen Halt (Abb. 252, 273—275).

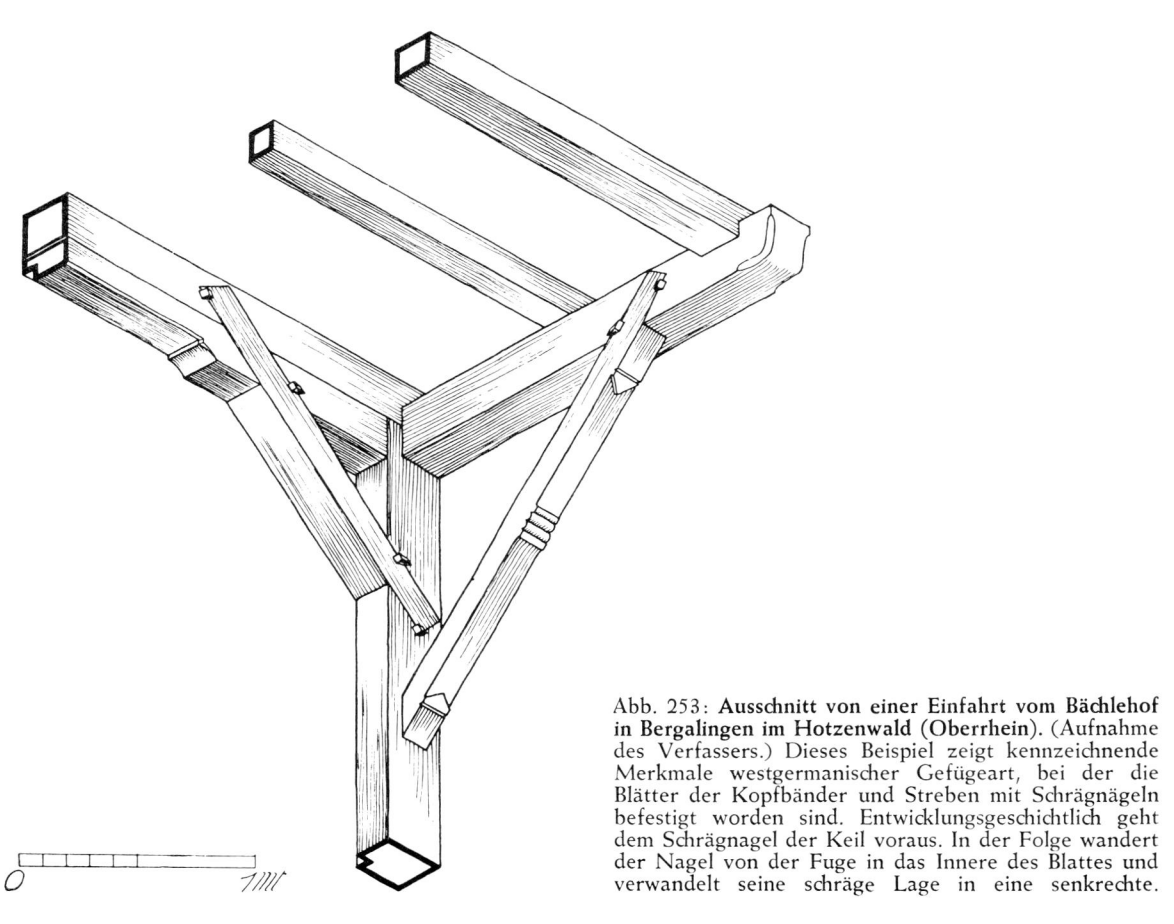

Abb. 253: **Ausschnitt von einer Einfahrt vom Bächlehof in Bergalingen im Hotzenwald (Oberrhein).** (Aufnahme des Verfassers.) Dieses Beispiel zeigt kennzeichnende Merkmale westgermanischer Gefügeart, bei der die Blätter der Kopfbänder und Streben mit Schrägnägeln befestigt worden sind. Entwicklungsgeschichtlich geht dem Schrägnagel der Keil voraus. In der Folge wandert der Nagel von der Fuge in das Innere des Blattes und verwandelt seine schräge Lage in eine senkrechte.

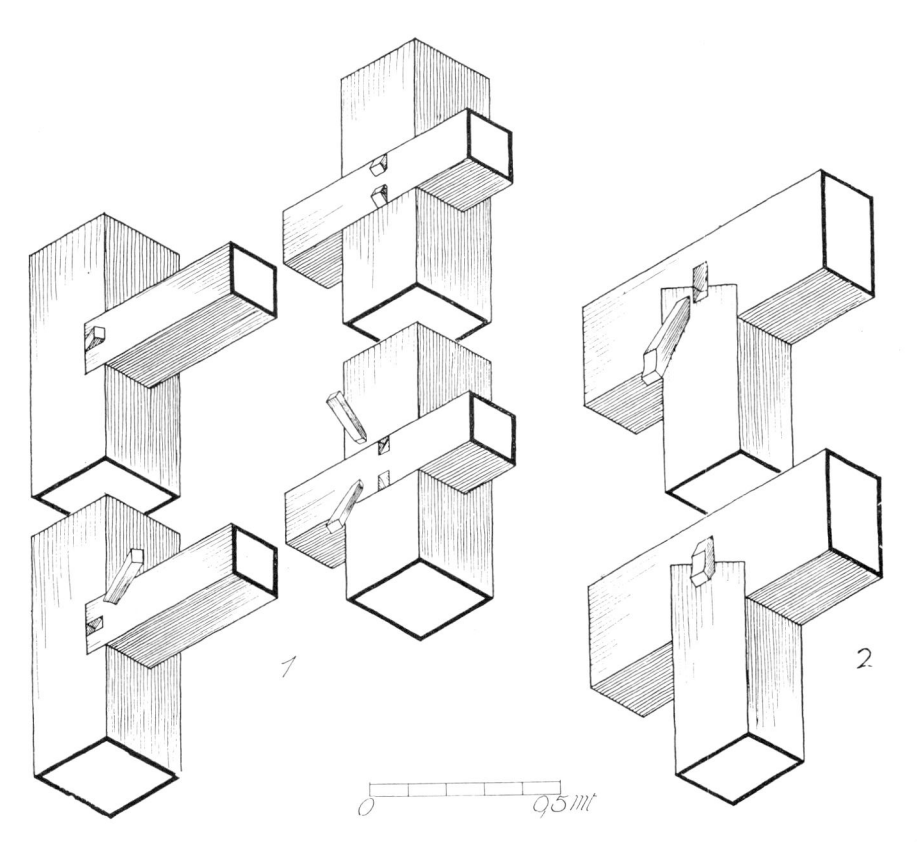

Abb. 254: **Schrägnagelungen am Riegel eines Bauernhauses aus Todtnau im Schwarzwald (1) und am Türpfosten eines Stadels in Ebene Reichenau in Kärnten (2).** Bei beiden wird der gleiche, auf eine uralte Überlieferung aufbauende Gedanke verwirklicht, an Stelle eines ursprünglich in der Fuge sitzenden Keiles einen Schrägnagel einzufügen. Diese Verbindungsart hat sich im westgermanischen Ständerwerk entwickelt (1) und ist von dort aus dem Blockbau (2) zugeführt worden.

Zu Abb. 255: **Ausbreitung der Fugen- und Schrägnagelung sowie der mit Wendebohle und Querriegeln gestalteten Tür.** 1) Von der Stabkirche in Hedal, Norwegen (1200—1250). 2) Vom Speicher des Lüthihofes in Waldhaus, Kanton Bern (1629). 3) Aus Strom bei Bremen. 4) Aus Rötenbach, Schwarzwald. 5) Aus Petersdorf in Siebenbürgen, in der Mitte des 12. Jahrhunderts hingebracht. 6) Aus Bergalingen, Hotzenwald (Oberrhein). 7) Aus Grimnitz bei Eberswalde. 8) Aus Klein-Zünder bei Danzig. (Hier rücken die Nägel in das Blatt, behalten aber die schräge Lage.) 9) Tonurne des Königsgrabes bei Seddin (800 v. Chr.). 10) Hausurne von Königsau bei Aschersleben (um 600 v. Chr.). 11) Von einer Tür des Hirtenhauses bei Erding (um 1600). 12) Von einer Tür des Schmied-Hofes in Arriach, Kärnten. 13) Tennentor aus Östnor, Kirchspiel Mora, Dalarne. 14) Scheunentor vom Martin-Meierhof in Rötenbach. 15) Fensterladen aus Enge, Kanton Zürich (1565). 16) Laubentür von der Mühle zu Steegen bei Peuerbach, Oberösterreich. 17) Hillenluken-Türchen aus Nienhagen bei Teterow, Mecklenburg-Schwerin. (Hier ist die Wendebohle im Laufe der Entwicklung auf Bretterstärke gesunken und die Befestigung der Querleisten nur mehr durch Aufnagelung geschehen.)

Zu Abb. 256: **Ausbreitung des bayerischen Tür- und Fenstergefüges.** Das Kennzeichnende ist hier, daß die Türpfosten nachträglich, erst wenn die Blockbalken ausgetrocknet sind und die Wand zur Ruhe gekommen ist, eingeführt und mit Schrägnägeln befestigt werden. Dieses Gefüge findet sich überall dort, wo bajuwarische Stämme in keltisches Kulturgebiet eingedrungen sind. Die im westgermanischen Ständerwerk entwickelte Schrägnagelung verband sich mit dem keltischen Blockbau. 1) Tür eines Hirtenhauses bei Erding (17. Jahrhundert); 2) Tür einer Tenne aus Ramsau-Schüttlehen, Steiermark (1598); 3) Fenster eines Bauernhauses aus Wegscheid bei Lengries, Oberbayern; 4) Tür vom Schmiedhof in Arriach, Kärnten; 5) Haustür des Meislitzer Hofes in Arriach; 6) Fenster vom Schmied-Hof in Arriach. Bei 4, dem urtümlichsten Gefüge, stoßen die Blockbalken stumpf auf die Türpfosten. Zur Befestigung der letzteren sind hier außer den Schrägnägeln noch senkrecht auf das Hirnholz der Blockbalken gerichtete Holznägel eingetrieben worden. Diesem verwandt ist 6, doch fallen hier die Schrägnägel weg. Bei 5 werden die Blockbalken durch schräg in das Längsholz des Türpfostens eingreifende Holznägel vor dem Ausweichen gehindert. Bei 2 stoßen die Blockbalken auf einen Falz; bei 3 ist umgekehrt aus dem Hirnholz der Blockbalken ein Falz herausgestochen worden; bei 1 greifen die Blockbalken in eine Nut der Türpfosten ein.

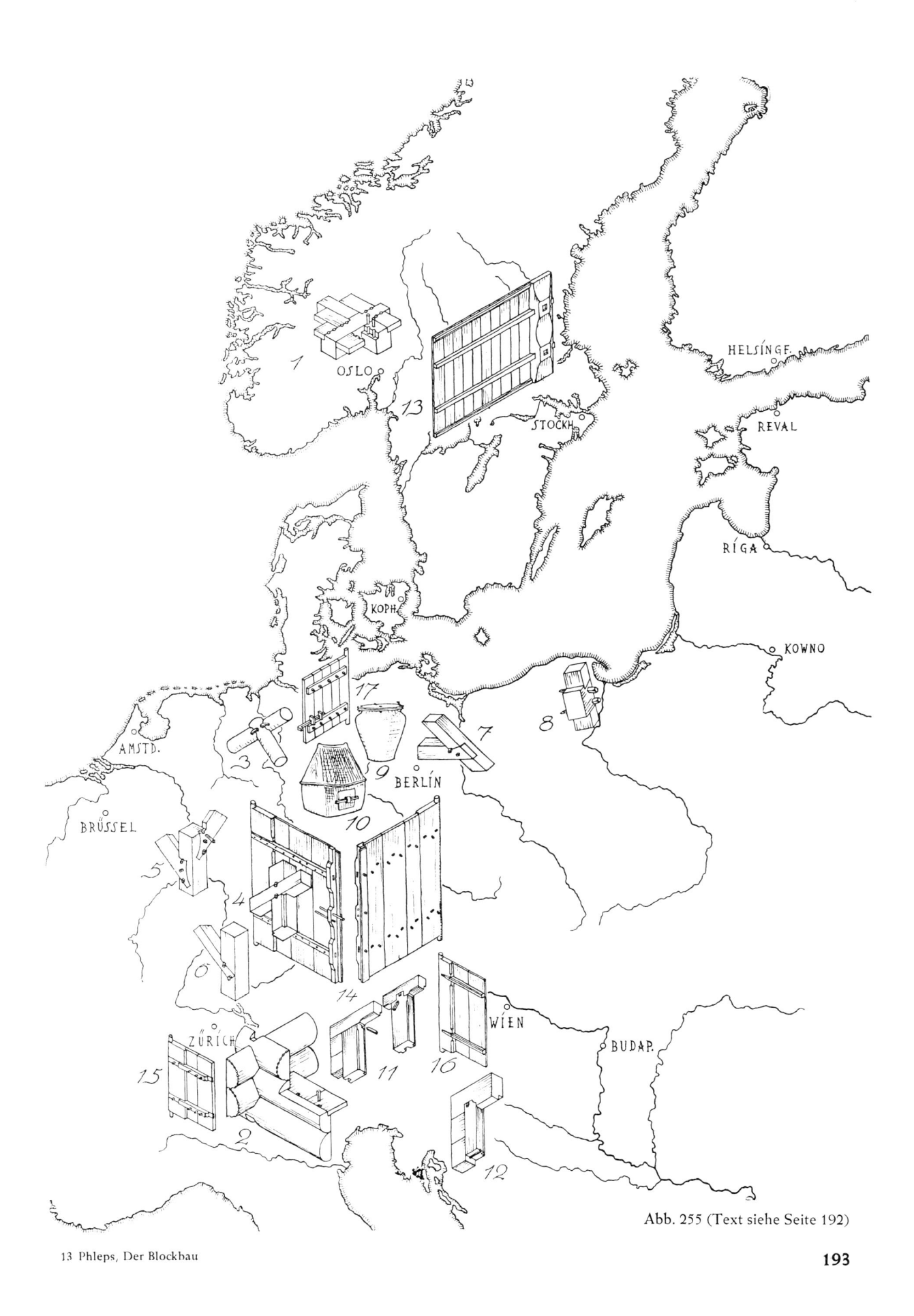

Abb. 255 (Text siehe Seite 192)

13 Phleps, Der Blockbau

193

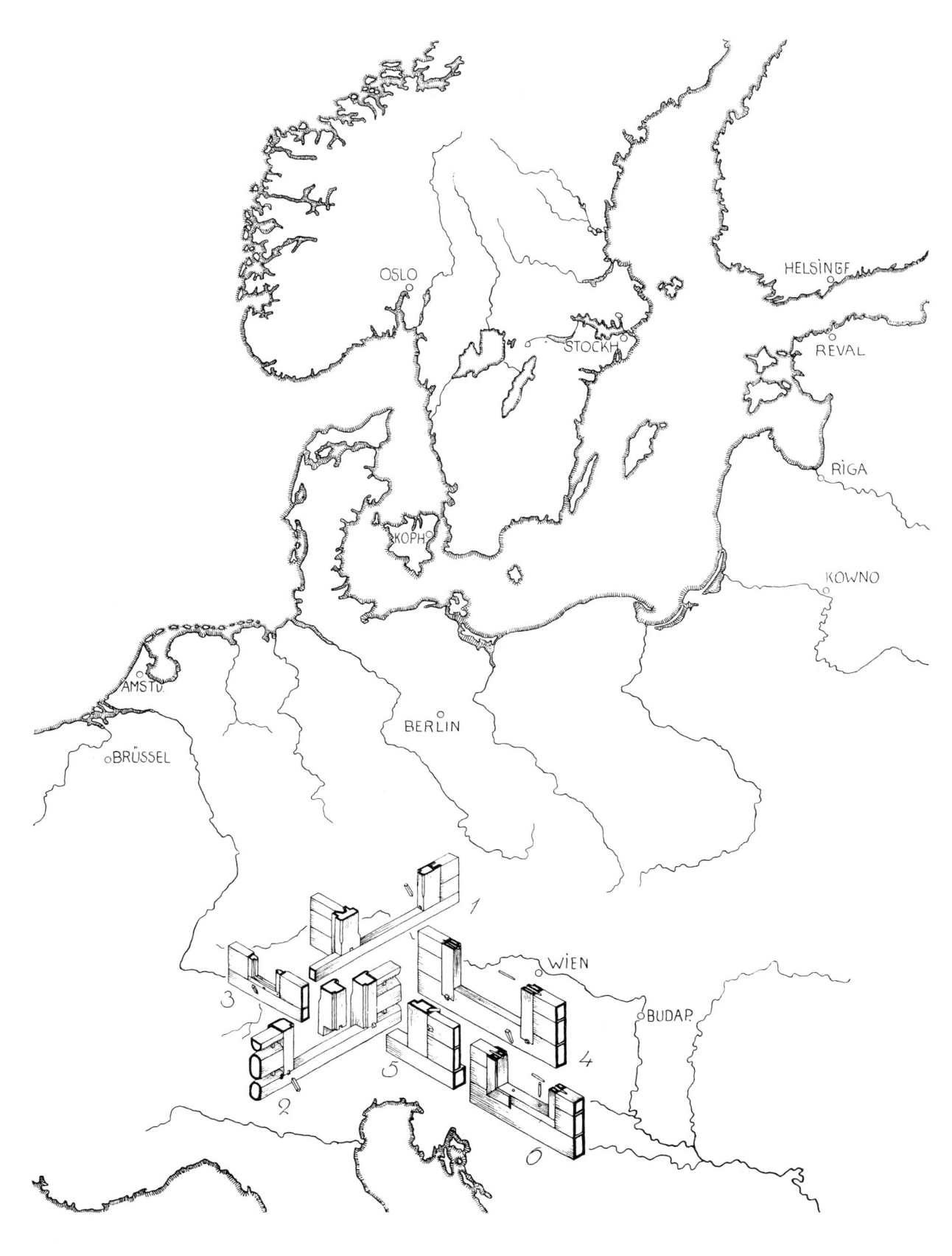

Abb. 256 (Text siehe Seite 192)

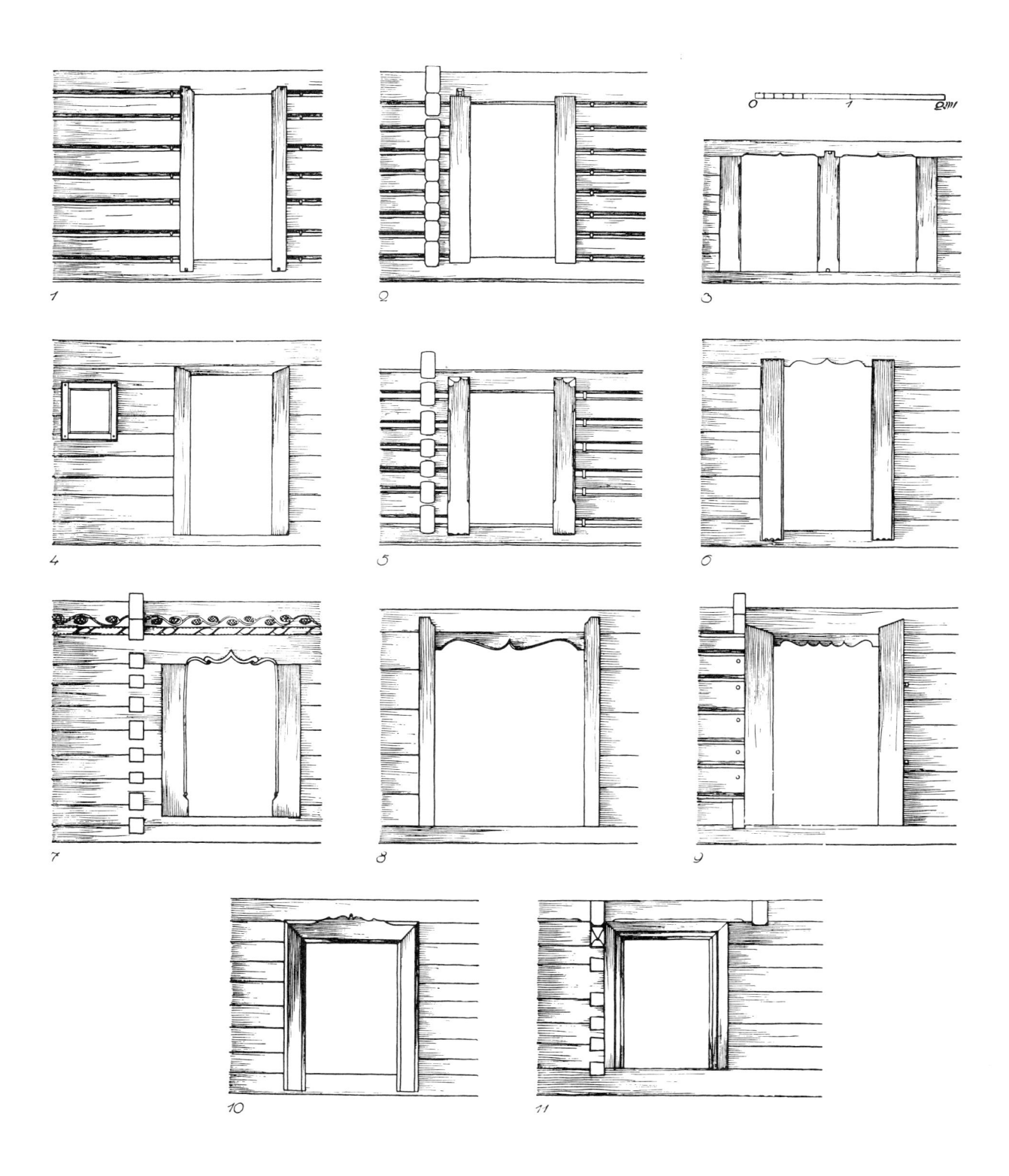

Abb. 257: **Bajuwarische Türen.** 1, 2, 4, 8, 9, 10) aus Kärnten; 3, 6, 11) aus Oberbayern; 5) aus Steiermark. (Die in Klammern gesetzten Zahlen bezeichnen die Abbildungen mit den Einzelheiten zu den betreffenden Beispielen.) 1) Arriach (258); 2) Winkel (258, 259); 3) Erding (261); 4) Obermillstatt (262); 5) Ramsau (262, 13); 6) Oberbayern (285); 7) Niederneuching (266); 8) St. Oswald (263, 264); 9) Arriach (263); 10) Winkel (267); 11) Lein (266).

Abb. 258 (Text siehe Seite 197)

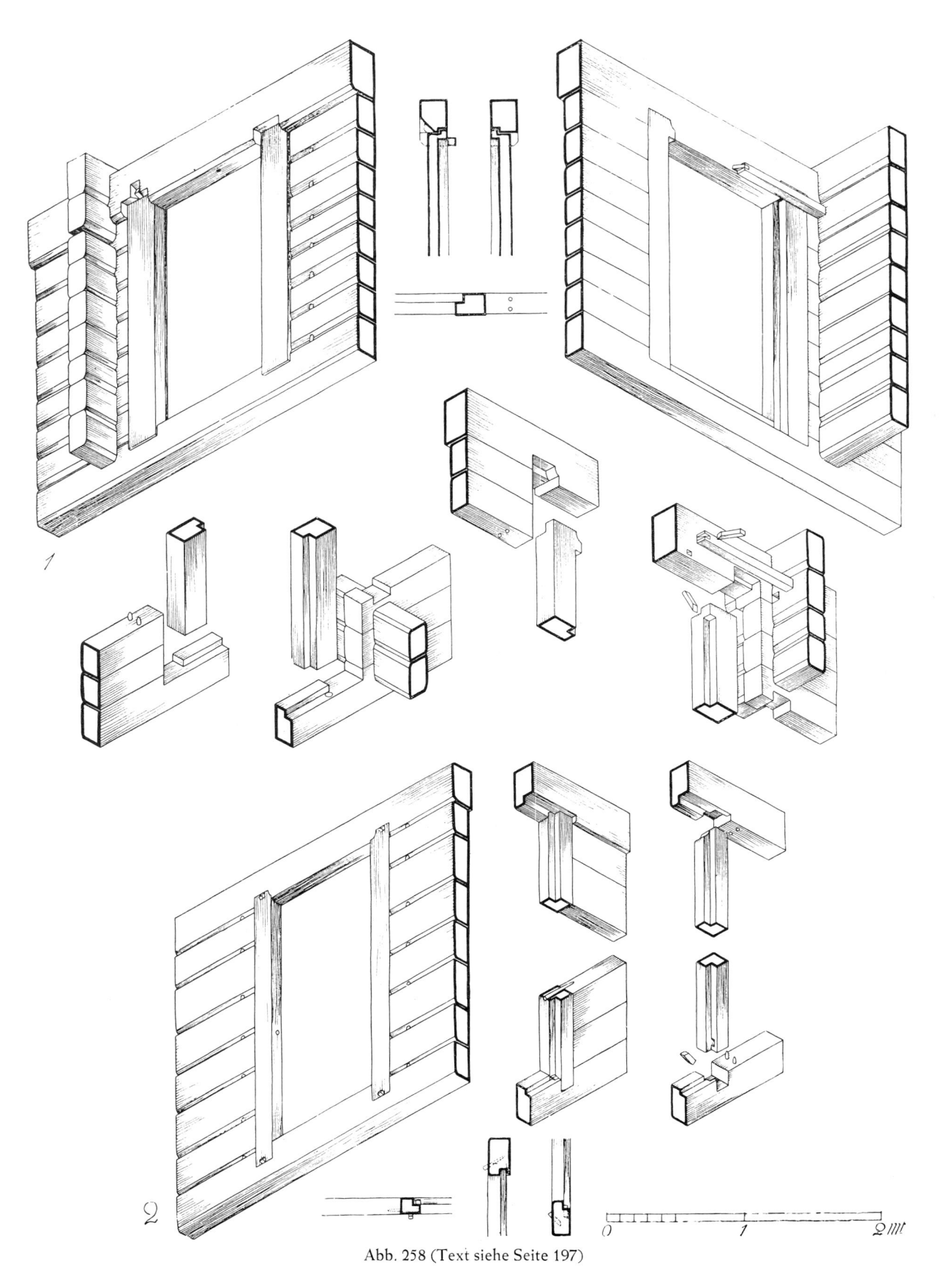

Abb. 259:

Schrägnagelung vom Poltl-Hof in Winkel, Ebene Reichenau, Kärnten.

Abb. 260:

Mit Schrägnägeln befestigte Türpfosten aus Patergassen im Nockgebiet, Kärnten. Die Befestigung geschah hier ähnlich, wie es die Skizze auf Abb. 252 bei c andeutet. Trotz des Senkens der Türpfosten blieb diese Verbindungsart wirksam.

Zu Abb. 258: **Türen:** 1) vom Poltl-Hof in Winkel, Ebene Reichenau; 2) vom Schmiedwirt in Arriach, beide Kärnten. (Aufnahmen des Verfassers.) An beiden erkennt man, daß sich hier eine andersgeartete Gefügeart, als sie der Blockbau verkörpert, eingeschlichen haben muß. Sie kommt vom Ständerwerk der westgermanischen Bajuwaren, die hier ihre erworbenen Kenntnisse der Schrägnagelung mit dem keltischen Blockbau glücklich zu verbinden wußten. Am oberen Beispiel sind die nach dem Setzen eingefügten Pfosten in den Schwellenbalken in voller Stärke eingelassen, am Sturz jedoch angeblattet. Links zog man zur endgültigen Befestigung noch einen Schrägnagel zu Hilfe, rechts aber, wo der Türflügel aufschlägt, fiel diese Sicherung auffallenderweise weg. Hier setzte man das Schwinden des Holzes in Rechnung. Wahrscheinlich darrte man diesen Türpfosten und brachte ihn dadurch auf geringsten Querschnitt. In diesem Zustand wurde er dann aufs knappste eingepaßt, so daß er sich nach Annahme der Luftfeuchtigkeit und dem daraus sich ergebenden Schwellen festklemmen mußte. Beim unteren Beispiel findet der in voller Stärke eingelassene Pfostenkopf am Sturz einen Anschlag, an der Schwelle fällt er weg. Während deshalb am Sturz ein von außen eingetriebener Schrägnagel zum Halten nutzte, mußte am Fuße noch von der Leibung aus ein Schrägnagel eingreifen.

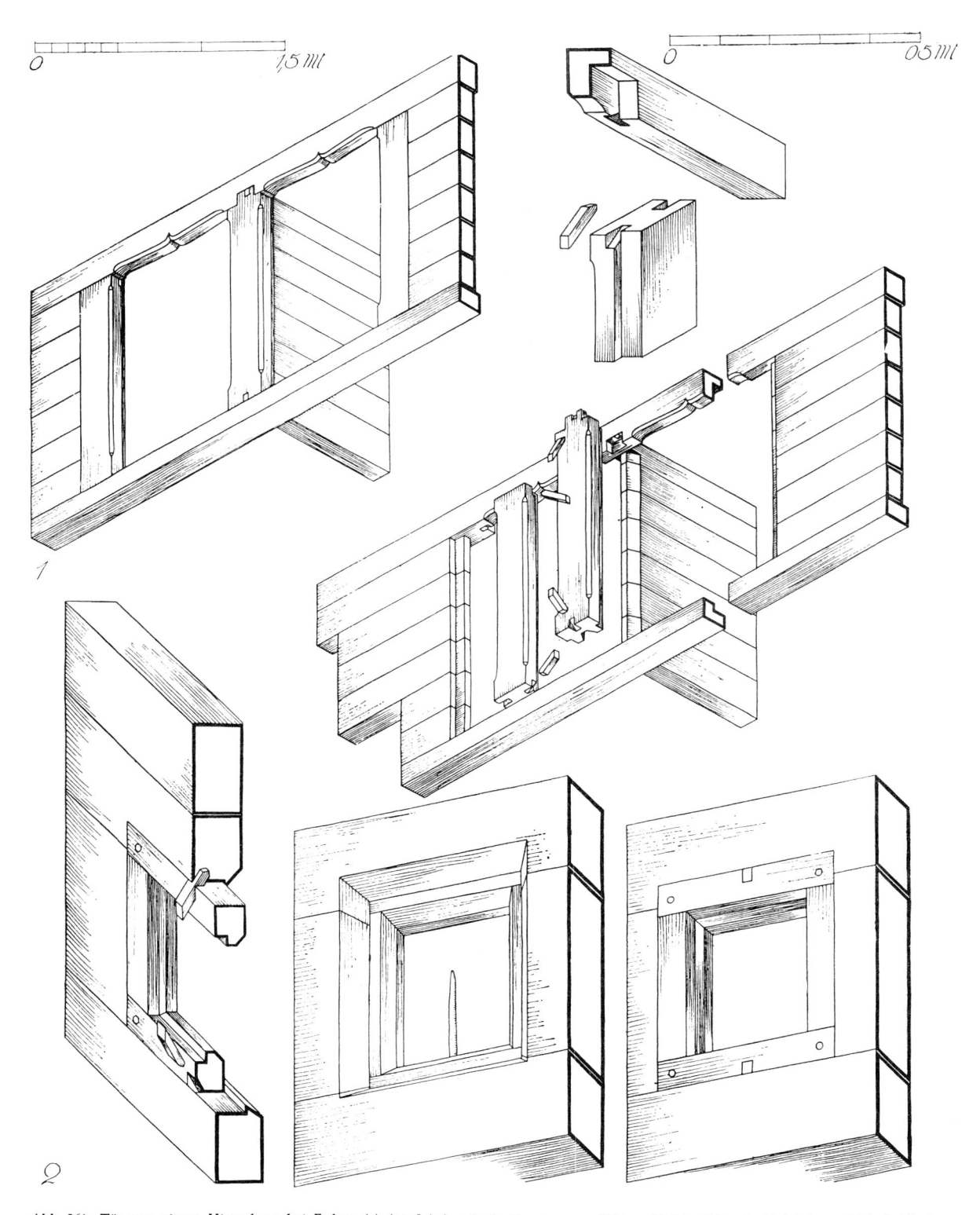

Abb. 261: **Tür von einem Hirtenhaus bei Erding** (1) (17. Jahrhundert); **Fenster vom Wiham-Hof in Wegscheid** (2) (von 1758), beide in **Oberbayern**. (Aufnahmen des Verfassers.) An beiden kann man die Vermengung der westgermanisch-bayerischen Schrägnagelung mit der keltischen Blockwand in verschiedenen Abwandlungen verfolgen. Bei der Tür faßt zunächst der nach dem Setzen eingefügte Mittelpfosten die Zwischenwand mit einer Nut, greift dann am Sturz mit einem Blatt ein und wird zuletzt oben und unten mit Schrägnägeln befestigt. Die ebenfalls nachträglich eingefügten seitlichen Türpfosten mußten zunächst in die vom Türgewände bestimmte Zone eingeschoben und dann an den vom Hirnholz der Blockbalken gebildeten Spund angedrückt werden. Die Vernagelung geschah auch hier senkrecht zum Querschnitt der anstoßenden Blockwand und deshalb von der Leibung aus. Am Fenster liegt der Rahmen in einem Falz und wird von der Einschubseite aus durch Schrägnägel gehalten.

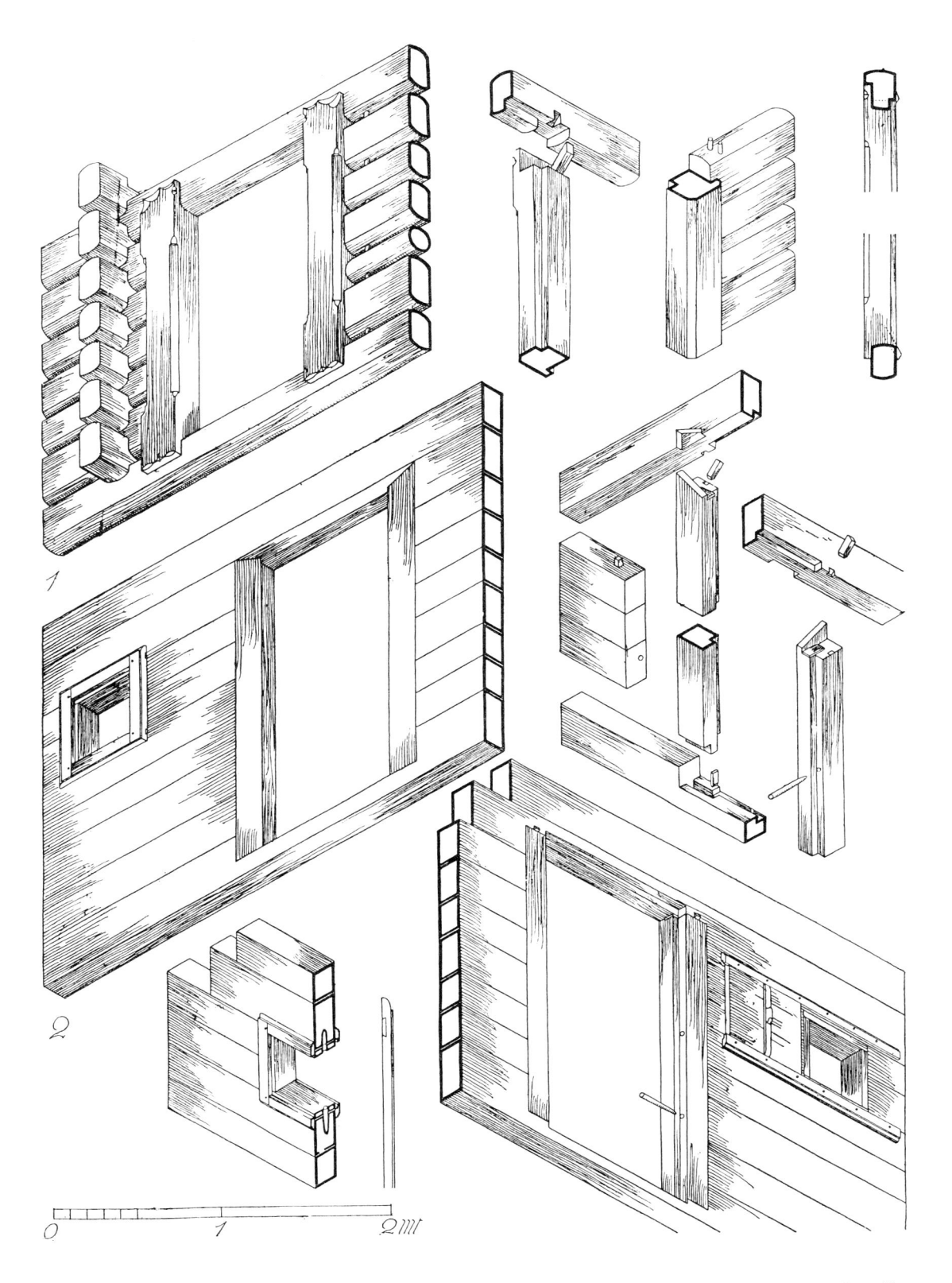

Abb. 262: **Türen:** 1) von einer Tenne aus Schüttlehen, Ramsau, Steiermark (von 1598) und 2) von einer Mühle aus Obermillstatt, Kärnten. (Aufnahmen des Verfassers.) Bei beiden stoßen die Blockbalken in einen Falz der Türpfosten. Bei 1 sind die letzteren von außen angeblattet und von innen mit Schrägnägeln festgehalten, bei 2 hingegen in die Schwelle eingezapft und zeigen am Sturz ein versenktes Blatt mit Schrägnagel im Innern. Da beim zweiten die Türpfosten mit Jagzapfen eingefügt werden mußten, wurden Verkeilungen notwendig. Bemerkenswert ist der mit dem Zieheisen und großen Hohlmeißel oder Klingeisen ausgeführte Schmuck der vortretenden Pfostenköpfe.

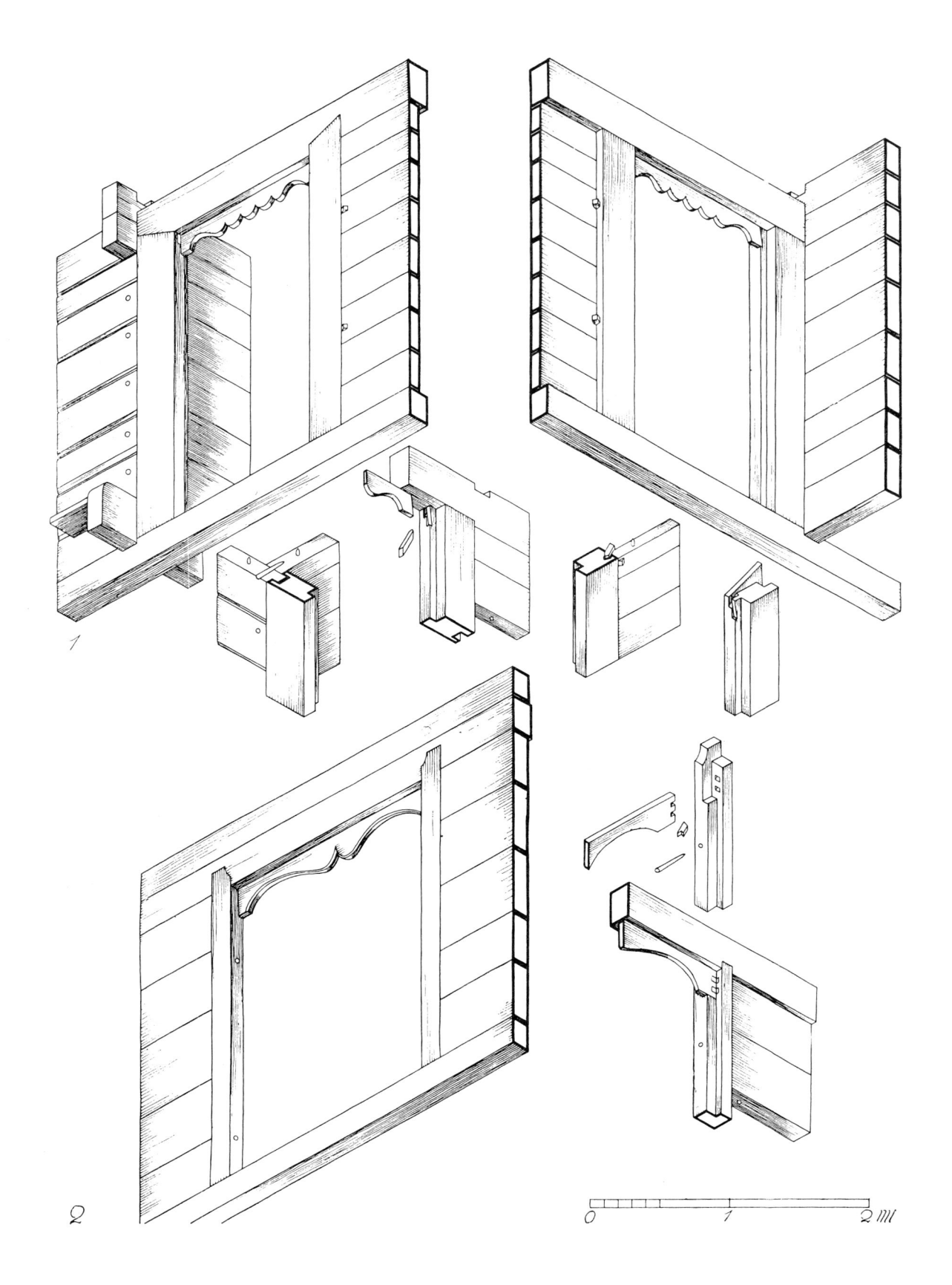

Abb. 263 (Text siehe Seite 201)

200

Abb. 264:

Tür vom Hofer-Hof in St. Oswald, Kärnten. (Aufgenommen von Dr. Moro in Villach.)

Zu Abb. 263: **Türen mit besonderem Anschlagbrett am Sturz aus Kärnten.** (Aufnahmen des Verfassers.) 1) vom Weislitzer-Hof in Arriach; 2) vom Hofer-Hof in St. Oswald. Beide Male liegen die Anschlagbretter mit dem Hirnholz in einem Falz, während sie mit dem Längsholz stumpf anstoßen. Bei 1 begnügte man sich mit diesem Gefüge, bei 2 jedoch erhielt jedes Ende durch zwei Schrägnägel eine weitere Sicherung. Wenn auch diesem Brett am Sturz die Rolle eines Falzes zugesprochen wird, hat doch das Bestreben, hier eine Zierform zu schaffen, zu dieser Zutat geführt. Bemerkenswert ist die weite Ausnutzungsmöglichkeit des Holznagels; einmal als Schrägnagel zum Festhalten der Türpfosten an Schwelle und Sturz, das andere Mal zum Verhindern des Ausweichens der Blockwand in Form von paarweise eingefügten Schrägnägeln und das drittemal als Bindung der Zwischenwand an die Außenwand.

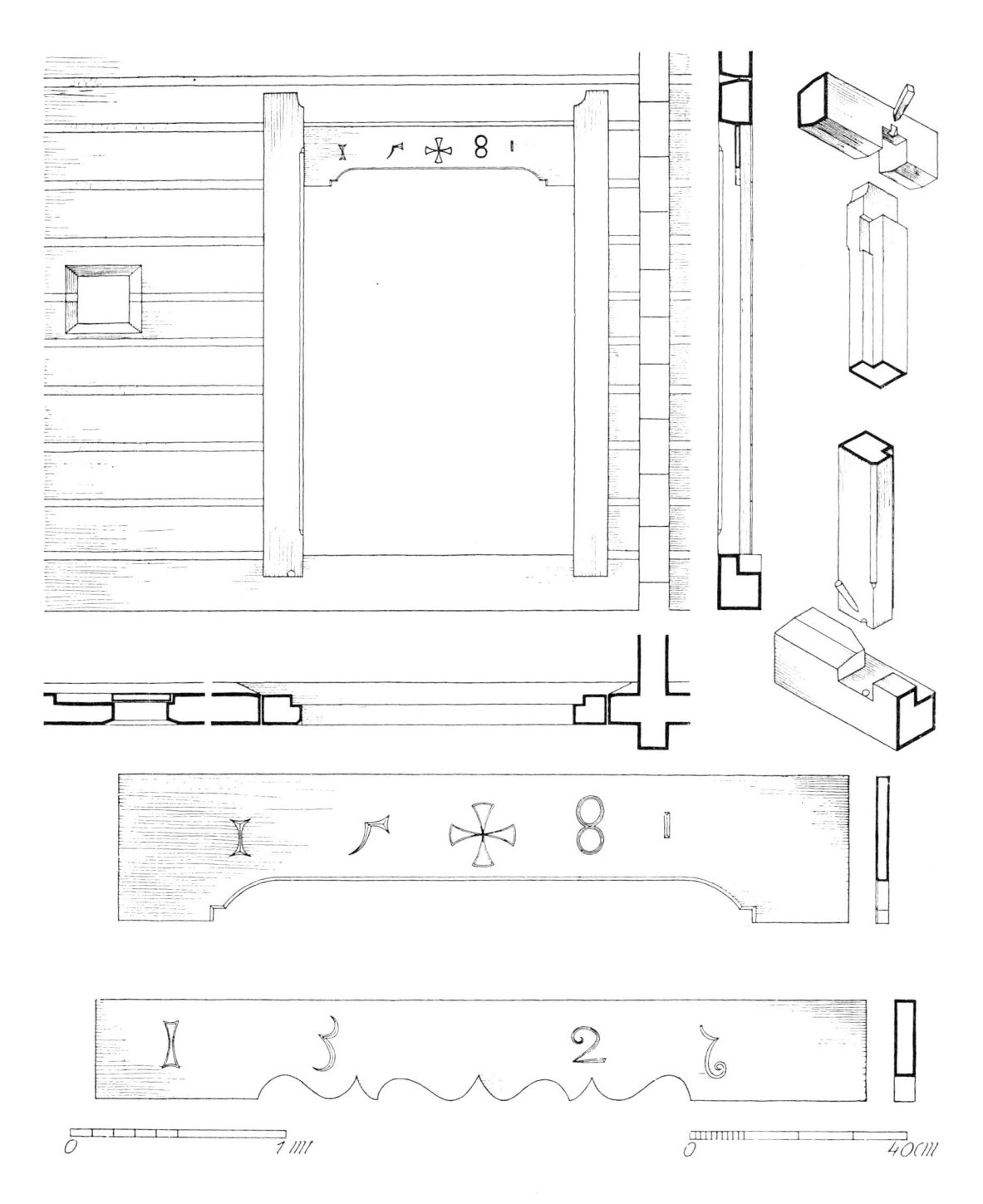

Abb. 265: **Tür mit Anschlagbrett vom Scherer-Hof in Ebene Reichenau, Kärnten, und Anschlagbrett vom Moritz-Hof in St. Lorenzen bei Ebene Reichenau.** (Aufnahmen des Verfassers.) Beide Male liegen die Bretter mit dem Hirnholz in einem Falz und stoßen mit dem Längsholz stumpf an den Sturzbalken. Sie wurden als Träger der Jahreszahl des Aufbaues ausgezeichnet.

Zu Abb. 266: **Türen:** 1) **vom Beindel-Hof in Lein bei Lenggries** und 2) **vom sogenannten Kasten aus Niederneuching, jetzt auf dem Staatsgut Grub bei München (von 1581).** (Aufnahmen des Verfassers.) Die Türpfosten sind bei beiden nach dem Setzen eingefügt und von der Leibung aus mit Schrägnägeln befestigt worden. Beim oberen geschah dies mit einem am Sturz eingelassenen Blatt, wobei hier ein ausgestochenes Flächenprofil weitergezogen wurde. Am unteren gab man dem Sturz eine vom Steinbau entlehnte, jedoch glücklich in Holz übersetzte Form eines Eselrückens. Bemerkenswert ist bei beiden eine Vorkehrung zum Halten des Türriegels im Innern in Form einer angenagelten Bohle und dann, wie die Holznagelung zu einem Schmuckmotiv ausgestaltet worden ist. Man vergrößerte in naheliegender Weise die als Lehre dienende Kerbe.

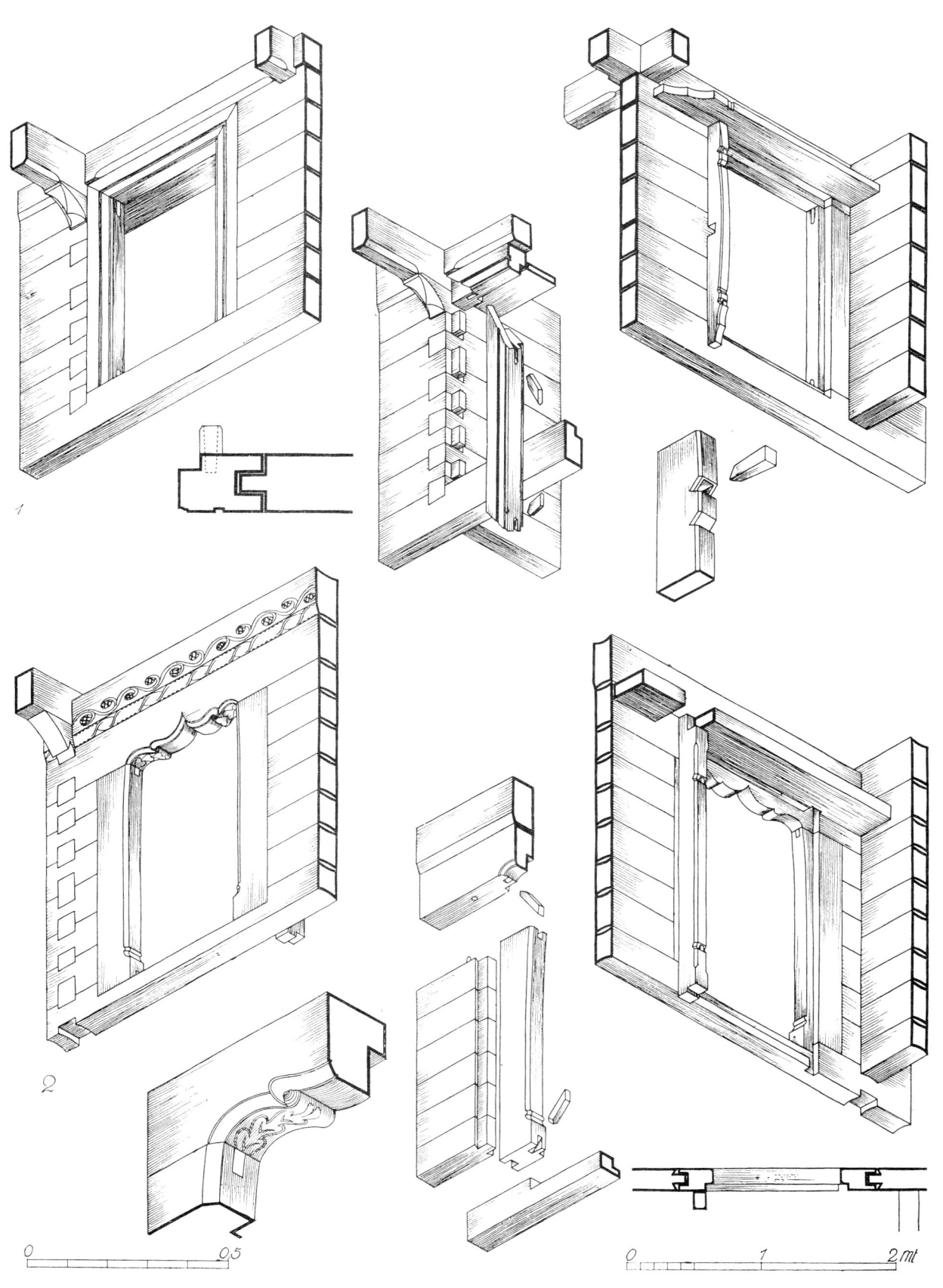

Abb. 266 (Text siehe Seite 202)

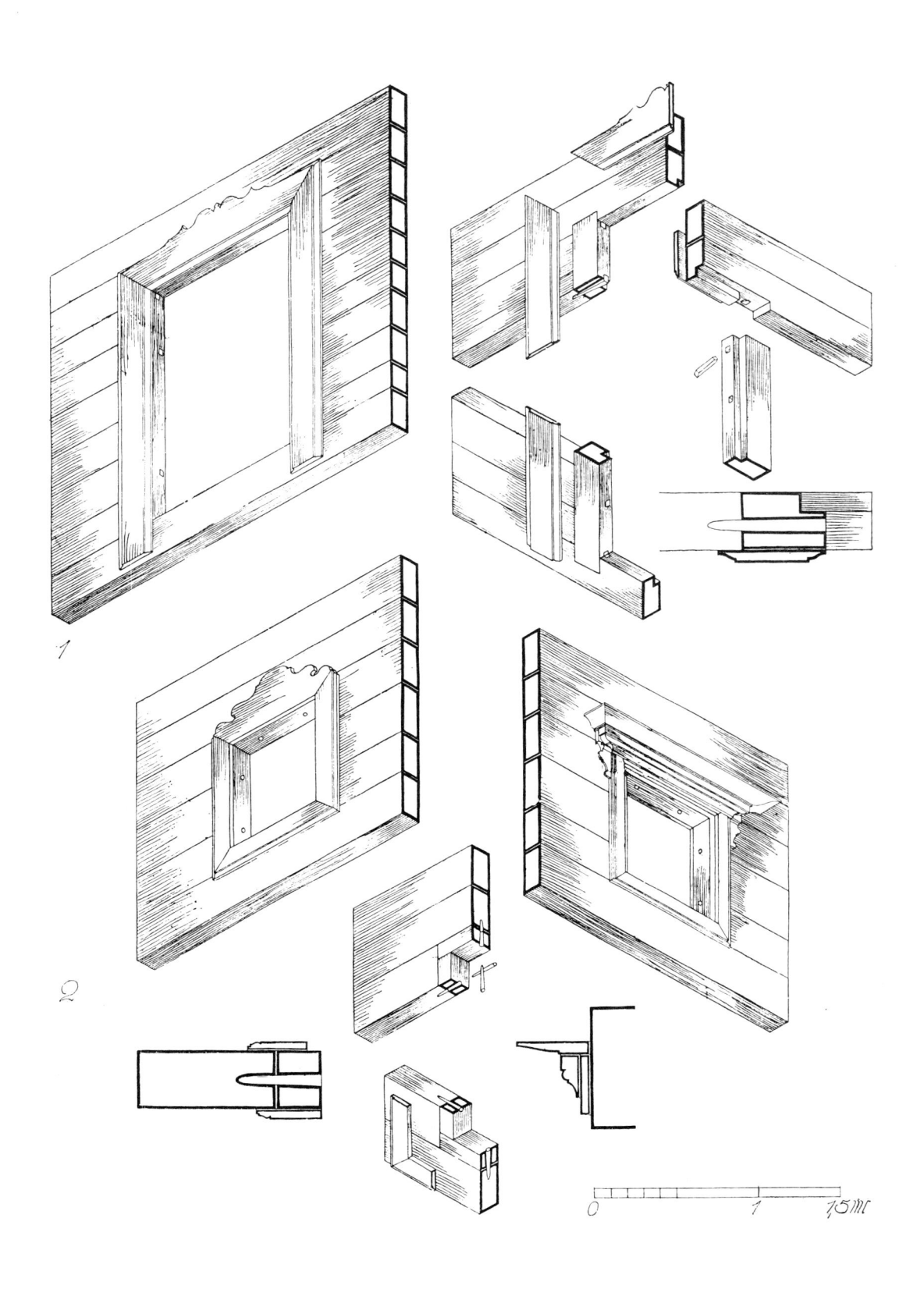

Abb. 267: **Verschalte Tür- und Fenstergewände aus Kärnten.** (Aufnahmen des Verfassers.) 1) vom Getreidekasten des Poltl-Hofes, in Winkel bei Ebene Reichenau; 2) vom Schmied-Hof in Arriach. Die Schrägnägel sitzen bei 1 mit Rücksicht auf die Schalbretter innerhalb des Türgewändes. Bemerkenswert ist, wie bei beiden Beispielen der Übergang vom Saumprofil der senkrechten Schalbretter zum waagerechten gestaltet worden ist.

Abb. 268: **Tür vom Getreidekasten des Scherer-Hofes in Ebene Reichenau.** (Aufnahmen des Verfassers.) Die Blockbalken stoßen in einen Falz der Türpfosten. Diese sind angeblattet und von innen durch Schrägnägel festgehalten. Am Sturz wurde eine Bohle mit handgeschmiedeten Eisennägeln angenagelt, die bündig mit den Türpfosten liegt und sich mit diesen zu einem zusammenhängenden Rahmen vereinigt. Die Eisennägel sind ornamental verteilt. Einer derselben liegt in der Mitte der ausgestochenen und rot gefaßten Rosette, die die Sonne versinnbildlicht.

Abb. 269: **Tür von einem Getreidekasten aus Hofgastein.** Die angenagelten Konsolen sind in ihrem unteren Drittel versatzt. Die darauf ruhende Schwelle ist auf die Konsolen aufgezapft.

Zu Abb. 270: **Oberbayerische Türen:** 1) aus Greiling; 2) aus Arzbach. (Aufnahmen des Verfassers.) Bei 1 sind die mit Schrägnägeln befestigten, vor die Flucht tretenden Türpfosten profiliert und am Sturz mit einer angenagelten, das gleiche Profil zeigenden Bohle zu einem geschlossenen Rahmen verbunden. Bei 2 wurde ein ganzer Türstock eingesetzt und dieser dann außen und innen verschalt.

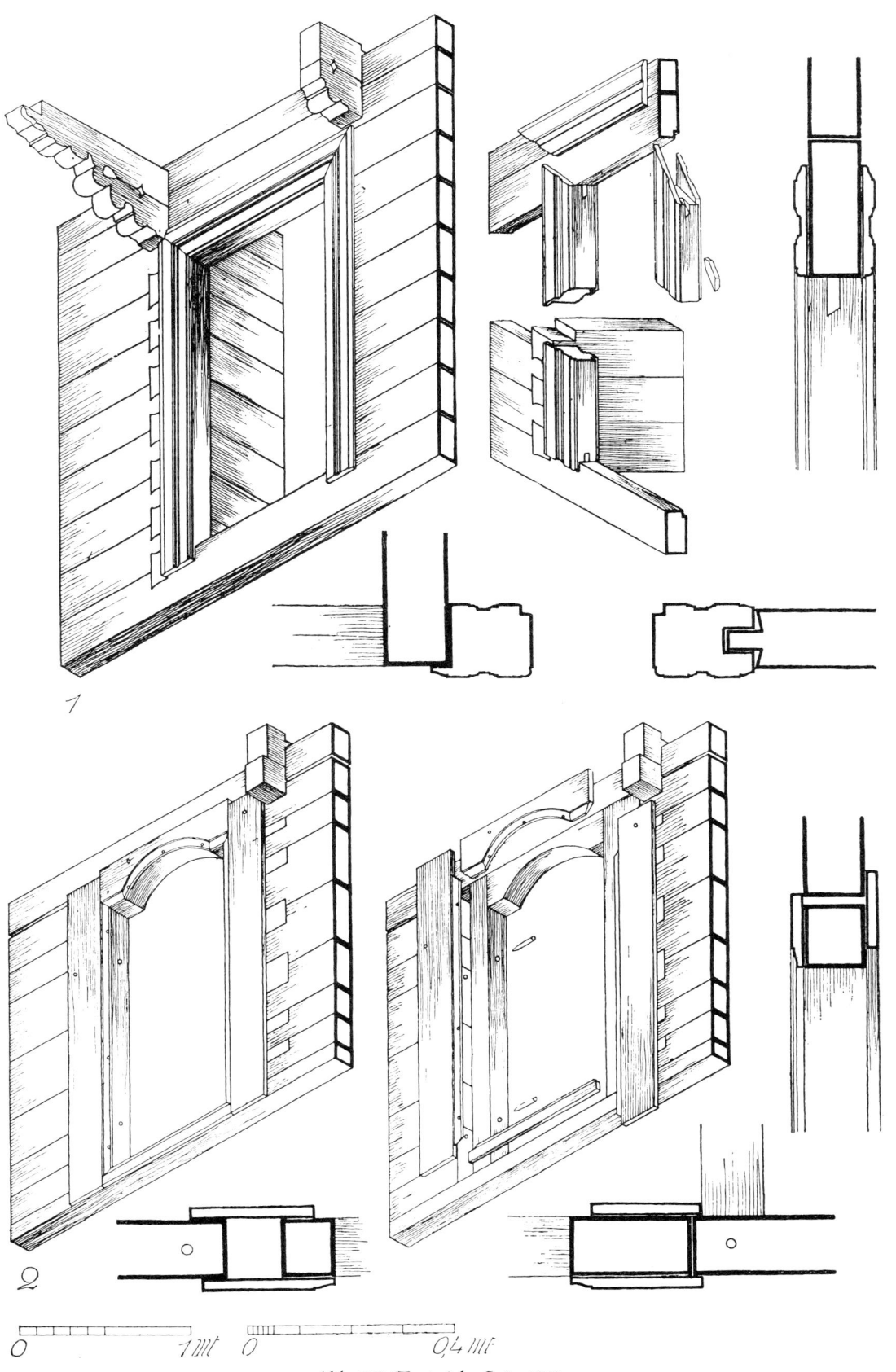

Abb. 270 (Text siehe Seite 206)

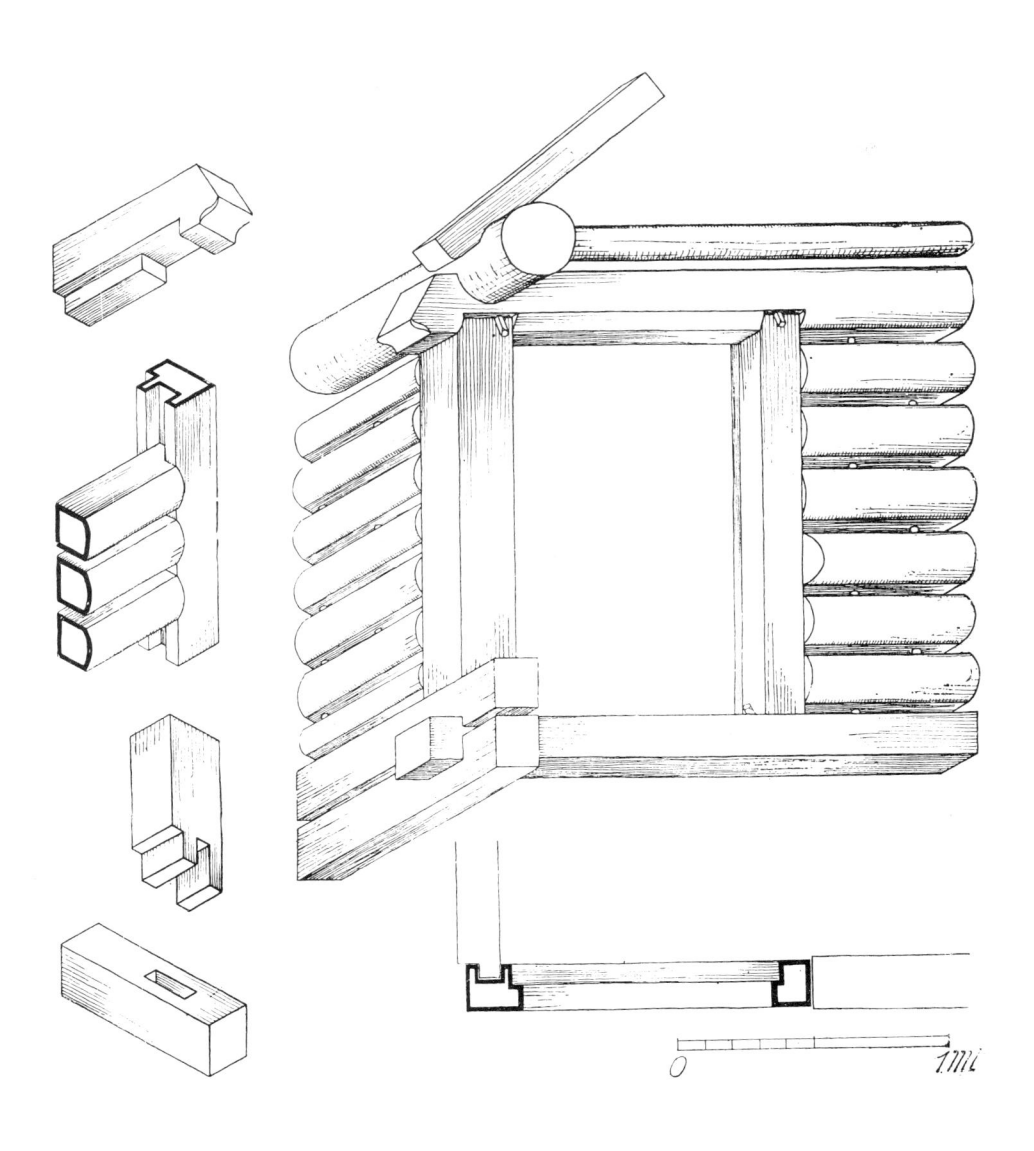

Abb. 271: **Tür von einer Mühle aus Seeboden am Millstädter See.** (Aufnahme des Verfassers.) Auf den rechten Türpfosten laufen die Blockbalken stumpf auf, während sie am linken, der zugleich einen Eckpfosten bildet, in eine Nut eingreifen. Obwohl die Pfosten hier während des Aufrichtens mit eingefügt wurden, hat man auch hier in Gewohnheit an das allgemein Übliche sie anstatt mit Zapfen mit Schrägnägeln befestigt.

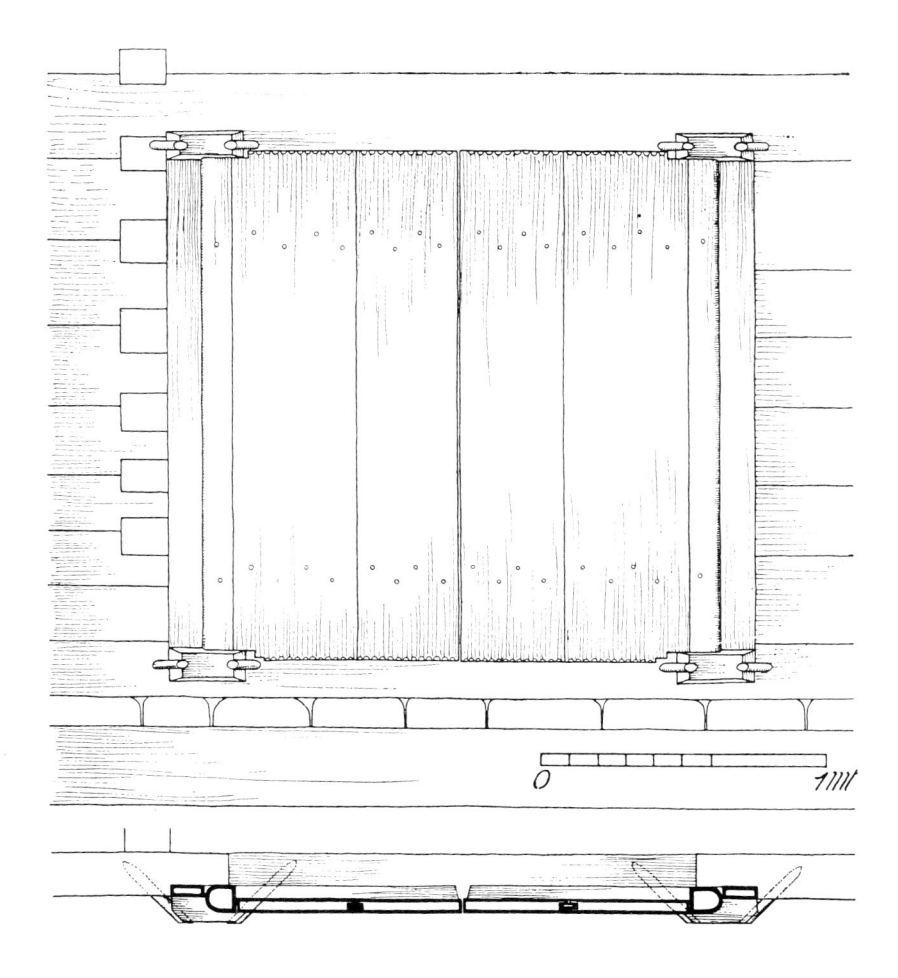

Abb. 272: **Tennentor aus Hirschegg, Vorarlberg.** (Nach einer Aufnahme von Peter Schwarz, Ulm.) Die im westgermanischen Ständerbau entwickelte Auswertung der Schrägnagelung zeigt sich hier in der Art, wie die aus Holzklötzen gebildeten Pfannen und Angelringe befestigt worden sind.

Abb. 273

Abb. 273 bis 275: **Stadeln aus Hofgastein**, an dessen Doppeltüren nebst den seitlichen Gewändepfosten auch die Mittelpfosten mit Schrägnägeln befestigt worden sind.

Abb. 274

Abb. 275

Besonders gestaltete Türgefüge

Eine besondere Stellung nehmen die Türen mit in sich festgefügtem Türstock ein, die in verschiedensten Gegenden bis nach Norwegen hinauf vorkommen (Abb. 282 und 283). Auch hier mußte Setzluft gelassen werden. Wie das geschehen ist, darüber geben die angeführten Zeichnungen und ihre Beschreibung Auskunft.

Eine eigentümliche Ausbildung wurde einer Tür von einem Kasten aus dem Chiemgau zuteil, bei der man an jedem Pfosten eine andere Gefügeart wählte (Abb. 285/1 und 286). Eine Besonderheit im Gefüge und in der Ausschmückung zeigt eine mittelalterliche Tür aus Villanders in Südtirol. Hier hat das mit auffallend breitgeschmiedeten Nagelköpfen befestigte Sturzbrett, das die Vermittlung zwischen den Türpfosten bildet, einen lebhaft geformten Saum erhalten (Abb. 278, 280, 281, 196a). Als eine Verwandte davon darf das Beispiel Abb. 284 (links) hier angereiht werden. Das Zurichten der einzelnen Gefügeteile aus dem vollen, unbeschlagenen Holz gab der Gestaltungskraft einen größeren Spielraum, als es das heute zur Verfügung stehende Schnittholz vermag. Eine Sonderstellung nimmt eine in Lettland übliche Form ein, wo die Türpfosten in Bohlenstärke an der Schwelle wie am Sturz eingenutet worden sind (Abb. 292). Beim Aussparen von Setzluft ließ man entweder die Türpfosten in voller Stärke in den Sturzbalken eingreifen, ähnlich dem nordischen Türgefüge, wozu der Sturzbalken entsprechend verstärkt werden mußte (Abb. 288), oder man verdeckte die Fugen mit verschiedenartig gestalteten Überblattungen (Abb. 287 und 288). Das erstere weist auf die Ostgermanen, die die gleiche Baukultur besaßen wie die Nordgermanen. Ja, man ging im Einfühlen in das Holz nicht nur so weit, den Türpfosten nicht durchgehend den gleichen Querschnitt zu geben und alle Fluchten senkrecht aufwärts wachsen zu lassen, sondern wagte es, sowohl im nordischen als auch im bayerischen Blockbau, die Gewände sich nach innen neigen zu lassen. So entstand ein eigenartiges, nur in Holz denkbares Motiv (Abb. 289, 290 und 291).

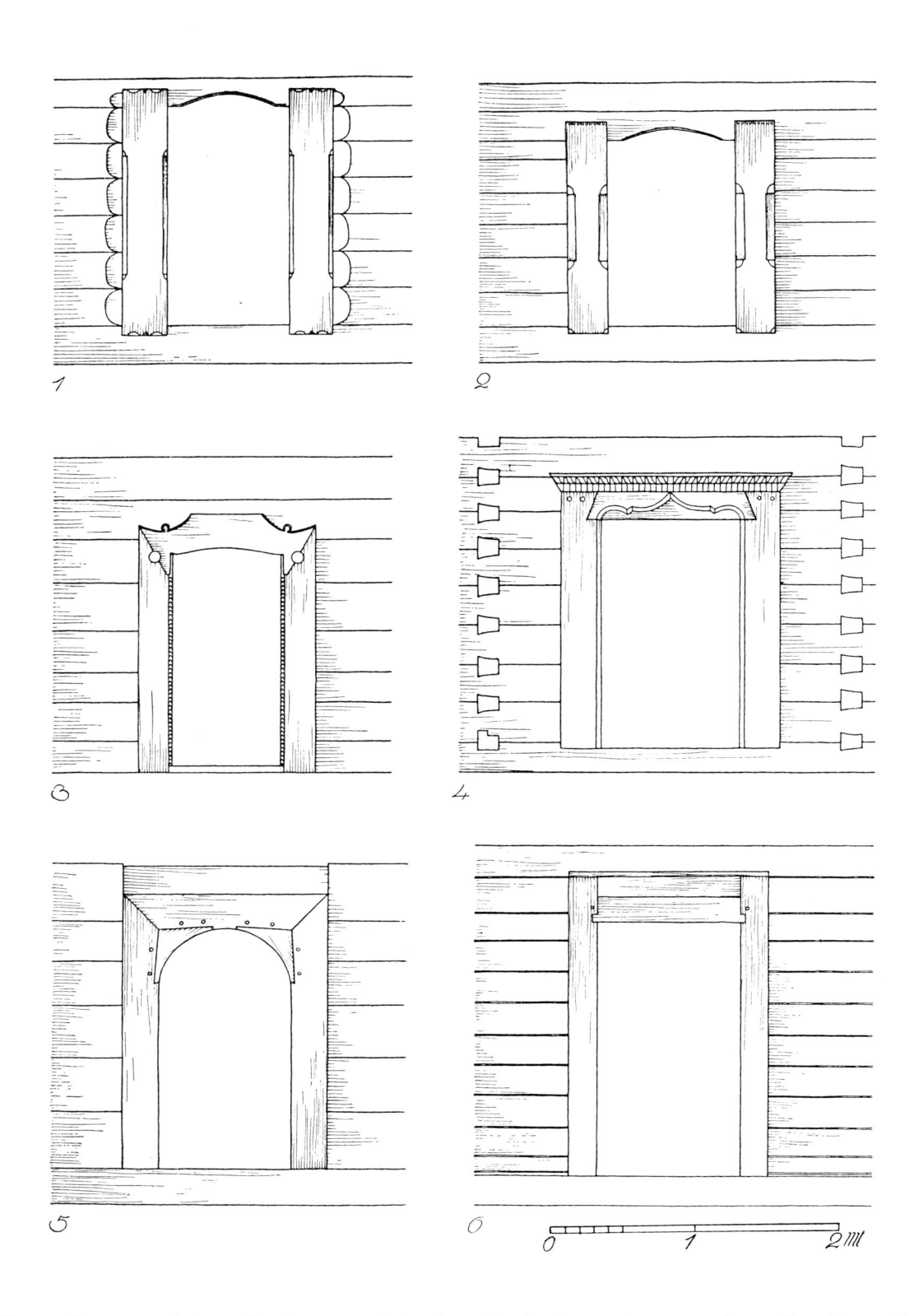

Abb. 276: **Türen**: 1 und 2) aus Oberbayern; 3) Südtirol; 4) Oberfranken; 5) Danzig; 6) Ostpreußen. (Die in Klammern gesetzten Zahlen bezeichnen die Abbildungen mit den Einzelheiten zu den betreffenden Beispielen.) 1 Mettenham (277); 2 Schleching; 3 Villanders (278, 280, 281); 4 Neukenroth (282); 5 Klein-Zünder (282); 6 Königsberg (282).

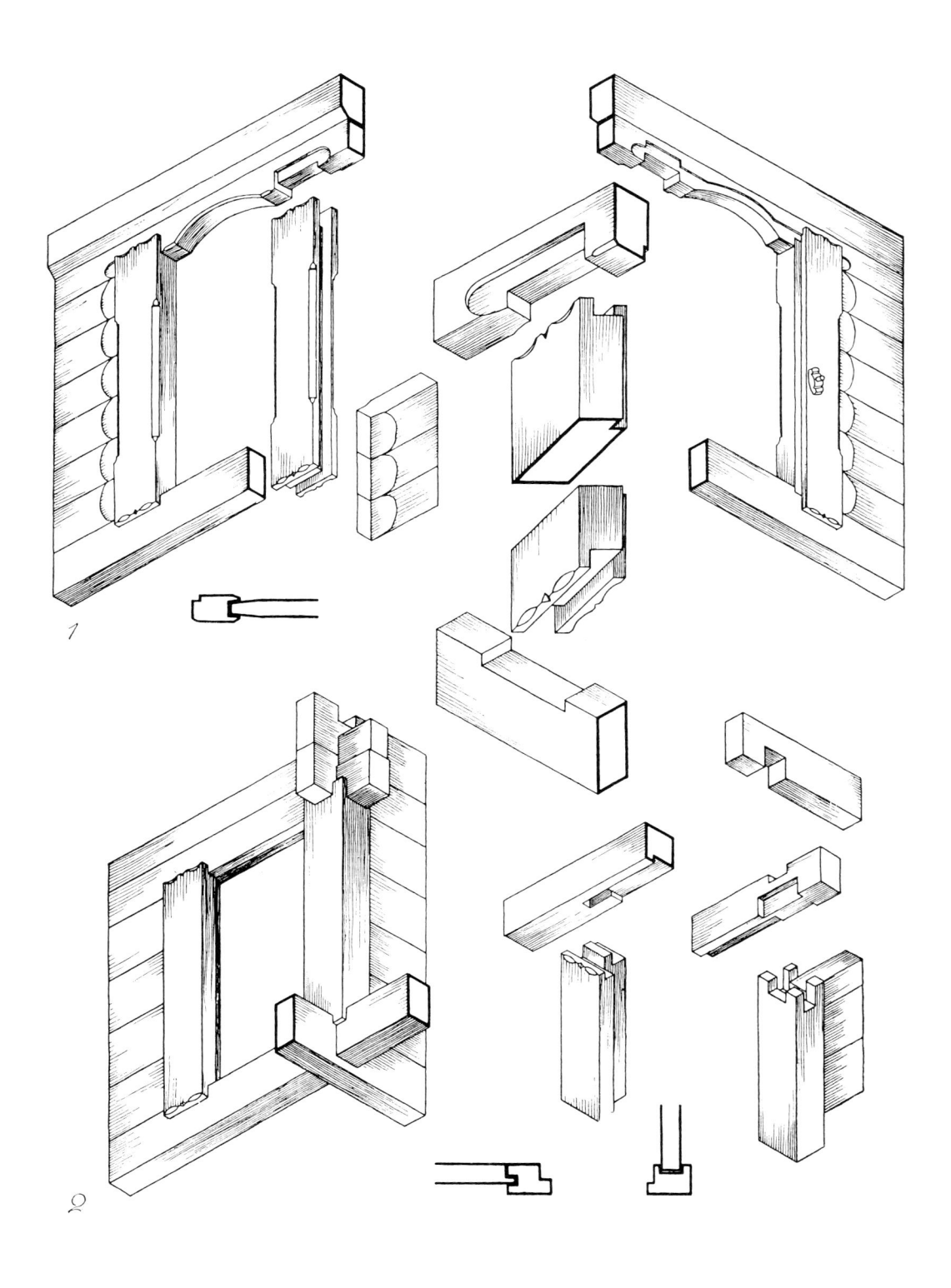

Abb. 277: **Tür von einem Bauernhaus aus Mettenham, Chiemgau, Oberbayern (1), und von einem Stadel aus Stalden im Wallis, Schweiz (2).** Am ersten Beispiel fassen die Pfosten die Blockbalken mit einem Schlitz, am zweiten tritt am linken Pfosten noch ein Zapfen hinzu. Bemerkenswert ist bei letzterem die Stülpung des Eckpfostens.

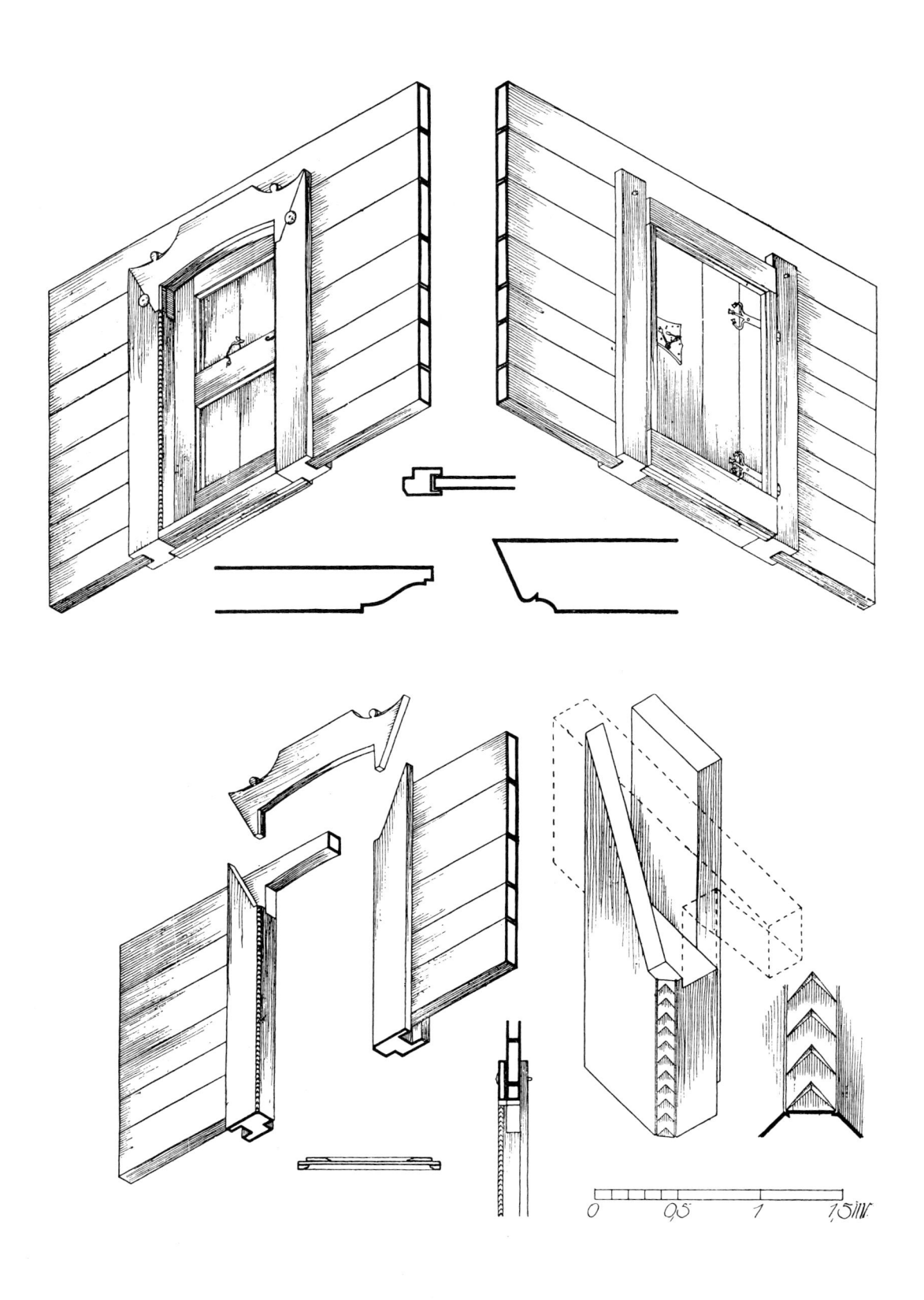

Abb. 278: **Innentür von einem Bauernhaus aus Villanders bei Klausen in Südtirol (um 1500).** (Aufnahme des Verfassers.) Die Türpfosten fassen die Blockbalken mit einem die volle Wandstärke einnehmenden Schlitz. Auf einer Wandseite ist am Sturz eine Bohle angenagelt worden, die die Außenflucht der beiden Türpfosten einhält und dadurch eine geschlossene Umrahmung darstellt. Die Nägel dienen mit ihren breitgezogenen und über einem Gesenk gewölbten Köpfen zugleich als äußerst wirkungsvolle Schmuckglieder.

Abb. 280

Abb. 280 und 281: **Stubentüren aus Villanders, Tirol** von außen und innen

Abb. 281

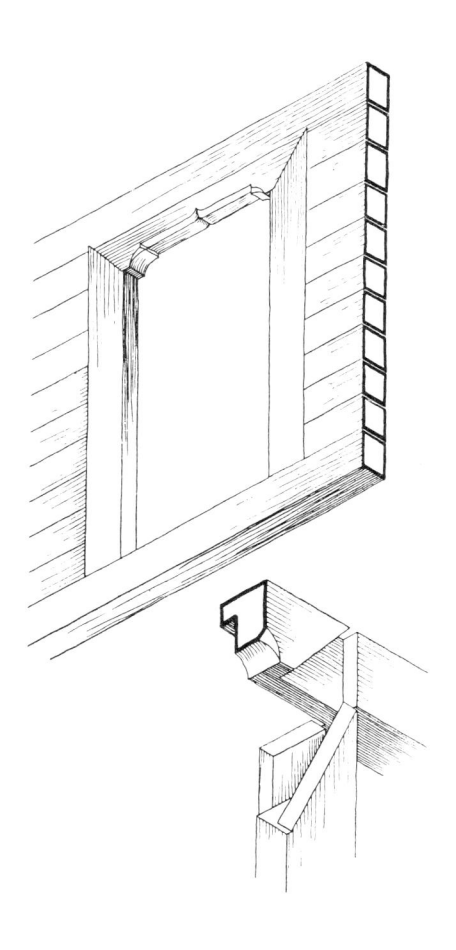

Abb. 279: **Tür von einem Stadel vom Berghof in Sölden, Tirol.** Hier ist das spitz ausklingende Blatt der Türpfosten in voller Stärke in den Sturz- und den darüberliegenden Blockbalken eingelassen. Der Türpfosten wurde aufgeschlitzt und der Schlitz in enger Anpassung an den Anschlag gestaltet. Dieses stellt eine Spätform dar, denn beim Aufrichten mußte an den oberen Stößen sichtbar Setzluft gelassen werden.

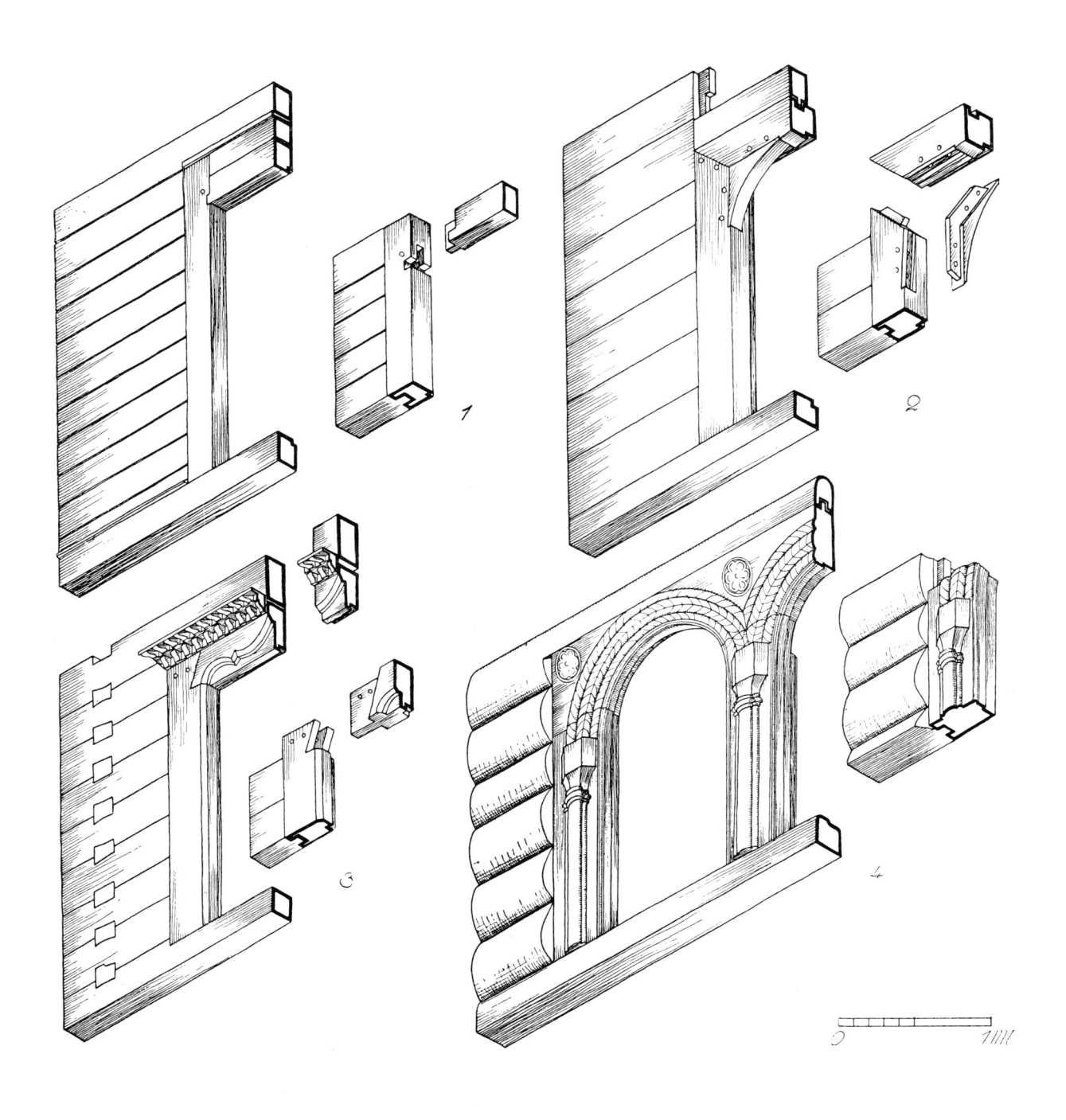

Abb. 282: **Türen mit eingefügtem Türgerüst.** 1) von einer Klete aus dem Freilichtmuseum in Königsberg in Preußen; 2) von einem Bauernhaus aus Klein-Zünder bei Danzig; 3) von einem Bauernhaus aus Neukenroth im Frankenwald (von 1606); 4) von einer Bjaelkestue aus Nikor Sogn, Hardanger, Norwegen. (3 umgezeichnet nach „Das Bauernhaus in Deutschland", 4 nach „Tegninger af aeldre nordisk architektur", Kopenhagen, 1872—1879.) Bei allen greifen die Blockbalken mit einem zu einem Spund vereinten Zapfen in eine entsprechende, aus dem Türgerüst ausgesparte Nut ein. Bei 1 hat man so reichlich Setzluft gelassen, daß nachträglich noch eine Dichtung mit einem eingetriebenen Brett notwendig wurde; bei 2 reicht die seitliche Spundung bis zum Rähm; bei 3 verdeckte man die Setzungsfuge mit einem aufgenagelten Zahnschnittgesims; bei 4 jedoch, das sich auffallend an die romanische Steinarchitektur anlehnt, berechnete man den Grad des Setzens vorher so genau, daß nach dem Zurruhekommen der Blockwand die Lagerfuge über dem Sturz dicht geschlossen wurde.

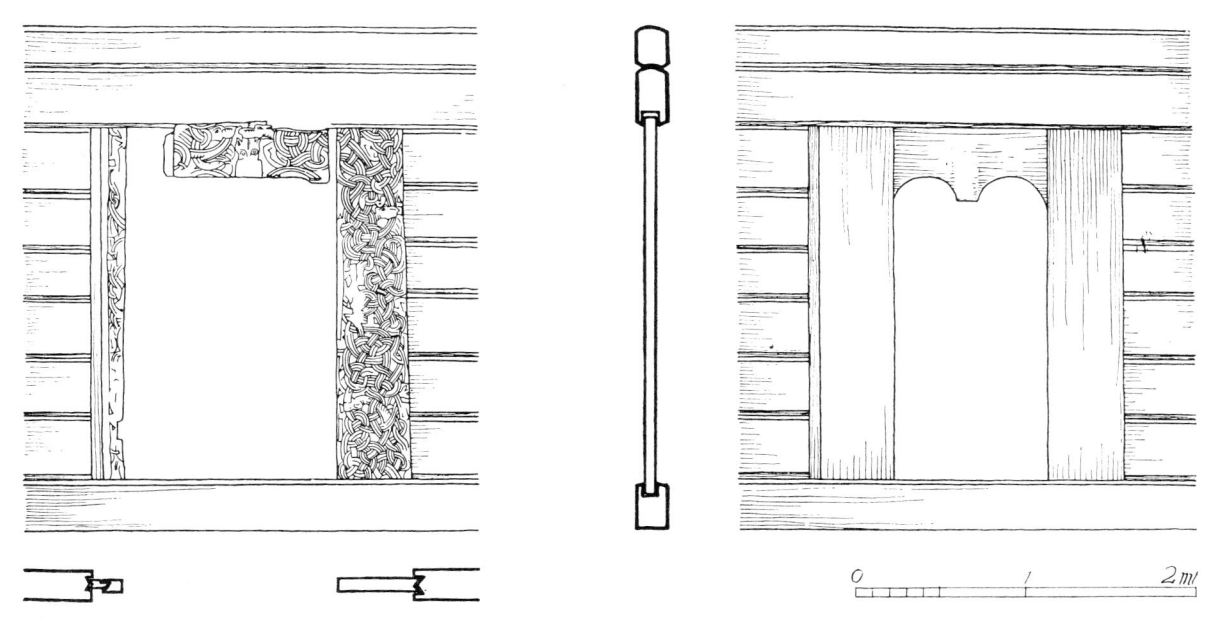

Abb. 283: **Tür vom Westportal der Blomskops-Kyrka in Värmland, Schweden.** (Links gegenwärtiger Zustand, rechts ursprüngliche Form ohne die Schnitzerei.) Der gleich Zargen wirkende Türrahmen mit den geschnitzten Bandverschlingungen stammt von einem älteren, in Reiswerk errichteten und dem 13. Jahrhundert zugehörigen Bau. (Nach Emil Ekhof, Svenska Storkyrkor, Stockholm 1914—1916.)

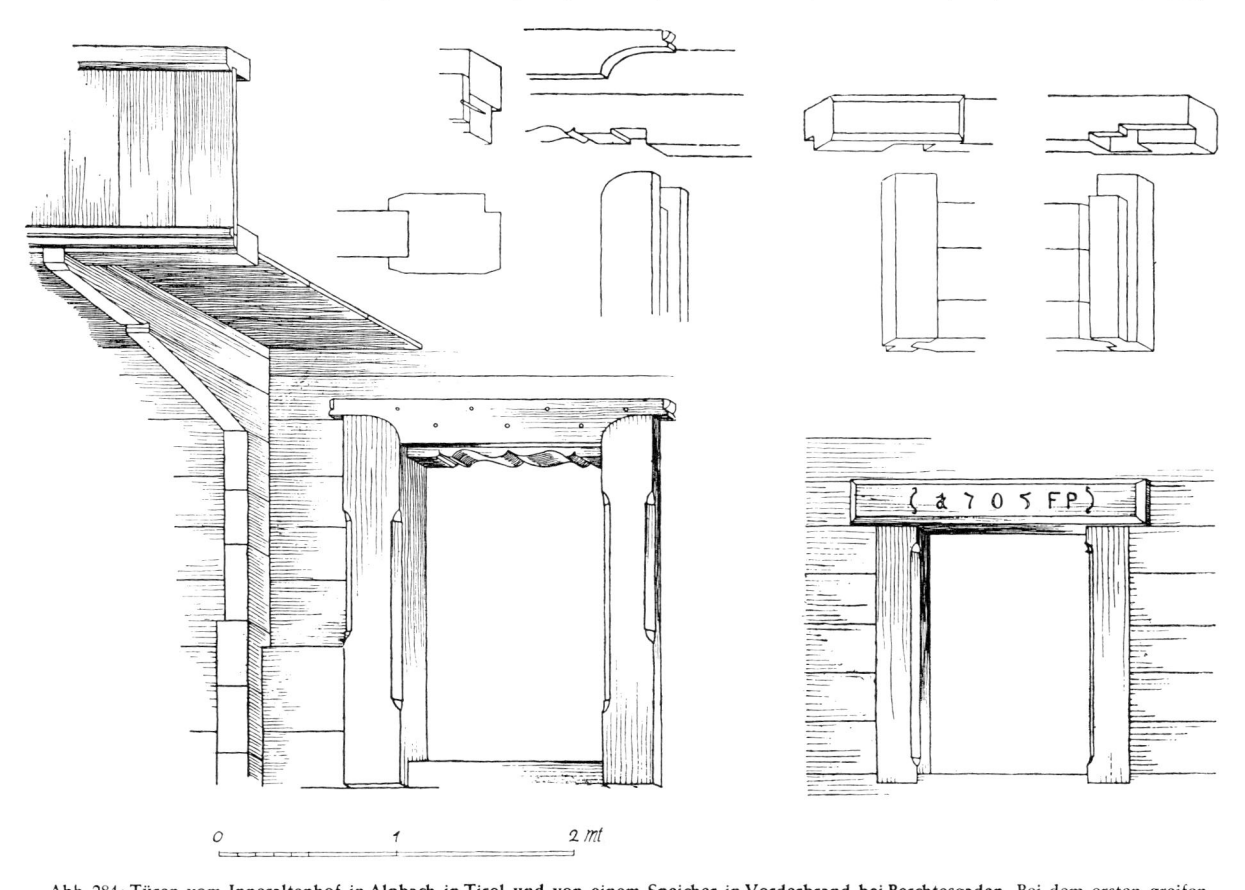

Abb. 284: **Türen vom Inneraltenhof in Alpbach in Tirol und von einem Speicher in Vorderbrand bei Berchtesgaden.** Bei dem ersten greifen die Blockbalken in voller Stärke in die Türpfosten ein, die so stark gemacht wurden, daß aus ihnen eine entsprechend starke Nut sowie ein Schlitz herausgestochen werden konnten. Bemerkenswert ist, wie das nach dem Setzen mit Holznägeln befestigte Sturzbrett in organische Verbindung mit den vortretenden Türpfosten gebracht wurde. Bei dem zweiten liegen die Türpfosten mit der Wandflucht bündig. Um hier am Sturz die notwendige Setzluft zu erhalten, ist der Blockbalken verstärkt und zugleich als Schmuckglied ausgestaltet worden. (Aufnahmen des Verfassers.)

217

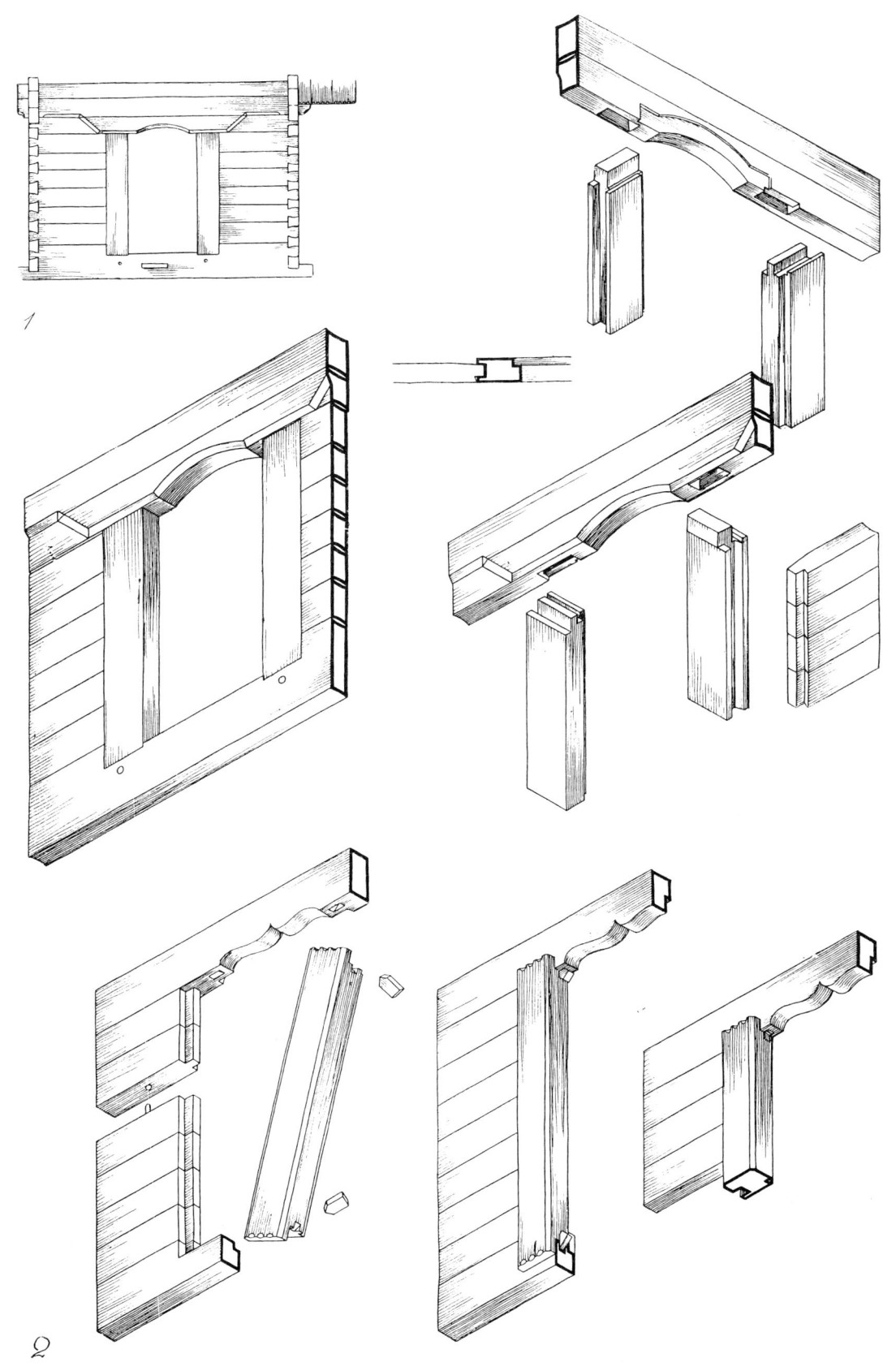

Abb. 285 (Text siehe Seite 219)

Abb. 286: Tür von einem Kasten aus Landershausen bei Schleching, Chiemgau

Zu Abb. 285: **Oberbayerische Türen.**
1) aus Landershausen bei Schleching, Chiemgau (Aufnahme des Verfassers) und 2) entnommen aus „Das Bauernhaus in Deutschland", Seite 308. Das untere Beispiel zeigt eine Vermengung des durch die Schrägnagelung gekennzeichneten bayerischen Gefüges mit der keltischen Blockwand, wobei man die an der letzteren kennengelernte Einspundung der Blockbalken trotz des nachträglichen Einfügens einzugliedern wußte. Beim oberen verrät sich ein phantasievoller und zugleich suchender, bäuerlicher Zimmermann. Die angestammte Schrägnagelung gab er auf und errichtete die aufgezapften Türpfosten gleichzeitig mit der Blockwand. Das Bemerkenswerteste geschah aber am Sturz, wo am linken Pfosten nach außen hin der Zapfen zurückgearbeitet, am rechten aber nur abgeschrägt wurde. So mußte links in der Höhe des Sturzes eine klaffende Fuge entstehen. Auch in formaler Beziehung erkennt man durch die Verstärkung des Sturzes sowie des darüber liegenden Blockbalkens und der kunstvollen Vermittlung derselben mit der Hauptflucht einen suchenden Kopf.

Abb. 287: **Türen vom Obertalerhof in Alpbach in Tirol.** Bei der unteren, älteren und bei der oberen, jüngeren Tür sind die die Setzluft verdeckenden Türpfostenenden verschieden geschmückt worden; die einen mit dem Hohlmeißel, die anderen mit der Säge und dem Balleisen. Beides gibt in Verbindung mit den abgefasten Stichbogen der Türstürze eine eigenartige, dem Wesen des Holzes angepaßte Architektur. Dazu treten noch die darüberliegenden und vorkragenden Blockbalken in Wirkung, die bei dem unteren durch ein wie von selbst entwachsenes, ausgestochenes Fenster einen besonderen Schmuck erhalten haben. (Aufnahmen des Verfassers.)

219

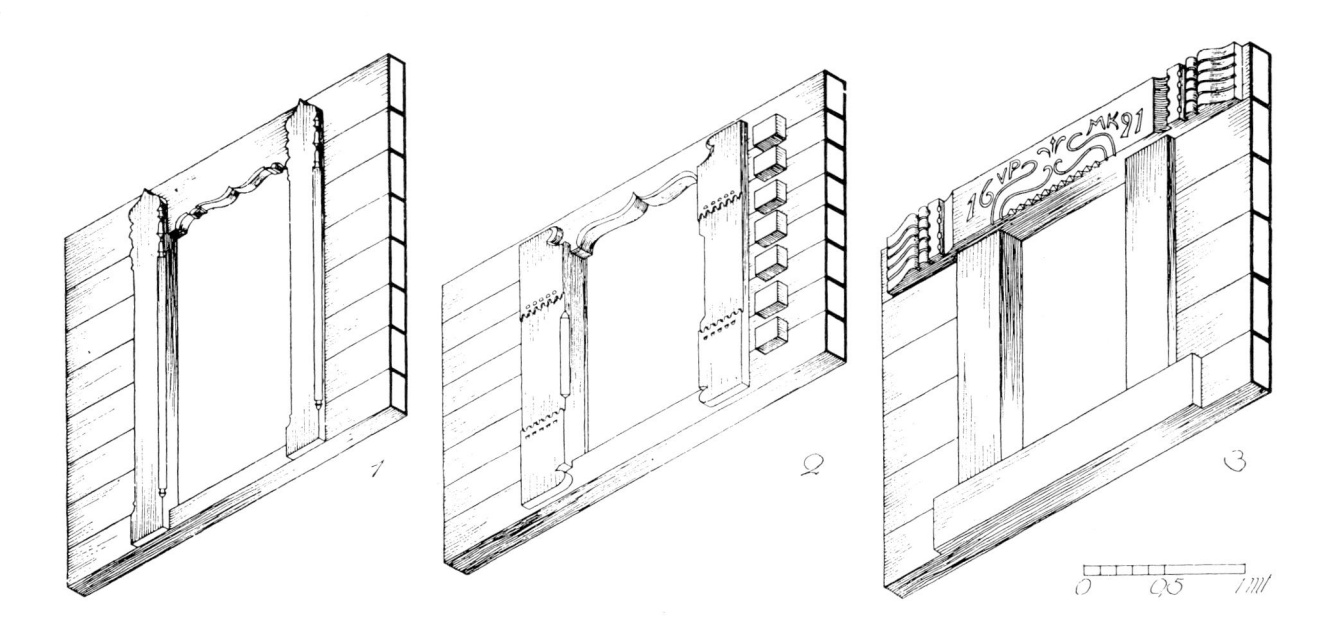

Abb. 288: **Architektonische Ausgestaltung von Türgewänden aus Tirol und Vorarlberg.** 1) aus Pertisau, Tirol (nach: „Das Bauernhaus in Österreich-Ungarn"); 2) aus Egg in Vorarlberg (nach: Deininger, „Das Bauernhaus in Tirol und Vorarlberg"); 3) aus Vals, Tirol (nach: „Das Bauernhaus in Österreich-Ungarn"). Die Beispiele veranschaulichen die Vielgestaltigkeit, zu dem das Wesen des Holzes Anregung gibt; namentlich, wenn man aus dem Rundholz heraus das Werkstück gestaltet.

Zu Abb. 289: **Türen vom Pfostenspeicher des Aelvros-Hofes aus dem südwestlichen Härjedalen in Schweden** (jetzt in Stockholm, Skansen) **und vom „Kasten" aus Niederneuching bei Erding vom Jahre 1581** (jetzt auf dem Staatsgut Grub bei München). (Aufnahmen des Verfassers. Für den Grundriß der schwedischen Tür wurden Angaben der Museumsleitung in Skansen benutzt.) Bei den Beispielen geben die nach innen geneigten Gewände eine edle und zugleich eigenartige Note, die ganz aus dem Wesen des Holzes heraus erfunden wurde. Bemerkenswert ist, wie die Rundbalken des oberen Beispiels nach den Türpfosten zu durch Beschlagen abgeschrägt und dadurch mit einem natürlich entwachsenen, zugleich aber außerordentlich wirksamen Schmuck bereichert worden sind.

Abb. 289 (Text siehe Seite 220)

Abb. 290: Tür des Pfostenspeichers vom Aelvroshof, Schweden

Abb. 291: Türen vom Obergeschoß des Kastens aus Niederneuching.

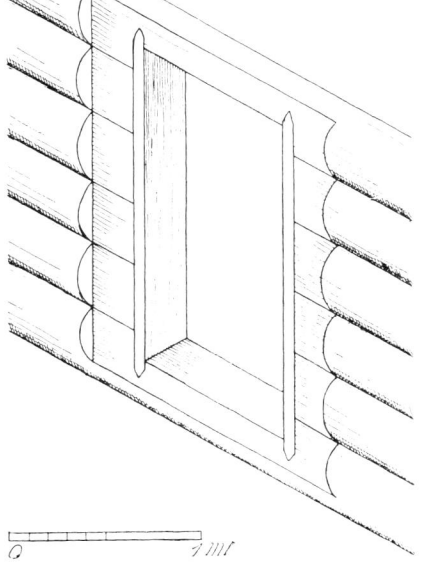

Abb. 292: **Tür von einem lettischen Blockhaus** (umgezeichnet nach: A. Bielenstein, „Die Holzbauten und Holzgeräte der Letten", 1907). Die beiden Türwangen sind erst nach dem Setzen der Wand eingefügt worden und haben lediglich den Zweck, das Hirnholz zu verdecken.

223

Das Fenster

Das Fenster gelangte erst in die Blockwand, als das Türgefüge bereits eine hohe Stufe der Entwicklung erklommen hatte. Wie schon sein auf lateinische Wurzel zurückzuführender Name andeutet, nimmt es den Weg über den Kirchenbau von der von den Römern entlehnten Steinarchitektur. Veranlassung gab das Einziehen einer Zwischendecke oder die Einführung eines Kamins und damit das Schließen der im Dach liegenden Rauch- und Lichtluke.

Vorher begnügte man sich damit, aus der Wand schmale Lichtschlitze herauszustechen oder zu schneiden, die einen Ausguck ermöglichten (Abb. 293). Diese Einschnitte greifen von der Fuge aus nur in einen oder in beide Blockbalken ein und erweitern sich allmählich zu kleinen, mit einem eingebauten Schiebeladen verschließbaren Luken (Abb. 293 und 294). Im Gotischen nannte man solche Ausgucke: auga-daúrô; im Althochdeutschen: auga-tora; im Altnordischen: vind-auga.

Es ist bemerkenswert, zu welch verschiedenartigen Abwandlungen hier die Gestaltungskraft gelangte, und dies allein aus einer engen Verbindung mit der handwerklichen Ausführung heraus. Da höchstens ein Blockbalken zerschnitten wurde, konnten die Dübel noch einen sicheren Halt gewährleisten.

Anders gestaltete sich diese Aufgabe bei Fenstern, die größere Flächen beanspruchten. Jetzt forderte schon allein das Dichthalten des Verschlusses eine besondere Sorgfalt in der Ausführung des Gefüges. Man löste die Aufgabe: 1. mit Wechseln (Abb. 295—298); 2. mit Federn (Abb. 299 bis 302); 3. mit Blockzargen (Abb. 303—306), die man in Oberbayern zuweilen in einen Anschlag legte; oder auch 4. nur mit Bohlenzargen (Abb. 307).

Die Dichtung der Fugen führte zum Annageln von Deckleisten und Schalbrettern, und diese wiederum gaben Anregung zu den verschiedenartigsten Ausgestaltungen, wie sie auf den Abb. 296, 299, 300, 301, 302, 303, 305, 306, 307, 308, 309, 310, 311, 312 und 313 dargestellt sind.

Um den über die Fensterscheiben fließenden Schlagregen abzuwehren, ließ man die Brüstungszarge vortreten (Abb. 300, 306, 307 und 312), oder man nagelte noch ein besonderes Traufbrett an (Abb. 300). In Schlesien und in den angrenzenden Gebieten Böhmens und Sachsens legte man der Zarge ein besonderes Brustholz unter in Form einer weit vor die Flucht tretenden kräftigen Bohle oder sogar eines Halbholzes (Abb. 308 und 309).

Bei der Gestaltung eines in die Blockwand eingefügten Fensters gilt als Grundregel, daß der bewegliche Fensterflügel und der ihn umgebende Rahmen oder die Zarge eine in sich geschlossene Einheit bilden, die vom Setzen der Blockwand nicht in Mitleidenschaft gezogen werden kann. Dies trifft auch auf die Fensterläden zu, die stets an der Zarge aufgehängt werden sollen.

Bei Zwischenteilungen und bei der sich hieraus ergebenden Verbreiterung des Fensters kann eine Durchbiegung des Sturzbalkens leicht eintreten. In diesem Falle ist eine Eisenarmierung zulässig (Abb. 313). Es braucht nicht besonders erläutert zu werden, daß auch beim Fenster, gleichwie bei den Türen, auf Setzluft geachtet werden muß (Abb. 295).

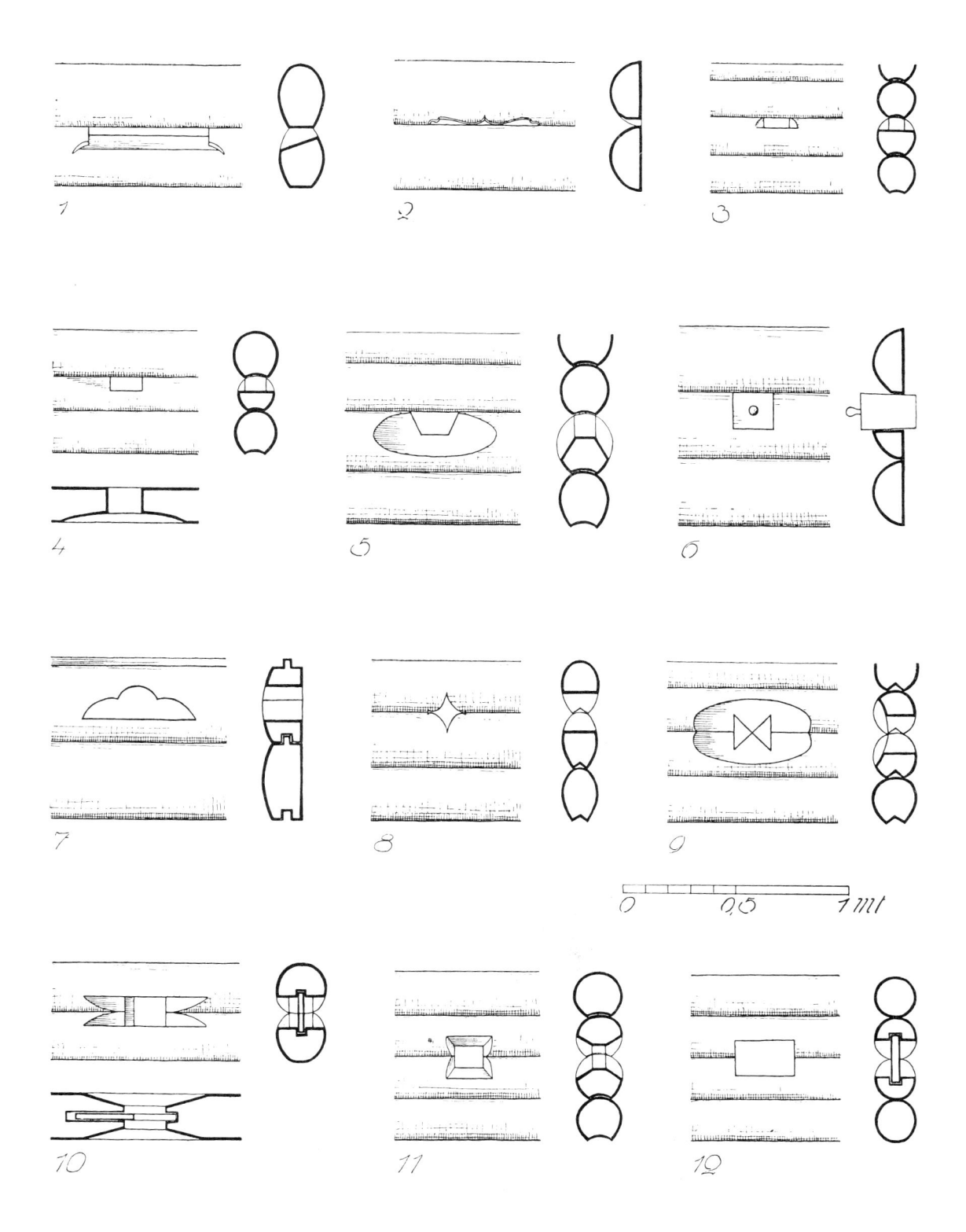

Abb. 293: **Lichtschlitze und Luken aus dem Gebiet des Blockbaues.** 1 und 8) aus Norwegen; 3—5 und 9—12) aus Schweden; 2, 6 und 7) aus der Schweiz. Bei den Beispielen 1 bis 6 ist der Einschnitt nur in einem Blockbalken ausgeführt worden. Aber schon hier verrät sich die Vielgestaltigkeit, zu der die werkgerechte Behandlung des Holzes Anregung gibt, sei es in der Abschrägung der Gewände oder in der Zeichnung des Umrisses. Bei 7 wurde die Öffnung in einer dem Steinbau entlehnten Form innerhalb des Blockbalkens in gekünstelter Ausführung herausgestochen. Bei 8 bis 12 geschahen in vielgestaltigen Formen die Einschnitte beidseitig der Lagerfuge. 6, 10 und 12 zeigen frühe Stufen der Verschlüsse.

15 Phleps, Der Blockbau

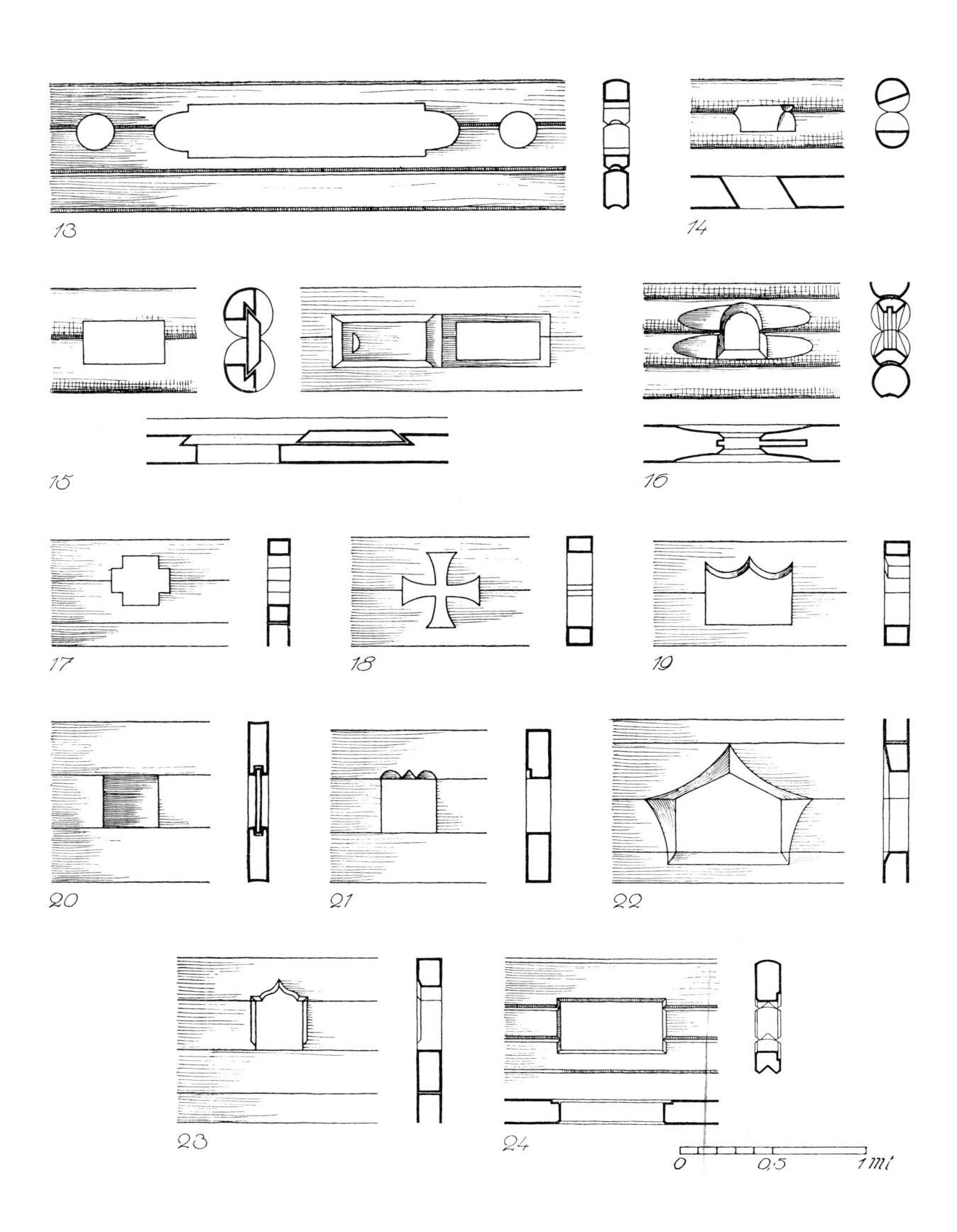

Abb. 294 (Text siehe Seite 227)

Abb. 295: **Fenster im Zustand vor der Verschalung aus der Schweiz.** Über den Wechseln sowie der Bohlenzarge ist Setzluft gelassen worden; bei der letzteren mit einer Dichtung aus Werg. Die Schalbretter sollen erst, nachdem die Blockwand sich gesetzt hat und zur Ruhe gekommen ist, angebracht werden.

Zu Abb. 294: **Fensterluken aus dem Gebiet des Blockbaues.** 13) aus Finnland; 14 bis 17 und 24) aus Schweden; 18 bis 21 und 23) aus der Schweiz; 22) aus Steiermark. Bei 13 bis 19 geschahen die Einschnitte beidseitig der Lagerfuge mit verschiedenartigster Gestaltung der Gewände, ohne die durchlaufenden Blockbalken völlig zu trennen. Bei 20 bis 24 hingegen mußte ein Blockbalken zerschnitten werden, wobei die benachbarten geschont (20—21) oder durch Einschnitte in den darüberliegenden (22—23) sowie in den oberen als auch den unteren (24) erweitert wurden. Die zum Verschluß dienenden Schiebeläden bei 15, 16 und 20 setzte man schon während des Aufrichtens ein.

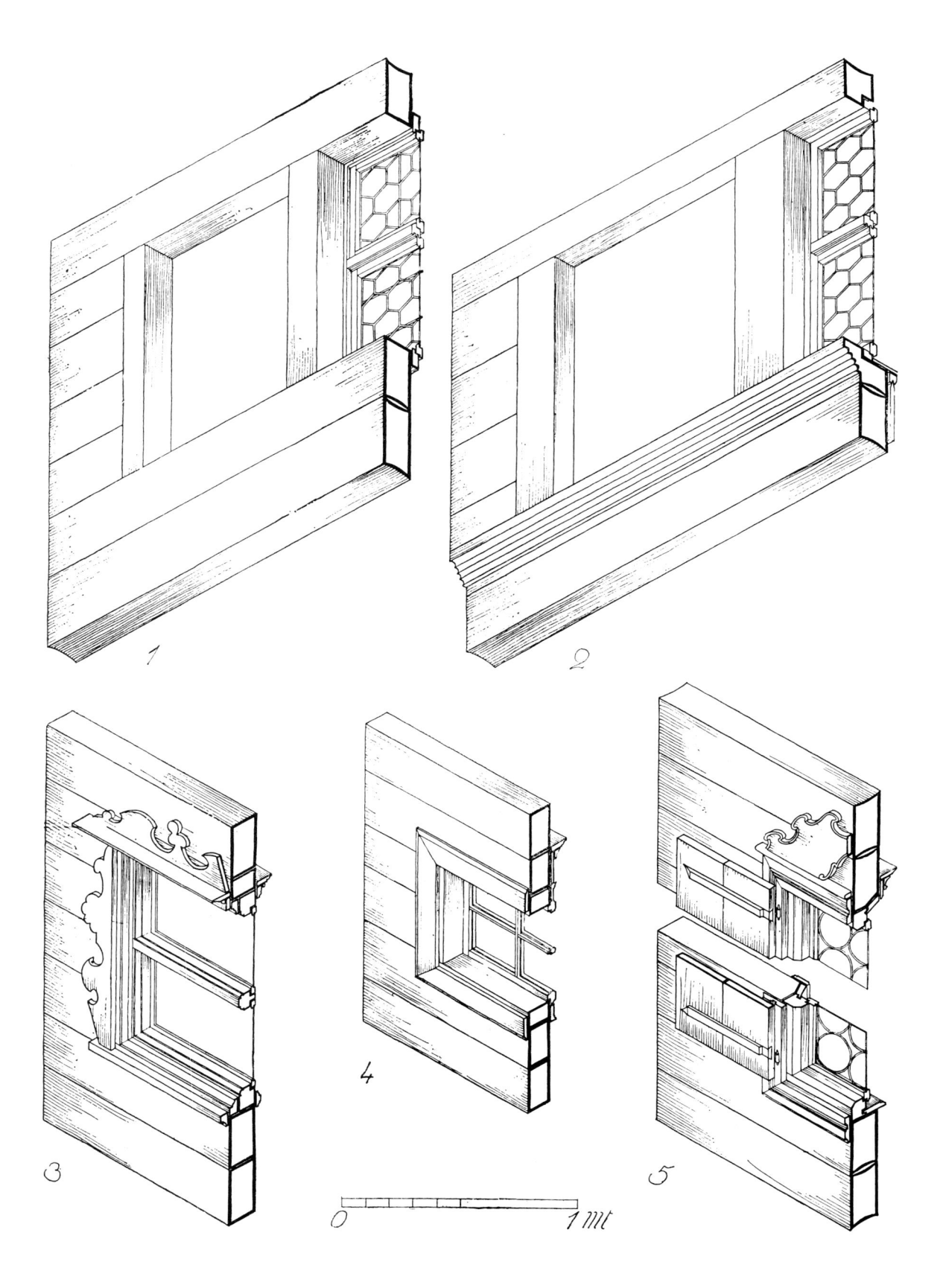

Abb. 296 (Text siehe Seite 229)

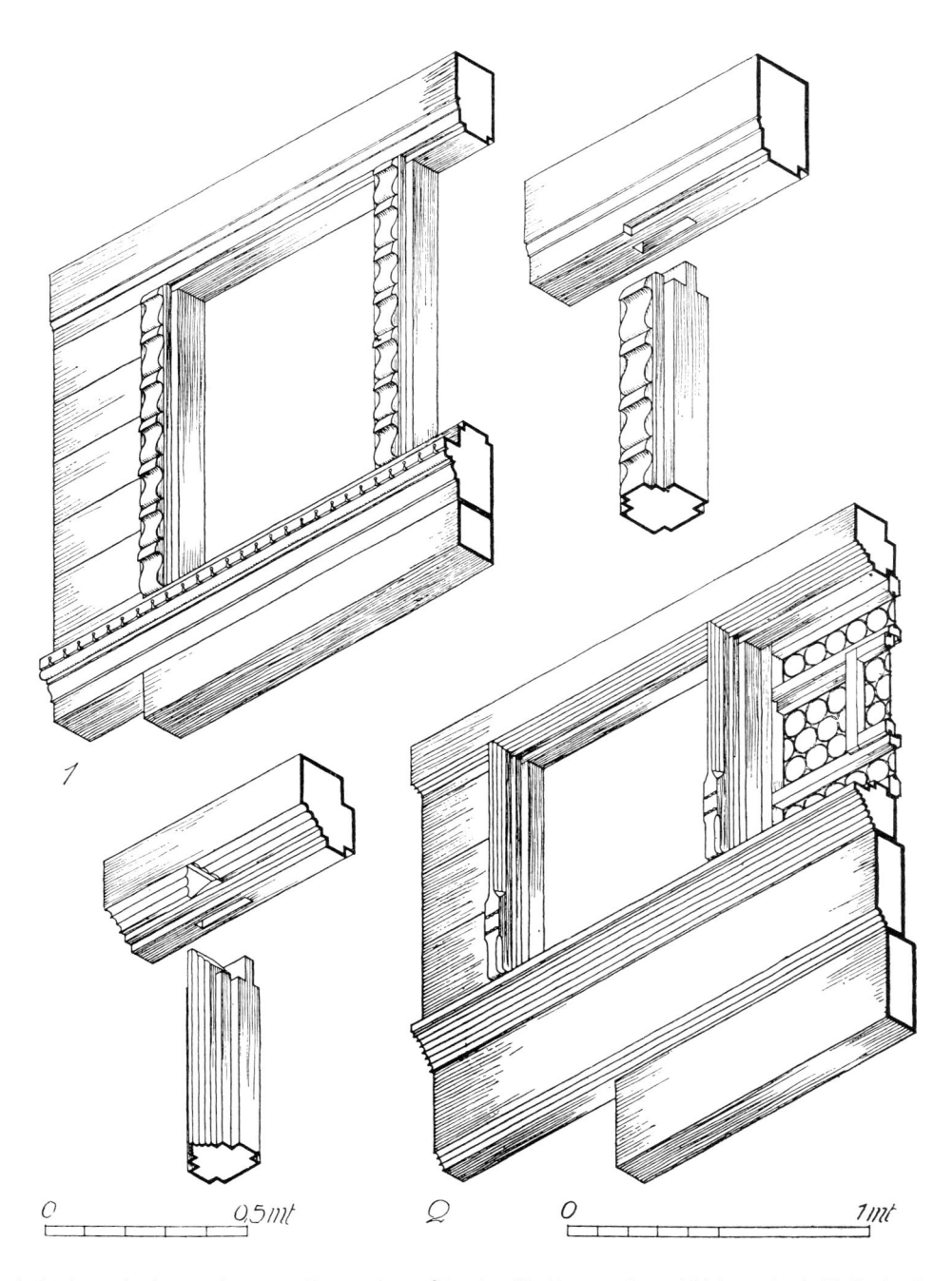

Abb. 297: **Architektonische Ausgestaltung von Fensterrahmen Schweizer Blockbauten.** 1) aus Meiringen (nach Gladbach, „Der Schweizer Holzstil", Tafel 7); 2) aus Wittigen bei Meiringen (nach „Das Bauernhaus in der Schweiz", Tafel Bern Nr. 11). Von beiden reichgestalteten, dem Wesen des Holzes sich anpassenden Beispielen zeigt das zweite die bessere Lösung. Hier hat man sich mit dem Herausstechen von Profilen, die mit den Fasern mitlaufen, begnügt und es verstanden, diese zu einer Einheit lebendigster und klarster Ausdruckskraft zu verbinden. Man beachte, wie die Pfosten oberhalb des Brustgesimses herauswachsen und ihr Profil mit dem des Sturzes verschmilzt.

Zu Abb. 296: **Verschiedenartig gestaltete Fenster.** 1) aus Rothenturm, Kanton Schwyz (nach „Das Bauernhaus in der Schweiz", Tafel Schwyz Nr. 2); 2) aus Erstfeld, Kanton Uri (nach Tafel Uri Nr. 2 aus dem vorgenannten Werk); 3) aus Pertisau, Tirol (nach „Das Bauernhaus in Österreich-Ungarn", Tafel Tirol Nr. 4); 4) aus Feistritz an der Drau (nach „Das Bauernhaus in Österreich-Ungarn", Tafel Kärnten Nr. 1); 5) aus Bernlohe in Oberbayern (nach „Das Bauernhaus in Deutschland" Seite 308). 1 und 2 zeigen quergeteilte Rahmen, die am unteren Feld Schiebefenster, am oberen bewegliche Flügel aufweisen. Beim ersten Beispiel ist der Rahmen an die Innenflucht angenagelt, beim zweiten sitzt er werkgerecht in einem Falz. 3 bis 5 haben nur bewegliche Flügel, die auf eine Blockzarge aufschlagen. Der hierzu dienende Falz ist entweder aus der Blockzarge herausgestochen (3, 5) oder aus Zarge und Schalbrett gebildet (4). Da diese Beispiele alle von einem weit vor die Flucht vorkragenden Dach geschützt werden, ist an den Brüstungen auf Abwässerung keine Rücksicht genommen worden.

Abb. 298: **Gekuppeltes Fenster aus Stalden, Kanton Wallis.** Die Fenster liegen in einer unmittelbar aus den Blockbalken und Pfosten herausgestochenen Nut.

Zu Abb. 299: **Bohlenzargenfenster.** 1) vom Wirtshaus „Zur Sonne" in Tschagguns (nach einer Aufnahme des Akademischen Architektenvereins München); 2) von einem Bauernhaus aus Klein-Zünder bei Danzig (Aufnahme des Verfassers); 3) vom Kyrkulthaus im westlichen Blekinge, jetzt in Skansen, Stockholm (Aufnahme des Verfassers); 4) von einem Haus in Steinen (nach „Das Bürgerhaus in der Schweiz", IV. Band, 1913, S. 93); 5) von einem Bauernhaus aus Obereidisch in Siebenbürgen (Aufnahme des Verfassers). 1, 2, 3 und 5 zeigen flach an das Gewände anstoßende Zargen. Bei 4 hingegen wird die Zarge durch zwei den Fensterrahmen fassende Leisten ersetzt. Während bei 1, 2 und 3 der den Flügel aufnehmende Falz aus der Zarge herausgestochen ist, geschieht dieses bei 5 bei den Schalbrettern. Bemerkenswert ist, wie bei den dem Regen ausgesetzten Beispielen 2 und 3 auf die Abwässerung Rücksicht genommen worden ist.

Abb. 299 (Text siehe Seite 230)

Abb. 300: **Skandinavische Bohlenzargenfenster.** (1 und 2 Aufnahmen des Verfassers aus dem Freilichtmuseum in Skansen, Stockholm; 2 nach einer Aufnahme von Helge Hoel, Oslo.) Als Sicherung der Blockwand gegen Ausweichen aus der Flucht dienen im Hirnholz der Gewände sitzende Federn (3). Bei 1 und 2 ist an der Brüstung mit großer Sorgfalt für eine Abwässerung des Schlagregens Vorsorge getroffen worden. Damit das Wasser nicht in die Fuge der Verschalung eindringen kann, greifen bei 1 die senkrechten Schalbretter über die Brüstungszarge über.

Abb. 301: **Schwedische Bohlenzargenfenster von der Laxbröstugan, jetzt in Skansen, Stockholm.** (Aufnahmen des Verfassers.) Die Fenster schlagen nach außen auf. Bemerkenswert ist die verschiedenartige, aus dem Wesen der Schalbretter heraus entwickelte Ausgestaltung. An der Brüstung im Innern wurde an der zugleich als Lattenbrett dienenden Zarge die Kante gefast, um einen möglichst glatten Übergang zur senkrechten Flucht zu schaffen.

Abb. 302: **Fenster vom Laxbrohaus, Västmanland, jetzt in Skansen, Stockholm**
(vgl. Abb. 301/1)

Zu Abb. 303: **Bayerische Blockzargenfenster.** 1) aus Wegscheid bei Lenggries (von 1758); 2) aus Niederneuching (von 1581); 3) aus Greiling; 4) aus Schlegldorf bei Lenggries. (1—3 Aufnahme des Verfassers; 4 nach einer Aufnahme von Max Schön, München.) Bei 1 und 4 liegen die Zargen mit einem Schrägnagel befestigt in einem aus der Blockwand herausgestochenen, nach innen gekehrten Falz. Deshalb wurden nur im Innern Schalbretter notwendig. Voraussetzung war hier, daß die Blockwand vor dem Einsetzen der Zarge völlig zur Ruhe gekommen war. Bei 2 und 3 sind die Zargen beidseitig von Schalbrettern gefaßt.

Abb. 303 (Text siehe Seite 234)

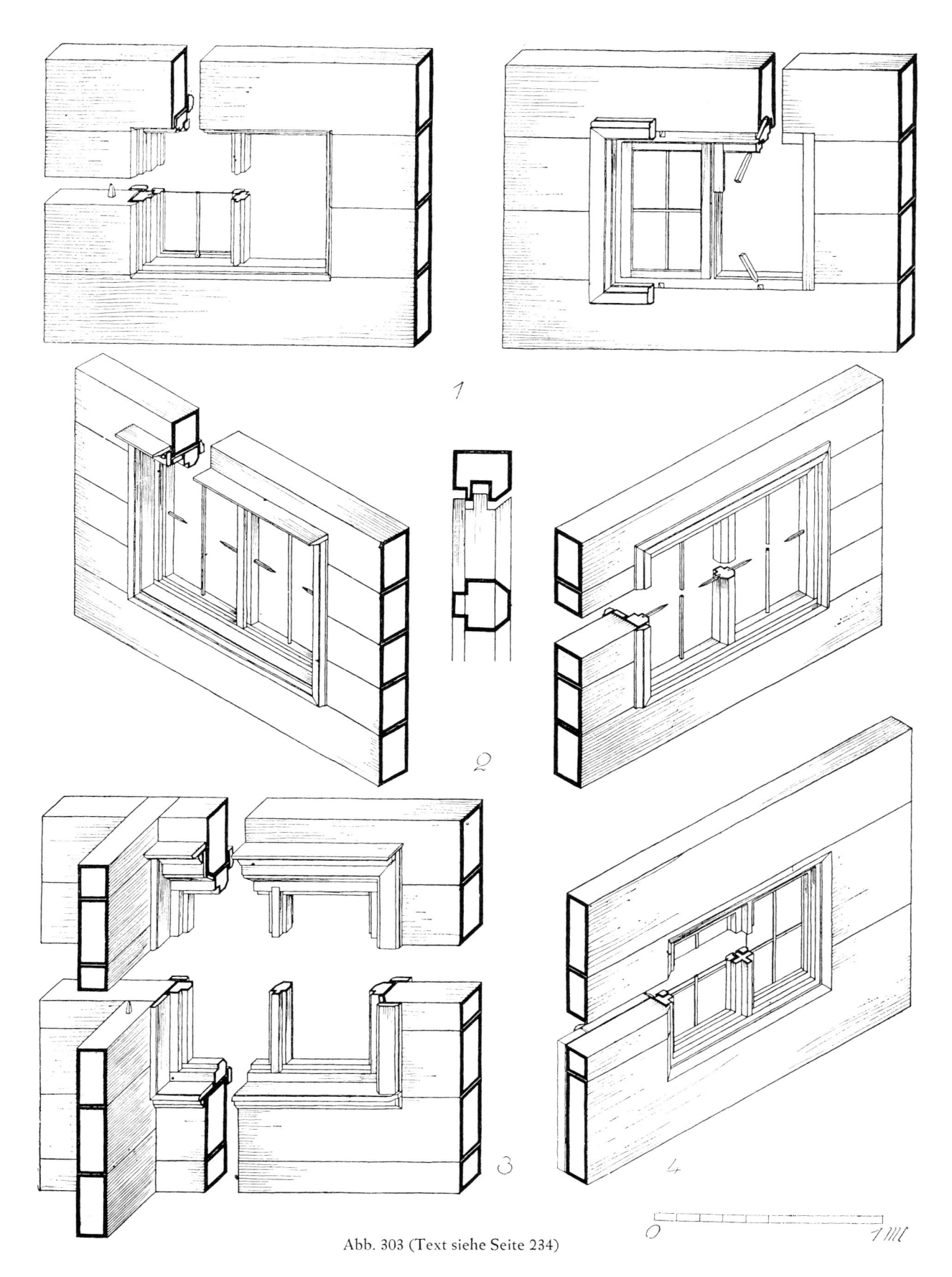

Abb. 304: **Mit Anschlag in der Wand sitzendes und mit Schrägnägeln befestigtes Blockzargenfenster aus Wegscheid bei Lenggries.** Hier wurde die Zarge erst nach dem Setzen der Blockwand eingefügt.

Abb. 305: **Blockzargenfenster vom sogenannten Hirtenhaus bei Erding in Oberbayern.** Die Schalbretter sowie die Fensterläden wurden werkgerecht an der Zarge befestigt. So blieb das Gesamtgefüge des Fensters unabhängig von der in der Blockwand aufgetretenen Formveränderung.

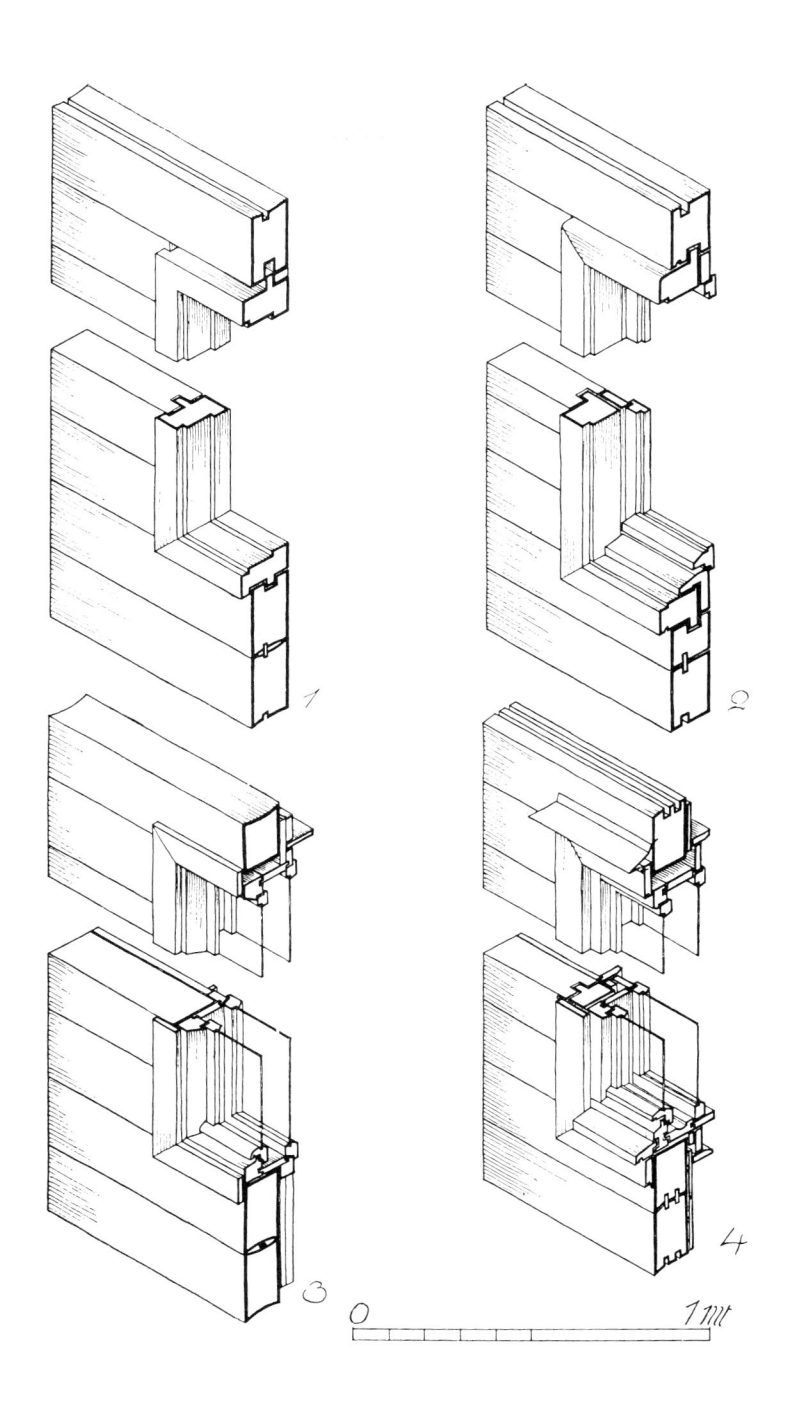

Abb. 306: **Neuzeitliche Blockzargenfenster.** 1) von einem Skihaus der Architekten Max Meier und A. H. Steiner, Zürich (entnommen aus „Der Baumeister", 1934); 2) von neueren Blockbauten der Gebrüder Brunold BSA., Arosa (entnommen aus „Das Werk", 1932); 3) von einem Sommerhaus in Lenggries des Architekten Max Schoen, München (entnommen aus „Moderne Bauformen", 1933); 4) von einer Skihütte des Architekten Adolf Schuhmacher, Basel (entnommen aus „Moderne Bauformen", 1933). Bei 1 und 2 ist der bemerkenswerte Versuch gemacht worden, die Zargen durchgehend in die Blockwand einzuspunden und während des Aufrichtens am Sturz Setzluft zu lassen. Dieses zimmermannsmäßige Gefüge macht die Schalbretter überflüssig, ersetzt zugleich die Wechsel und gewährleistet eine gute Abwässerung. Bei 3 und 4 wurden die Blockzargen nachträglich eingefügt. Hier ist das Gefüge verwickelter wie bei den vorigen und schreinermäßig gestaltet.

Abb. 307: **Alpenländische Bohlenzargenfenster.** 1) aus Neuhofen bei Kraiwiesen, Salzburg; 2) aus Berg bei Söllheim, Salzburg; 3) aus Erding, Oberbayern; 4) aus Steegen, Oberösterreich; 5) aus Hirschegg, Vorarlberg. (1, 2, 4 nach „Das Bauernhaus in Österreich-Ungarn"; 3 nach „Bayerischer Heimatschutz", 1913; 5 nach einer Aufnahme von Peter Schwarz.) Bei 1 und 2 ist die Fuge zwischen Blockwand und den Zargen nur einseitig verschalt, während die anderen an beiden Fluchten diese Dichtung zeigen. Alle besitzen an der Außenflucht einen Falz für den Fensterladen, der entweder unmittelbar aus der Zarge herausgestochen (1), oder mit Hilfe der Schalbretter gestaltet worden ist. Mit Ausnahme von 2, wo ein Wechsel eingefügt wurde, begnügte man sich damit, den Einschnitt der Fensteröffnung in der Blockwand mit Dübeln zu sichern.

Zu Abb. 308: **Schlesische Fenster.** 1) aus Goldentraum; 2) aus Zillertal; 3) von einem Bauernhaus aus dem Museum in Hirschberg. (1 und 2 Aufnahmen des Verfassers; 3 nach einer Aufnahme von Architekt Pulver, Hirschberg.) Kennzeichnend für diese sich bis nach Böhmen und Sachsen ausbreitenden Gefüge ist die einzigartige, aus einer kräftigen Bohle gestaltete, weit vor die Außenflucht ragende Brüstung, auf der die Blockzarge stumpf aufsitzt. Um den Abfluß des Schlagregens zu erleichtern, zeigt die Brüstungsbohle nach außen ein leichtes Gefälle und hat außerdem einen wie eine Rinne wirkenden und sich nach außen verjüngenden Einschnitt. Nicht selten hat man sogar zum Ableiten des Schwitzwassers unter der unteren Zarge durchlaufende Rillen herausgestochen.

Abb. 308 (Text siehe Seite 238)

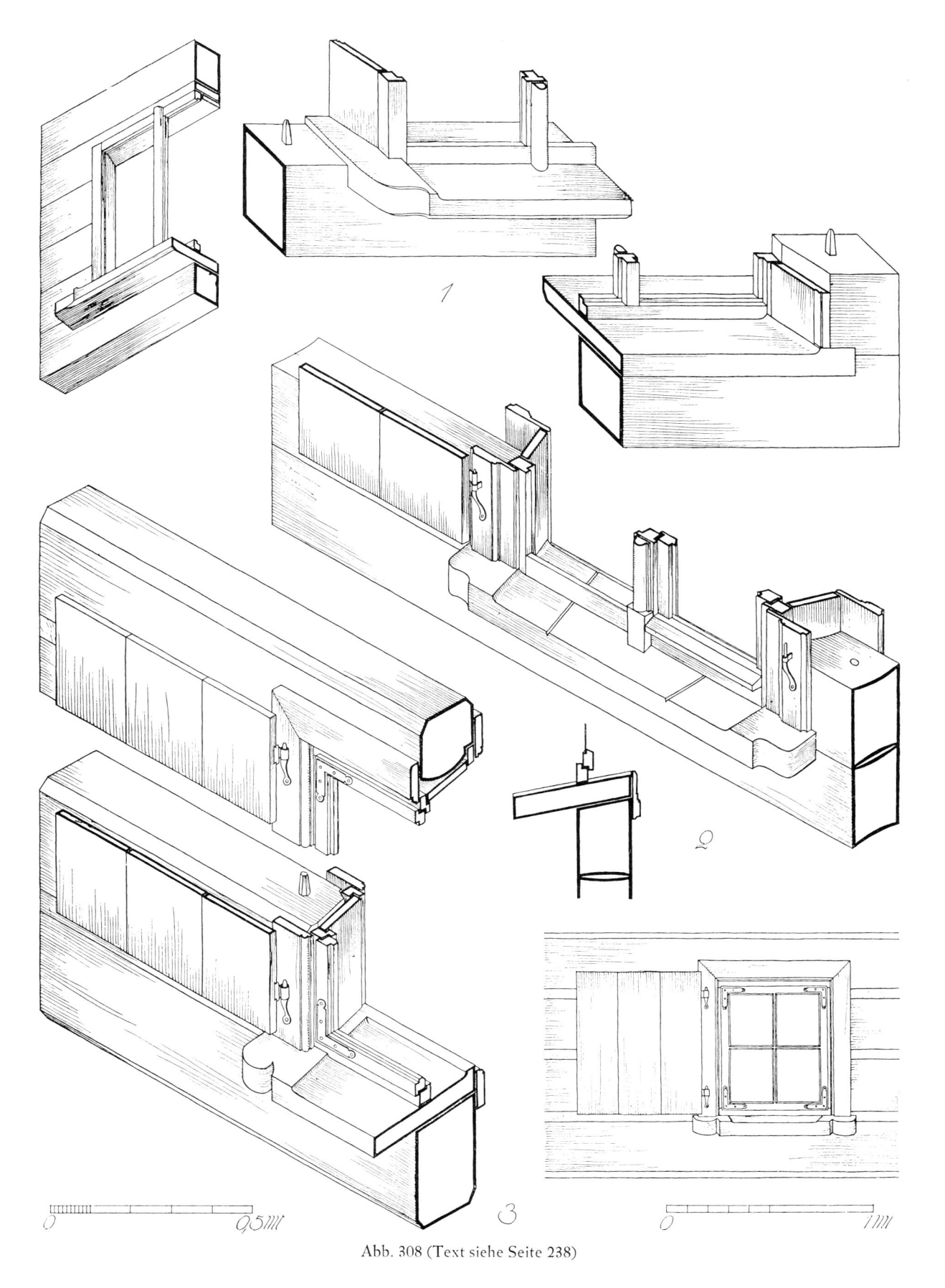

Abb. 309

Abb. 309: **Fenster vom Bauernhaus aus dem Museum in Hirschberg** mit dem für die Riesengebirgshäuser kennzeichnenden, abwärts geneigten, kräftigen Brustholz. Bemerkenswert ist auch die Dichtung der Fuge. (Vgl. Abb. 69/23.)

Abb. 310

Abb. 311

Abb. 310 und 311: **Fensterverschalungen aus Obermillstatt in Kärnten und Arzbach bei Lenggries in Oberbayern.** Bei 310 greifen die waagerechten Schalbretter mit Schwalbenschwanz in die senkrechten ein. Das Hirnholz wird sichtbar, außerdem wird der gerade Lauf der waagerechten Außenkanten durch verschiedenes Schwinden gestört. Bei 311 fallen diese Mängel weg, weil hier die Schalbretter auf Gehrung zusammenstoßen.

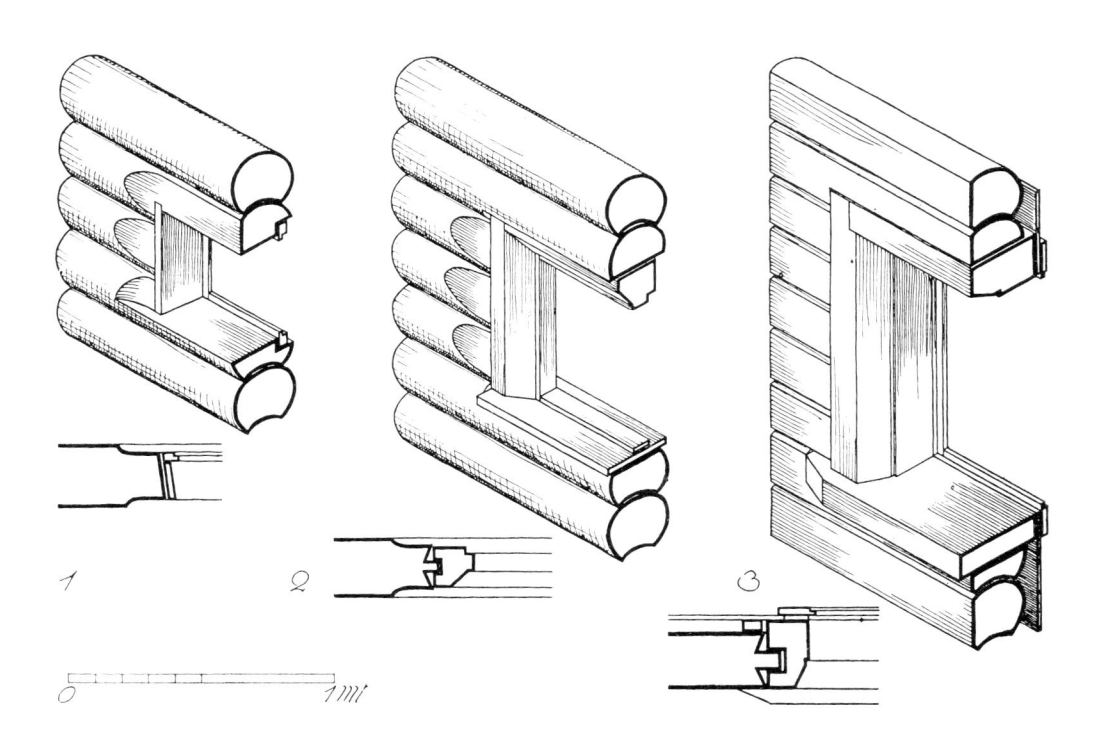

Abb. 312: **Fenster weißrussischer Blockhäuser aus Tritschuny.** (Nach H. Soeder, „Das Dorf Tritschuny im litauisch-weißruthenischen Grenzgebiet", 1918.) Bei 1 wird nur ein Blockbalken völlig zerschnitten. Hier ist der den Fensterflügel aufnehmende Falz unmittelbar aus den Blockbalken herausgestochen. Als Sicherung der senkrechten Gewände dienen Bohlen, die an der Brüstung und am Sturz in eine Nut eingreifen. Bei 2 und 3 sind in sich geschlossene Zargen eingefügt, wobei die seitlich anstoßenden Blockbalken in die senkrechten Zargen eingespundet wurden. Bemerkenswert ist die vor die Außenflucht vortretende Brüstungszarge.

Zu Abb. 313: **Neue Fenstergefüge aus Oberbayern.** 1) von Vinzenz Bachmann, Zimmermeister in Mettenham; 2) von Max Schön in München. Die Zargen sind bei beiden erst nach dem Aufrichten der Blockwand eingefügt worden. Bei 1 ist zum erstenmal der Versuch gemacht worden, mit einem zweiteiligen Wechsel und zwei von ihm gefaßten Federn einen dichten Abschluß, sowohl nach der Blockwand als auch nach der Zarge hin zu erreichen. Schraubenbolzen mit breit geschmiedeten Köpfen sichern den Zusammenhalt dieses Gefüges. Bei 2 liegt die Zarge, wie es in Oberbayern nicht selten vorkommt, in einem aus der Blockwand herausgestochenen großen Falz. Weil der Sturzbalken wegen der Setzluft über der ganzen Breite des fünfteiligen Fensters frei liegt und er sich bei dieser großen Spannweite leicht durchbiegen könnte, wurde an ihn eine S-förmige Eisenschiene angeschraubt.

1

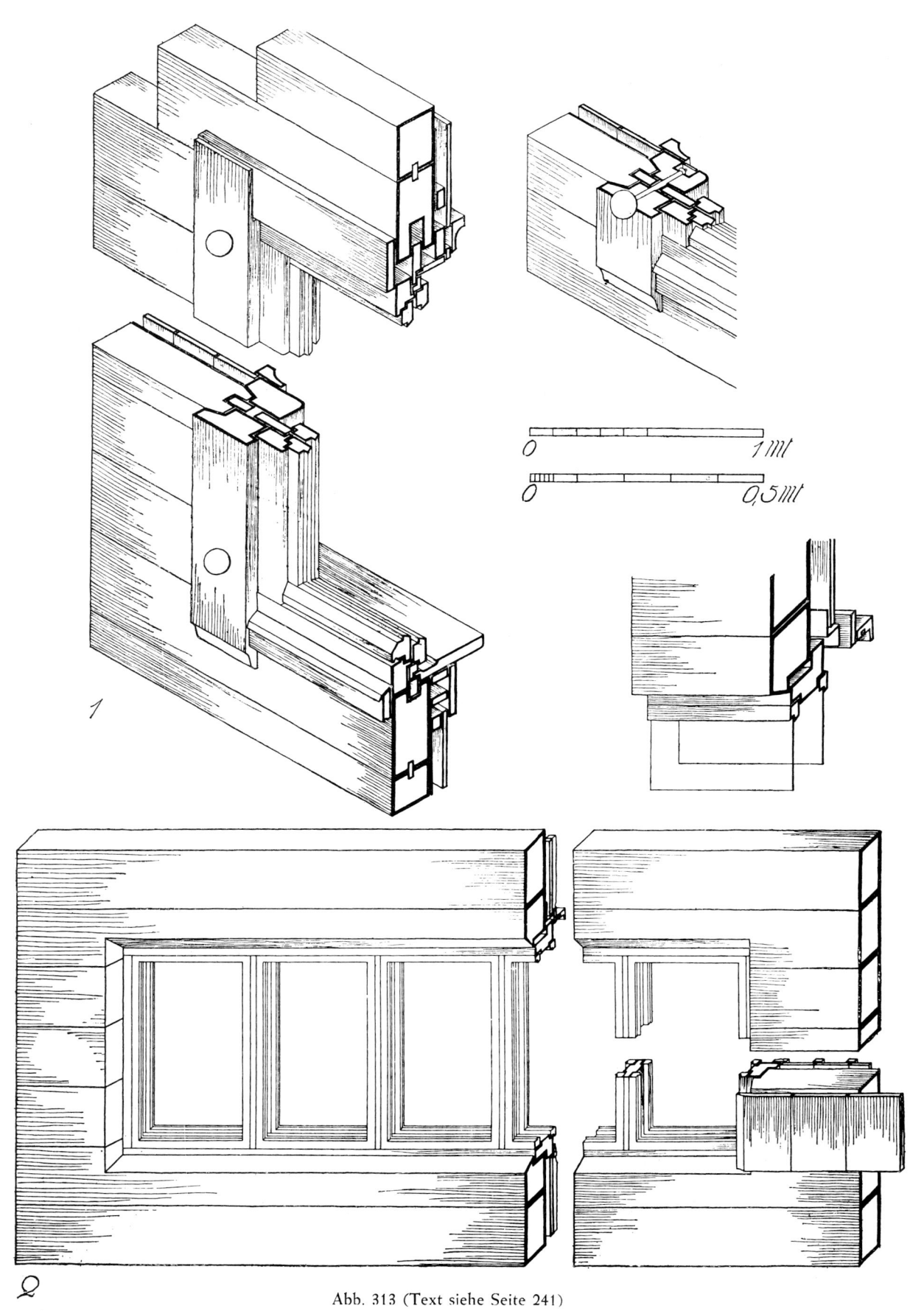

Abb. 313 (Text siehe Seite 241)

242

Die Laubengänge und verwandte, vorkragende Raumgebilde

Die Gestaltung des Laubenganges ist im Blockbau unabhängig von der Decke leicht zu ermöglichen, indem man aus den mit oder ohne Vorstöße einbindenden Außen- und Zwischenwänden heraus das tragende Gefüge vorkragen läßt (Abb. 314, 315, 316). Tritt an Stelle der Zwischenwand ein vorkragender Balkenkopf oder ein Unterzug (Abb. 317 und 318/1), so wird dieser, um unabhängig vom Setzen zu bleiben, am besten mit einem Hängebock gestützt. Man hat in der Schweiz auch bei den aus den Vorstößen heraus entwickelten Konsolen Streben eingefügt. Dies konnte wegen des Setzens nur nach dem Zurruhekommen der Wand geschehen, wie es die Beispiele 3 bis 6 auf Abb. 318 dartun. Nur wenn das Maß des Setzens so gering war, daß es nicht in Rechnung gestellt zu werden brauchte, wie z. B. bei einer Balkenhöhe allein, wagte man es, Streben in Form von Knaggen gleich beim Aufrichten mit einzubauen (Abb. 318/2). Die Schwellen der Brüstungen werden im allgemeinen aufgekämmt, aufgenagelt und sogar eingeschlitzt.

Eine besondere Vorkehrung erfordert die Sicherung der Brüstung vor dem Umkippen. Hierzu dienen senkrechte, säulenartige Hölzer von geringem Querschnitt, die auf die Schwelle aufgezapft (Abb. 314, 316, 319) und an die Sparren (Abb. 314/1 und 2), Pfetten (Abb. 316), Konsolen (Abb. 314/6, 316/1 und 2) sowie an besonders zu diesem Zwecke vorkragende Blockbalken (Abb. 316/2, 319/1, 320, 321) angeblattet werden. Dieser Gefügeteil verwandelt sich zu einer wirklichen Säule, die ein Rähm trägt, auf dem dann alle Sparren aufliegen können (Abb. 314/3, 316/4). In Norwegen nehmen solche Stützen die Gestalt mit Einziehung versehener Halbhölzer (Abb. 314/4) oder auch von Rundsäulen (Abb. 315/1) an. Sie fassen die Schwelle wie das Rähm mit einem Schlitz. Die Schweiz besitzt in ihren vielgestaltigen Gefügen Beispiele, bei denen die Brüstungsriegel in weit vorkragende Vorstöße eingreifen (Abb. 319/2). Von Skandinavien und Finnland bis in die Schweiz kommen auch mit Blockwänden verschlossene, urtümliche Laubengänge vor (Abb. 315) mit herausgeschnittenen Lichtöffnungen verschiedenster Ausmaße.

Die Aufstellung der Säulen an den Ecken der Laubengänge ist von den Baugliedern abhängig, an denen diese einen Halt finden können. Trifft es sich, daß gerade über der Ecke ein Sparren liegt (Abb. 316/3), dann darf hier eine Säule Platz finden. Meistens fehlt aber diese Gelegenheit und damit auch die Säule an dieser Stelle (Abb. 316/1 und 2). Begleiten die Laubengänge nur die Traufseiten, so hat man zuweilen den aus der Giebelwand herauswachsenden Vorstoß bis zur Laubenecke herausgezogen und unter Zuhilfenahme einer senkrecht dazu stehenden Kegelwand eine Stütze gestaltet, die sich mit den Hauswänden setzte (Abb. 315/2). Will man die Säulen gleich beim Aufführen des Baues einfügen, dann muß man zu Keilen greifen, die man dem Maß des Setzens entsprechend nachlassen kann (Abb. 322).

Die Brüstungsriegel werden in der Regel an die Säulen angeblattet und vernagelt, in Skandinavien zwischengezapft. Eine eigenartige Gestaltung entwickelte sich in der Schweiz, wo der Riegel mit spiegelgleichen Zapfen in entsprechende Ausschnitte der Säulen von oben (Abb. 323/1, 2, 3; 324) oder von unten (Abb. 323/4) eingeschlitzt wurde. Auch das Umgekehrte kommt vor, daß ein aus der Säule herausgestochener Zapfen und Schlitz den Riegel aufnehmen (Abb. 323/5).

Die Verschalung der Brüstungen geschah ursprünglich mit gespaltenen Brettern, die oben in eine aus dem Brüstungsriegel herausgestochene Nut eingriffen und an der Schwelle mit Holznägeln befestigt wurden (Abb. 317). An die Stelle des Spaltens trat das Sägen, und die Holznägel wurden von Eisennägeln abgelöst (Abb. 323, 325). In Norwegen, wo beim Reiswerk die Fächer mit gespundeten Bohlen geschlossen wurden, übertrug man diese Gefügeart auch auf die Brüstungen sowie Laubenverschalungen und nutete die Bretter in Schwelle und Rähm bzw. Brüstungsriegel ein (Abb. 315, 326, 327). Um das Wasser vor dem Eindringen in die Nut abzuwehren, schrägte man die Schwelle nach oben stark ab (Abb. 326/1). Der Eisennagel führte zum Anbringen von Traufbrettern (Abb. 326/2—5), die sich leicht werfen und deshalb leicht undicht werden, zugleich aber auch rasch verwittern. Durch das verführerische Mittel der Eisennagelung ging man in der Neuzeit sogar dazu über, die Nut selbst aus aufgenagelten Leisten zu gestalten (Abb. 326/6).

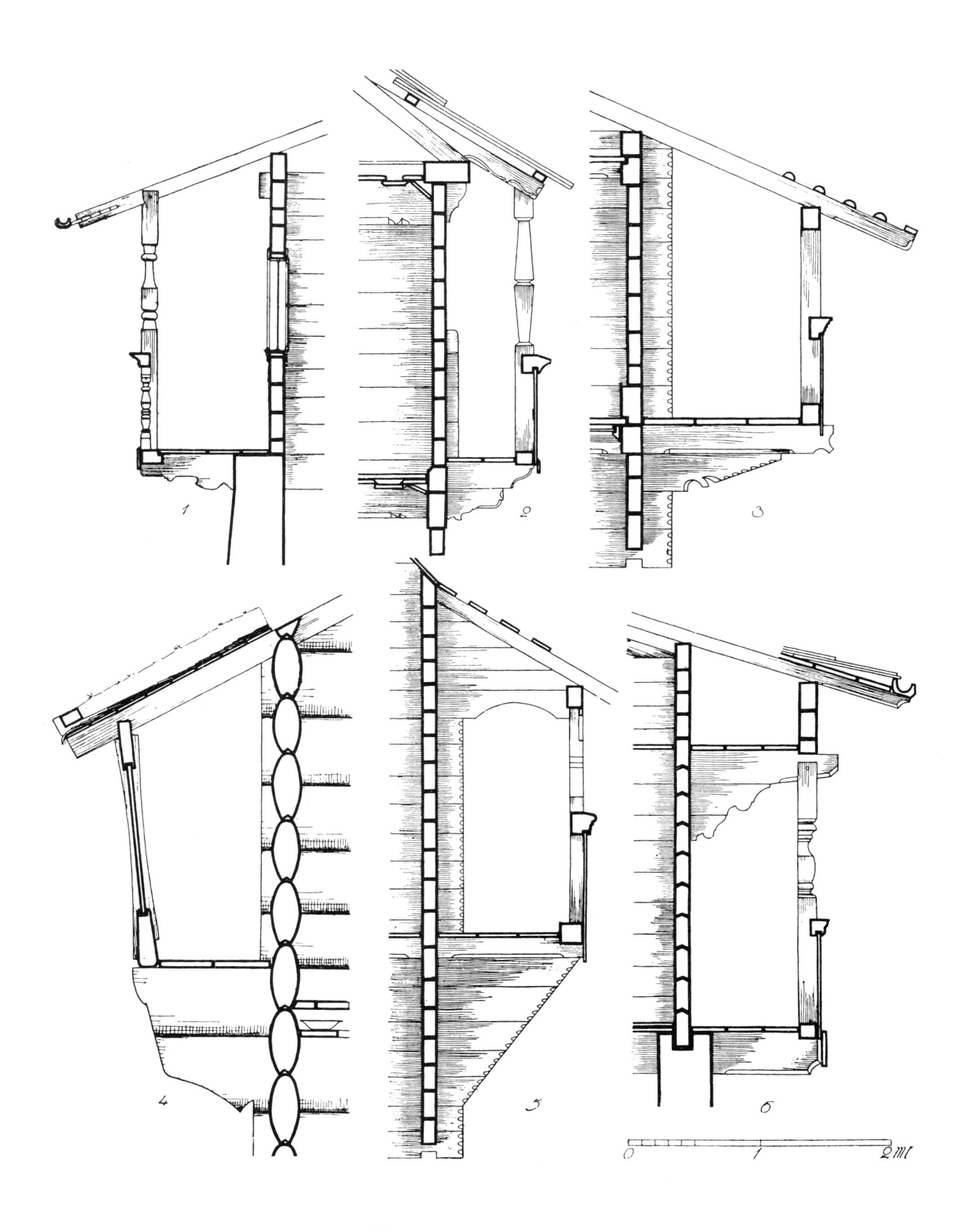

Abb. 314 (Text siehe Seite 245)

Auch bei den bereits gezeigten alpenländischen Beispielen hat das Eisen schädlich gewirkt. Man ersetzte am Riegel die Nut durch einen Falz (Abb. 323/6 und 7 und 325/7), ja, man gab es auf, die Bretter senkrecht über die Schwelle hinweglaufen zu lassen, um so den Regen am besten abzuwehren, und legte sie in einen Falz (Abb. 323/9 und 325/1 und 6). Dies machte das Anbringen von Deckleisten oder Schalbrettern notwendig. Es entstanden spielerische Formen von geringer Dauerhaftigkeit. Eine neue Anregung, die sich leider sehr folgenschwer auswirkte, brachte der Steinbau des Barocks mit seinen in üppigen Formen gestalteten Balustraden. Man ahmte die Baluster in Holz nach und zapfte sie in Schwelle und Riegel ein (Abb. 325/2 und 11). Dabei ist das Handwerk noch einigermaßen gesund gewesen und hat die Abmessungen im Querschnitt dem Holz angepaßt.

Man versuchte es sich zuweilen dadurch leichter zu machen, daß man die auf der Drehbank gestalteten Baluster in der Mitte in Richtung des Längsholzes zersägte und nur Hälften zur Schau brachte (Abb. 325/2). Der Umriß der vollkörperlichen Form der Baluster wird schließlich auf Bretter übertragen, denn die Säge folgt rücksichtslos jeder Zeichnung (Abb. 323/5, 9 und 325/9, 10). Daneben entwickelte sich eine andere Art der Verzierung, wobei nicht mehr das einzelne Brett für sich das erkennbare Schmuckglied darstellt, sondern das aus dem Rande zweier aufeinanderstoßender Bretter herausgestochene Ornament (Abb. 325/3, 8). Die Abb. 328 bis 333 veranschaulichen diese Entwicklung in Lichtbildern. Das gesägte Brett mit gesägtem Saum und dazu der Eisennagel führten schließlich zu übertrieben malerischen Gestaltungen, an denen man, ohne Fachmann zu sein, das Gekünstelte und Ungesunde heraushfühlt.

Um den Schlagregen abzuwehren, muß das Längsholz der Brüstungsbretter immer senkrecht stehen. Liegt es waagerecht, so kann das Wasser nicht mehr so rasch abfließen, was überdies auch durch das Werfen gehemmt wird. Der größte Fehler aber ist es, der Verwitterung an dieser Stelle noch durch herausgesägte Ornamente Vorschub zu leisten (Abb. 325/12). Auch eine Form, wie sie Abb. 325/13 zeigt, ist unzulässig, weil hier der Regen gerade dort eindringt, wo das Holz am verwundbarsten ist, nämlich an den Schnittflächen des Hirnholzes.

Die künstlerische Gestaltungskraft hat auch an den ruhigen, allein mit einer geschlossenen Verschalung versehenen Brüstungen Eigenartiges geschaffen. In Kärnten erstrebte man eine Wirkung im großen und ließ an den Ecken in der Breite von etwa 1 m die Schalbretter in Form von Schwalbenschwänzen über den unteren Saum vorschießen (Abb. 334, 335). An einem Bauernhaus im Isartal verteilte man kirchliche Motive, gleich einzelnen zarten Schmuckstücken, über die ruhige Fläche (Abb. 336—338). Auf verwandte Art bildet an einem Bauernhaus am Tegernsee die Jahreszahl den Schmuck (Abb. 339—341).

Zu Abb. 314: **Säulen an seitlichen Umgängen oder Lauben, die das Umkippen der Brüstung verhindern.** 1) Fridolfing, Oberbayern; 2) Feistritz, Kärnten; 3) Wittigen bei Meiringen, Kanton Bern; 4) Dale, Setesdalen, Norwegen; 5) Fürsten bei Summiswald, Kanton Bern; 6) Schliersee, Oberbayern. (1 nach „Alte bayerische Zimmermannskunst", Akademischer Architekten-Verein, München, 1926; 2 nach „Das Bauernhaus in Österreich-Ungarn"; 3 nach „Das Bauernhaus in der Schweiz"; 4 nach „Setesdalen"; 5 nach „Bauwerke der Schweiz", 1900; 6 nach „Das Bauernhaus in Deutschland".) In der ursprünglichen Form sucht man das Umkippen der Brüstung durch ein senkrecht stehendes Holz zu verhüten, das am Sparren durch Anblattung einen Halt findet (1 und 2). In diesem Fall dürfte man also streng genommen diesen Gefügeteil nicht mit dem Wort Säule bezeichnen. Nur wenn diesem Holz ein Rähm aufgezapft ist, käme ihm dieser Name zu (3, 4 und 5). Wenn es die Gegebenheiten erlauben, kann dieses das Umkippen verhindernde Holz auch an vorkragenden Balken angeblattet werden (6), wo es aber gleichwie bei 1 und 2 nicht mit einer Säule verwechselt werden darf. Im norwegischen Blockbau wird die vorhin beschriebene Aufgabe von den sogenannten Stolpern besorgt. Diese stehen manchmal nach außen geneigt, wodurch sie den Regen abwehren, aber auch vom Setzen der Blockwand nicht in Mitleidenschaft gezogen werden können.

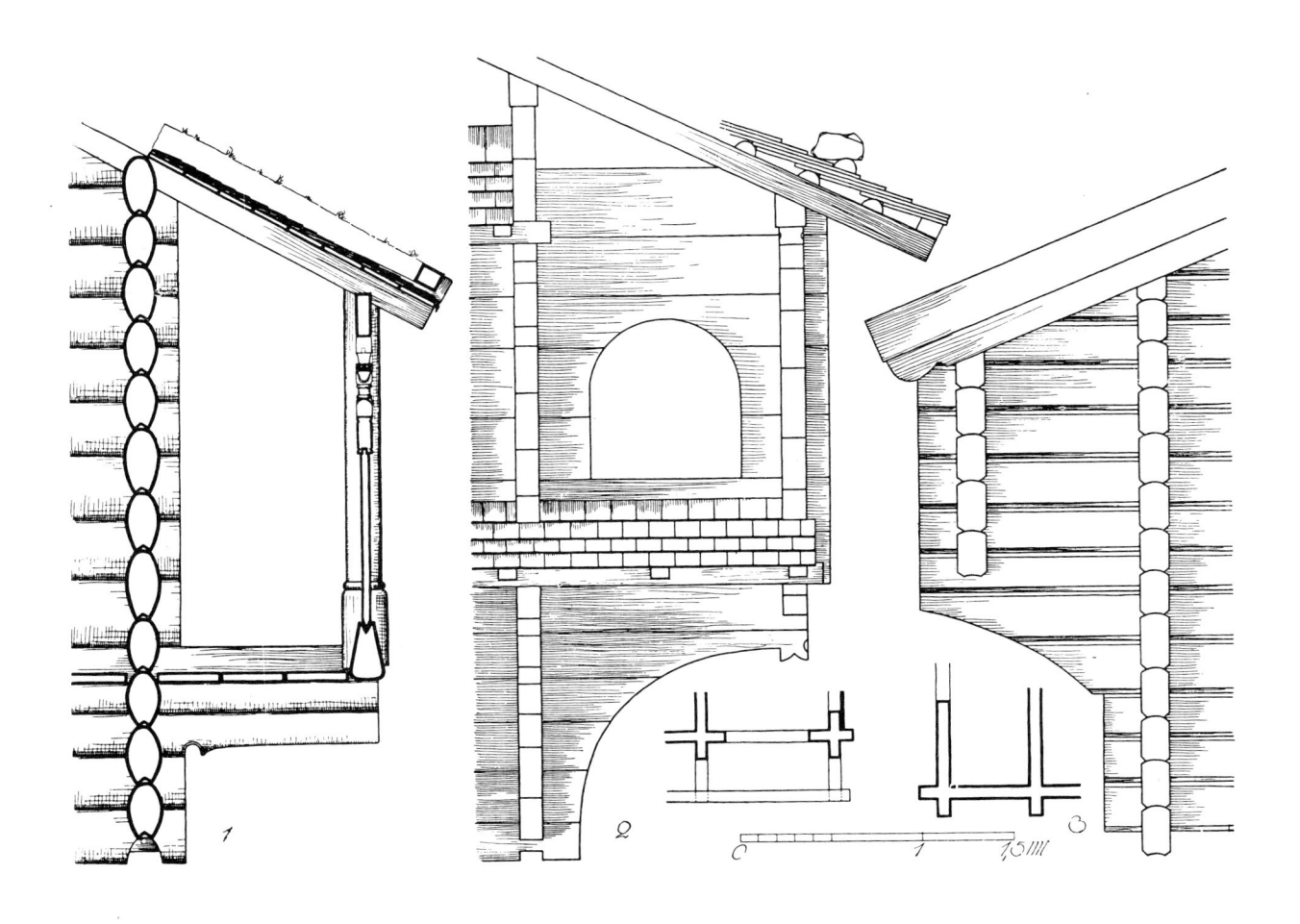

Abb. 315: **Gestaltung von Seitenlauben.** 1) Haugen, Setesdalen, Norwegen; 2) Rothenturm, Kanton Schwyz; 3) Lundsjö, Schweden. (1 nach Gisle Midttun, Setesdalen; 2 nach „Das Bauernhaus in der Schweiz"; 3 nach Skansens Vårfestbok, 1924.) Beim ersten Beispiel werden die Eckständer dazu benutzt, die den Sval nach außen abschließende Bohlenwand und damit das bohlenförmige Rähm zu tragen. Beim zweiten und dritten wird diese Stütze aus dem Gefüge der Blockwand heraus gestaltet. Beim ersten muß das Setzen der Blockwand in Rechnung gestellt werden, bei den anderen beiden machen die Kegelwände das Setzen mit.

Zu Abb. 316: **Gestaltungen von Laubengängen aus dem Oberbayerischen, Tiroler und Schweizer Blockbau.** 1) aus Greiling bei Tölz; 2) aus Kirchbichel, Bezirk Kufstein; 3) aus Fridolfing, Ruperti-Winkel; 4) aus La Forclaz. (1 nach „Das Bauernhaus in Deutschland", 2 nach „Das Bauernhaus in Österreich-Ungarn"; 3 nach „Alte bayerische Zimmermannskunst" des Akademischen Architekten-Vereins, München; 4 nach Gladbach.) Die Schwellen der Umgänge sind bei 1 bis 3 aufgekämmt, bei 4 eingeschlitzt. Der Unterschied zwischen diesen erstreckt sich auch auf die Säulen, die bei den drei ersten unten auf eine Schwelle aufgezapft und oben an vorkragende Blockbalken oder Pfetten angeblattet worden sind. Beim vierten hingegen tragen die mit Zapfen aufsitzenden Säulen ein aufgezapftes Rähm. Bemerkenswert ist, wie man bei 3 in der ornamentalen Ausgestaltung der Säulen die Höhenunterschiede auszugleichen verstanden hat.

Abb. 316 (Text siehe Seite 246)

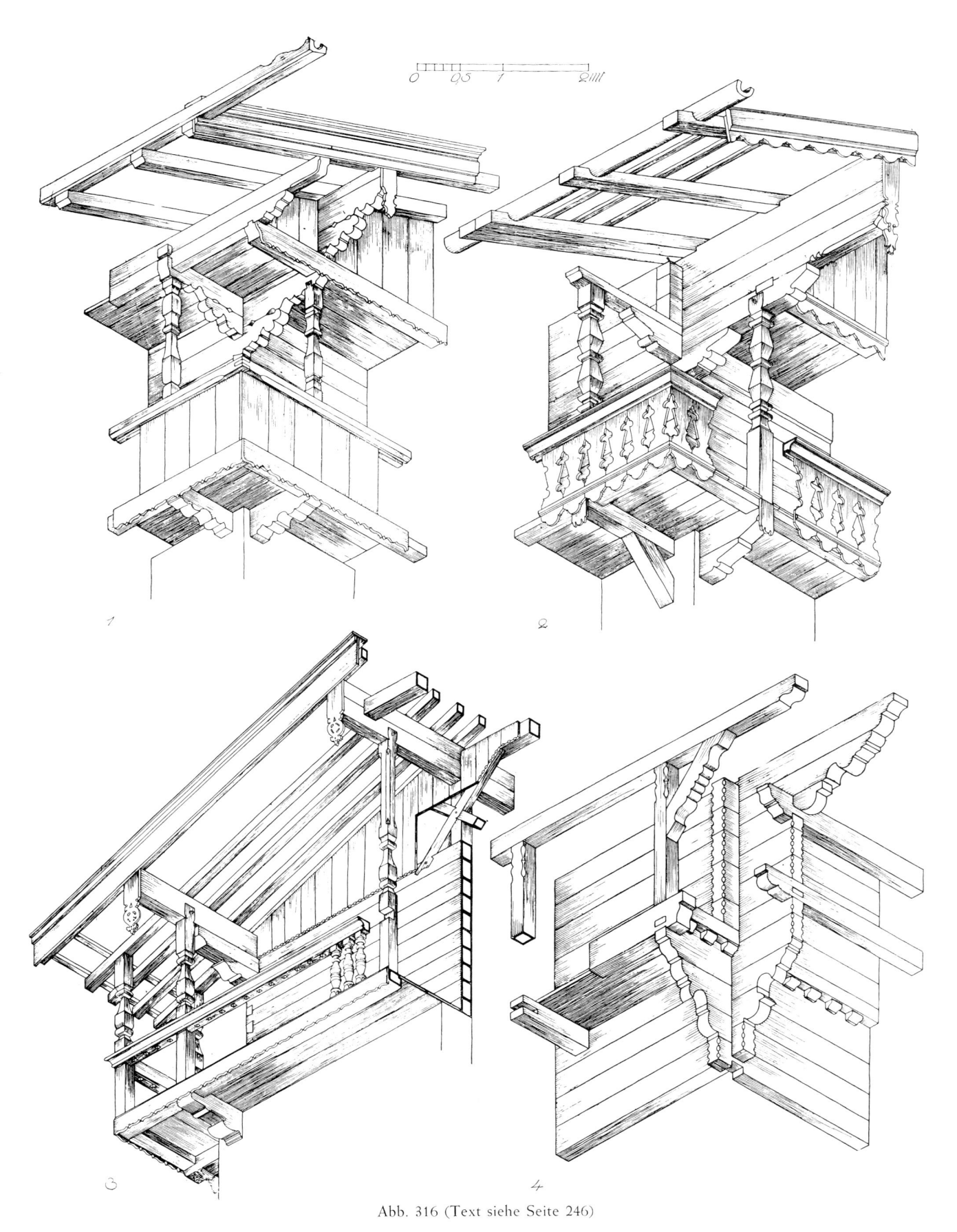

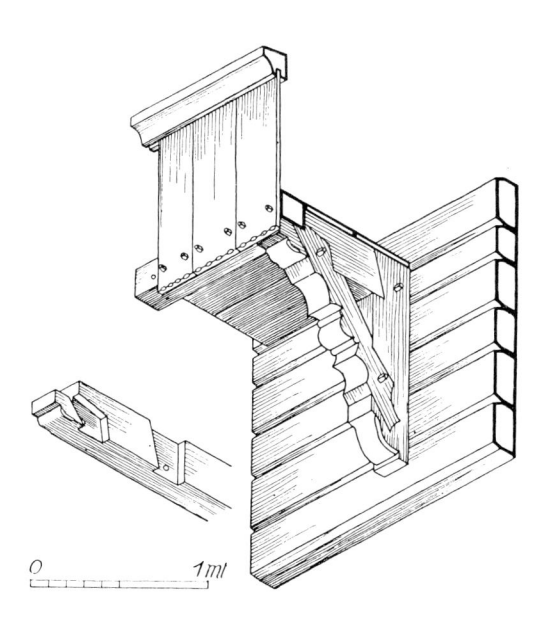

Abb. 317: **Hängebock vom Laubengang eines Bauernhauses im Nockgebiet in Kärnten.** Dieses Gefüge hat den Vorteil, daß es vom Setzen der Blockwand nicht in Mitleidenschaft gezogen werden kann. Es ist an den Wehrgängen der Burgen erfunden worden und von dort zum reinen Holzbau gelangt.

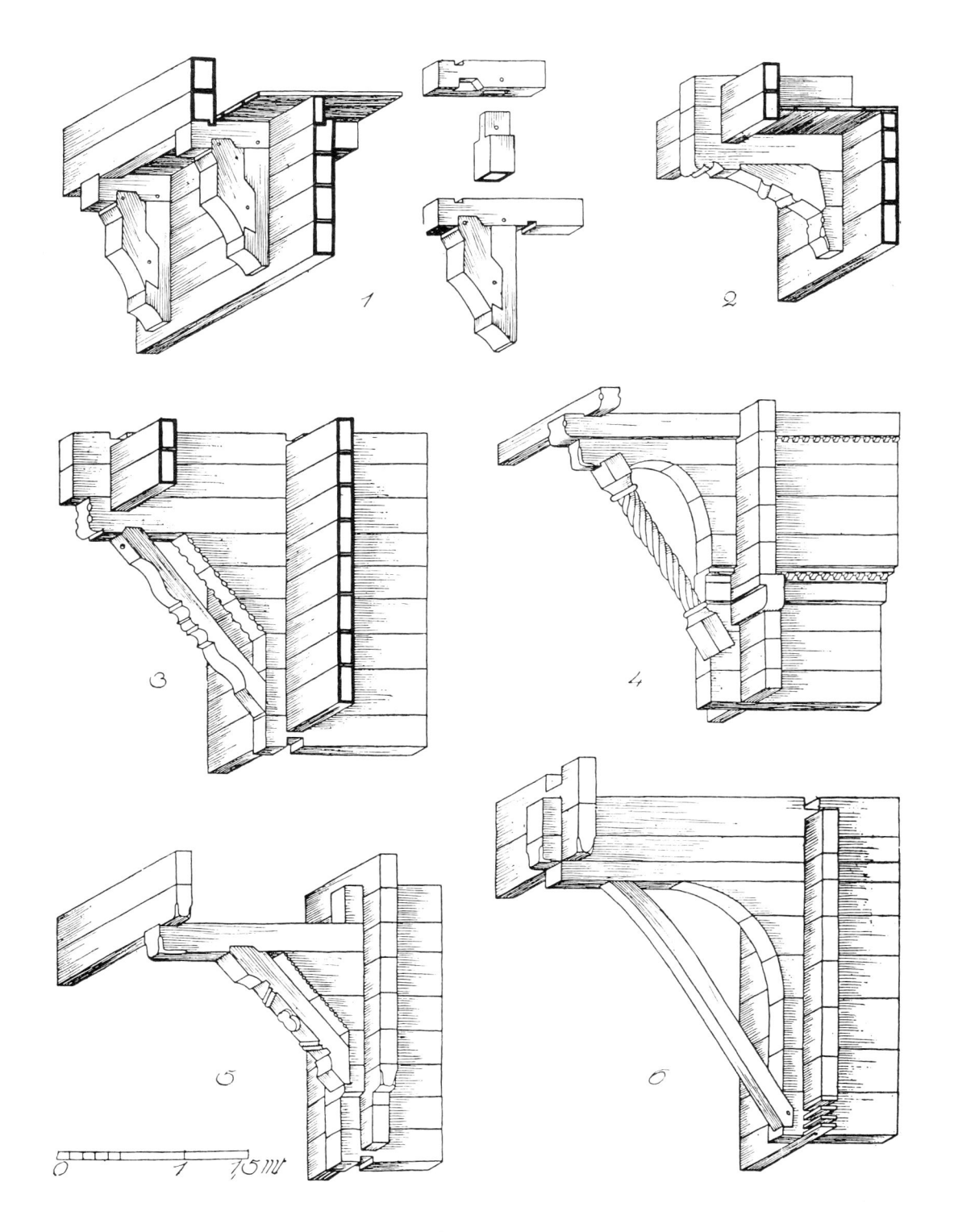

Abb. 318: **Mit Knaggen oder Streben versehene Vorkragungen.** 1) Niederlungwitz bei Glauchau, Sachsen-Altenburg; 2 bis 6) Schweiz. (1 nach „Das Bauernhaus in Deutschland"; 2, 3 und 6 nach Gladbach; 4 und 5 nach „Das Bauernhaus in der Schweiz".) Mit Rücksicht auf das Setzen hat man bei 1 die Knagge mit einem Hängebock verbunden, den eine Gleitfuge von der Blockwand trennt. Bei 2 konnte wegen der geringen Höhe einer Balkenstärke die Knagge schon während des Aufrichtens eingefügt werden. Bei den Beispielen 3 bis 6 durften die Streben aber erst nach dem Setzen an Ort und Stelle angebracht werden. Bei 3 wurde die Strebe unten zuerst mit Zapfen in das Hirnholz eingeschoben, um nachher oben mit Versatz in das Längsholz eingetrieben und vernagelt zu werden. Bei 4 faßt die Strebe oben das Längsholz mit einem Schlitz, unten den Vorstoß aber durch Anblatten. Bei 5 wurde die Strebe mit Versatz von der Seite aus eingeschoben; bei 6 oben eingezapft und unten angeblattet sowie vernagelt.

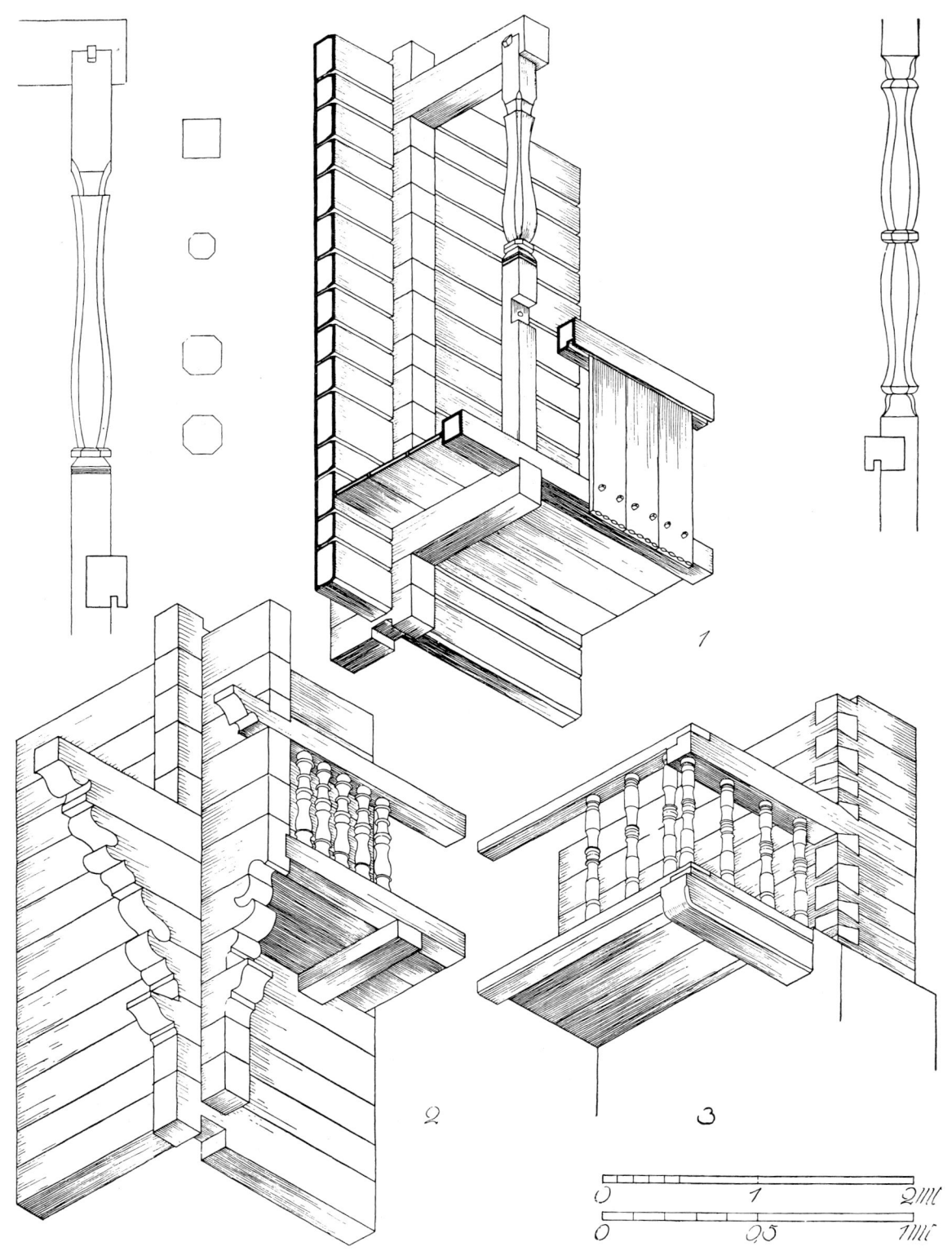

Abb. 319: **Sicherungen von Brüstungen gegen Umkippen.** 1) aus der Forstau, der Grenze zwischen Salzburg und Steiermark (links von 1660 und rechts von 1762); 2) aus Champery, Kanton Wallis (von 1778); 3) aus Steegen, Oberösterreich (von 1758). (1 Aufnahme des Verfassers; 2 nach Gladbach; 3 nach „Das Bauernhaus in Österreich-Ungarn".) Um das Umkippen der Brüstung zu verhindern, kann man besondere Säulen benutzen, die an vorkragende Blockbalken angeblattet werden (1), weiter kann man die Sicherung schon in der Höhe der Brüstung anbringen und hier den Brustriegel in den Vorstoß einbinden (2), oder einem unmittelbar aus der Blockwand vorstoßenden Blockbalken die Aufgabe übertragen (3). An den Säulen erkennt man deutlich die Verwendung des Ziehmessers als Formenbildnerin, dazu die Säge, die sich aber auf senkrecht zum Längsholz ausgeführte Einschnitte beschränkte.

Abb. 320: **Bauernhaus aus der Forstau, Salzburg.** Die Brüstung wird von Säulen, die an vorkragende Blockbalken angeblattet sind, vor dem Umkippen bewahrt. (Vgl. Abb. 319/1.)

Abb. 321: **Bauernhaus aus der Forstau, Salzburg.** Beide Brüstungen werden durch schlanke Säulen vor dem Umkippen gesichert, die an Pfetten, Konsolen und einem vereinzelt vorkragenden Blockbalken ihren Halt finden.

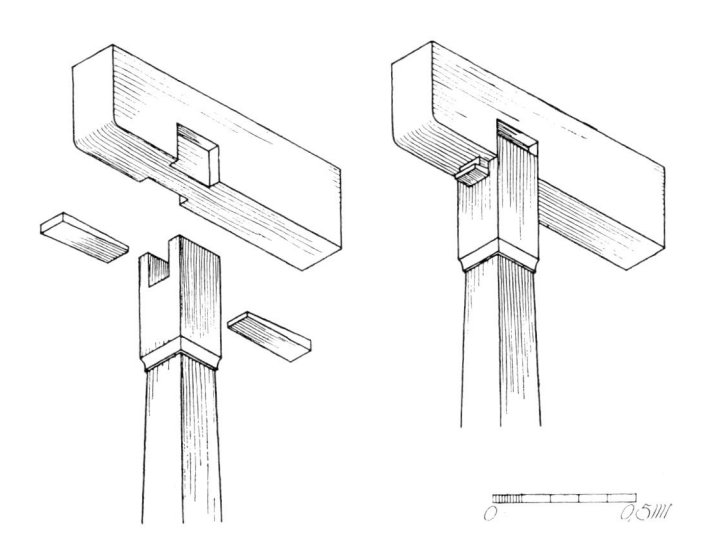

Abb. 322: **Stütze mit Doppelkeilen als Auflager,** die entsprechend dem Maß des Setzens nachgelassen werden können.

Zu Abb. 323: **Brüstungen aus dem Gebiet des Schweizer Blockbaues.** 1) von dem mittelalterlichen Brückensteg in Luzern; 2) nach Gladbach; 3) vom Kornspeicher des Lüthi-Hofes in Waldhaus, Kanton Bern; 4) nach Gladbach; 5) von einem Fruchtspeicher aus Schwarzenburg, Kanton Bern; 6) von einem Kornspeicher in Schnottwil, Kanton Solothurn; 7) von einem Speicher in Golderen; 8) von einem Wohnhaus aus Epagny, Kanton Freiburg. (1 und 3 Aufnahmen des Verfassers; 2, 4 und 5 nach Gladbach; 6 nach „Das Bauernhaus in der Schweiz"; 7 und 8 nach Graffenried und Stürler; 9 nach Anheißer.) Bei den Beispielen 1 bis 5 sitzen die Schalbretter am oberen Ende in einer aus dem Brustriegel herausgestochenen Nut und sind unten an der Schwelle angenagelt. Die gefährdeten Stellen bleiben vor Nässe geschützt, der Schlagregen kann unbehindert abfließen. Bei 6 und 7 tritt an Stelle der Nut ein Falz, daneben ist bei letzterem an der Schwelle ein Zierbrett untergelegt, für das ein Falz ausgestochen wurde. Während auch hier auf das Abfließen des Schlagregens Rücksicht genommen wurde, wird dies bei 8 und 9 außer acht gelassen. Hier sitzen die Schalbretter auch an der Schwelle entweder in einer Nut (8) oder in einem mit Deckleiste verbundenen Falz (9), die beide die Nässe einlassen und der Verwitterung Vorschub leisten. Zudem sind bei diesen beiden auch die Profile zu wenig h o l z m ä ß i g gestaltet. Eigenartig ist die Verbindung der Brustriegel, die mit zwei spiegelgleichen Zapfen in entsprechende Einschnitte der Säulen von oben (1—3), oder von unten (4) eingeschoben werden. Bei den ersten drei führt dies an den Säulen zu verschiedenartigen Ausgestaltungen. Bei 5 schnitt man aus der Säule einen Schlitzzapfen heraus und ließ auf diesen den Brustriegel aufsitzen. Bei 6 bis 8 sind die Brustriegel aufgekämmt.

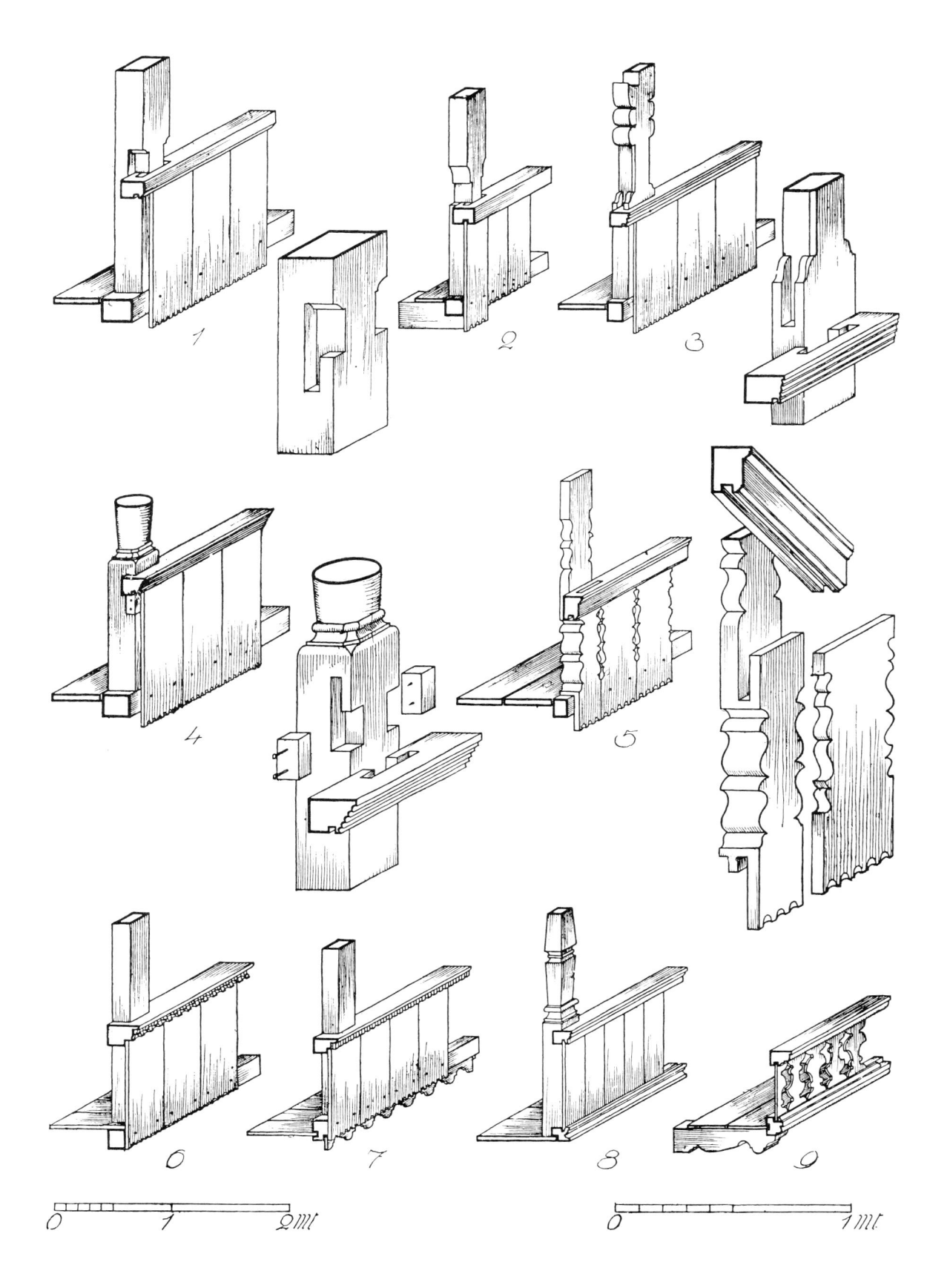

Abb. 323 (Text siehe Seite 252)

Abb. 324: **Laubensäulen von einem Speicher aus Waldhaus, Kanton Bern.** Um die Schlitze für die Gegenzapfen der Brustriegel herausstechen und das Einfügen derselben ermöglichen zu können, mußten zum mindesten in der Stärke des Riegels über diesem Gefüge Ausschnitte gemacht werden. Man führte sie weiter hoch und gestaltete in Form einer leicht geschwungenen Welle einen Übergang zur Grundform. (Vgl. Abb. 323/3.)

Zu Abb. 325: **Brüstungen aus dem Gebiet des süddeutschen, ostmärkischen und ostdeutschen Blockbaues.** 1) Fischhausen, Oberbayern; 2) Kiefersfelden, Oberbayern; 3) Garmisch, Oberbayern; 4) Gilge, Kreis Labiau, Ostpreußen; 5) Ellenau, Tirol; 6) Söll, Tirol; 7) Alpbach, Tirol; 8) Maishofen, Salzburg; 9) Salzburg; 10) Pinzgau, Salzburg; 11) Mittersill, Salzburg; 12) Salzburg; 13) Obsmarkt, Salzburg. (1 und 2 nach „Das Bauernhaus in Deutschland"; 3 nach Carl Schäfer; 4 nach Dethlefsen; 5, 6 und 7 nach Deininger; 8—13 nach Eigl.) Bei 5 sind die Bretter wie bei den Schweizer Beispielen in eine aus dem Brustriegel herausgestochene Nut eingelassen und an der Schwelle angenagelt. Hier greifen sie jedoch nicht wie dort, eine Wassernase bildend, über die Schwelle hinweg, sondern lassen deren untere Kante freiliegen. Bei 4 wird, wie beim vorigen, den Brettern am Brustriegel Schutz geboten, nun aber mit einem aufgenagelten Brett. Dieses hat aber nur geringe Dauerhaftigkeit, zudem müssen die Schalbretter oben und unten angenagelt werden. Bei 12 liegen die Bretter waagerecht, das Längsholz also quer zu dem Abfluß des Wassers, was das Aufsaugen der Feuchtigkeit begünstigt. Da die Nagelung sehr weit auseinandergezogen ist, wird das Werfen begünstigt, zuletzt schwächen die ausgesägten Zierformen die Widerstandskraft des Holzes. Das Abgleiten in Verzierungen zeitigt an der Schwelle einen Schmuck in Form eines seiner Längsrichtung folgenden Saumbrettes (1, 6, 7 und 8), wobei dem Regen eine Angriffsmöglichkeit gegeben wird. Bei 3 wurde mit Leisten ein die Bretter aufnehmender Falz geschaffen. Wo man von der Steinarchitektur des Barocks die Form der Baluster entlehnte (2 und 11), gab man an der Schwelle jegliche Abwehr gegenüber dem Regen auf. So etwas war nur möglich, weil sich über der Brüstung ein schützendes Dach befand. Um mit der Arbeit zu sparen, schnitt man die gedrechselten Baluster in zwei Teile (2). Von den Balustern aus entsteht die Gepflogenheit, die Bretter als Zierstücke mit der Säge auszubilden und sie entweder einzeln (9 und 10) oder in geschlossenen Mustern (3 und 8) wirken zu lassen. Aus dieser Handwerksübung heraus verlor man sich einmal (13) in eine zwar sehr malerisch wirkende, aber im Freien die Verwitterung geradezu herausfordernde Form.

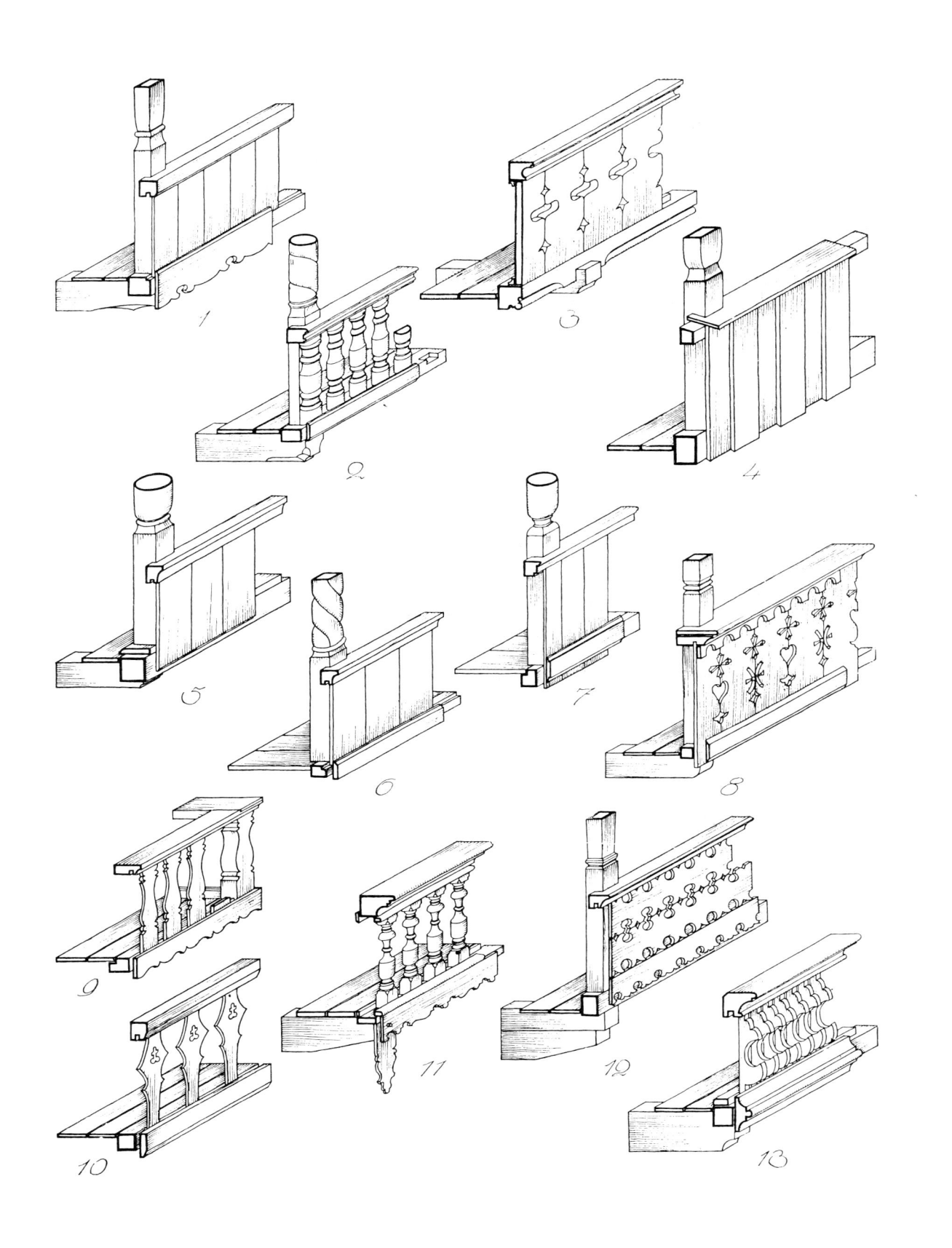

Abb. 325 (Text siehe Seite 254)

255

Abb. 326: **Bohlenfüllungen und Brüstungen aus dem norwegischen Blockbau.** 1 bis 6 aus Gudbrandsdalen, jetzt in Sandvigs Freilichtmuseum in Lillehammer (nach Anders Sandvig). Die Beispiele zeigen weite Abwandlungen dieser kennzeichnend nordgermanischen Formen. Während bei 1 bis 5 die Bretter in urtümlicher Weise oben und unten in eine Nut eingreifen, werden sie bei 6 von je zwei angenagelten Leisten gehalten. Das letztere ist eine ganz junge Form, denn die Leisten wurden gesägt und mit Eisennägeln befestigt.

Abb. 327: **Setesdalshof (jetzt in Bygdö, Oslo) mit je einem Loft (Speicher) und einem Wohnhaus.** Das Loft links stammt aus Valle (zweite Hälfte des 17. Jahrhunderts); das in der Mitte aus Austad (um 1700). Die Lauben an den Speichern und Wohnhäusern sind im sogenannten Reiswerk mit Ständern und Bohlenfüllung errichtet. (Aufnahme der Verwaltung des Norsk Folkemuseum, Oslo.)

Abb. 328

Abb. 329

Abb. 328—333 (s. S. 258 u. 259): **Brüstungen von Bauernhäusern aus der Forstau, Salzburg, aus Pförn am Tegernsee, aus Schladming, Steiermark und dem Isartal bei Tölz.** Das erste zeigt die ursprüngliche Verschalungsart, das zweite und dritte die vom Steinbau kommenden Baluster und die drei letzten geben die Nachwirkung der Baluster auf die Bretterverschalung wieder.

Abb. 329: Ecklösung einer mit Balustern versehenen Brüstung aus Pförn bei Egern am Tegernsee (von 1776).

17 Phleps, Der Blockbau

Abb. 330: Brüstung mit Balustern von einem Bauernhaus in Greiling bei Tölz.

Abb. 331: Brüstung von einem Bauernhaus aus Schladming, Steiermark. Die in Balusterform ausgeschnittenen Brüstungsbrettchen sind am Kopf in den Brustriegel eingelassen, am Fuß in einem Falz liegend angenagelt.

Abb. 332: Verschalte Brüstung von einem Bauernhaus aus Greiling bei Tölz.

Abb. 333: Verschalte Brüstung von einem Bauernhaus aus Greiling bei Tölz.

Abb. 334: **Ecklösung einer Brüstung aus Patergassen im Nockgebiet, Kärnten.** Die in eine Nut des Brustriegels eingreifenden Schalbretter sind an die Schwelle mit vortretenden Holznägeln angenagelt. Die Enden der Brüstung erhielten eine besondere Betonung, indem man hier vier Bretter mit schwalbenschwanzförmigen Ausläufen über die untere Saumlinie hat hinauswachsen lassen. Dieses Motiv ist kennzeichnend für Kärnten.

Abb. 335: Eckausschnitt von der Brüstung eines Bauernhauses aus Radenthein in Kärnten.

Abb. 336

Abb. 336—338: **Bauernhaus aus Wegscheid bei Lengries, dessen Brüstung mit kirchlichen Emblemen verziert worden ist.** Bei der Darstellung einer Kirche wurden der Turm, die Tür und die Fenster durch Ausschnitte dargestellt. Den Baukörper der Kirche selbst suchte man durch flächiges Heraussstechen unter Zuhilfenahme von Farben kenntlich zu machen.

Abb. 337 Abb. 338

261

Abb. 339: Bauernhaus bei Gmund am Tegernsee, aus dessen Brüstung das Baujahr herausgeschnitten worden ist.

Abb. 340: **Ecklösung der Brüstung eines Bauernhauses bei Gmund.** Die herausgesägten Zierformen und Zahlen liegen inmitten der Schalbretter. Dadurch konnte man in der Zeichnung sich weiter entfalten, als wenn die Form durch eine Stoßfuge zerschnitten worden wäre.

Abb. 341: **Ecklösung der Brüstung eines Bauernhauses bei Gmund.** An der Sechs erkennt man die Gefahren, denen ein zerschnittenes Brett ausgesetzt ist, wenn man in der Schnittlinienführung auf das Werfen und Spalten nicht genügend Rücksicht nimmt.

Giebelverschalungen

Wächst die Blockwand nicht in die Dachzone hinauf (Abb. 342/2—4), oder wird dem Gebäude ein in Stabwerk errichteter Mantel umgelegt (Abb. 342/1), so müssen, will man beim Holz bleiben, Verschalungen, deren Längsholz senkrecht gerichtet ist, den Wandabschluß bilden. Hier ist ein Gegensatz gegenüber den waagerecht liegenden, ein anderes Wesen verkörpernden Blockbalken notwendig. Die Befestigung dieser Bohlen oder Bretter an das starre Gerüst geschieht durch Nagelung mit Holz- (Abb. 342/3, 4 und 343, 344) oder Eisennägeln (Abb. 342/2 und 345), in Norwegen durch Einnuten (Abb. 342/1).

Ein eigenartiges Gefüge entwickelte sich in den Gegenden, wo Alemannen ins Gebiet des keltischen Blockbaues eindrangen. Sie brachten von Haus aus ihr westgermanisches Ständerwerk mit (Abb. 346). Da die Blockwand den Wind- und Wetterangriffen des Gebirges besser trotzen kann als die mit Bohlen verschlossene Ständerwand, gab man sie am Wohn- und Stallteil auf; am Giebel sowie am Scheunenteil blieb man aber dem Alten treu. Wie wirkliche Geschehnisse im Laufe der Zeit vom Heroischen ins Lyrische hinübergleiten können, machte hier das strenge Ständerwerk zierlichem Gitterwerk Platz (Abb. 347). Um die Pfetten vor dem Ausweichen zu hindern, wurden Streben und an den obersten Zwischenpfetten ein Anker angebracht, den man zugleich als Träger einer mit Streben versehenen Firstsäule nutzte. Schon beim Ständerwerk lag die ½ Wandstärke zeigende Bohlenfüllung mit der Innenflucht bündig, so daß das Ständerwerk deutlich sichtbar blieb. Dies behielt man insoweit bei, als man am Gitterwerk die Verschalung an der Innenflucht anbrachte. Hatte man aber einmal schon im Gefüge, im großen betrachtet, einen Schritt ins Malerische getan, so konnten die zierlichen Streben selbst nicht mehr ihre schlichte Stabform behalten, sondern mußten sich ornamentale Profilierungen gefallen lassen. Je nachdem, ob man dabei Ziehmesser, Meißel oder die rücksichtslose Säge benutzte, wußte man sich dem Wesen des Holzes und der Aufgabe des einzelnen Gefügeteiles mehr oder weniger gut anzupassen.

Es ist bemerkenswert, wie man am Giebel, dessen Wand nicht mehr eine so wichtige Aufgabe zu erfüllen hat, wie die Wand der zum Wohnen dienenden Räume, auch an der außen angebrachten Verschalung zu malerischen Gestaltungen gelangte. In Ostpreußen wurde so der Giebel um eine Balkenstärke vorgekragt (Abb. 342/2), in Kärnten erreichte man die malerische Wirkung durch Wechsel der Verschalungen in der Höhe des Kehlbalkens von der Flucht der Haus- oder Laubenwand zur Flucht des vorgeschobenen Gespärres (Abb. 342/3, 4).

Zu Abb. 342: **Verschalte Giebel.** 1) von einem Loft aus Telemarken, Norwegen; 2) von einem Bauernhaus aus Gilge, Kreis Labiau, Ostpreußen; 3) aus Obermillstatt, Kärnten; 4) aus Fanning, Lungau, Salzburg. (1 nach Johan Meyer „Fortids Kunst, Telemarken V"; 2 nach Dethlefsen; 3 Aufnahme des Verfassers; 4 nach „Das Bauernhaus in Österreich-Ungarn".) Bei 1 sind die Schalbretter eingenutet, bei 2 bis 4 angenagelt. Während beim ersten für die Lage der Verschalung nur die Mitte innerhalb des Giebelgespärres in Betracht kam, sehen wir bei den drei folgenden verschiedene Auswirkungen einer oder beider vom vordersten Sparrenpaar vorgezeichneten senkrechten Fluchten. Dadurch gewann man wie von selbst eine außerordentlich wirkungsvolle Belebung, die im kleinen durch die vortretenden Holznägel oder die Deckleisten unterstützt wurde.

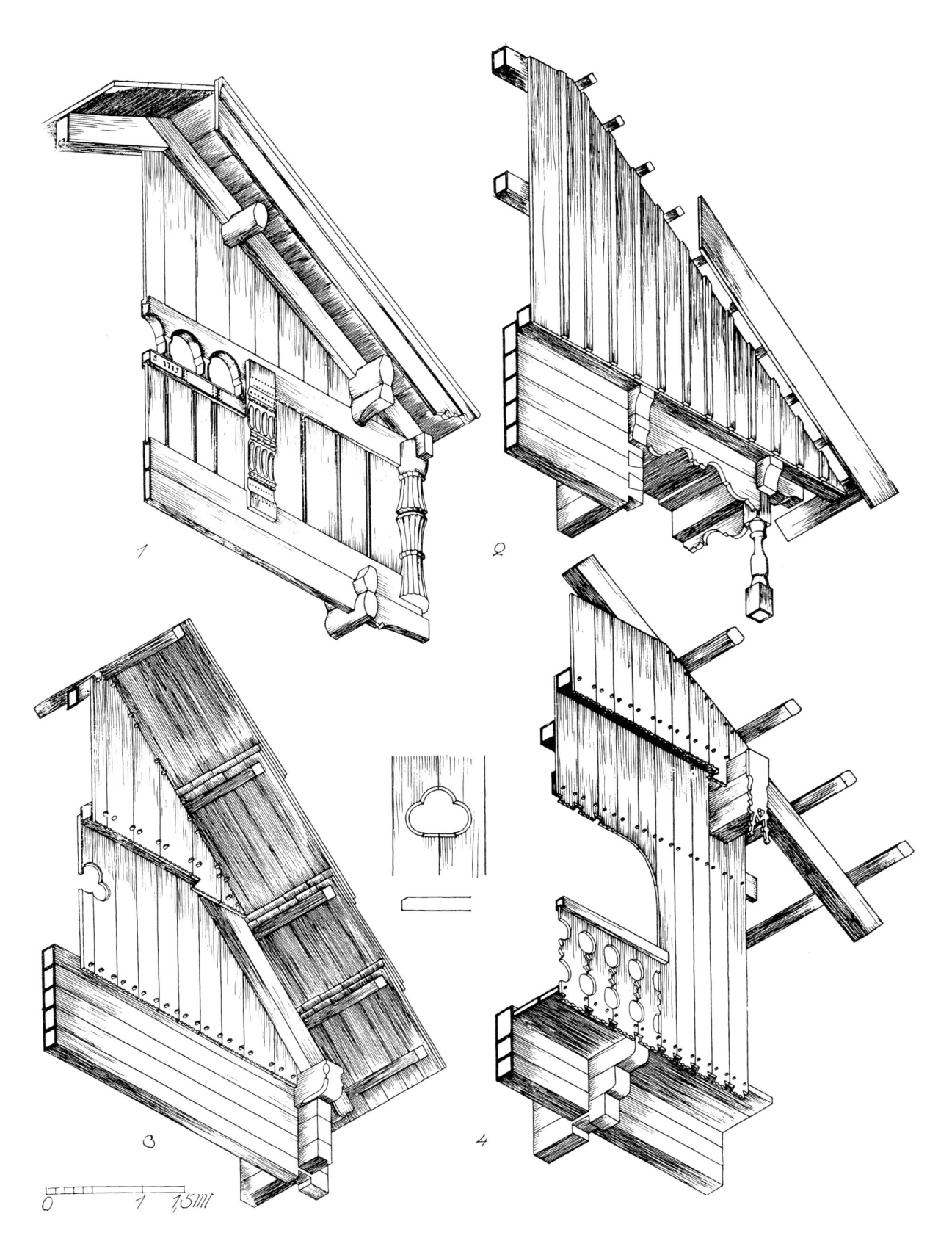

Abb. 342 (Text siehe Seite 264)

Abb. 343: **Tenne aus Radenthein in Kärnten mit Giebelverschalung.** Die Schalbretter wurden mit sichtbaren Holznägeln angenagelt, was dem Ganzen einen wirkungsvollen Schmuck verleiht. Nur an dem mit zwei Brettern verkleideten Brustriegel kamen Eisennägel zur Anwendung.

Abb. 344: **Bauernhaus aus St. Oswald in Kärnten.** Die stumpf aneinanderstoßenden Bretter ließ man am Giebel und an der Brüstung als Schmuck zum Teil über den unteren Saum weiterwachsen und schnitt hier einzelne am Übergang schwalbenschwanzförmig aus.

Abb. 345: **Bauernhaus aus Wegscheid bei Lengries.** Am Giebel sind die Fugen der Verschalung mit Deckleisten überdeckt; ein Gefüge, das sich erst seit dem Aufkommen der Eisennägel entwickelte.

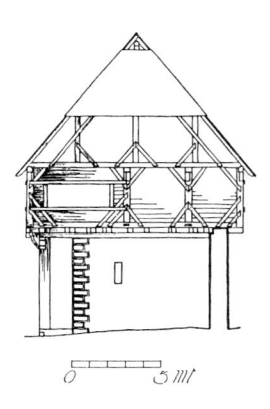

Abb. 346: Spätmittelalterliches Haus aus Pfullendorf mit westgermanischem Ständerwerk.

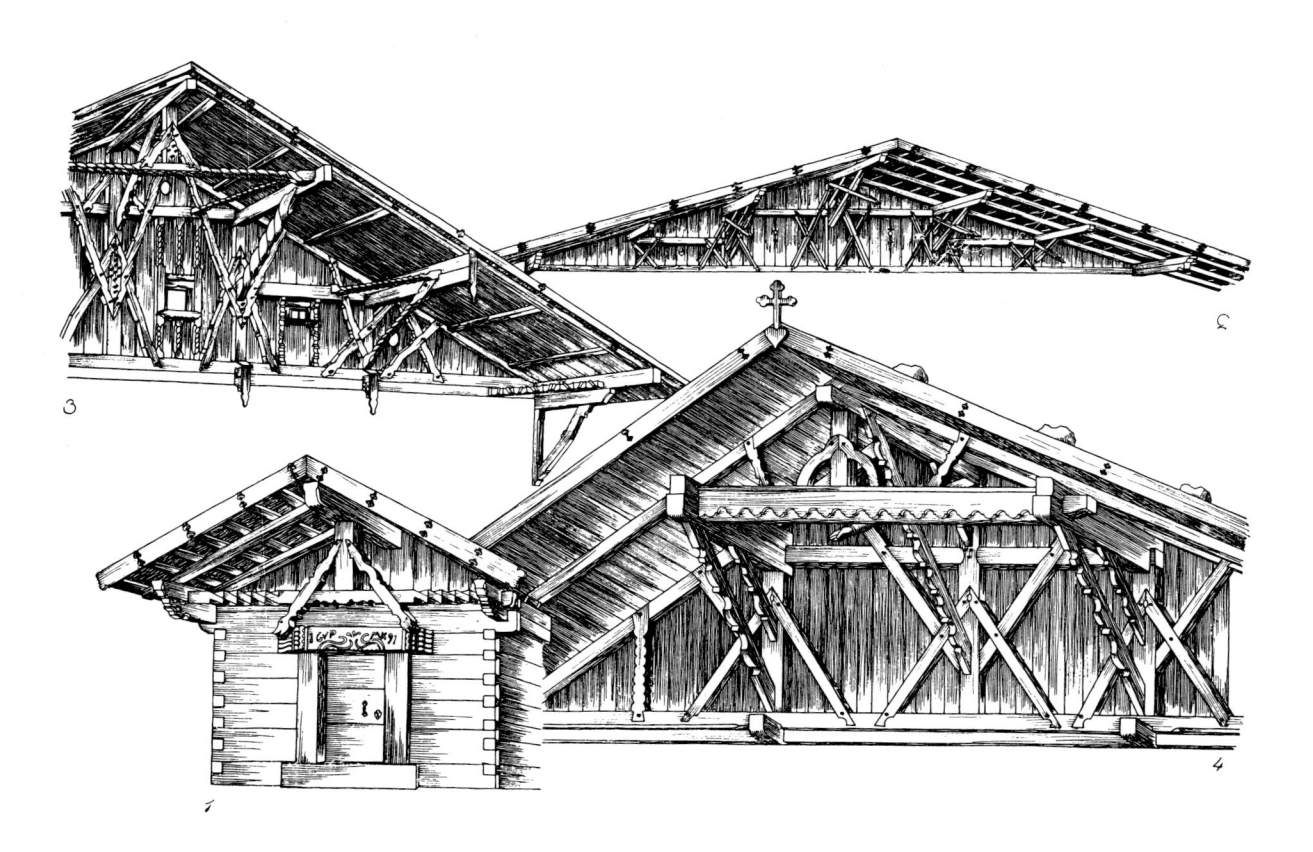

Abb. 347: **Mit Gitterwerk versehene und verschalte Giebel.** 1) aus Vals bei Schule im Valsertal in Tirol; 2) aus Garmisch, Oberbayern; 3) aus Stuben in Tirol; 4) aus Heiligkreuz bei Hall in Tirol. (1 und 3 nach „Das Bauernhaus in Österreich-Ungarn"; 2 nach Karl Schaefer; 4 nach Deininger „Das Bauernhaus in Tirol und Vorarlberg".) Diese malerischen Gestaltungen sind aus dem alemannischen, also urtümlich westgermanischen Ständerwerk (Abb. 346) hervorgegangen, das sich am Giebel mit der Zeit zum reichen und zierlichen Gitterwerk verwandelte. Die Doppelpfetten erleichterten es, die Gespärre mit oder ohne Anker vor die Flucht zu tragen und hier sogar ein offenes Gitterwerk mit einzubeziehen (1, 3 und 4). In die Schalbretter wurden gerne ornamental gestaltete Lichtöffnungen eingeschnitten (2) oder von Kreuzhölzern umrahmte Fenster eingefügt (3). (Im zweiten Band wird auf dieses Gefüge näher eingegangen werden.)

Gestaltung aus den Blockbalken herauswachsender Konsolen

In ursprünglichster Form wachsen die Konsolen aus den Vorstößen heraus. Der künstlerische Gestaltungstrieb hat sich hier wie auch an anderen Bauteilen Geltung zu verschaffen gewußt und den Übergang von der Senkrechten zur Waagerechten in verschiedenartigster Weise gelöst. Am lebendigsten gelang dies dort, wo die Säge noch unbenutzt blieb oder nur eine untergeordnete Rolle spielte (Abb. 348/1, 4, 349/1, 350, 351, 352, 353, 354) sowie dort, wo sie in maßvoller Anwendung entsprechend ihrem Wesen in Tätigkeit trat (Abb. 314/3, 5, 315/2, 355, 356, 357). Es ist bemerkenswert, daß es von Skandinavien bis in die Schweiz hinunter Beispiele gibt, die in der Führung der Saumlinie an der Wurzel der Konsole eine kurze Umkehrung in der von den Vorstößen oder auch nur von den Zinken gekennzeichneten aufwärtsstrebenden Bewegung zeigen (Abb. 348/1—3, 349, 350, 351). Wo die Säge in der Formenbildung führend auftritt, geht dabei viel vom Wesen des Holzes verloren. Trotz kräftiger Gegensätze wirken diese Beispiele weniger lebendig als die vorhin beschriebenen und, was besonders hervorgehoben werden muß, auch seelenloser als jene (Abb. 348/3 und 356/2). Aber gerade die gesägten Formen spielen heute eine beherrschende Rolle, und es ist deshalb gut, ihnen Beispiele gegenüberzustellen, welche mit Werkzeugen gestaltet wurden, die auf das Wesen des Holzes mehr Rücksicht genommen haben. Ein solcher Hinweis führt nicht nur zum werkgerechten Gestalten, sondern erschließt zugleich ungeahnte Schönheiten, die — buchstäblich aus dem Handgelenk heraus — dem Holz entlockt werden können.

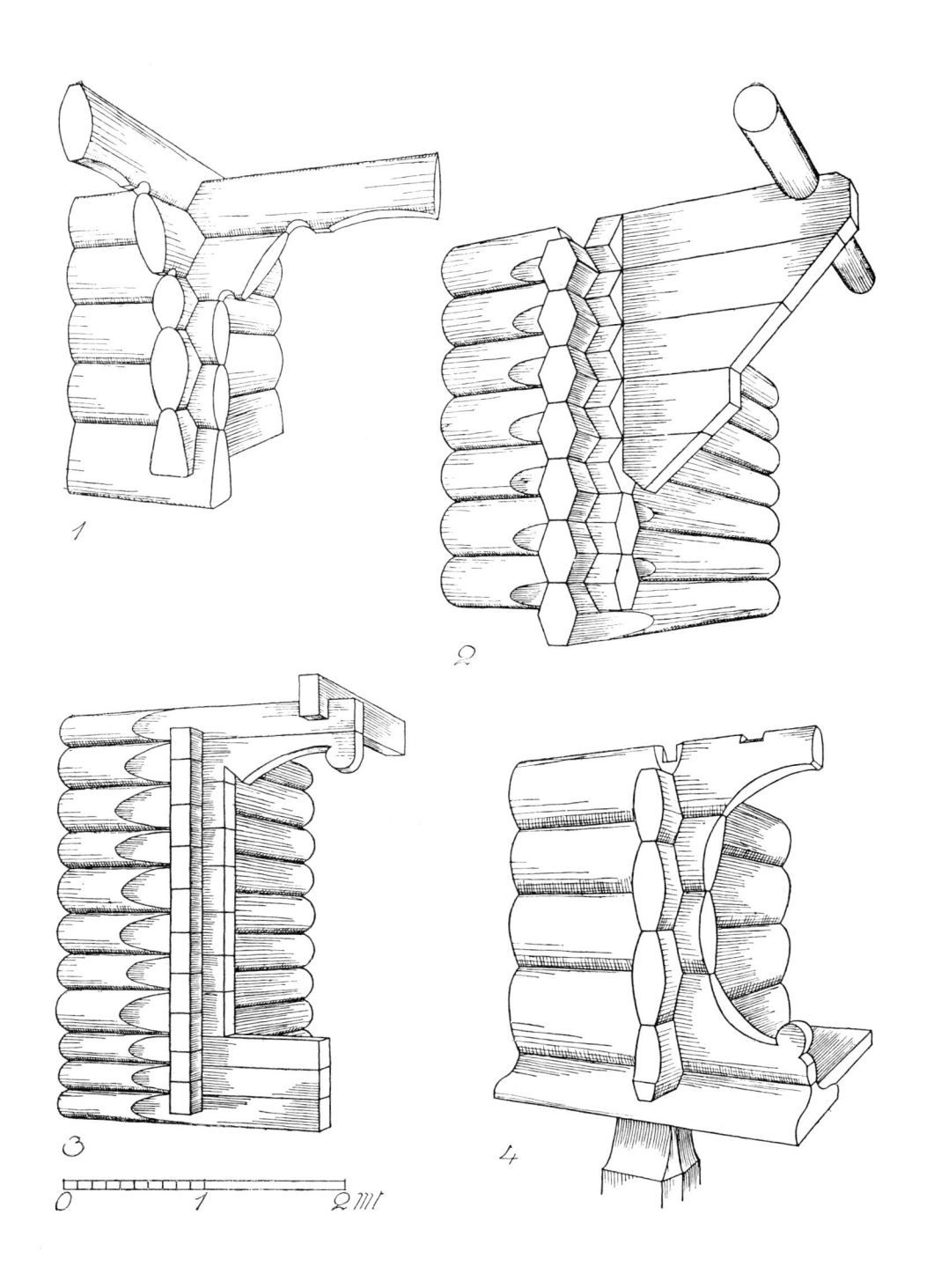

Abb. 348: **Auskragungen norwegischer und schwedischer Blockwände.** 1) Nordgarden, Åseral, Norwegen; 2) Mora, jetzt Skansen, Stockholm; 3) Karelien, Schweden; 4) Rjukan, Telemarken, Norwegen. (1 nach Gisle Midttun, Vest-Agder II; 2 und 4 nach Fotografien; 3 nach Gerda Boëthius.) Beim ersten bleibt die Grundform der Blockbalken trotz der Vermittlung weitgehend erhalten. Bemerkenswert ist die Umkehrung der durch die Vorstöße angedeuteten Bewegung in eine Waagerechte, sobald ein vorkragender Blockbalken berührt wird. Bei 2 bis 4 verschmelzen mehrere Balken zu einer einheitlichen Form. Dies wird bei 2 und 3 noch dadurch unterstrichen, daß die vorkragenden Teile entgegen ihrer runden Grundform vierkantig beschlagen worden sind. Die norwegischen Beispiele werden dem Wesen des Holzes gerechter als die schwedischen. Die Form bei 2 könnte man sich, abgesehen von der Gegenbewegung am Fuß, auch in Stein übersetzt denken. Bei 3 empfindet man die Einschnitte als zu weitgehend, dem Balken zu sehr Gewalt antuend. Man ziehe in diesem Sinne das darüber liegende norwegische Beispiel zum Vergleich.

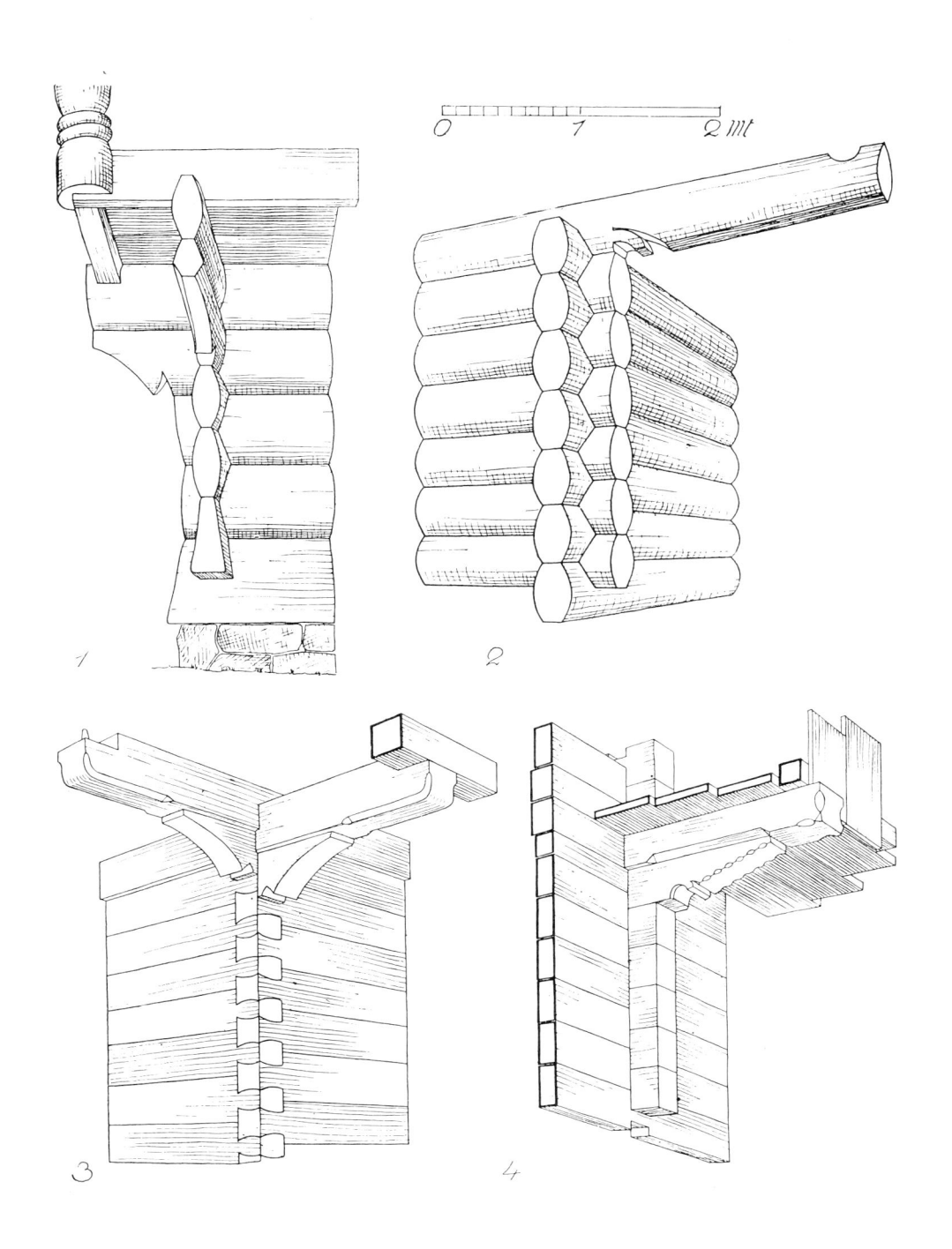

Abb. 349: **Vorkragungen aus Norwegen, Schweden, Oberbayern und der Schweiz mit verwandten Zierformen.** 1) aus Torslid, Fyresdal (nach Johan Meyer in „Fortids kunst i norges bygder"); 2) vom Mora-Hof, jetzt in Skansen (Aufnahme des Verfassers); 3) vom Spiegelhof bei Tölz (Aufnahme des Verfassers); 4) aus Wittigen (nach „Das Bauernhaus in der Schweiz"). Bei allen vieren ist in den untersten vorkragenden Blockbalken ein kerbartiger Einschnitt gemacht und durch diese scharfe Umkehrung die aufwärtsstrebende Bewegung der Vorstöße und Zinken abgefangen worden. Hieran schließen sich dann die verschiedengestaltigen Überleitungen bis zu dem am weitesten vorgeschobenen Hirnholz. Auch hierbei ergeben sich Verwandtschaften, wie es 1 und 3 sowie 2 und 4 dartun.

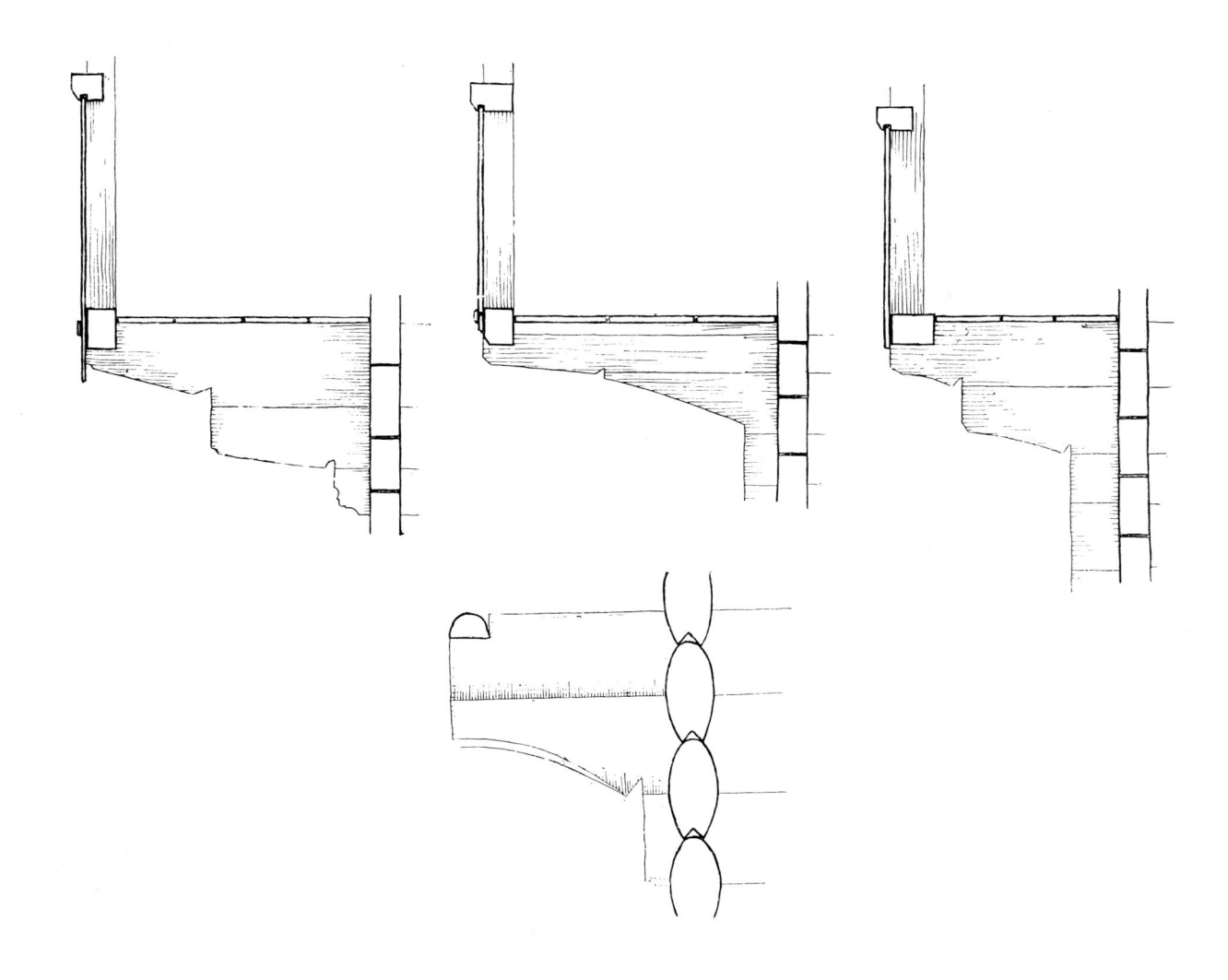

Abb. 350: **Vorkragungen an Bauernhäusern aus Alpbach in Tirol mit Gegenüberstellung eines Beispiels von einem Loft aus Mannpann, Valle, Setesdalen in Norwegen,** bei dem der gleiche, flache Bogen sowie der gleiche Einschnitt beim Ansatz dieser Überleitung Anwendung fand. Die Einschnitte entstanden aus den auf dem Zimmerplatz ausgeführten Einkerbungen, die die Endigung der darunterliegenden Blockbalken andeuten wollten. Neben dieser Schmuckform besitzt das Alpbachtal noch andere, auf nordische, in diesem Falle ostgermanische Baukultur hinweisende Merkmale.

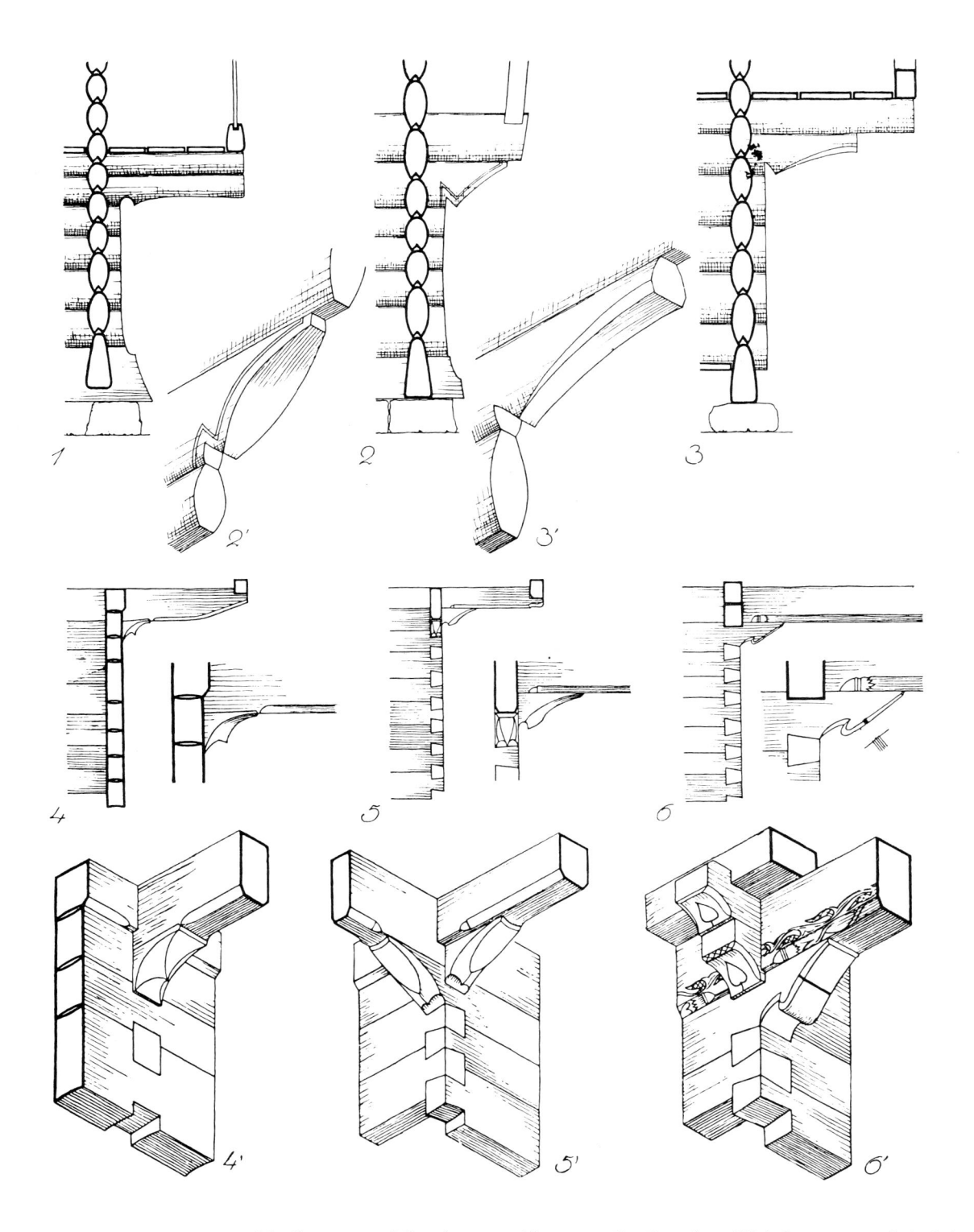

Abb. 351: **Auskragungen an Herdhäusern und Speichern** aus Norwegen (1—3) und an Wohnhäusern aus Lain bei Lengries (4) und Wackersberg bei Tölz (5) sowie einem „Kasten" aus Niederneuching bei Erding (6) von 1581, jetzt auf dem Staatsgut Grub bei München. (1 nach Gisle Midttun, „Setesdalen"; 2 nach Johan Meyer, „Telemarken V."; 3 nach Gisle Midttun, „Vest-Agder II"; 4—6 Aufnahmen des Verfassers.) Die in mittelalterlichen Formen gestalteten norwegischen Beispiele sind unberührt von Einflüssen der Steinarchitektur und ohne Säge ausgeführt worden; die bayerischen hingegen tragen Merkmale, die einerseits von den sogenannten Diamantquadern, andererseits von den Konsolen des Massivbaues herrühren, die man aber mit Hilfe des Ziehmessers werkgerecht umzuformen verstand. Bei den letzten drei Beispielen benutzte man zum Querteilen der Balken die Säge.

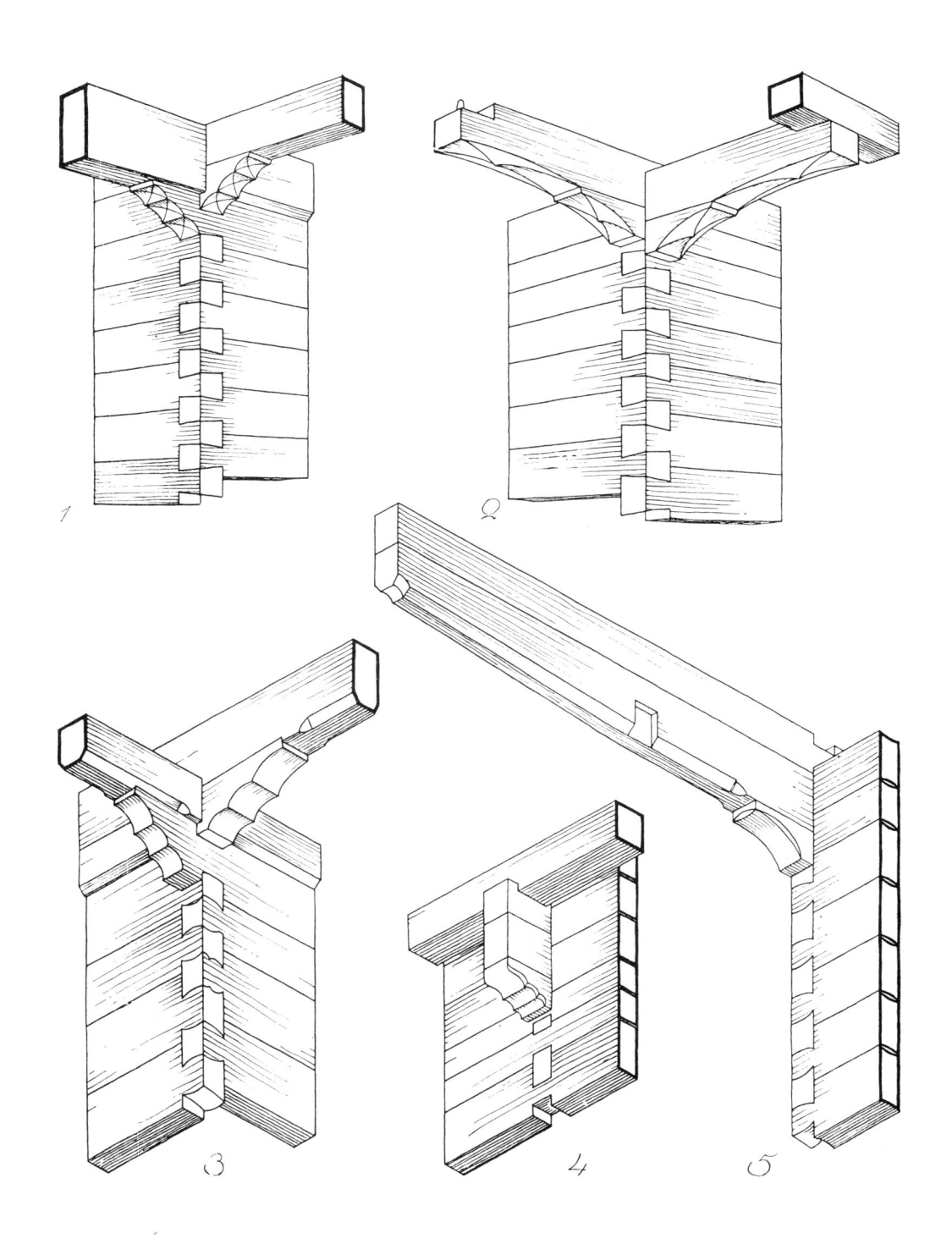

Abb. 352: **Gestaltung von vorkragenden Blockbalken aus dem Gebiet des oberbayerischen Blockbaues.** 1) Wackersberg bei Tölz; 2) Fischhausen am Schliersee; 3) Arzbach bei Lengries; 4) Erding; 5) Mettenham bei Marquartstein. (1, 3, 4 und 5 Aufnahmen des Verfassers; 2 nach „Das Bauernhaus in Deutschland".) Bei allen Beispielen kann man deutlich die Zuhilfenahme des Ziehmessers erkennen. Wenn auch bei 2 eine Einwirkung der im Steinbau der Renaissance beliebten Diamantquadern stattgefunden hat, war man doch noch mit dem Wesen des Holzes stark genug verbunden, um sie werkgerecht ins Holzmäßige umformen zu können. Am lebendigsten und schönsten wirkt 5, wo die Form gewissermaßen aus den Fasern heraus natürlich gewachsen scheint.

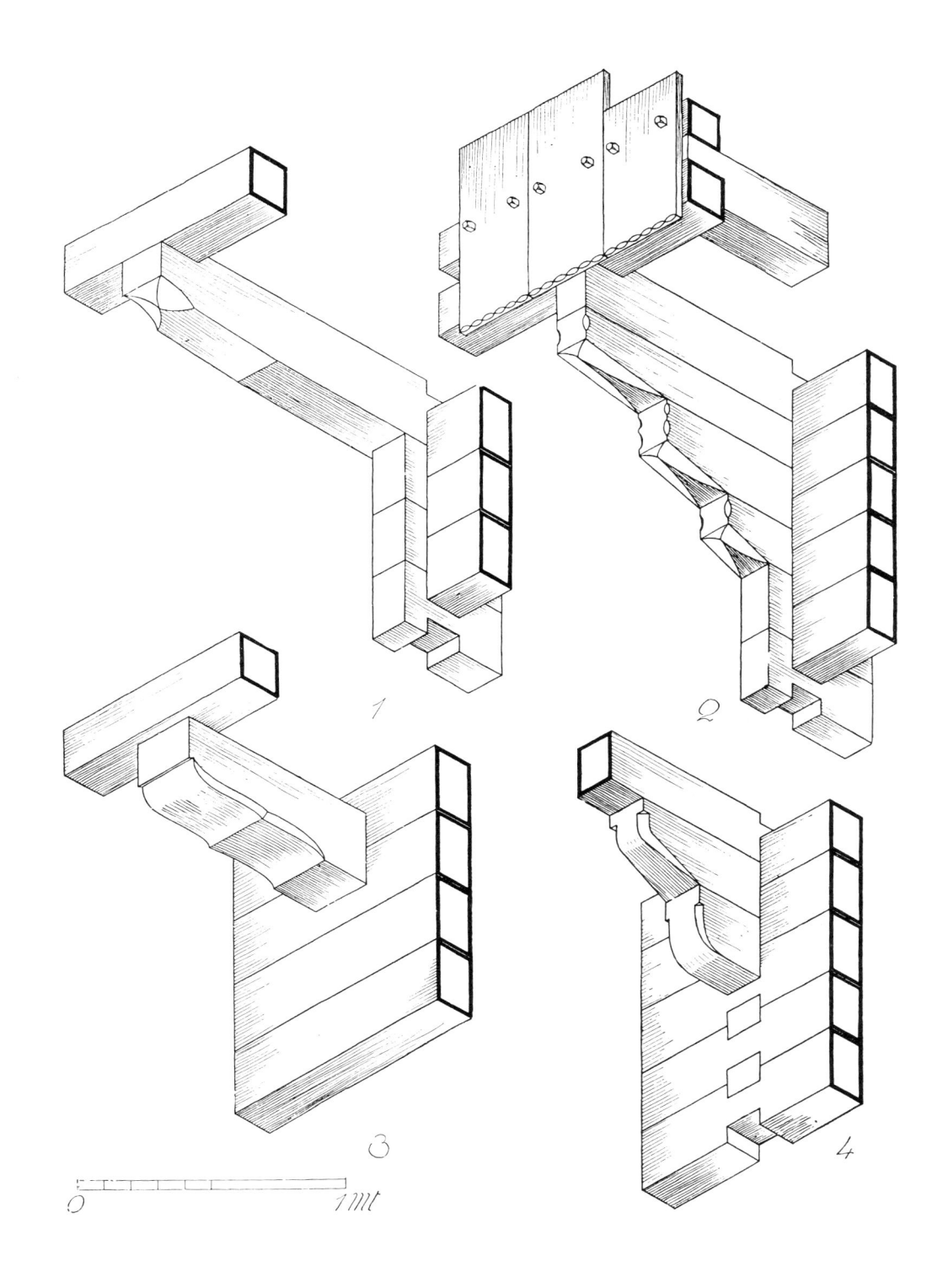

Abb. 353: **Mit dem Ziehmesser, Klingeisen und dem Hohlmeißel gestaltete Balkenköpfe aus Kärnten.** 1) St. Lorenzen; 2 bis 4) Ebene Reichenau. (Aufnahmen des Verfassers.) Wie auf Abb. 352 kommt auch hier die enge Verbundenheit zwischen dem Gestalter und dem Holz und damit auch die engste Anpassung des Werkzeuges an das Wesen des Werkstoffes zum Ausdruck.

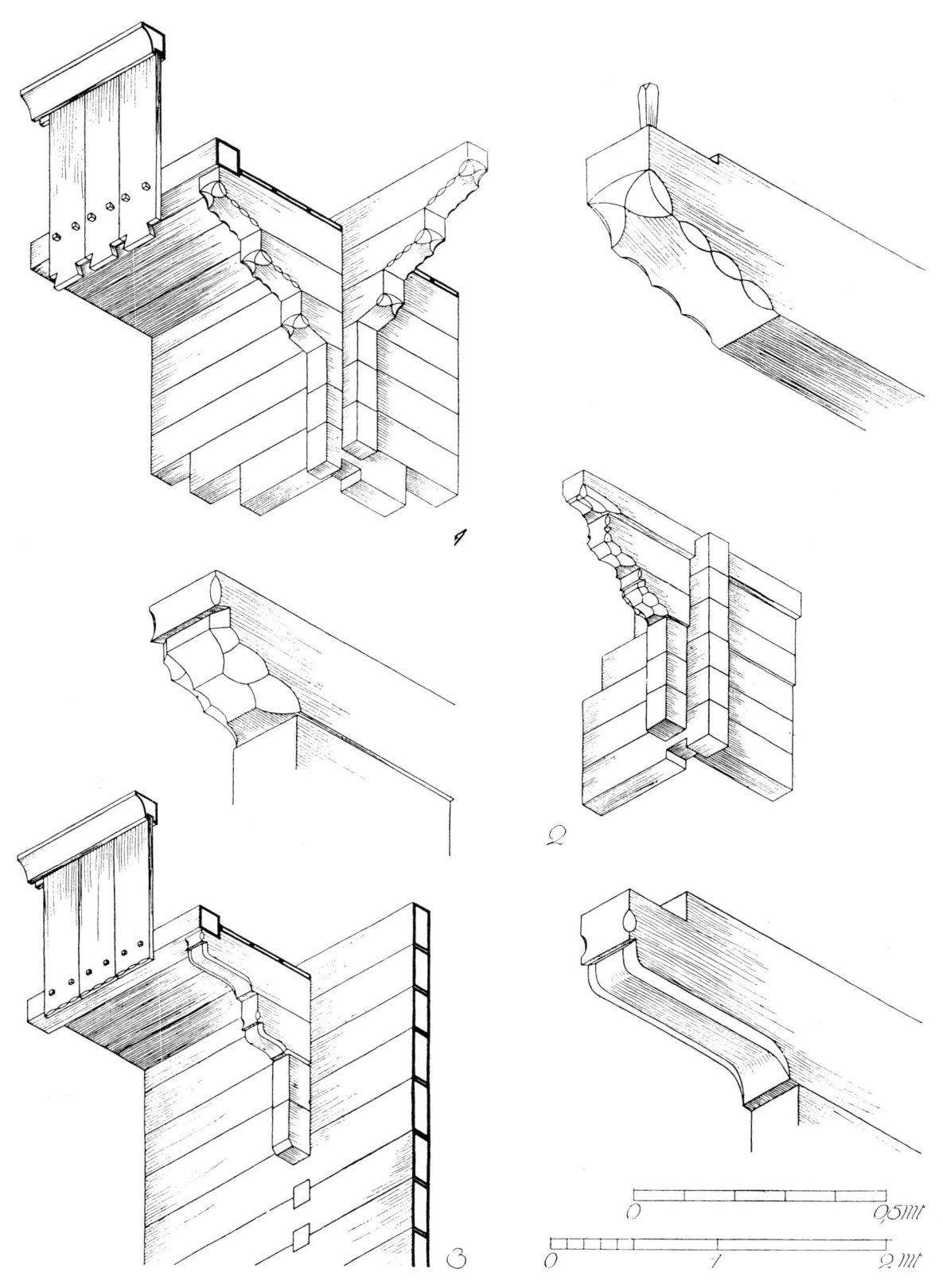

Abb. 354: **Gestaltungen mit Ziehmesser, Klingeisen und Hohlmeißel an Balkenköpfen Kärntener Blockbauten.**
1) St. Oswald; 2) Ober-Millstatt; 3) Radenthein. (Aufnahmen des Verfassers.) Jeder mit der Hand ausgeführte Schnitt ist mit einem starken Einleben in das Wesen des Holzes verbunden gewesen. Das macht diese Formen so lebendig und in ihrer Schönheit zeitlos. Die Form wurde während der Arbeit erfunden, entwuchs also organisch der Grundform. Diese Gestaltungen gingen durch das Überhandnehmen der Säge verloren, die man ohne Rücksicht auf den Bau und die Eigenschaften des Holzes handhaben kann und bei der schon vorher die Formen ganz w i l l -
k ü r l i c h festgelegt werden.

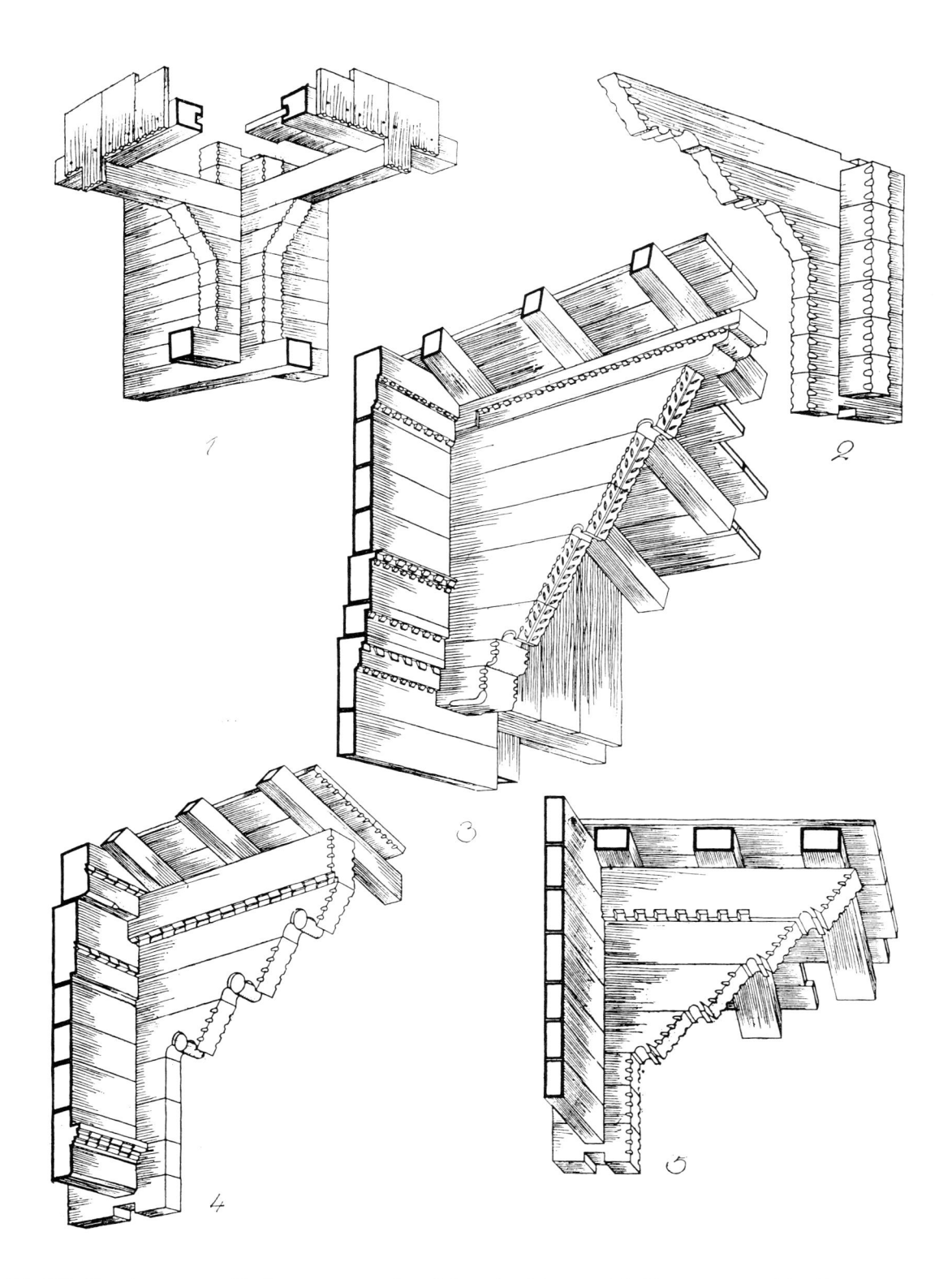

Abb. 355: **Gestaltungen von Vorkragungen aus dem Gebiet des Schweizer Blockbaues.** 1) Grindelwald; 2) Frutigen, Kanton Bern (von 1555); 3) Rougemont, Kanton Waadt (von 1623); 4) Berner Oberland; 5) Rüti, Berner Oberland. (1, 2, 4, 5 nach Gladbach; 3 nach Anheißer). Bei allen Beispielen paßt sich einerseits der Sägeschnitt den statischen Aufgaben in naheliegender Weise an, ohne sein Wesen dabei verbergen zu wollen. Anderseits wird das Wesen des Balkens, das in der von ihm angedeuteten Längsbewegung liegt, stufenweise zum Ausdruck gebracht.

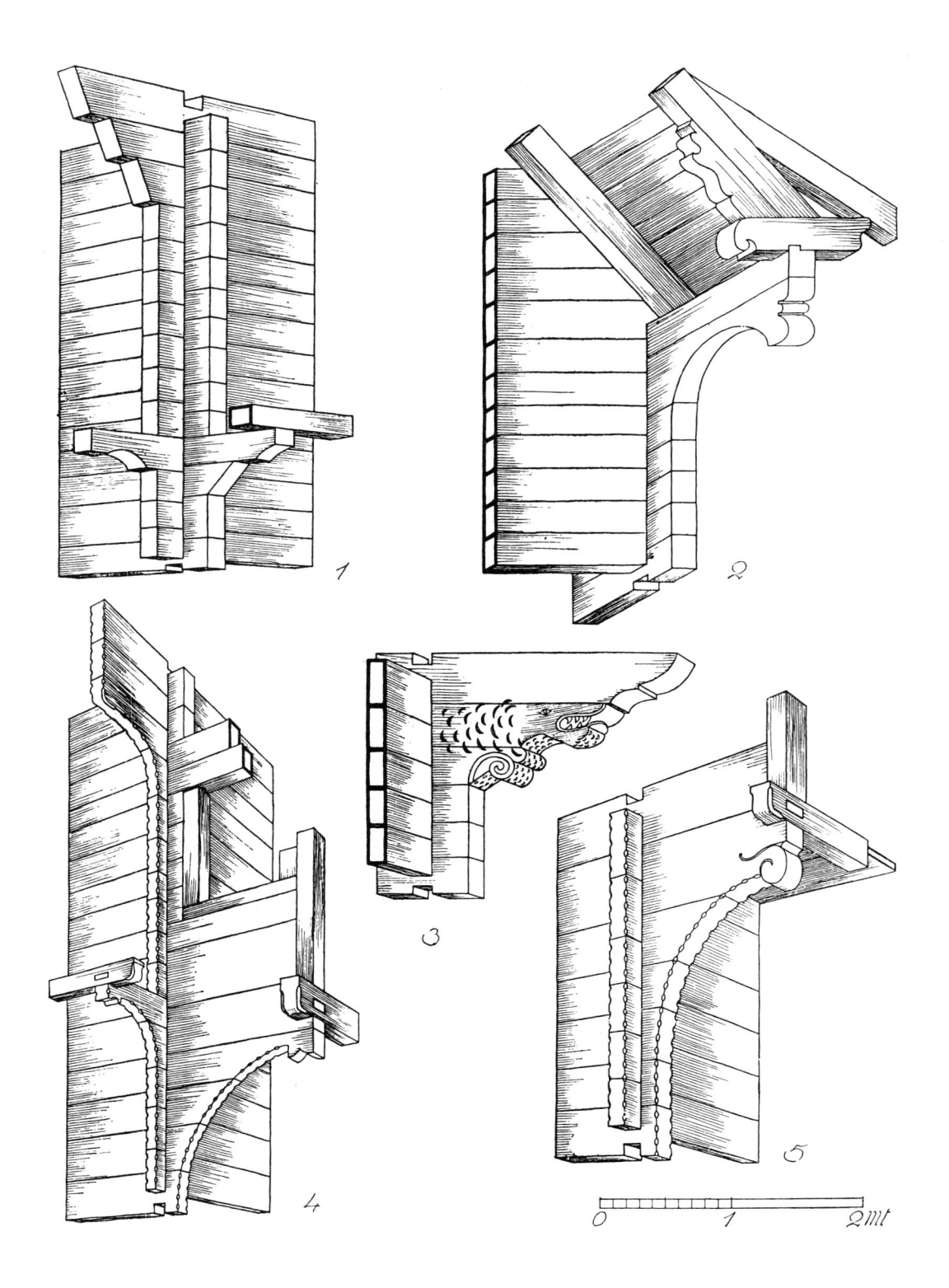

Zu Abb. 356: **Gestaltungen von Vorkragungen aus dem Gebiet des Schweizer und Vorarlberger Blockbaues.** 1) Rüti, Berner Oberland; 2) Rheintal, Vorarlberg; 3) Luvis ob Ilanz, Kanton Graubünden; 4) Lungern, Kanton Unterwalden; 5) Weggis, Kanton Luzern. (1 nach Gladbach; 2 nach Deininger; 3 nach Anheißer; 4 nach „Bauwerke der Schweiz", 1896; 5 nach Neumeister und Häberle.) Bei allen Beispielen fühlt man die Gestaltung mit der Säge, die bei 1 noch frei gehandhabt wurde, bei den anderen aber vorgerissenen Linien folgte. Wenn man bei der Vorzeichnung auf einfach geführte Sägeschnitte Bedacht nimmt, wie bei 4 und 5, dann ist eine solche Formengebung

(Fortsetzung auf Seite 279)

Abb. 357: **Ausschnitt von einem Speicher aus Egiswyl, Kanton Bern.** Trotzdem die Blockbalken aus einseitig gerundeten Halbhölzern bestehen, wirkt die Konsole geschlossen. Der mit dem Hohlmeißel ausgeführte Kantenschmuck hilft die Bindung der einzelnen Hirnhölzer als Einheit für das Auge zu verdeutlichen.

(Fortsetzung von Seite 278)

zulässig. Der Sägeschnitt paßt sich der statischen Aufgabe in naheliegender Weise an. Wenn aber der Sägeschnitt zu gekünstelt wird und dazu noch auf das Wesen des Blockbalkens keine Rücksicht nimmt, wie bei 2, so wird unsere gefühlsmäßige Verbundenheit mit dem Holz gestört. Trotz der reich gegliederten Linienführung verliert die Form an Lebendigkeit. Bei 3 bringt das natürliche Motiv des Drachenkopfes eine neue Note in das Gesamtbild, ohne die vorhin genannten Fehler verwischen zu können.

Gestaltung der Säulen und Stützen aus den verschiedensten Gebieten des Blockbaues

Mit Ausnahme der nordischen Säulen, die in Anpassung an den runden Stamm nicht selten rund geformt worden sind (Abb. 358/6, 11—13 und 359), wurden die Säulen und Stützen im allgemeinen aus einem Kantholz heraus gestaltet (Abb. 360, 361, 358/1—5, 7—10, 14, 362—366). Diese vornehmste Architekturform fordert allein schon durch ihre senkrecht aufwärtsstrebende Bewegung zu Vergleichen mit dem Baumstamm heraus. Es gilt hieraus, wie auch aus dem Wesen des Holzes heraus als Grundgesetz, daß bei jeglicher künstlerischer Formung diese Eigenheit gewahrt bleiben muß. Die Säule 9 auf Abb. 358 zum Beispiel ist als fehlerhaft anzusehen, weil am Fuße die Waagerechte zu sehr betont und die Einheit gestört wird.

Aus der Art der handwerklichen Bearbeitung entstanden die verschiedensten Abwandlungen. Wählte man eine Einziehung, so begann man diese von beiden Enden aus herauszuarbeiten, im groben mit dem Beil, im feinen mit dem Ziehmesser. Dabei ergab sich die Anregung, in der Mitte eine ringförmige Verzierung herauszusparen (Abb. 358/1—5, 359, 360/1). Wollte man am unteren und oberen Ende ein Profil herausstechen, so war die Versuchung zu stark, hierbei die gegebenen Fluchten des Langholzes zu verlassen. Dieses Zurücktreten wiederum zwang zu Vermittlungen. So entstanden Schwellungen, und mit diesen hatte man die lebendigste Ausdrucksform gefunden, die einer Säule zukommen kann (Abb. 358/6—8, 361/1). Im Drange nach Abwandlungen suchte man die beiden vorhin geschilderten Formungen miteinander zu verbinden (Abb. 358/5, 11, 14, 361/2), oder allein zur Belebung an der kräftigsten Stelle der Schwellung scharfe Einschnitte herauszustechen (Abb. 358/10, 12).

Wie allein aus der Aufgabe heraus, die eine Säule in einem Gefüge zu erfüllen hat, eigenartige Formen entstehen können, dafür ist das Beispiel 2 auf Abb. 360 sehr bemerkenswert, desgleichen die Säule auf Abb. 364. Das Zurückarbeiten an der Säule bei gleichzeitigem Festhalten an der Grundgestalt am Fuß- und Kopfende ergab bei der ersteren eine Schräglage der Brüstungsverschalung. Wenn die Säge benutzt wurde, beschränkte man sich bei guten Formen darauf, mit ihr nur senkrecht zum Längsholz gerichtete Einschnitte zu machen (Abb. 360/1).

Als letztes treten Kantenverzierungen auf den Plan, die mit dem Hohlmeißel, Geißfuß oder Balleisen ausgestochen wurden. Die Renaissance übertrug die Welle auch auf die Säulenmäntel, wo sie aber insbesondere im Holz äußerst flach gehalten werden muß. Die Abb. 365 und 366 zeigen ein Beispiel jener Zeit. An ihm kann man deutlich herausfühlen, wie stark sich der Gestalter in das Wesen des Holzes einzuleben verstanden hat. Wenn der Zahnschnitt am Kapitell fehlen würde, hätte man fast den Eindruck, hier eine natürlich gewachsene Form vor Augen zu haben. Um das Wesen des aufwärts gerichteten Holzes möglichst stark erfassen zu lernen, ist es gut, als Gegensatz aus dem Gefüge des Blockbaues entwickelte Stützen daneben zu halten, wie sie die Abb. 367 und 368 veranschaulichen.

Zu Abb. 358: **Gestaltung von Holzsäulen aus verschiedenen Blockbaugebieten.** 1) Ostpreußen; 2) Setesdalen, Norwegen; 3) Schweiz; 4) Ostpreußen; 5) Schweiz; 6) Norwegen; 7 und 8) Tirol; 9) Schweiz; 10) Tirol; 11) Setesdalen; 12) Telemarken, Norwegen; 13) Norwegen; 14) Tirol. (1 und 4 nach Dethlefsen; 2 und 11 nach Midttun; 3 und 5 nach Gladbach; 6, 12 und 13 nach Johan Meyer; 7, 8, 10 und 14 nach Deininger; 9 nach „Architecture suisse".) Die Beispiele 1 bis 4 sind mit Einziehung, 6 bis 9 mit Schwellung, 5 sowie 10 bis 14 mit Schwellung und Einziehung gestaltet worden. Zuerst wurde durch Beschlagen im Groben vorgearbeitet, dann aber das Ziehmesser und nachher der Meißel zu Hilfe gezogen. Man kann an den verschiedenen Beispielen verfolgen, wie schon von den ersten Eingriffen an das Wesen des Holzes die gestaltende Phantasie angeregt hat. So sparte man während der Ausführung der Einziehung an der zu tiefst liegenden Stelle ein Band aus, die Schwellung wiederholte man, sie zu Ringen umwandelnd (6), oder man ließ in Gegenbewegung die Enden kelchförmig ausklingen (7). Das Ziehmesser forderte geradezu zur Gestaltung von Fasen heraus (8 und 9). Nahm man ein Krummesser, so konnte man spielend die Fasen in Kanneluren verwandeln (12), die man auch mit großen Hohlmeißeln herauszustechen wußte (13). An die Kanten ging man mit dem kleinen Hohlmeißel heran (2 und 11). Das Wichtigste ist, daß im Großen die Grundgestalt des Holzstammes oder Kantholzes in der Regel gewahrt blieb. Ging man darüber hinaus, wie am Beispiel 9, so tat man dem Wesen des Holzes Gewalt an. Man wählte in solchem Falle gefühlsmäßig eine waagerechte Schichtung, die wiederum dem Steinbau eigen ist. Weil die Schwellung für unser Gefühl das Einwirken einer Last andeutet, kommt dadurch dieser Form die lebendigste Wirkung zu. Die Schwellung des antiken Säulenschaftes ist ja auch zuerst an Holzsäulen ausgeführt, also im Holz erfunden und dann erst auf den Stein übertragen worden. Der Stein ist ein toter Werkstoff und hätte nie von sich aus zur Meisterleistung der Entasis (Schwellung) führen können.

Abb. 358 (Text siehe Seite 280)

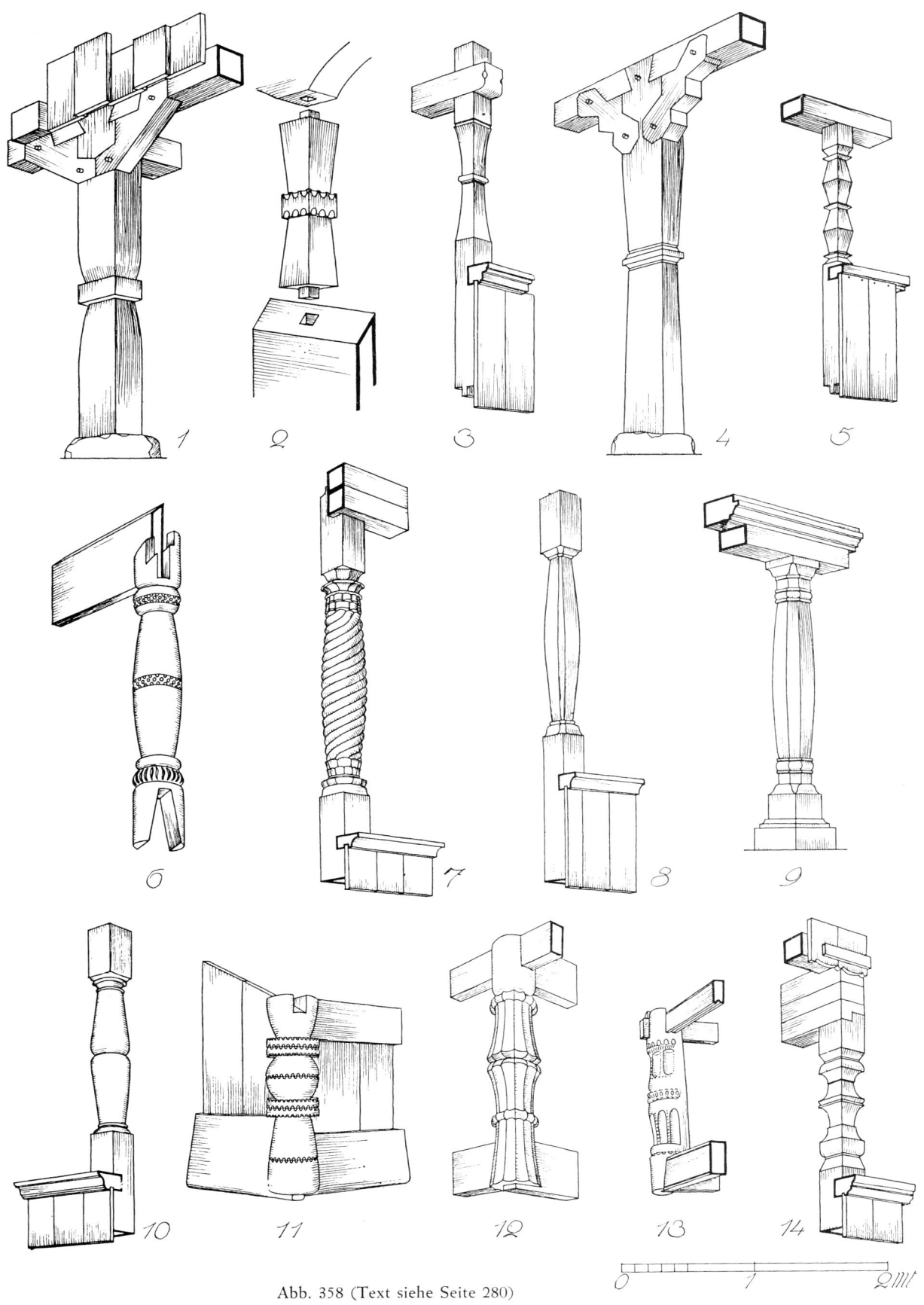

281

Abb. 359: **Eckansicht vom mittelalterlichen Pfostenspeicher des Aelvroshofes, jetzt in Skansen, Stockholm.** Die Stützen an der Vorlaube zeigen eine runde und eine vierkantige Grundform, die bei beiden durch Zurückarbeiten und Aussparen eines Teiles aus der Mitte geschmückt worden sind. Während die Ecksäulen mit Schlitzen eingefügt worden sind, greifen die Mittelständer in Anlehnung an die Türpfosten mit Zapfen ein.

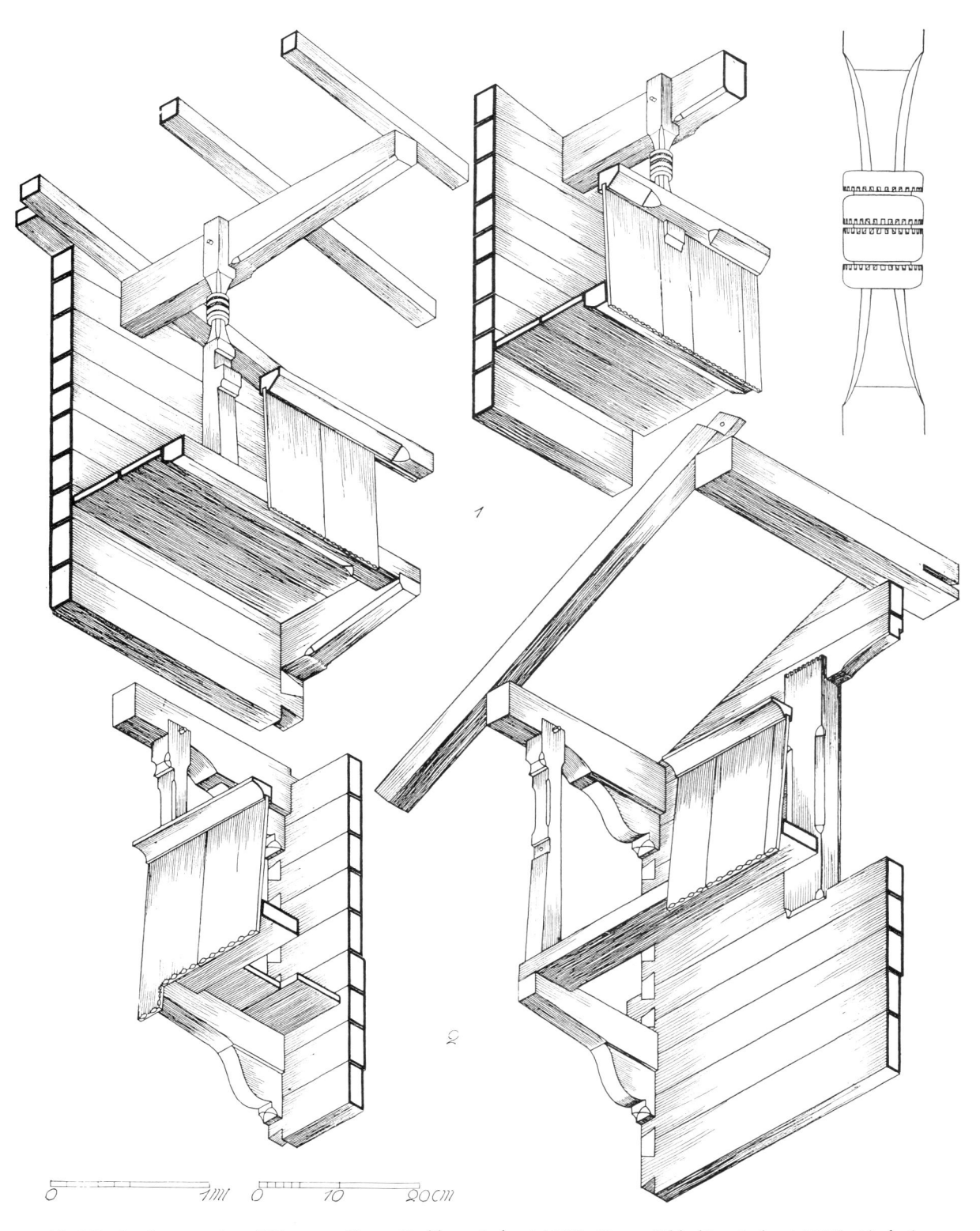

Abb. 360: **Lauben aus dem Chiemgau.** 1) aus Buchberg (erbaut 1698), 2) aus Schleching (erbaut 1675). (Aufnahmen von Albert Jäkle.) Kennzeichnend für beide Beispiele ist, wie die Säulen aus dem Vollen heraus gestaltet worden sind und wie zugleich bei der einen in der Höhe des Brustriegels und bei der anderen am Kopf konsolartige Vorsprünge ausgespart worden sind. Bei letzterem ergab sich dies allein durch das schräge Zurückarbeiten in der Zone der Brüstung. Die Schalbretter greifen in eine aus dem Brustriegel herausgestochene Nut und sind an die Schwelle mit Eisennägeln angenagelt.

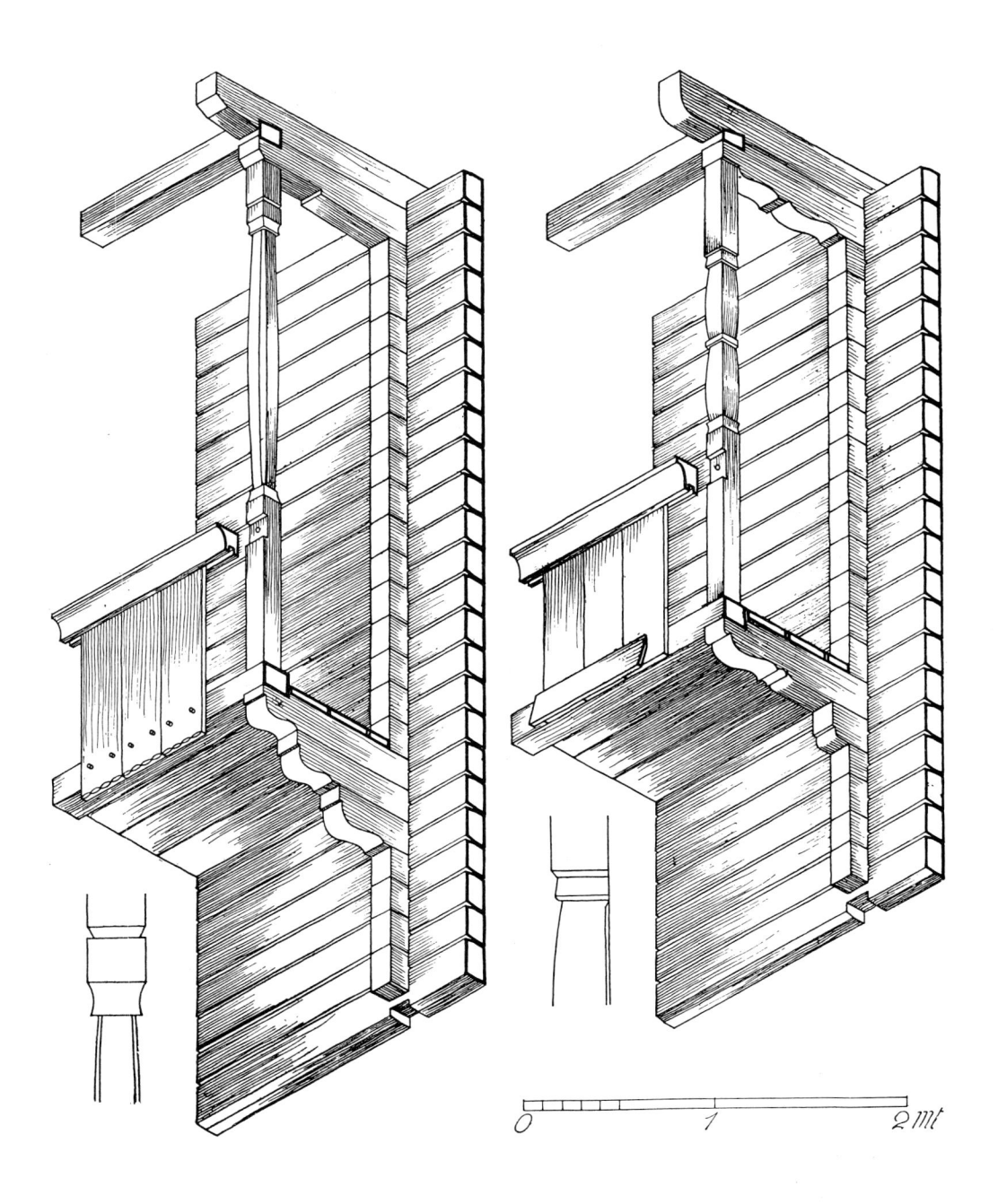

Abb. 361: **Gestaltung von Umläufen an zwei Wohnhäusern in St. Oswald in Kärnten.** (Nach Aufnahmen von Dr. Moro in Villach.) Die senkrechten, säulenartigen Hölzer dienen dazu, die Brüstung vor dem Umkippen zu bewahren. Sie sind in die Schwelle eingezapft und an das aus dem Vorstoß vorkragende Sattelholz angeblattet. Entsprechend ihrer Aufgabe zeigen sie nur geringe Stärken. Die werkgerecht ausgeführte Schwellung, die bei dem ersten einmal, bei dem zweiten zweimal auftritt, verleiht beiden ein lebendiges und zugleich edles Aussehen. In urtümlicher Weise greifen die Brüstungsbretter in eine Nut des angeblatteten Brustriegels ein und sind an die Schwelle mit Holz (links) oder Eisennägeln (rechts) angenagelt. Der in der Flucht verschwindende Kopf des Eisennagels wird vom Regen nicht beeinträchtigt, zudem ist eine solche Nagelung unbehindert und rasch durchführbar. So kam man auf den Gedanken, den am Hirnholz verwitterten unteren Saum der Verschalung mit einem Traufbrett zu verdecken. Nachher bürgerte sich dies als eine schon beim Aufrichten der Brüstung auszuführende Zutat ein. Bemerkenswert ist hier auch, wie die vom Steinbau entlehnten Voluten entsprechend dem Wesen des Holzbalkens flach gehalten wurden und sich seiner Grundgestalt möglichst eng anzupassen suchen.

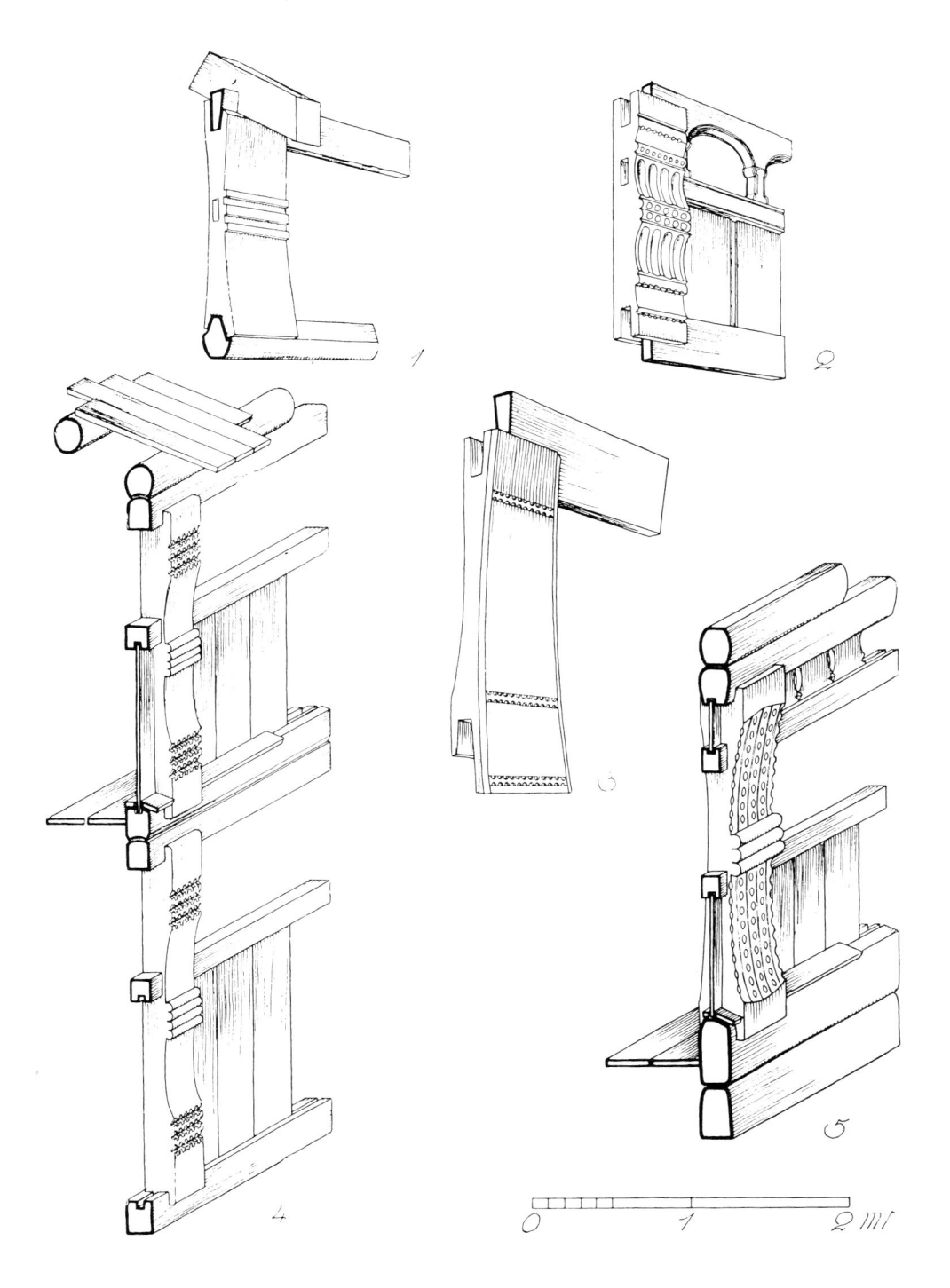

Abb. 362: **Brüstungen aus dem norwegischen Blockbau.** 1—3) aus Telemarken; 4 und 5) aus Gudbrandsdalen. (1—3 nach „Fortids Kunst in Norges Bygder"; 4 und 5 nach Anders Sandvig.) Diese Brüstungen entstanden an dem Umlauf, dem sogenannten „sval". Die über die Blockwand weit vorkragenden Sparren (1) oder bei einem Äserdach (Pfettendach) der letzte der Äser (4) liegen auf einem Rähm auf. Dieses wird von eigenartig gestalteten Stützen, sogenannten „stolpern" getragen, die mit einem Schlitz auf die Schwelle aufgestülpt sind und auch das Rähm mit einem Schlitz fassen. Aus dem starken Einleben heraus, das die nordischen Gestaltungen auszeichnet, suchte man in der künstlerischen Durchbildung durch Verstärken dieser Stützen nach oben und unten das Fassen zum Ausdruck zu bringen (3). Während des Zurichtens wurde erst durch Beschlagen ein Parallelepiped und aus diesem dann die erstrebte Kunstform gestaltet. Dabei regten einzelne aus dem Handwerksvorgang sich bemerkbar machende Einzelheiten dazu an, eine rohe Zufallsform zu einer von strenger Gesetzmäßigkeit beherrschten Schmuckform umzuwandeln. So entstanden zuerst in der Mitte der Stolper Zierstücke (1, 4 und 5), die sich dann über die ganze Höhe hinweg ausbreiten sollten (2). Die Bretter greifen an beiden Enden in Nute ein. Unter sich stoßen sie entweder stumpf aneinander (4 und 5), oder sie sind gespundet (2). Um das Eindringen des Wassers in die Fuge zu verhindern, ist an der Schwelle ein Traufbrett mit leichtem Gefälle angenagelt (4 und 5).

Abb. 363

Abb. 363: **Tenne und Vorratshaus vom Aelvroshof, jetzt in Skansen, Stockholm.** Auf einer Stütze im Obergeschoß ist die Jahreszahl 1566 eingeschnitten. Diese Stützen sind an beiden Enden geschlitzt. Ihre Verzierung mit zwei Rundstäben ergab sich folgerichtig aus dem Zurückarbeiten nach der Mitte zu.

Abb. 364: **Teilansicht von einem Speicher aus Waldhaus, Kanton Bern.** Der Brustriegel ist mit Gegenzapfen in entsprechende aus den Säulen herausgestochene Schlitze eingefügt, die Säule selbst in die Pfette eingezapft.

Abb. 364

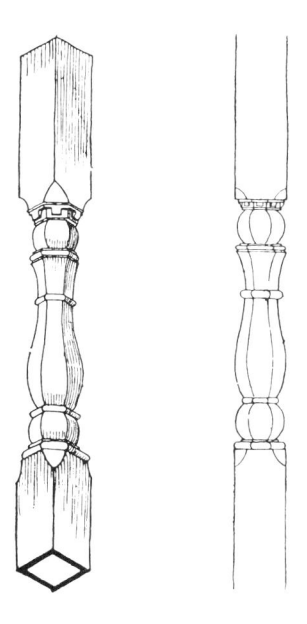

Abb. 365: **Säule vom Umgang des Kastens aus Niederneuching** (1581). Beim Gestalten dieser Säule hat man neben Stechzeug und Ziehmesser auch die Säge zu Hilfe gezogen, sie aber nur zu Einschnitten senkrecht zum Längsholz benutzt. Dadurch erhalten die durch sie geformten Stellen, entsprechend ihrem Wesen, eine scharf ausgeprägte Note.

Abb. 366: Laubengang des Obergeschosses am Kasten aus Niederneuching.

Abb. 367:
Doppeltür von einem Stadel aus Hofgastein.

Abb. 368: Kegelwandstütze von einem Schuppen aus St. Lorenzen in Kärnten. Der unterste Kegel ist mit Hilfe des Ziehmessers konsolartig gestaltet worden.

Profilierung

Am stärksten hat sich der Einfluß der Steinarchitektur beim Holzbau in der Profilierung ausgewirkt. Er begann bereits in der Spätromanik, zusammenfallend mit dem Auftreten des Kreuzrippengewölbes. Man übertrug die kräftigen Profile der steinernen Rippen auf die wesentlich anders gearteten Holzbalken. Dann kamen die Steingesimse auf den Plan. Man suchte im Holz mit dem Stein zu wetteifern; die Holzprofile vergröberten sich in einer unzulässigen Weise.

In Norwegen, wo der Steinbau wesentlich hinter den Holzbau zurücktritt, erhielt sich die urtümliche, holzmäßige Profilierung am längsten. Sie kann uns Wegweiser und richtunggebend dafür sein, wie wir uns von den Irrwegen, die wir beschritten haben, wieder befreien können. Natürlich gewinnt man das beste Urteil in dieser Frage, wenn man die zur Prüfung erkorenen Beispiele an Ort und Stelle in Augenschein nimmt. Aufs erste mutet es als unwahrscheinlich an, daß Profile von solch zarten Ausmaßen, wie die norwegischen, das Aussehen der mit ihnen geschmückten Gefügeteile wesentlich beeinflussen könnten. In Wirklichkeit verleihen sie ihnen aber nicht nur eine erhebliche Veredelung, sondern sie geben ihnen zugleich auch ein straffes Aussehen. Man könnte sie als natürlich gewachsene Formen ansehen, denn zu ihrer Gestaltung wurden nur wenige Fasern des Längsholzes herausgestochen (Abb. 369, 370, 371, 372, 373).

Die Fase, die bei uns wegen ihrer meist wahl- und empfindungslosen Anwendung viel Unheil angerichtet hat, ist dort nur selten zu finden. Wenn man sich ihrer bediente, liegt sie entweder flach (Abb. 371/6) oder steil (Abb. 371/8) und wird von feinen Profilchen begleitet. Auch bei kräftigen Gliederungen werden die Einzelteile derselben gerne mit zarten Profilen bedacht und dadurch wird der feine Maßstab gewahrt (Abb. 372/3). Selbst die geschwellten Blockbalken erhielten solch zarten Schmuck (Abb. 369, 370), was ihnen, insbesondere im Innern, ein so vornehmes Aussehen verleiht, daß kein Verlangen nach Vertäfelung oder sonstiger Verfeinerung der Stubenwand aufkommen kann.

Bei Vorstößen und bei den Stößen an den Türpfosten wird das Profil auch über das Hirnholz bzw. quer über das Längsholz hinweggezogen (Abb. 372/1, 2). Die gespundeten Bohlenfüllungen folgen den gleichen Wegen (Abb. 373); auch hier wie bei den anderen ist es die dem Auge besonders auffallende Stelle, die Kante, die von einem Profil begleitet wird.

An den Türpfosten des Schweizer Blockbaues findet sich Ähnliches, aber in etwas gröberen Maßen (Abb. 374). Auch hier hat man einzelne Fasern herausgestochen und sich in gleicher Weise dem Holz so eng wie möglich anzupassen gesucht. Im Blockbau Oberbayerns zeigen sich solche Flächenprofile nur dort, wo man sich vom Schreinerhandwerk hat beeinflussen lassen (Abb. 375/1, 2). Den größten Reichtum in der Anwendung des Schmuckes erreichte der Schweizer Blockbau. Außer den vorhin beschriebenen, reinen Längsprofilierungen suchte man hier die Wirkung noch dadurch zu steigern, daß man durch Einschnitte reiche Ornamente hervorzauberte (Abb. 376/5, 6 und 377/5—8). Immer aber wird zuerst ein den Fasern entsprechendes Längsprofil herausgestochen und dann an dieses mit dem Meißel herangegangen (Abb. 378).

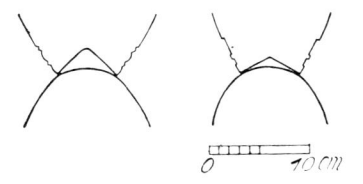

Abb. 369: **Auflager norwegischer Blockbalken.** Die obere Auflagerfläche ist nach außen, die untere nach innen gewölbt. Der sich hieraus ergebende Hohlraum wurde mit Werg ausgefüllt oder mit rot und blau gefärbtem Wollstoff ausgelegt, so daß dessen ausgezackte Enden nach außen sichtbar hervortraten und als Schmuck wirkten. In Verbindung mit diesem und dadurch, daß der Druck von oben durch Grate auf eine leicht gewölbte Fläche übertragen wurde, war die beste Dichtung der Fuge gewährleistet.

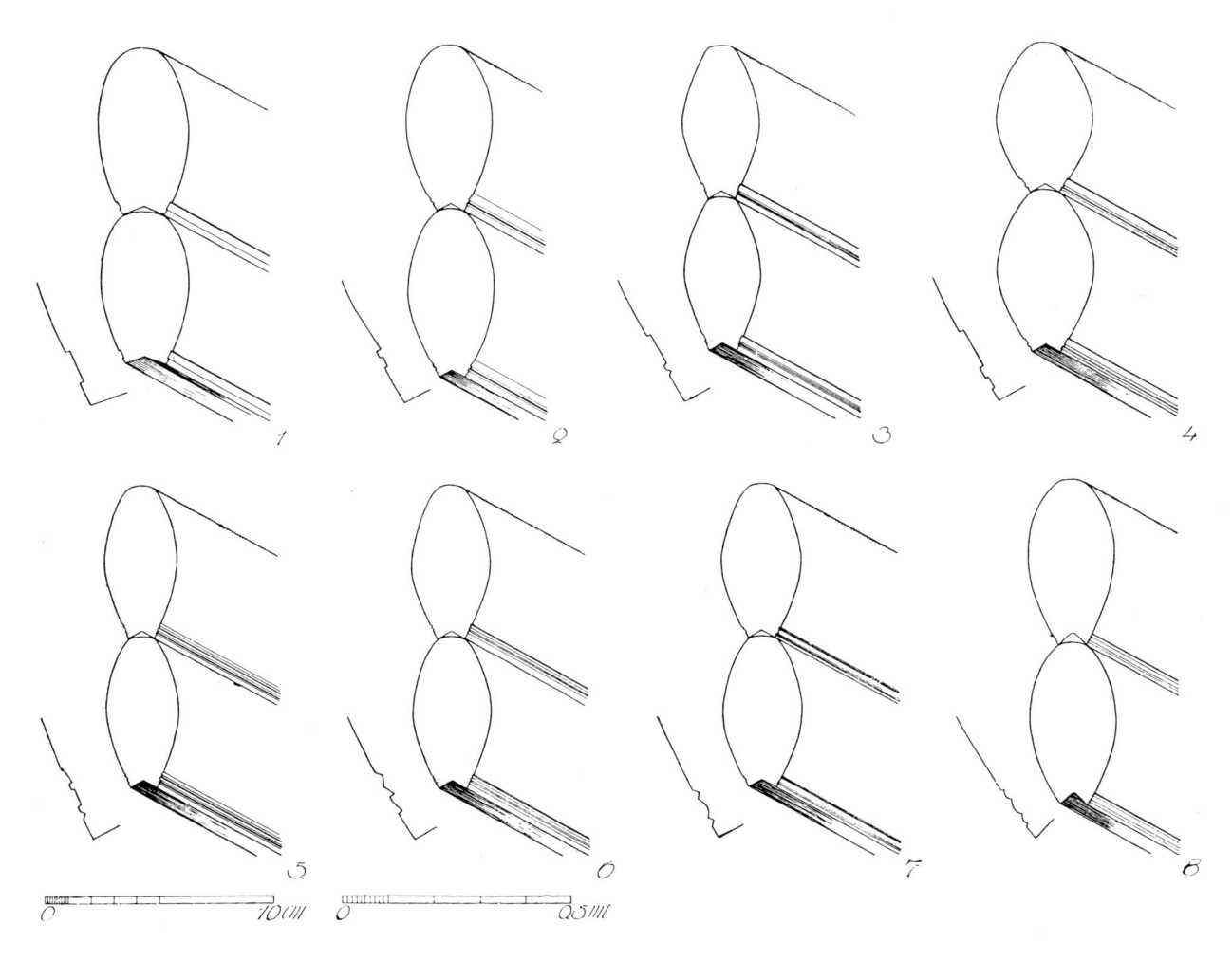

Abb. 370: **Profilierungen von norwegischen Blockbalken.** 1) Vindlaus, Eidsborg; 2) Snartland, Fyresdal; 3) Vaa, Rauland; 4) Berge, Rauland; 5) Brokka, Skaffå (1565); 6) Grovum, Nissedal (1616); 7) Fladeland, Vraadal 1773; 8) Austad (um 1700). (1—7 nach Johan Meyer; 8 nach Gisle Midttun.) Die äußerst zart bemessenen Profile veredeln das Aussehen der mit Schwellung versehenen Blockbalken. Da diese den Eindruck einer durch die Last bewirkten Spannung erwecken, dürfen folgerichtigerweise die Schmuckprofile nur am Saum mitlaufen. Sie helfen dem Auge, die Balken — die Muskeln gleichen — als Einzelglieder besser zu erfassen. Das hierzu benutzte Werkzeug ist auf Abb. 5e in seiner einfachsten Form dargestellt.

Zu Abb. 371: **Profilierungen aus dem Gebiet des norwegischen Blockbaues.** 1) Austad, Setesdalen; 2) Nordgarden, Åseral; 3) Austad; 4) Lovvik i Stafsaa; 5) Nerstol, Eiken; 6) Grösli, Numedalen (1633); 7) Austergarden, Åseral; 8) Rolstadt, Gudbrandsdalen. (1, 2, 3, 5 und 7 nach Gisle Midttun, Setesdalen und Vest-Agder II; 4 nach Johan Meyer in Fortids Kunst; 6 und 8 Aufnahmen des Verfassers.) Die Profile sind äußerst flach und zart gehalten. Sie sehen, weil nur wenig Fasern herausgestochen wurden, wie natürlich gewachsen aus und geben den betreffenden Hölzern ein veredelndes Aussehen. Bemerkenswert ist, wie die Pfette bei 1 nach dem Innenraum zu reicher profiliert wurde als nach der Wand zu. Auch als in der Renaissance die Welle Eingang fand, paßte man dieses aus der Fremde kommende Profil dem Wesen der bodenständigen Profilierung an und gestaltete es ebenfalls flach und zart (6). Bei Fasen, die desgleichen von auswärts gebracht worden zu sein scheinen, verfeinerte man den Maßstab und milderte den scharfen Einschnitt, indem man zarte Begleitprofile mitlaufen ließ (8). In unserer heutigen Holzbaukunst sind die Profile meist zu grob und wirken im Gegensatz zu den oben gezeigten empfindungslos.

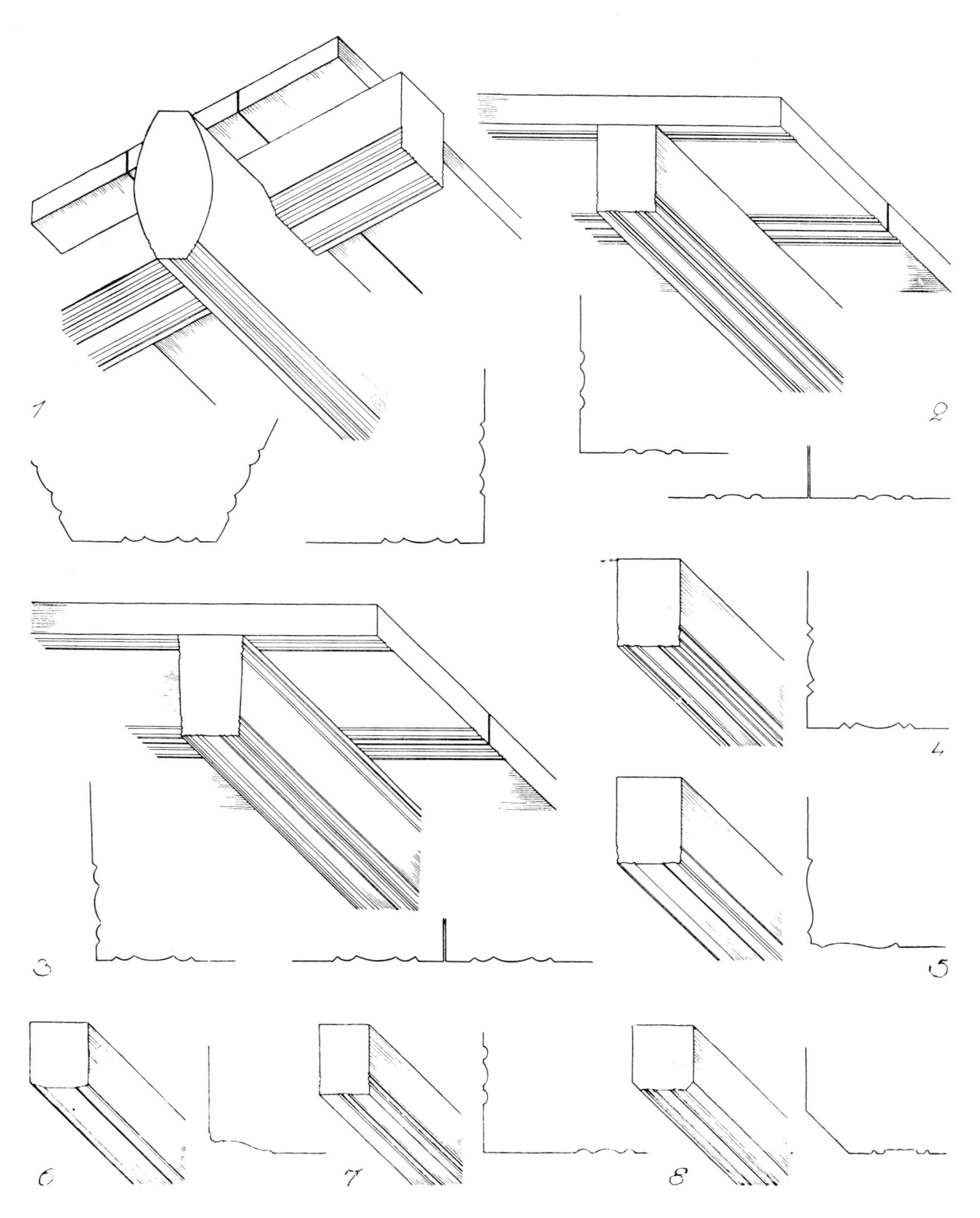

Abb. 371 (Text siehe Seite 290)

19*

291

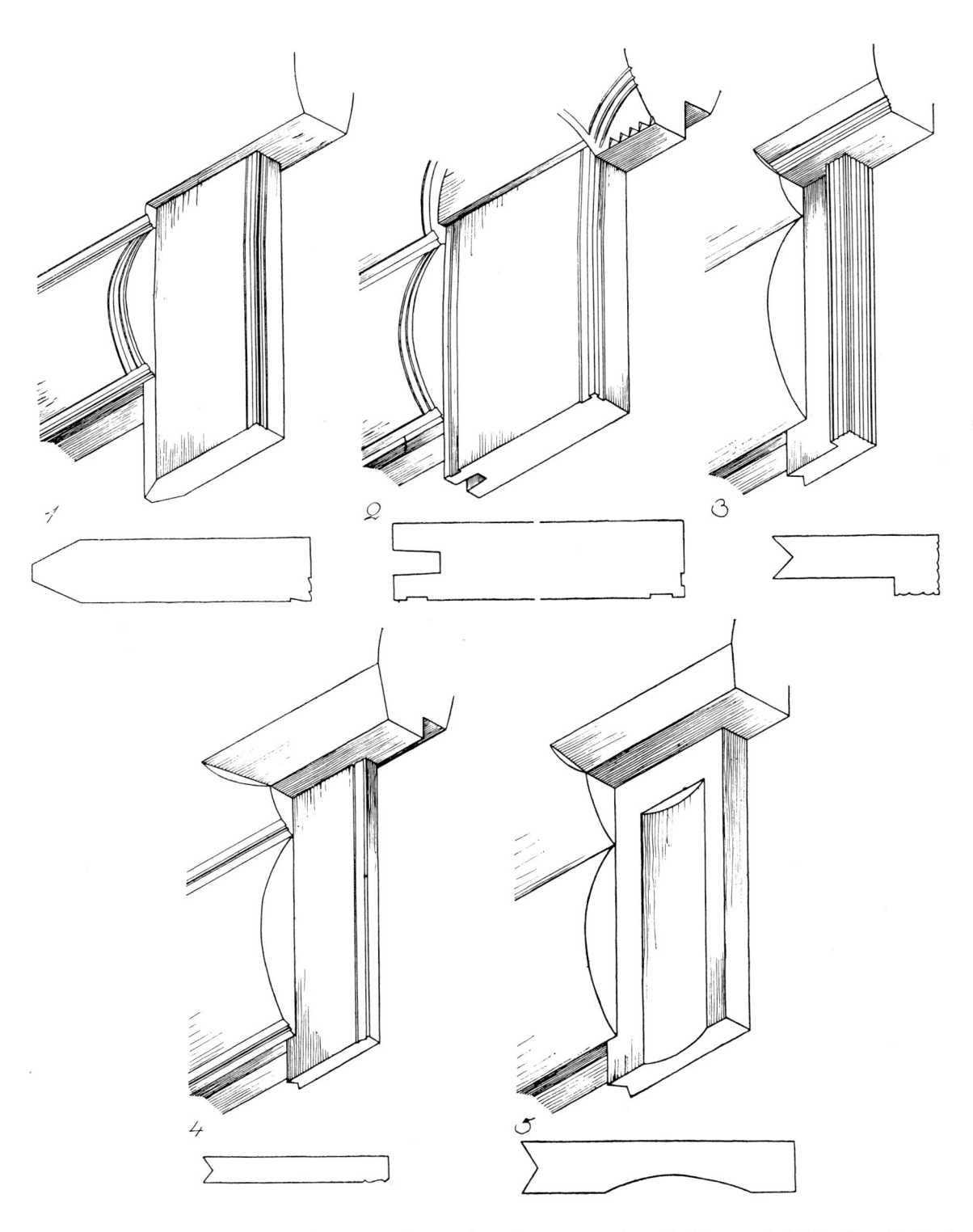

Abb. 372: **Profilierungen von Türpfosten aus dem Gebiet des norwegischen Blockbaues.** 1) Midgarden, Rauland; 2) Vindlaus, Eidsborg; 3) Dale, Valle; 4) Snartland, Fyresdal; 5) Brottweit, Valle. (1, 2 und 4 nach Johan Meyer; 3 und 5 nach Gisle Midttun.) Die Profile sind in lebendigster Einfühlung in das Wesen des Holzes aus den Fasern heraus gestaltet worden. Belangreich ist insbesondere 3, bei dem die Vorderflucht des lisenenartigen Vorsprunges samt der Leibung mit Profilen überzogen wurde, die im Maßstab und in der Zeichnung dem Saumprofil am Sturz gleichen. Die Formen behalten, im großen betrachtet, ihre kraftvolle Sprache, ja, sie gewinnen durch die von den Profilen gebrachte Veredelung an Straffheit. Bei 5 ging man eigene Wege; aber auch hier fühlt man das Bestreben, von der Grundgestalt möglichst wenig wegzunehmen.

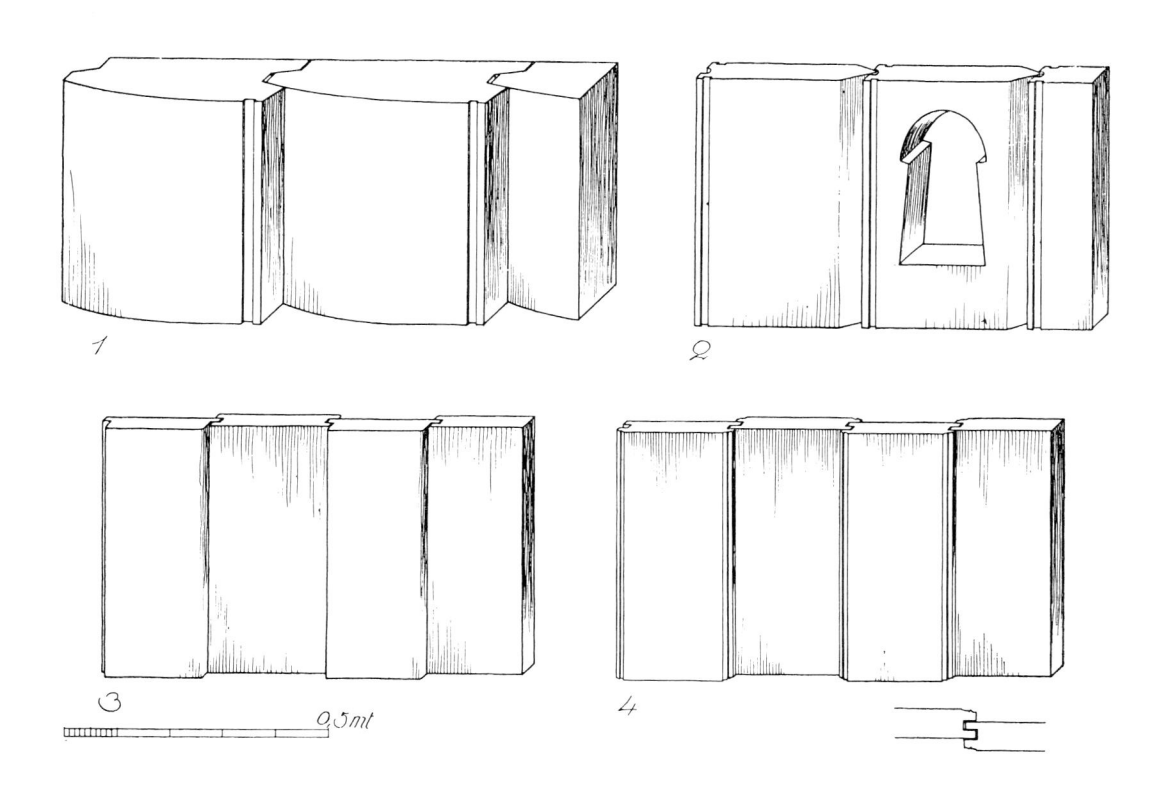

Abb. 373: **Norwegische Bohlenfüllungen.** 1) Stabkirche in Gol (um 1200); 2) Loft in Haugen, Sandnes, Setesdalen (mittelalterlich); 3) Stabur in Haugeland, Telemarken; 4) Wohnhaus in Manspann, Valle, Setesdalen. (1 Aufnahme des Verfassers; 2 und 4 nach Gisle Midttun; 3 nach Johan Meyer.) Gleichwie die Balken werden auch die Bohlen mit äußerst zart bemessenen Saumprofilen geschmückt, die an die vortretenden Kanten herangerückt sind. Die Bohlen der frühen Beispiele (1) zeigen nach der Außenflucht hin ein leicht gewellte Form. Bei allen wird die einzelne Bohle dem Auge als Sonderglied verdeutlicht, was diesen Wänden ein lebendiges, zugleich aber auch ein kräftiges Aussehen verleiht.

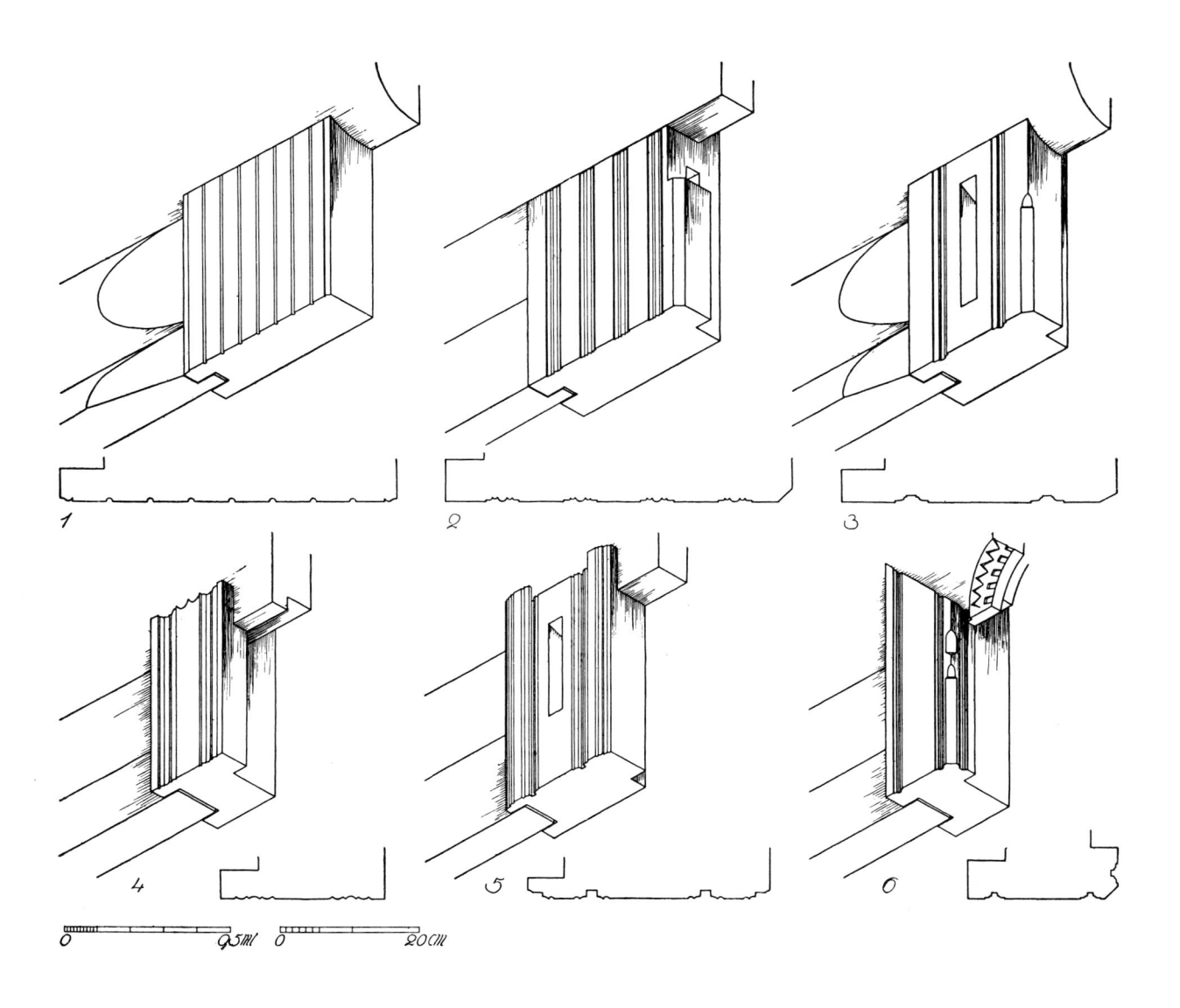

Abb. 374: **Profilierungen von Türpfosten aus dem Schweizer Blockbau.** (Aufnahmen des Verfassers.) 1) Eggiswyl; 2) Ried (1772); 3) Waldhaus (1701); 4) Naters; 5) Ried (1722); 6) Naters (1609). (1, 2, 3 und 5: Kanton Bern, 4 und 6: Kanton Wallis.) Ähnlich wie in der nordischen Holzbaukunst ist auch hier die Profilierung aufs engste dem Wesen des Holzes angepaßt, und es sind nur wenige Fasern ausgestochen worden. Der Pfosten bei 1 besteht aus Eichenholz, dessen Fasern sich nicht so leicht lösen wie bei Fichte, aus der die anderen gestaltet worden sind. Dem trägt auch die aus einzelnen Hohlkehlen bestehende Profilierung Rechnung.

Zu Abb. 375: **Türprofile aus Oberbayern und Tirol.** 1) aus Lein bei Lenggries; 2) aus Greiling bei Tölz; 3) aus Villanders bei Klausen; 4) aus Zell im Zillerthal. (Aufnahmen des Verfassers.) Die Profile sind durchgehend in feinem Maßstab gehalten und zeigen eine enge Anpassung an das Wesen des Holzes. Bemerkenswert ist, wie lebendig bei 4 die flach gestaltete Fase mit der Außenflucht der Türpfosten verschmilzt und wie wirkungsvoll deren Endigung mit drei Einschnitten des Klingeisens verziert worden ist. Aber auch das mit dem Balleisen (Schrägmeißel) herausgestochene Ornament an der Fase bei 3 empfindet man als natürlich.

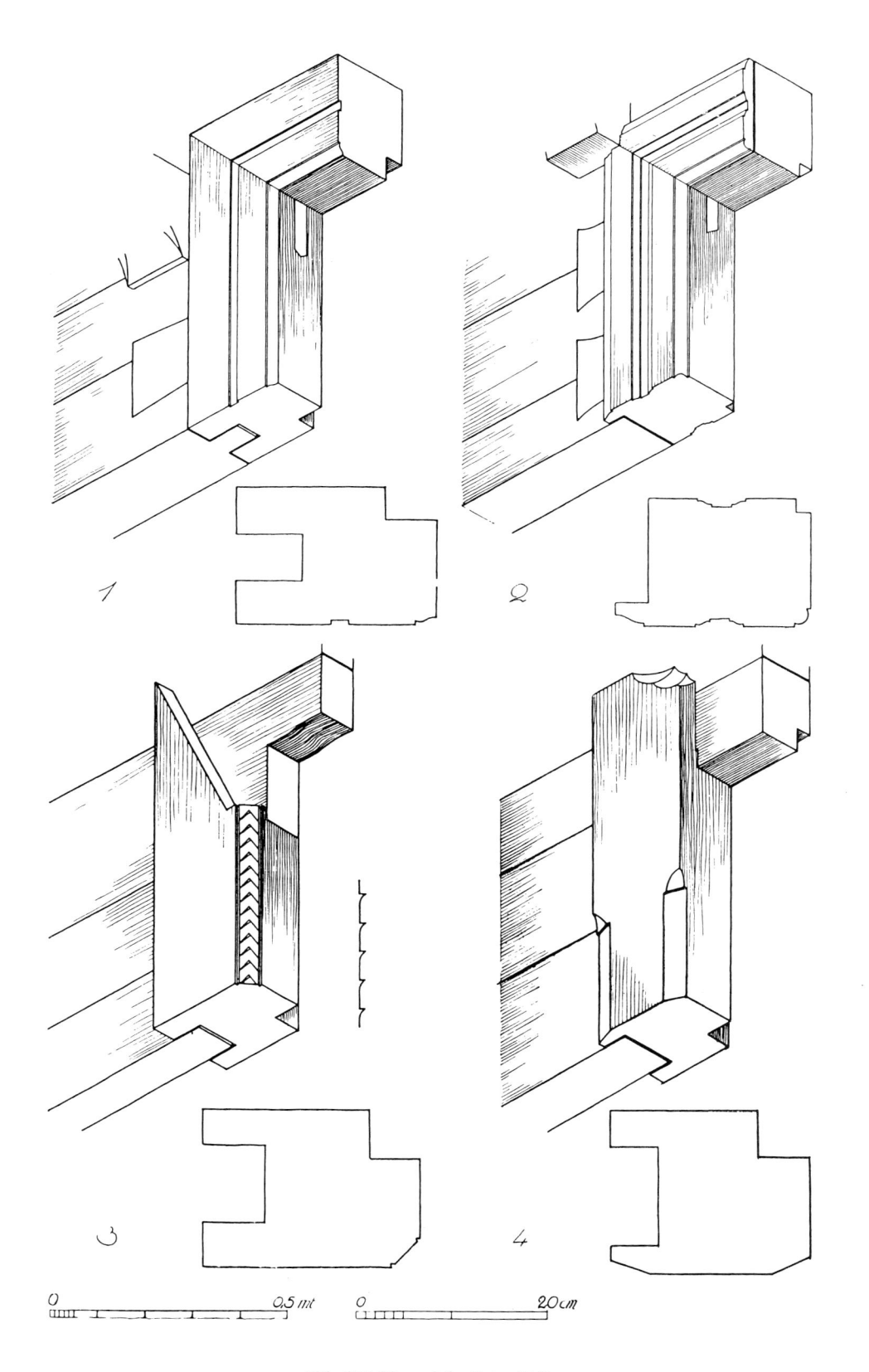

Abb. 375 (Text siehe Seite 294)

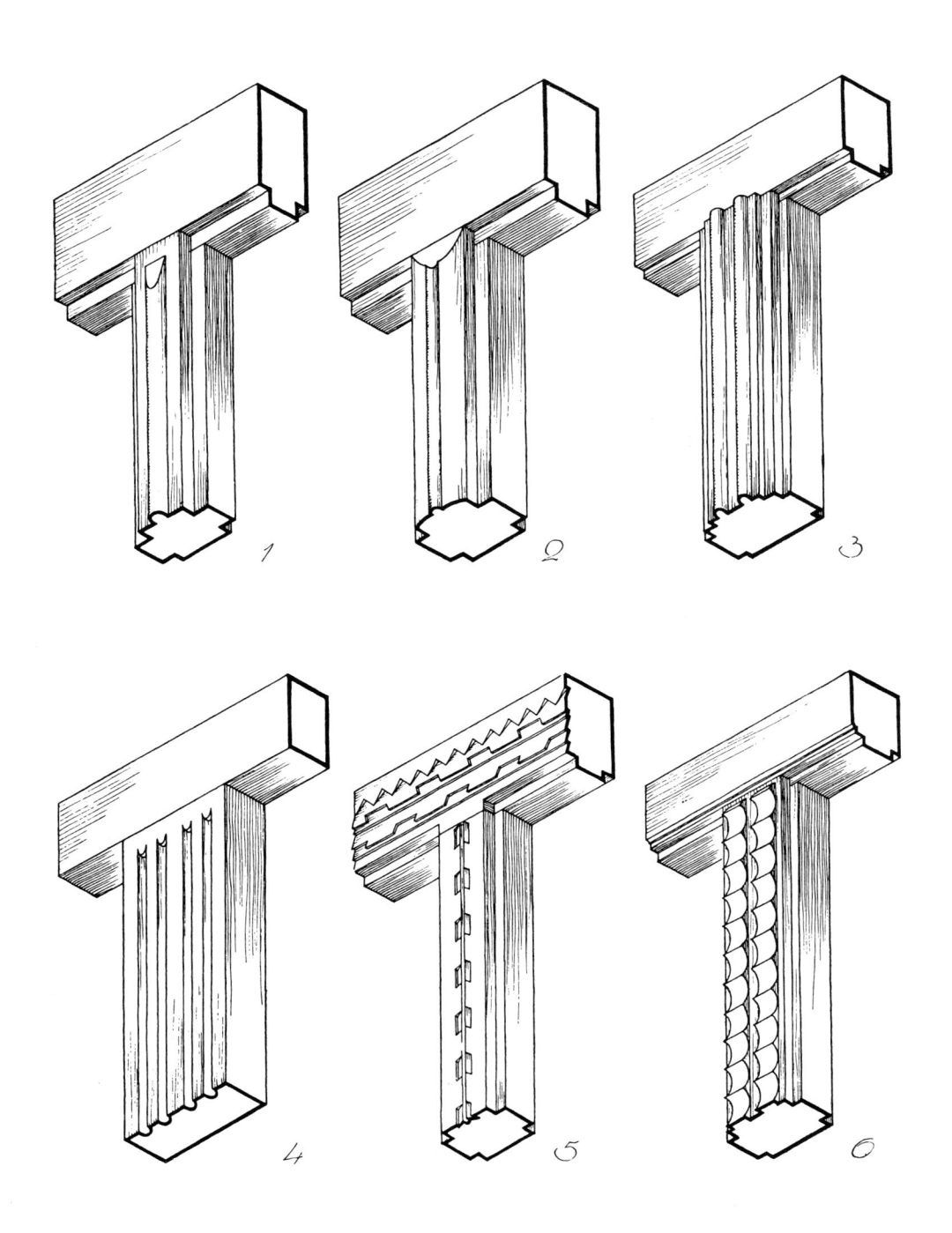

Abb. 376: **Werkgerechte Ausgestaltung von Fensterpfosten schweizerischer Blockbauten.** 1) aus Fruttigen (1805); 2) aus Grindelwald; 3) aus Rütt (1600); 4) aus La Forclaz, Kanton Waad (1671); 5) aus Stalden im Wallis; 6) aus Willigen bei Meiringen (1796). (1, 3, 4 und 6 nach Gladbach; 2 nach Grafenried und Stürler; 5 nach einer Aufnahme des Verfassers.) Bei allen Lösungen verrät sich ein enges Anpassen der Form an die Längsfasern, die nur bei 5 und 6 durch quer zu denselben gerichtete Stiche unterbrochen sind.

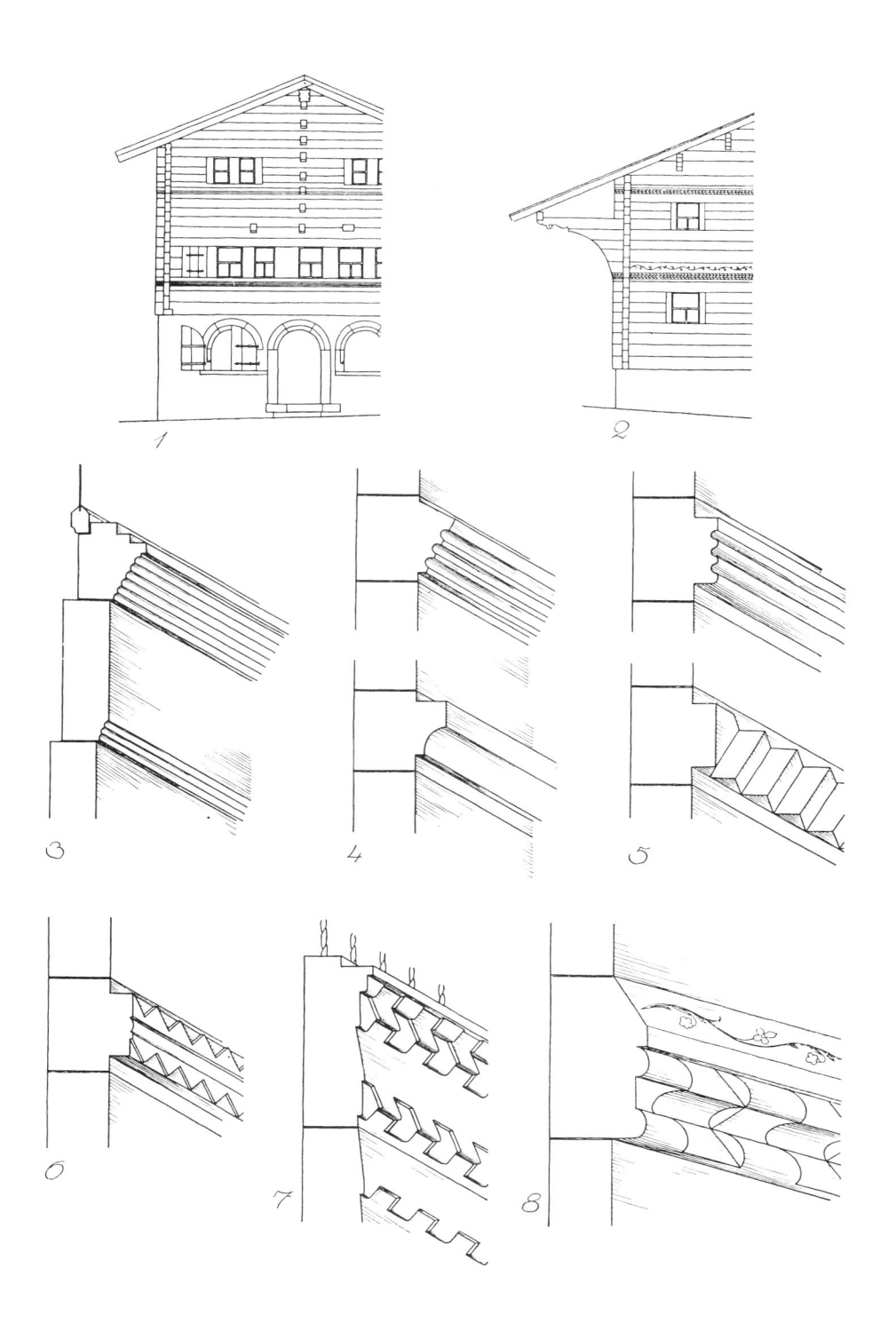

Abb. 377: **Gestaltung von Gurtgesimsen im Schweizer Blockbau.** 1) Kippel, Kanton Wallis (von 1543); 2) St. Gallenkirchen, Vorarlberg (von 1776); 3) Wittigen, Kanton Bern; 4 bis 6) Kippel (16. Jahrhundert); 7) Matten bei Interlaken (1750); 8) St. Gallenkirchen (1776). (1, 2, 4, 5, 6, 7, 8 nach Gladbach; 3 und 7 nach „Das Bauernhaus in der Schweiz".) Mit Ausnahme vom unteren Beispiel bei 4 sind alle Gesimse aus dem Wesen des Holzes heraus gestaltet worden. Entweder wurden in naheliegender Weise die Holzfasern in ihrer Laufrichtung herausgestochen (3, 4 und 5 oben), oder man belebte, nachdem man zunächst in der gleichen Weise eine Grundform herausgearbeitet hatte, diese noch durch Meißelschnitte, die, schräg angesetzt, die Fasern in rhythmischer Reihung zerschnitten (5 unten, 6, 7 und 8). Hieraus ergaben sich ganz von selbst die verschiedenartigsten Abwandlungen.

Abb. 378: Teilansicht von einem Wohnhaus aus Interlaken.

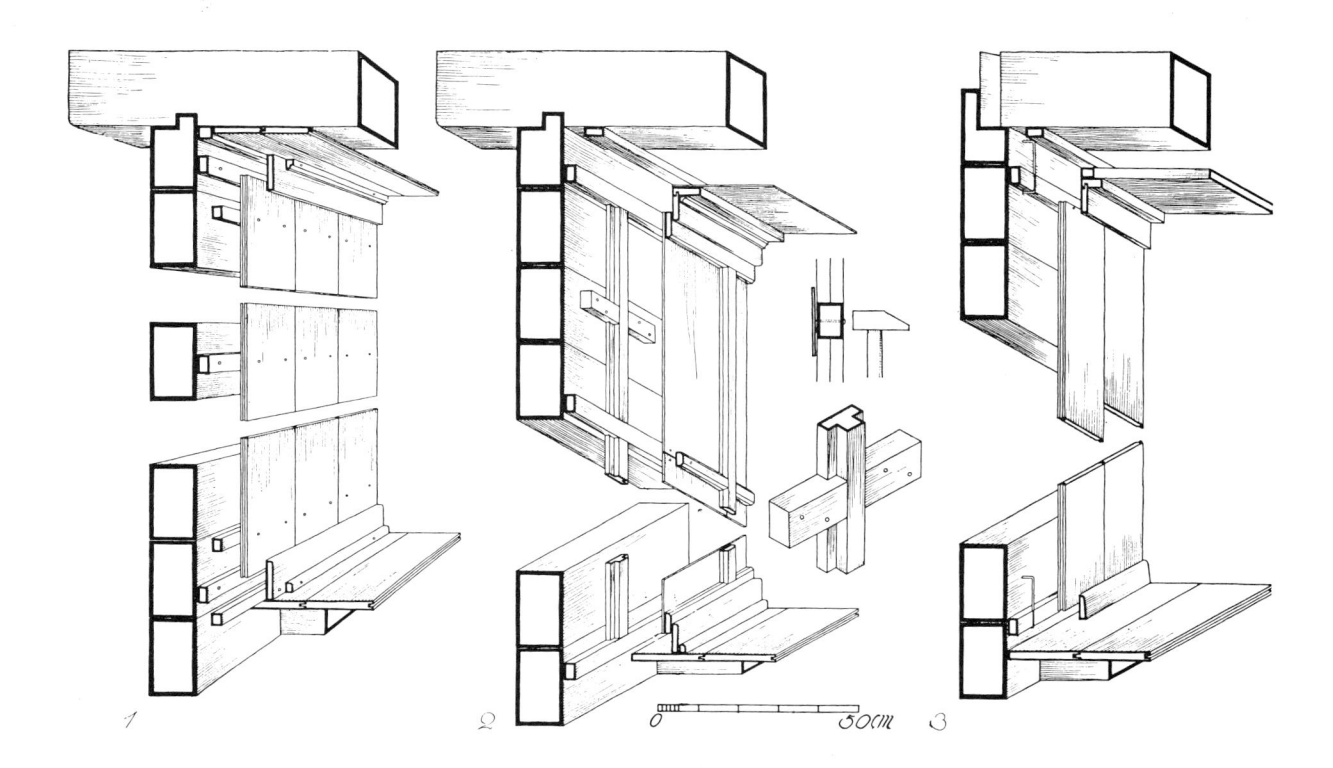

Abb. 379: **Mit Rücksicht auf das Schwinden der Blockbalken muß die Verschalung im Innern so angebracht werden, daß sie das Setzen nicht verhindert.** Bei 1 geschah dies in der Form, daß nur durch die Mittelleiste eine unverrückbare Verbindung zwischen Verschalung und Blockwand geschaffen wurde. Die obere und untere Leiste dienen nur als Längsversteifung der auf sie aufgenagelten Schalbretter. Bei 2 (nach Vinzenz Bachmann) ist als Unterlage für die Verschalung ein in sich geschlossener Rahmen gewählt worden, der in der Senkrechten ausgefalzte Rahmenstücke zeigt, die, von angeblatteten Holzklötzchen gehalten, in ihrer Bewegung jedoch nicht gehindert werden. Bei 3 (nach Brunold, Arosa) werden Querleisten von eisernen Bügeln gehalten, die ihnen die nötige Bewegungsfreiheit lassen.

Abb. 380: **Wandverkleidungen, Vertäfelungen, Vertäferungen.** 1) Glatte Vertäfelung mit gespundeten Brettern, die mit Rücksicht auf das Werfen und Schwinden schmal bemessen sein sollen. 2) Glatte Vertäfelung mit gespundeten und abgefasten Brettern, eine Form, die immer schlecht aussieht und vermieden werden soll. 3) Überstülpte Täfelung, bei der, um einen behelfsmäßigen Eindruck zu vermeiden, die obere Bretterlage an beiden Enden auf ein querlaufendes Brett anstoßen soll, wo also die obere Lage ein in sich geschlossenes Ganzes darstellen soll. 4) Vertäfelung mit Fugenleisten, bei der das gleiche Gesetz gilt wie beim vorigen. 5) Vertäfelung in gestemmter Arbeiter mit Rahmen und Füllung. Wenn auf die Rahmen besondere Leisten aufgelegt werden, so brauchen die ersteren deshalb nicht verbreitert zu werden. 6) Gestemmte Vertäfelung mit Sperrholzfüllung. 7) Gefederte Sperrholzvertäfelung, bei der die Federn zwecks Befestigung am Lattenrost mit Leisten unterlegt sind. Die Platten können 10 bis 20 mm stark sein und Breiten bis 1,5 zu 5,0 m besitzen. Man kann die Stöße der Platten auch in der Form von 1 oder 4 gestalten. Die Eigenart der Sperrholzplatte kommt vor allem durch die großen Breitenmaße zum Ausdruck.

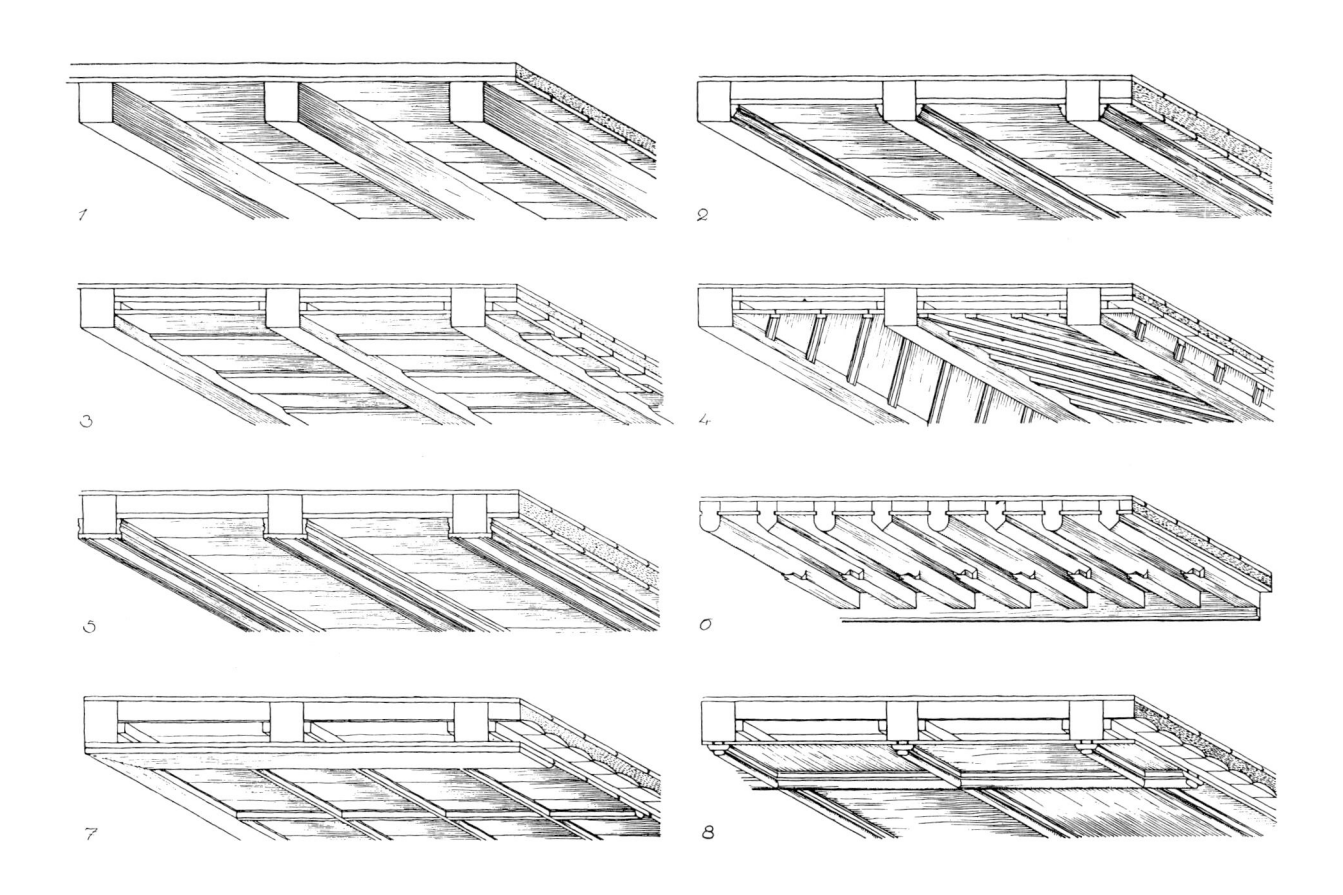

Abb. 381: **Balkendecken mit sichtbaren (1 – 6) und verdeckten (7 – 8) Balken.**
1) Gestreckte Fülldecke, bei der die aufgelegten, gespundeten Bretter mit einer Lehmschicht gegen Kälte isoliert sind; 2) Einschubdecke mit glatten Feldern; 3) mit Feldern, deren Bretter überstülpt sind; 4) mit Fugenleisten versehene Felder; 5) Einschubdecke, deren Balken wegen der häßlichen Rißbildung an den sichtbaren Teilen verschalt worden sind; 6) Riemchendecke, bei der die Felder nur mit je einem Brett geschlossen sind; 7) Scheindecke mit aufgenagelter Felderteilung; 8) Felderdecke mit Tafeln aus Sperrholz. Die Profilierung der Einzelglieder hat sich der Gesamtform einzuordnen und soll holzmäßig gestaltet werden. Die Balken können dabei des öfteren unprofiliert bleiben. Vor allem soll man sich davor hüten, jede Kante abfasen zu wollen. Bei der Riemchendecke (6) ist der Querschnitt von der Form der Steinrippe gotischer Gewölbe beeinflußt, was hier wegen der tiefen Lage der Felderbretter noch hingenommen werden darf.

Verschalung im Innern

Das Setzen der Blockwand wirkt sich bis zum inneren Ausbau aus. Will man nicht den Zeitpunkt abwarten, bis die Wände zur Ruhe gekommen sind, sondern gleich nach der Fertigstellung des Rohbaues Verschalungen anbringen, dann ist darauf zu achten, daß diese vom Setzen nicht in Mitleidenschaft gezogen werden. Auf Abb. 379 sind drei verschiedene Lösungen gegeben, wie man in diesem Sinne die Unabhängigkeit der Außen- von der Schalwand wahren kann.

Die Verschalungen, Vertäfelungen, Vertäferungen an sich können in verschiedenen Gefügen ausgeführt werden (Abb. 380). Die einfachste Art ist eine glatte Verkleidung mit gespundeten Brettern, wobei man keinesfalls, wie das heute üblich ist, die Kanten an den Stößen abfasen darf. Das sieht häßlich aus. Wenn man die Fugenbildung vermeiden will, so wählt man schmale Bretter. Gutes Austrocknen vor dem Einbau ist dabei selbstverständliche Notwendigkeit. Bei überstülpter oder mit Fugenleisten versehener Schalung soll man am unteren oder oberen Wandsaum immer auf einen organischen Anschluß an ein waagerechtes, sockel- oder friesartig wirkendes Brett oder eine gleichartige Leiste achten (Abb. 380/2 und 3). Während die vorgenannten Gefüge die Senkrechte in den Vordergrund schieben, gestatten die Verkleidungen in gestemmter Arbeit auch waagerechte Zwischenteilungen, wobei die Füllungen mit Sperrholzplatten in den Breiten den größten Spielraum zulassen (Abb. 380/4 und 5). Neuerdings pflegt man die Sperrholzplatten mittels Federn zusammenzufügen, was eine ruhige Flächenwirkung gewährleistet (Abb. 380/6).

An den Zwischendecken können die Balken entweder sichtbar gelassen oder durch eine Verschalung dem Auge entzogen werden. Bei beiden Lösungen sind, wie Abb. 381 zeigt, gleich wie bei den Wandverkleidungen die verschiedensten Abwandlungen möglich. Gerade hier an der Scheindecke ergibt sich für den Architekten ein lohnendes Entfaltungsgebiet. Da man die Einzelformen nahe vor Augen hat, verlangt die Profilierung ein besonderes Feingefühl. Mit Fasen soll man dabei sehr vorsichtig umgehen und ihnen niemals eine Neigung von 45° geben.

Die verschiedenen Eigenfarben der einheimischen Hölzer lassen einen großen Spielraum in der farbigen Zusammenstellung zu. Reichen die zur Verfügung stehenden Holzarten nicht aus, um eine erstrebte Farbenwirkung zu erzielen, dann darf man Einzelheiten mit Farben absetzen, deren Töne aber immer im scharfen Gegensatz zu den warmen Holztönen stehen müssen. Man kann hier schon allein mit unbunten Farben Weiß und Schwarz eigenartige und wohlklingende Wirkungen erreichen. Um der Behaglichkeit zu dienen, muß sich die Farbe des Fußbodens von der der Wände und der Decke auffallend abheben, sonst kann gar leicht das Gefühl aufkommen, als ob man sich eingeschlossen in einer Kiste befinde. Desgleichen müssen auch die Möbel, abgesehen von der Form, in ihrer Farbe sich dem Ganzen harmonisch einfügen.

In der Ausstattung mit Gegenständen aus anderen Werkstoffen, wie z. B. Eisen, muß auf ein verwandtes Mitklingen mit der Wesensart des Holzes geachtet werden. Eiserne Beleuchtungskörper dürfen in den Einzelgliedern nicht, wie das leider heute nicht selten geschieht, zu grob sein. Es ist bemerkenswert, daß in Norwegen, also in einer Gegend, wo sich, worauf schon hingewiesen wurde, der reine Holzbau am längsten erhalten hat, die eisernen Beschläge an den Türen der Blockhäuser äußerst zartes Detail zeigen, ja sogar an ihrer Oberfläche mit feinen, eingehauenen Ornamenten geziert sind.

Wegen des Arbeitens des Holzes sind Kamine und Entlüftungsschächte lose bis über Dach zu führen, auch dürfen die Zentralheizungskörper nicht an der Wand befestigt werden. Die Feuersgefahr, die durch heiße Leitungsröhren hervorgerufen werden kann, ist bei einer Warmwasserheizung von vornherein ausgeschlossen. Mit Rücksicht auf das Feuer sollten die Treppen möglichst aus Eichenholz ausgeführt werden.

Einer anderen, dem Holz drohenden Gefahrenquelle, dem Wasser, muß besonders im Badezimmer durch sorgfältigste Isolierungen entgegengearbeitet werden. Hier wird man als Verkleidung wasserabweisende Platten wählen und diese, unabhängig vom Arbeiten der Holzwände, anbringen, und gleiches auch beim Fußbodenbelag berücksichtigen.

Abb. 382: **Das Fjeldgardhaus aus Gudbrandsdalen,** jetzt im Freilichtmuseum in Lillehammer. (Aufnahme von Neupert, Oslo.) Die Fenster kommen erst mit dem Kamin, also verhältnismäßig spät, in das nordische Haus. Die Abdeckung der Schornsteine mit einer dünnen Steinplatte und einem Belastungsstein ist kennzeichnend für Norwegen.

Abb. 383: **Stockwerkspeicher aus Dalarne.** (Aufnahme Grombergs Nya Aktb. Stockholm.) Bemerkenswert ist die Auskragung des Obergeschosses.

Abb. 384: **Speicher aus Mora.** Im Hintergrund Herberge aus Nas, beide in Dalarne, Schweden, gelegen.

Im Anschluß an die Erläuterungen der Einzelheiten wird es von Wert sein, das Besprochene an den in den Abb. 382 bis 419 gebrachten Beispielen, die von Skandinavien bis nach dem südlichen Alpenland und den südlichen Karpaten reichen, überprüfen zu können.

Dem Leser dieses Buches werden durch das Erschließen der bis ins kleinste gehenden Gefüge über manch Unbekanntes die Augen geöffnet. Es wird ihm eine Welt aufgehen, die sonst zu versinken droht. Und man wird alsdann erkennen, welche Frische den Gestaltungen anhaftet, die am engsten sich der Wesensart des Holzes anpassen; zugleich aber wird man auch feststellen, daß diese Schönheiten über jeden Zeitgeschmack erhaben sind.

Hier wird einem in anschaulicher Weise nahegebracht, wie leicht eigenartige Formen aus dem engen Verbundensein mit dem Holz erfunden werden können, und weiter, daß mit dem Kunstgefühl die Konstruktion gleichen Schritt hält.

So besitzen wir in unserer alten Holzarchitektur einen nicht hoch genug einzuschätzenden Kraftquell, der sich auch auf die Gestaltung in anderen Baustoffen fruchtbringend auswirken kann. Wie sagt doch Goethe auf seiner dritten Schweizer Reise:

> „Zu dem Dorf Uhwiesen fand ich in der Zimmerarbeit Nachahmung der Maurerarbeit. Was sollen wir zu dieser Erscheinung sagen, da das Gegenteil der Grund aller Schönheit unserer Baukunst ist."

Abb. 385: **Stabur (Speicher) aus Telemarken.** Das am Saume mit der Säge verzierte Windbrett am rechten Beispiel bildet eine spätere Zutat und fällt aus dem Rahmen nordischen Gestaltens.

Abb. 386: **Stabur und Scheune aus Numedalen.** (Aufnahme von Neupert, Oslo.) Der linke, in reinem Blockbau errichtete Speicher ist der jüngste der Bauten. Bemerkenswert ist die farbige Fassung, die das Hirnholz weiß heraushebt.

Abb. 387: **Rolstadloft aus Söndre Fron in Gudbrandsdalen aus dem Ausgang des Mittelalters.**
(Aufnahme der Museumsverwaltung, Bygdoe.)

Abb. 388: **Stabur aus Telemarken.** (Aufnahme von Neupert, Oslo.) Ein kennzeichnendes Beispiel für die weite Anwendung der Saumprofile, die sogar in das Hirnholz übergreifen.

Abb. 389: **Stabur aus Rauland in Telemarken.** (Aufnahme von Neupert, Oslo.) An der Vorhalle des Erdgeschosses und dem Sval (Umlauf) des Obergeschosses ist die ursprünglich vorhandene Bohlenfüllung entfernt worden, wodurch die Gefüge des Stabwerkes und des tragenden Blockbaues deutlich in Erscheinung treten.

Abb. 390: Holzhaus, sogenannter Kasten, vom Jahre 1581 aus Niederneuching in Oberbayern, jetzt auf dem Staatsgut Grub bei München.

Abb. 391: Seitenansicht des Kastens aus Niederneuching.

Abb. 392: Bauernhaus aus dem Isartal bei Lenggries

Abb. 393: Bauernhaus aus dem Isartal bei Lenggries

Abb. 394

Abb. 394 u. 395: Kasten (Speicher) aus Schleching (Chiemgau) vom Jahre 1675 mit eingebautem Backofen.

Abb. 395

Abb. 396

Abb. 397

Abb. 396 u. 397: **Altenteilhäuschen aus Hofgastein.** Der Schornstein ist bei beiden unabhängig vom Setzen der Blockwand.

Abb. 398: Bauernhaus aus der Nähe von Millstatt in Kärnten mit verschalter Giebellaube.

Abb. 399: Heustadel aus der Nähe von Schladming in Steiermark.

Abb. 400: Troadkasten aus St. Oswald, Kärnten, mit breiter Dachschürze.

Abb. 401: Troadkasten aus Arriach, Kärnten

Abb. 402: Dreistockwerkspeicher vom Schmiedhof in Arriach, Kärnten.

Abb. 403: Dreistockwerkspeicher bei Millstatt, Kärnten.

Abb. 404

Abb. 405

Abb. 404 und 405: **Troadkasten aus Winkel bei Ebene Reichenau und bei Patergassen, beide in Kärnten.** Ein Vergleich läßt deutlich die Überlegenheit im Sprachreichtum des reinen Holzbaues gegenüber dem geputzten Bau erkennen.

315

Abb. 406: **Troadkasten aus Arriach**, erbaut um 1880 vom **Bauer Peter Hauptmann**. Dieses Bauwerk darf als eines der letzten Beispiele gelten, das vom bäuerlichen Besitzer, also einem nichtgelernten Zimmermann, so wie es schon in Urzeiten geschah, errichtet worden ist.

Abb. 407: Speicher aus Eggiswyl im Kanton Bern mit späterem Anbau.

Abb. 408: Speicher vom Lüthihof, Waldhaus, Kanton Bern, vom Jahre 1629

Abb. 409: Speicher vom Lüthihof, Waldhaus, dessen Seitenlaube mit Streben gestützt ist.

Abb. 410: Mit Zangen gesicherter Speicher ohne Stützeln aus Münster im Wallis

Abb. 411:
Stockwerkspeicher ohne Stützeln aus Münster im Wallis.

Abb. 412: Speicher aus Münster im Wallis

Abb. 413: Speicher mit als Stall dienendem Untergeschoß aus dem Nikolaustal im Wallis

319

Abb. 414: Speicher mit Untergeschoß und vorkragendem Dachgeschoß aus Münster im Wallis. Die Giebelwand ist durch eine Zange gesichert.

Abb. 415: Speicher mit als Stall dienendem Untergeschoß und drei Stockwerken aus Münster im Wallis. Giebel und Längswände sind durch Zangen gesichert worden.

Abb. 416: Wohnhaus aus Naters, Wallis.

Abb. 417: Wohnhaus aus Stalden, Wallis

Abb. 418: Ostgermanischer Speicher aus dem Siebenbürgischen Erzgebirge.

Abb. 419: Ostgermanisches Wohnhaus aus dem Siebenbürgischen Erzgebirge.

INHALTSÜBERSICHT

	Seite
Vorwort	3
Einleitung	4
Über das werkgerechte Gestalten in Holz	6
Der Aufbau des Holzes	31
Der Kreislauf der Zellensäfte und das Ringeln	34
Das Schwinden und Quellen	34
Das Fällen	37
Die Fällzeit	41
Das Bearbeiten des Holzes	42
Eigenschaften des Holzes	45
Die in der Holzarchitektur gebräuchlichen Holzarten	45
Die Blockwand	48
Der Eckverband	56
Einbinden der Zwischenwände	64
Die Verdübelung	66
Wandsicherung durch Zangen oder Kegelwände	69
Die Schwelle	72
Das Dach	80
Die Dachhaut	80
Das Torf- oder Sodendach	80
Das Strohdach	84
Das Stampfdach	85
Das Schaubendach	88
Das Streudach	91
Das Lehmschindel- oder Lehmstrohdach	91
Das Holzdach	92

	Seite
Das Schindeldach	95
Herstellung der Schindel	95
Das Legschindeldach	97
Das Nagelschindeldach	102
Das Bretterdach	114
Das Steindach	116
Der Dachstuhl	117
Räume mit offenem Dach und verwandten Gestaltungen	127 bis 148
Die Traufe ohne Gebälk	149
Traufen mit Gebälk	151
Die Zwischendecke	154
Die Tür	158
Das nordische Türgefüge	159
Das keltische und das keltisch-germanische Türgefüge	174
Das bajuvarische Türgefüge	190
Besonders gestaltete Türgefüge	211
Das Fenster	224
Die Laubengänge und verwandte, vorkragende Raumgebilde	243
Giebelverschalungen	264
Gestaltung aus den Blockbalken herauswachsender Konsolen	269
Gestaltung der Säulen und Stützen aus den verschiedensten Gebieten des Blockbaues	280
Profilierung	289
Verschalung im Inneren	301
Blockbauten von Skandinavien bis nach dem südlichen Alpenland und den südlichen Karpaten	302 bis 322